北京學易齋影印刊行

鄭同 校

華齡出版社

# 子平遺書

（第二輯）

庚午至甲戌

㊤

中央民族大學道教與術數學研究中心文獻整理成果

责任编辑：薛　治
责任印制：李未圻

**图书在版编目（CIP）数据**

子平遗书. 第二辑，庚午至甲戌 / 郑同校. —— 北京：华龄出版社，2019.12

ISBN 978－7－5169－1562－2

Ⅰ. ①子… Ⅱ. ①郑… Ⅲ. ①命书－中国－明代
Ⅳ. ①B992.3

中国版本图书馆 CIP 数据核字(2020)第 005899 号

书　　名：子平遗书（第二辑）：庚午至甲戌
作　　者：郑同　校

出 版 人：胡福君
出版发行：华龄出版社
地　　址：北京市东城区安定门外大街甲 57 号　邮　　编：100011
电　　话：(010) 58122246　传　　真：(010) 84049572
网　　址：http://www.hualingpress.com

印　　刷：廊坊市长岭印务有限公司
版　　次：2020 年 8 月第 1 版　2020 年 8 月第 1 次印刷
开　　本：787×1092　1/16　印　　张：83.5
字　　数：1068 千字　印　　数：1～600
定　　价：980.00 元(全三册)

# 出版說明

夫命之理，微矣。《易》曰：『窮理盡性，以至於命』，《論語》有『死生有命』，『道之行廢爲命』，與『不知命爲非君子』之言。

人之出生，概有年、月、日、時，故稱四柱。四柱各有天干地支，共八個字，故稱八字。世有依四柱八字干支之五行生克制化、節氣旺相，斷人一生命運、吉凶禍福之法，名曰八字推命術，又稱四柱推命術。

推命之法，古今不同。《詩・小弁》云：『我辰安在？』箋云：『生所值之辰，謂六物之吉凶。』《左傳・昭七年》，伯瑕云：『六物，歲、時、日、月、星、辰。』按：歲，即太歲；時，即四時；日，即日主；月，即十二月；星，即木火土金水之五星；辰，即十二時。此古法也。

漢魏晋人推命之法，只重生日胎元，所值星宿。唐人又有佛法、回回法，論北斗九星及十二宮、二十八宿者。至李虚中，始以人所生年月日，所值日辰，支干五行，勝衰死生，互相斟酌，推人貴賤壽夭、利與不利。五代徐居易子平，乃用年月日時胎，定人吉凶。宋時通用徐子平術，而減去胎元。至明代《三命通會》，闡發子平之遺法，於官印財禄食傷之名義，用神之輕重，諸神煞所係之吉凶，皆能採蒐群言，得其精要，故爲術家所恒用，標誌子平術已臻大成。

存世命理典籍雖夥，然所收命例實爲有限，蓋因古人刻書所費甚巨，不得不爾。《子平遺書》一書之發現，可補此憾。是書又名《沙滌命經》，明稿本，實有四百二十一卷，計四百一十九册，現藏國家圖書館善本室。

《子平遺書》按六十甲子之序，詳列所存八字四柱的所有組合，采録命造一萬五千有餘。其取格一遵《三命通會》之通例，以月支取格，只批大運，不論流年。其體例，一命式，二論斷。其斷語多屬駢文，詳究四柱五行，品評富貴貧賤，集古法子平術之大成，文辭優雅，斐然成章。

《子平遺書》所收命例，汪洋淵博，最珍貴者，莫過於書中引用的古早命學文獻及已經佚傳的命理歌訣，可補存世文獻之不足。斷語所記，涵蓋家世、婚姻、相貌、子女、仕進、商業、田産、疾病、生死等諸方面，民俗學者，不可不讀。詳研斷語所記，品評各命造之窮通壽殀，揣摩古法應用，更可神通天人之際，得古聖之秘法心傳。

古書流傳，多經劫難；善本秘書，每不多見。本次出版之緣起，實因寧波星易、臺灣天機及滬上客舟諸兄爲代表的海內外學者對此書甚爲推重，並得華齡出版社大力幫助，得以面世，在此謹申謝忱。唯此書之編纂，工程浩繁，有所不足，自所難免，尚祈諸位先進不吝指正爲盼。

# 《子平遺書》影印整理凡例

一、全書主要内容，包含國家圖書館藏《子平遺書（沙滌命經）》明稿本四百一十三册及另藏鈔本四册、稿本二册，共計四百一十九册。

二、本次影印，一依古籍整理之通例，重新拼版并排序。原書按年柱之序，各月柱自集成一册。現以六十花甲子之序，將全書排列順序，標明於目録之上。

三、第二百五十一册，丙申年，包含己亥月、辛丑月、庚子月三個部分，當是三册合訂，爲讀者方便計，目錄仍記爲一册，另加一、二、三序號以別之。

四、同一册命例之順序，亦按日柱與時柱之順序影印排版。

五、全書按年柱順序，爲讀者閱讀及檢索方便，共分六輯，甲子至戊辰第一輯，庚午到甲戌第二輯，乙亥至戊子第三輯，庚寅至庚子第四輯，辛丑至癸丑第五輯，甲寅至辛酉第六輯。原稿並無癸亥年之命例，俟他日另尋訪之，以期全璧。

六、國圖藏縮微膠片第三百五十七册，缺少十頁，計二十面，今依原本補足。

七、六輯共計收命例一萬五千餘條。每一輯前，各有分輯之目録，以爲索引。少量殘缺不全之處，仍保留原貌。凡年月日時原稿有所缺少者，目録上録以空格。

八、六十甲子之序爲：一甲子，二乙丑，三丙寅，四丁卯，五戊辰，六己巳，七庚午，八辛未，九壬申，十癸酉，一一甲戌，一二乙亥，一三丙子，一四丁丑，一五戊寅，一六己卯，一七庚辰，一八辛巳，一九壬午，二十癸未，二一甲申，二二乙酉，二三丙戌，二四丁亥，二五戊子，二六己丑，二七庚寅，二八辛卯，二九壬辰，三十癸巳，三一甲午，三二乙未，三三丙申，三四丁酉，三五戊戌，三六己亥，三七庚子，三八辛丑，三九壬寅，四十癸卯，四一甲辰，四二乙巳，四三丙午，四四丁未，四五戊申，四六己酉，四七庚戌，四八辛亥，四九壬子，五十癸丑，五一甲寅，五二乙卯，五三丙辰，五四丁巳，五五戊午，五六己未，五七庚申，五八辛酉，五九壬戌，六十癸亥。特此錄出，以備學者檢索之用。

# 子平遗书 第二辑（庚午至甲戌）

第071


| 年柱 | 月柱 | 日柱 | 时柱 | 页码 |
|---|---|---|---|---|
| 庚午 | 戊寅 | 壬子 | 庚戌 | 0001 |
| 庚午 | 戊寅 | 戊戌 | 丙辰 | 0001 |
| 庚午 | 戊寅 | 甲午 | 甲子 | 0002 |
| 庚午 | 戊寅 | 甲寅 | 辛未 | 0002 |
| 庚午 | 戊寅 | 乙巳 | 丙戌 | 0003 |
| 庚午 | 戊寅 | 戊戌 | 癸丑 | 0003 |
| 庚午 | 戊寅 | 乙卯 | 己卯 | 0004 |
| 庚午 | 戊寅 | 戊申 | 丙辰 | 0004 |
| 庚午 | 戊寅 | 庚子 | 庚辰 | 0005 |
| 庚午 | 戊寅 | 甲午 | 乙亥 | 0005 |
| 庚午 | 戊寅 | 乙巳 | 辛巳 | 0006 |
| 庚午 | 戊寅 | 庚申 | 丙子 | 0006 |
| 庚午 | 戊寅 | 戊午 | 甲寅 | 0007 |
| 庚午 | 戊寅 | 己酉 | 甲戌 | 0007 |
| 庚午 | 戊寅 | 甲午 | 甲子 | 0008 |
| 庚午 | 戊寅 | 庚子 | 丙子 | 0008 |
| 庚午 | 戊寅 | 庚子 | 甲申 | 0009 |
| 庚午 | 戊寅 | 庚戌 | 壬午 | 0009 |
| 庚午 | 戊寅 | 戊午 | 甲寅 | 0010 |
| 庚午 | 戊寅 | 甲午 | 甲戌 | 0010 |
| 庚午 | 戊寅 | 乙卯 | 丙子 | 0011 |
| 庚午 | 戊寅 | 甲辰 | 辛未 | 0011 |
| 庚午 | 戊寅 | 乙巳 | 庚辰 | 0012 |
| 庚午 | 戊寅 | 丁酉 | 癸卯 | 0012 |
| 庚午 | 戊寅 | 丁未 | 壬寅 | 0013 |
| 庚午 | 戊寅 | 丁酉 | 辛丑 | 0013 |
| 庚午 | 戊寅 | 丁巳 | 甲辰 | 0014 |
| 庚午 | 戊寅 | 壬寅 | 辛亥 | 0014 |
| 庚午 | 戊寅 | 辛丑 | 戊戌 | 0015 |
| 庚午 | 戊寅 | 戊午 | 乙卯 | 0015 |
| 庚午 | 戊寅 | 庚寅 | 戊寅 | 0016 |
| 庚午 | 戊寅 | 戊戌 | 甲寅 | 0016 |
| 庚午 | 戊寅 | 己亥 | 己巳 | 0017 |
| 庚午 | 戊寅 | 丙申 | 丁酉 | 0017 |
| 庚午 | 戊寅 | 丁未 | 甲辰 | 0018 |
| 庚午 | 戊寅 | 己酉 | 丙寅 | 0018 |
| 庚午 | 戊寅 | 戊戌 | 壬子 | 0019 |
| 庚午 | 戊寅 | 戊戌 | 癸丑 | 0019 |
| 庚午 | 戊寅 | 乙卯 | 癸未 | 0020 |
| 庚午 | 戊寅 | 庚戌 | 戊寅 | 0020 |

第072 庚午 戊寅 己卯 甲子 0021
庚午 戊寅 丁巳 戊申 0021
庚午 戊寅 壬辰 辛丑 0022
庚午 戊寅 癸丑 己未 0022
庚午 戊寅 辛卯 庚寅 0023
庚午 戊寅 乙未 庚辰 0023
庚午 戊寅 己酉 乙亥 0024
庚午 戊寅 辛酉 己丑 0024
庚午 戊寅 丙午 己亥 0025
庚午 戊寅 丁巳 甲辰 0025
庚午 戊寅 壬寅 辛丑 0026
庚午 戊寅 辛亥 壬辰 0026
庚午 戊寅 壬辰 甲辰 0027
庚午 戊寅 乙未 庚辰 0027
庚午 戊寅 戊午 庚午 0028
庚午 戊寅 辛卯 甲午 0028
庚午 戊寅 辛卯 戊戌 0029
庚午 戊寅 癸巳 癸亥 0029
庚午 戊寅 丙辰 戊子 0030
庚午 戊寅 癸卯 乙卯 0030
庚午 戊寅 戊戌 戊午 0031
庚午 戊寅 乙巳 丙子 0031

庚午 戊寅 辛丑 甲午 0032
庚午 戊寅 己未 乙丑 0032
庚午 戊寅 癸卯 丁巳 0033
庚午 戊寅 庚戌 庚辰 0033
庚午 戊寅 己未 丁卯 0034
庚午 戊寅 壬寅 辛亥 0034
庚午 戊寅 壬寅 辛丑 0035
庚午 戊寅 甲辰 辛未 0035
庚午 戊寅 乙未 丙子 0036
庚午 戊寅 甲辰 乙亥 0036
庚午 戊寅 戊午 甲寅 0037
庚午 戊寅 甲寅 戊辰 0037
庚午 戊寅 乙巳 丙戌 0038
庚午 戊寅 庚戌 庚辰 0038
庚午 戊寅 乙巳 癸未 0039
庚午 戊寅 乙巳 庚辰 0039
庚午 戊寅 己未 甲子 0040
第073 庚午 己卯 乙亥 壬午 0041
庚午 己卯 辛卯 甲午 0041
庚午 己卯 己卯 丁酉 0042
庚午 己卯 辛酉 戊戌 0042
庚午 己卯 庚寅 丁丑 0043

庚午 己卯 己卯 甲子 0043
庚午 己卯 甲戌 丙寅 0044
庚午 己卯 乙丑 戊寅 0044
庚午 己卯 丁丑 庚子 0045
庚午 己卯 辛未 庚寅 0045
庚午 己卯 丁亥 癸卯 0046
庚午 己卯 壬戌 己酉 0046
庚午 己卯 丙子 丁酉 0047
庚午 己卯 乙丑 甲申 0047
庚午 己卯 甲戌 丙寅 0048
庚午 己卯 乙酉 乙酉 0048
庚午 己卯 丁丑 甲辰 0049
庚午 己卯 甲申 丙寅 0049
庚午 己卯 戊子 癸亥 0050
庚午 己卯 甲申 乙亥 0050
庚午 己卯 庚午 癸未 0051
庚午 己卯 壬申 癸卯 0051
庚午 己卯 己卯 乙亥 0052
庚午 己卯 己卯 戊辰 0052
庚午 己卯 庚辰 戊寅 0053
庚午 己卯 己丑 庚午 0053
庚午 己卯 丙寅 庚寅 0054

庚午 己卯 甲午 丙寅 0054
庚午 己卯 己巳 癸酉 0055
庚午 己卯 辛巳 己亥 0055
庚午 己卯 壬午 甲辰 0056
庚午 己卯 甲戌 丁卯 0056
庚午 己卯 甲申 甲戌 0057
庚午 己卯 庚辰 丙子 0057
庚午 己卯 辛卯 己丑 0058
庚午 己卯 辛巳 己亥 0058
庚午 己卯 丁丑 己酉 0059
庚午 己卯 辛卯 甲午 0059
庚午 己卯 乙卯 丁丑 0060
庚午 己卯 甲子 乙亥 0060
第074
庚午 己卯 甲子 乙亥 0061
庚午 己卯 丁酉 乙巳 0061
庚午 己卯 己卯 丁卯 0062
庚午 己卯 壬午 丙午 0062
庚午 己卯 甲戌 乙亥 0063
庚午 己卯 辛巳 癸巳 0063
庚午 己卯 丁卯 庚子 0064
庚午 己卯 庚辰 乙酉 0064
庚午 己卯 癸卯 壬子 0065

庚午 己卯 壬午 庚子 0065
庚午 己卯 丁亥 辛亥 0066
庚午 己卯 戊寅 庚申 0066
庚午 己卯 乙丑 壬午 0067
庚午 己卯 乙丑 己卯 0067
庚午 己卯 癸亥 丙辰 0068
庚午 己卯 丙戌 壬辰 0068
庚午 己卯 丁卯 癸卯 0069
庚午 己卯 己亥 乙酉 0069
庚午 己卯 甲申 乙亥 0070
庚午 己卯 丁丑 壬寅 0070
庚午 己卯 辛巳 己亥 0071
庚午 己卯 己丑 壬申 0071
庚午 己卯 辛巳 己丑 0072
庚午 己卯 戊子 壬戌 0072
庚午 己卯 甲戌 辛未 0073
庚午 己卯 己巳 乙亥 0073
庚午 己卯 己巳 丙寅 0074
庚午 己卯 丁丑 丁未 0074
庚午 己卯 癸酉 癸丑 0075
庚午 己卯 癸亥 癸亥 0075
庚午 己卯 戊子 壬戌 0076

庚午 己卯 庚寅 壬午 0076
庚午 己卯 癸亥 丙辰 0077

第075

庚午 甲申 戊申 丁巳 0078
庚午 甲申 癸卯 癸亥 0078
庚午 甲申 己未 丙寅 0079
庚午 甲申 壬戌 壬寅 0079
庚午 甲申 壬戌 庚子 0080
庚午 甲申 己酉 丙寅 0080
庚午 甲申 丙辰 壬辰 0081
庚午 甲申 辛亥 戊戌 0081
庚午 甲申 戊申 癸亥 0082
庚午 甲申 丙辰 辛卯 0082
庚午 甲申 甲寅 庚午 0083
庚午 甲申 丙午 癸巳 0083
庚午 甲申 丙申 戊子 0084
庚午 甲申 戊午 甲寅 0084
庚午 甲申 丁未 甲辰 0085
庚午 甲申 壬戌 丁未 0085
庚午 甲申 乙卯 戊寅 0086
庚午 甲申 甲午 戊辰 0086
庚午 甲申 癸卯 癸亥 0087
庚午 甲申 丙申 甲午 0087

庚午 甲申 壬寅 庚戌 0088
庚午 甲申 丁巳 辛丑 0088
庚午 甲申 甲辰 乙亥 0089
庚午 甲申 己亥 乙亥 0089
庚午 甲申 壬子 甲辰 0090
庚午 甲申 甲寅 甲子 0090
庚午 甲申 丁酉 辛亥 0091
庚午 甲申 癸巳 壬戌 0091
庚午 甲申 癸丑 戊午 0092
庚午 甲申 己亥 乙丑 0092
庚午 甲申 丙申 辛卯 0093
庚午 甲申 壬子 壬寅 0093
庚午 甲申 壬戌 丁未 0094
庚午 甲申 乙卯 丙子 0094
庚午 甲申 甲午 戊辰 0095
庚午 甲申 戊午 辛酉 0095
庚午 甲申 己酉 戊辰 0096
庚午 甲申 乙巳 丁亥 0096

第076
庚午 乙酉 辛巳 己亥 0097
庚午 乙酉 壬申 甲辰 0097
庚午 乙酉 丙戌 己丑 0098
庚午 乙酉 丁丑 辛亥 0098

庚午 乙酉 丙寅 庚寅 0099
庚午 乙酉 丁亥 甲辰 0099
庚午 乙酉 甲申 甲戌 0100
庚午 乙酉 辛卯 癸巳 0100
庚午 乙酉 甲申 辛未 0101
庚午 乙酉 甲戌 甲子 0101
庚午 乙酉 甲戌 己巳 0102
庚午 乙酉 甲戌 甲子 0102
庚午 乙酉 戊辰 乙卯 0103
庚午 乙酉 己卯 癸酉 0103
庚午 乙酉 癸未 癸亥 0104
庚午 乙酉 己丑 壬申 0104
庚午 乙酉 癸酉 辛酉 0105
庚午 乙酉 癸巳 壬戌 0105
庚午 乙酉 庚寅 甲申 0106
庚午 乙酉 戊子 癸亥 0106
庚午 乙酉 庚寅 戊寅 0107
庚午 乙酉 壬午 辛丑 0107
庚午 乙酉 甲申 癸酉 0108
庚午 乙酉 辛未 丁酉 0108
庚午 乙酉 辛未 甲午 0109
庚午 乙酉 己未 乙亥 0109

庚午 乙酉 庚寅 丁亥 0110
庚午 乙酉 丁丑 庚子 0110
庚午 乙酉 丙子 己亥 0111
庚午 乙酉 戊辰 壬戌 0111
庚午 乙酉 壬辰 乙巳 0112
庚午 乙酉 己丑 乙亥 0112
庚午 乙酉 戊辰 丁巳 0113
庚午 乙酉 庚辰 癸未 0113
庚午 乙酉 壬申 丁未 0114
庚午 乙酉 甲子 丁卯 0114
庚午 乙酉 丙子 癸巳 0115
庚午 乙酉 辛卯 辛卯 0115
庚午 乙酉 庚午 甲申 0116
第077
庚午 丙戌 丁酉 己酉 0117
庚午 丙戌 辛丑 戊戌 0117
庚午 丙戌 甲寅 戊辰 0118
庚午 丙戌 丁巳 辛亥 0118
庚午 丙戌 戊戌 乙卯 0119
庚午 丙戌 丙申 戊戌 0119
庚午 丙戌 辛丑 癸巳 0120
庚午 丙戌 丁未 庚戌 0120
庚午 丙戌 己未 乙亥 0121

庚午 丙戌 丁亥 辛亥 0121
庚午 丙戌 丁未 庚子 0122
庚午 丙戌 庚戌 甲申 0122
庚午 丙戌 戊申 壬戌 0123
庚午 丙戌 庚戌 甲申 0123
庚午 丙戌 庚申 己卯 0124
庚午 丙戌 戊戌 癸亥 0124
庚午 丙戌 癸丑 戊午 0125
庚午 丙戌 戊午 庚申 0125
庚午 丙戌 乙亥 戊辰 0126
庚午 丙戌 甲子 丙子 0126
庚午 丙戌 丁酉 丁未 0127
庚午 丙戌 丙申 丁酉 0127
庚午 丙戌 辛丑 己亥 0128
庚午 丙戌 辛酉 己丑 0128
庚午 丙戌 戊午 癸丑 0129
庚午 丙戌 己亥 己巳 0129
庚午 丙戌 庚申 丁亥 0130
庚午 丙戌 戊申 壬戌 0130
庚午 丙戌 戊戌 甲寅 0131
庚午 丙戌 壬寅 辛丑 0131
庚午 丙戌 戊午 癸丑 0132

庚午 丙戌 癸亥 壬戌 0132
庚午 丙戌 庚申 己卯 0133
庚午 丙戌 癸亥 庚申 0133
庚午 丙戌 甲辰 戊辰 0134
庚午 丙戌 丙辰 庚寅 0134
庚午 丙戌 庚戌 乙酉 0135
庚午 丙戌 甲午 壬申 0135
庚午 丙戌 甲辰 乙丑 0136
庚午 丙戌 丙申 己亥 0136
第078
庚午 戊子 己酉 丙寅 0137
庚午 戊子 丙辰 甲午 0137
庚午 戊子 丙辰 丙申 0138
庚午 戊子 戊戌 乙卯 0138
庚午 戊子 丙辰 戊子 0139
庚午 戊子 戊申 壬戌 0139
庚午 戊子 丙辰 戊子 0140
庚午 戊子 丙辰 戊子 0140
庚午 戊子 乙巳 庚辰 0141
庚午 戊子 癸亥 癸亥 0141
庚午 戊子 庚戌 丁丑 0142
庚午 戊子 癸丑 乙卯 0142
庚午 戊子 壬戌 己酉 0143

庚午 戊子 戊午 戊午 0143
庚午 戊子 乙丑 庚辰 0144
庚午 戊子 戊申 壬子 0144
庚午 戊子 戊午 乙卯 0145
庚午 戊子 甲子 甲子 0145
庚午 戊子 乙巳 丙戌 0146
庚午 戊子 乙未 丙戌 0146
庚午 戊子 乙未 己巳 0147
庚午 戊子 辛丑 壬辰 0147
庚午 戊子 辛酉 庚寅 0148
庚午 戊子 壬戌 癸卯 0148
庚午 戊子 壬寅 庚戌 0149
庚午 戊子 己未 甲子 0149
庚午 戊子 戊戌 壬子 0150
庚午 戊子 癸卯 壬戌 0150
庚午 戊子 己未 癸酉 0151
庚午 戊子 丁酉 癸卯 0151
庚午 戊子 辛酉 甲午 0152
第079
庚午 己丑 丙寅 戊子 0153
庚午 己丑 戊辰 甲寅 0153
庚午 己丑 癸酉 丁巳 0154
庚午 己丑 己巳 乙丑 0154

辛未 庚寅 甲子 乙丑 0177
辛未 庚寅 癸丑 戊午 0177
辛未 庚寅 丁未 辛亥 0178
辛未 庚寅 丙申 壬辰 0178
辛未 庚寅 丙寅 己丑 0179
辛未 庚寅 庚戌 癸未 0179
辛未 庚寅 癸亥 壬戌 0180
辛未 庚寅 癸丑 甲寅 0180
辛未 庚寅 辛酉 壬辰 0181
辛未 庚寅 乙酉 壬申 0181
辛未 庚寅 庚申 庚辰 0182
辛未 庚寅 壬戌 辛亥 0182
第081 辛未 庚寅 甲戌 甲戌 0183
辛未 庚寅 癸卯 乙卯 0183
辛未 庚寅 乙卯 己卯 0184
辛未 庚寅 癸亥 癸亥 0184
辛未 庚寅 癸巳 壬戌 0185
辛未 庚寅 戊午 甲寅 0185
辛未 庚寅 癸丑 丙辰 0186
辛未 庚寅 甲寅 丙寅 0186
辛未 庚寅 丙辰 甲午 0187
辛未 庚寅 乙卯 戊寅 0187

辛未 庚寅 庚子 甲申 0188
辛未 庚寅 壬寅 庚子 0188
辛未 庚寅 丙辰 戊戌 0189
辛未 庚寅 丙辰 戊戌 0189
辛未 庚寅 甲子 庚午 0190
辛未 庚寅 丙申 戊戌 0190
辛未 庚寅 庚申 辛巳 0191
辛未 庚寅 庚子 丙戌 0191
辛未 庚寅 癸丑 庚申 0192
辛未 庚寅 壬戌 辛亥 0192
辛未 庚寅 壬子 乙巳 0193
辛未 庚寅 辛亥 甲午 0193
辛未 庚寅 甲子 乙丑 0194
辛未 庚寅 丙辰 戊子 0194
辛未 庚寅 庚子 丙子 0195
辛未 庚寅 癸丑 癸亥 0195
辛未 庚寅 丁未 乙巳 0196
辛未 庚寅 丁未 壬寅 0196
辛未 庚寅 丁酉 辛亥 0197
辛未 庚寅 庚申 乙酉 0197
第082 辛未 辛卯 庚辰 丁亥 0198
辛未 辛卯 庚午 丁丑 0198

辛未 辛卯 己丑 甲子 0199
辛未 辛卯 戊子 庚申 0199
辛未 辛卯 甲午 戊辰 0200
辛未 辛卯 辛卯 辛卯 0200
辛未 辛卯 辛未 辛卯 0201
辛未 辛卯 辛卯 辛卯 0201
辛未 辛卯 己卯 壬申 0202
辛未 辛卯 乙亥 壬午 0202
辛未 辛卯 癸酉 戊午 0203
辛未 辛卯 辛未 丁酉 0203
辛未 辛卯 乙酉 丁亥 0204
辛未 辛卯 丁丑 己酉 0204
辛未 辛卯 辛卯 庚寅 0205
辛未 辛卯 癸未 壬戌 0205
辛未 辛卯 乙酉 丁丑 0206
辛未 辛卯 乙卯 甲戌 0206
辛未 辛卯 丙戌 戊戌 0207
辛未 辛卯 乙酉 甲申 0207
辛未 辛卯 甲戌 乙丑 0208
辛未 辛卯 辛未 甲午 0208
辛未 辛卯 辛未 辛卯 0209
辛未 辛卯 乙未 辛巳 0209

辛未 辛卯 戊辰 庚申 0210
辛未 辛卯 癸未 丁巳 0210
辛未 辛卯 甲戌 丙寅 0211
辛未 辛卯 丙寅 甲午 0211
辛未 辛卯 庚午 己卯 0212
辛未 辛卯 甲戌 戊辰 0212
辛未 辛卯 辛未 庚寅 0213
辛未 辛卯 壬辰 甲辰 0213
辛未 辛卯 戊辰 辛酉 0214
辛未 辛卯 乙亥 壬午 0214
第083
辛未 辛卯 甲戌 丁卯 0215
辛未 辛卯 庚辰 乙酉 0215
辛未 辛卯 丙午 丁酉 0216
辛未 辛卯 壬辰 丁未 0216
辛未 辛卯 戊子 己未 0217
辛未 辛卯 乙亥 丙戌 0217
辛未 辛卯 癸未 戊午 0218
辛未 辛卯 癸酉 己未 0218
辛未 辛卯 甲申 己未 0219
辛未 辛卯 戊子 乙卯 0219
辛未 辛卯 癸未 丁巳 0220
辛未 辛卯 庚午 辛巳 0220

辛未 辛卯 辛卯 庚寅 0221
辛未 辛卯 乙未 己卯 0221
辛未 辛卯 辛未 辛卯 0222
辛未 辛卯 丙申 丙申 0222
辛未 辛卯 癸巳 丙辰 0223
辛未 辛卯 癸酉 癸亥 0223
辛未 辛卯 辛酉 庚寅 0224
辛未 辛卯 癸巳 癸丑 0224
辛未 辛卯 辛巳 丁酉 0225
辛未 辛卯 甲午 庚午 0225
辛未 辛卯 庚寅 甲申 0226
辛未 辛卯 丙寅 壬辰 0226
辛未 辛卯 丁巳 己酉 0227
辛未 辛卯 癸酉 甲寅 0227
辛未 辛卯 丁卯 庚子 0228
辛未 辛卯 丙子 乙亥 0228
辛未 辛卯 壬申 壬寅 0229
辛未 辛卯 乙亥 己卯 0229
辛未 辛卯 丁丑 庚戌 0230
辛未 辛卯 癸巳 壬子 0230
辛未 辛卯 辛未 己亥 0231
辛未 辛卯 甲戌 己巳 0231

辛未 辛卯 戊子 癸亥 0232
辛未 辛卯 甲戌 甲子 0232
辛未 辛卯 癸未 戊午 0233
辛未 辛卯 丙申 戊子 0233
辛未 辛卯 壬午 辛丑 0234
辛未 辛卯 丙子 戊戌 0234
辛未 辛卯 癸未 己未 0235
辛未 辛卯 壬午 辛亥 0235
第084
辛未 壬辰 丙寅 辛卯 0236
辛未 壬辰 丁未 庚子 0236
辛未 壬辰 庚戌 丁丑 0237
辛未 壬辰 壬寅 壬寅 0237
辛未 壬辰 乙卯 丙子 0238
辛未 壬辰 甲辰 壬申 0238
辛未 壬辰 乙丑 壬午 0239
辛未 壬辰 壬寅 辛亥 0239
辛未 壬辰 戊申 壬戌 0240
辛未 壬辰 甲辰 甲戌 0240
辛未 壬辰 辛丑 辛卯 0241
辛未 壬辰 辛酉 戊子 0241
辛未 壬辰 丁未 戊申 0242
辛未 壬辰 庚申 癸未 0242

辛未 壬辰 戊戌 壬子 0243
辛未 壬辰 戊午 庚申 0243
辛未 壬辰 辛酉 壬辰 0244
辛未 壬辰 辛亥 戊子 0244
辛未 壬辰 乙丑 丁亥 0245
辛未 壬辰 戊申 甲寅 0245
辛未 壬辰 甲子 丁卯 0246
辛未 壬辰 丁巳 辛亥 0246
辛未 壬辰 壬寅 乙巳 0247
辛未 壬辰 戊申 壬戌 0247
辛未 壬辰 壬子 癸卯 0248
辛未 壬辰 壬寅 戊申 0248
辛未 壬辰 戊戌 戊午 0249
辛未 壬辰 壬寅 戊申 0249
辛未 壬辰 庚申 丙子 0250
辛未 壬辰 壬寅 丙午 0250
辛未 壬辰 丁酉 乙巳 0251
辛未 壬辰 丙午 己亥 0251
辛未 壬辰 乙卯 丁丑 0252
第085
辛未 癸巳 乙亥 甲申 0253
辛未 癸巳 己卯 辛未 0253
辛未 癸巳 己巳 戊辰 0254

辛未 癸巳 甲午 甲戌 0254
辛未 癸巳 辛卯 甲午 0255
辛未 癸巳 丁丑 癸卯 0255
辛未 癸巳 壬辰 乙巳 0256
辛未 癸巳 辛巳 辛卯 0256
辛未 癸巳 乙卯 壬申 0257
辛未 癸巳 己巳 甲子 0257
辛未 癸巳 己丑 丙寅 0258
辛未 癸巳 庚午 戊寅 0258
辛未 癸巳 壬辰 乙巳 0259
辛未 癸巳 甲戌 癸酉 0259
辛未 癸巳 癸丑 癸亥 0260
辛未 癸巳 乙酉 甲申 0260
辛未 癸巳 辛卯 戊戌 0261
辛未 癸巳 丙申 己亥 0261
辛未 癸巳 戊寅 壬子 0262
辛未 癸巳 癸未 壬子 0262
辛未 癸巳 丁丑 甲辰 0263
辛未 癸巳 癸酉 戊午 0263
辛未 癸巳 丙申 己亥 0264
辛未 癸巳 丁卯 辛亥 0264
辛未 癸巳 甲午 丙寅 0265

辛未 癸巳 甲午 戊辰 0265
辛未 癸巳 壬午 甲辰 0266
辛未 癸巳 丙戌 壬辰 0266
辛未 癸巳 戊寅 己未 0267
第086
辛未 丙申 戊辰 乙卯 0268
辛未 丙申 乙卯 辛巳 0268
辛未 丙申 戊午 庚申 0269
辛未 丙申 乙卯 壬午 0269
辛未 丙申 甲辰 甲子 0270
辛未 丙申 丙午 丁酉 0270
辛未 丙申 壬寅 庚戌 0271
辛未 丙申 庚子 丁丑 0271
辛未 丙申 癸亥 甲寅 0272
辛未 丙申 己未 己巳 0272
辛未 丙申 壬戌 庚戌 0273
辛未 丙申 甲子 辛未 0273
辛未 丙申 丙午 辛卯 0274
辛未 丙申 癸卯 人质 0274
辛未 丙申 戊午 戊午 0275
辛未 丙申 癸亥 丙辰 0275
辛未 丙申 壬寅 辛卯 0276
辛未 丙申 丁未 庚戌 0276

辛未 丙申 乙巳 己卯 0277
辛未 丙申 戊午 壬子 0277
辛未 丙申 癸卯 乙卯 0278
辛未 丙申 戊申 癸丑 0278
辛未 丙申 癸亥 丁巳 0279
辛未 丙申 乙卯 辛巳 0279
辛未 丙申 癸亥 壬子 0280
辛未 丙申 辛酉 丙申 0280
辛未 丙申 癸卯 癸亥 0281
辛未 丙申 癸卯 壬戌 0281
辛未 丙申 丙午 甲午 0282
辛未 丙申 丁卯 辛丑 0282
辛未 丙申 乙丑 丁亥 0283
辛未 丙申 丁卯 辛亥 0283
辛未 丙申 丙寅 壬辰 0284
辛未 丙申 丙寅 戊子 0284
辛未 丙申 壬辰 庚子 0285
辛未 丙申 癸卯 戊午 0285
辛未 丙申 癸卯 乙卯 0286
辛未 丙申 癸卯 癸亥 0286
辛未 丙申 乙卯 丁丑 0287
辛未 丙申 丙午 戊戌 0287

辛未 丁酉 壬午 辛亥 0310
辛未 丁酉 丁丑 壬寅 0310
辛未 丁酉 戊戌 辛酉 0311
辛未 丁酉 戊子 庚申 0311
辛未 丁酉 壬申 壬寅 0312
辛未 丁酉 丙戌 辛卯 0312
辛未 丁酉 戊戌 庚申 0313
辛未 丁酉 癸巳 丁巳 0313
辛未 丁酉 壬辰 辛卯 0314
辛未 丁酉 庚寅 壬午 0314
辛未 丁酉 己亥 丙寅 0315
辛未 丁酉 己巳 己巳 0315
辛未 丁酉 癸巳 癸亥 0316
辛未 丁酉 甲午 丙寅 0316
辛未 丁酉 丙子 己亥 0317
辛未 丁酉 甲戌 己巳 0317
辛未 丁酉 己丑 甲子 0318
辛未 丁酉 丁亥 辛亥 0318
辛未 丁酉 壬午 辛亥 0319
辛未 丁酉 甲戌 己巳 0319
辛未 丁酉 丁丑 壬寅 0320
辛未 丁酉 丙申 戊戌 0320

辛未 丁酉 己丑 癸酉 0321
辛未 丁酉 丙子 丁酉 0321
辛未 丁酉 乙未 丁亥 0322
辛未 丁酉 辛未 己亥 0322
第089
辛未 丁酉 乙未 丁丑 0323
辛未 丁酉 癸巳 戊午 0323
辛未 丁酉 壬申 辛亥 0324
辛未 丁酉 己卯 癸酉 0324
辛未 丁酉 辛卯 壬辰 0325
辛未 丁酉 甲戌 己巳 0325
辛未 丁酉 辛未 丙申 0326
辛未 丁酉 癸未 壬子 0326
辛未 丁酉 丙戌 戊子 0327
辛未 丁酉 庚午 戊寅 0327
辛未 丁酉 辛卯 戊戌 0328
辛未 丁酉 丙申 辛卯 0328
辛未 丁酉 壬午 丁未 0329
辛未 丁酉 戊寅 庚申 0329
辛未 丁酉 癸酉 己卯 0330
辛未 丁酉 己丑 庚午 0330
辛未 丁酉 壬辰 甲辰 0331
辛未 丁酉 丙戌 己亥 0331

辛未 庚子 己酉 癸酉 0376
辛未 庚子 戊午 壬戌 0377
辛未 庚子 丙午 癸巳 0377
辛未 庚子 乙巳 丁丑 0378
辛未 庚子 己酉 癸酉 0378
辛未 庚子 丙午 壬辰 0379
辛未 庚子 乙卯 壬午 0379
辛未 庚子 庚戌 丙子 0380
辛未 庚子 己巳 丙寅 0380
辛未 庚子 辛酉 壬辰 0381
辛未 庚子 辛亥 壬辰 0381
第092 辛未 庚子 壬寅 丙午 0382
辛未 庚子 己巳 辛未 0382
辛未 庚子 甲寅 庚午 0383
辛未 庚子 乙巳 己卯 0383
辛未 庚子 甲寅 乙亥 0384
辛未 庚子 辛酉 庚寅 0384
辛未 庚子 丙午 壬辰 0385
辛未 庚子 庚申 丙戌 0385
辛未 庚子 乙丑 壬午 0386
辛未 庚子 甲子 戊辰 0386
辛未 庚子 癸巳 辛酉 0387
辛未 庚子 庚戌 丁亥 0387
辛未 庚子 己巳 戊辰 0388
辛未 庚子 乙丑 丁亥 0388
辛未 庚子 壬寅 甲辰 0389
辛未 庚子 丙寅 庚寅 0389
辛未 庚子 乙丑 癸未 0390
辛未 庚子 丙午 壬辰 0390
辛未 庚子 丙寅 己丑 0391
辛未 庚子 甲子 己巳 0391
辛未 庚子 戊申 丙辰 0392
辛未 庚子 辛丑 戊戌 0392
辛未 庚子 丙寅 戊戌 0393
辛未 庚子 庚子 辛巳 0393
辛未 庚子 壬子 庚子 0394
辛未 庚子 辛丑 丙申 0394
辛未 庚子 戊申 乙卯 0395
辛未 庚子 丁未 癸卯 0395
辛未 庚子 辛丑 辛丑 0396
辛未 庚子 丁卯 庚子 0396
辛未 庚子 乙巳 癸未 0397
辛未 庚子 甲寅 乙亥 0397
辛未 庚子 癸亥 甲寅 0398

辛未 庚子 壬午 辛丑 0398
辛未 庚子 庚申 丁丑 0399
辛未 庚子 壬寅 庚子 0399
辛未 庚子 戊辰 壬戌 0400
辛未 庚子 庚申 丙戌 0400
第093
辛未 辛丑 己卯 甲子 0401
辛未 辛丑 庚午 庚辰 0401
辛未 辛丑 甲戌 丁卯 0402
辛未 辛丑 丁丑 辛亥 0402
辛未 辛丑 辛未 乙未 0403
辛未 辛丑 癸酉 壬子 0403
辛未 辛丑 己丑 丙寅 0404
辛未 辛丑 戊戌 壬戌 0404
辛未 辛丑 丁巳 辛亥 0405
辛未 辛丑 庚寅 丁丑 0405
辛未 辛丑 己丑 乙亥 0406
辛未 辛丑 己卯 壬申 0406
辛未 辛丑 己卯 乙亥 0407
辛未 辛丑 庚辰 丁亥 0407
辛未 辛丑 壬午 庚子 0408
辛未 辛丑 己巳 辛未 0408
辛未 辛丑 甲戌 甲戌 0409

辛未 辛丑 辛丑 戊子 0409
辛未 辛丑 乙亥 戊寅 0410
辛未 辛丑 辛丑 戊子 0410
辛未 辛丑 甲戌 乙丑 0411
辛未 辛丑 己卯 戊辰 0411
辛未 辛丑 乙卯 戊辰 0412
辛未 辛丑 癸卯 壬子 0412
辛未 辛丑 辛未 戊子 0413
辛未 辛丑 丙戌 癸巳 0413
辛未 辛丑 庚辰 丁亥 0414
辛未 辛丑 丁丑 庚子 0414
辛未 辛丑 壬辰 庚子 0415
辛未 辛丑 壬午 壬寅 0415
辛未 辛丑 癸未 甲寅 0416
辛未 辛丑 壬申 癸卯 0416
辛未 辛丑 壬辰 丁未 0417
辛未 辛丑 甲申 乙丑 0417
辛未 辛丑 壬子 戊子 0418
辛未 辛丑 癸酉 壬戌 0418
辛未 辛丑 壬申 丙午 0419
辛未 辛丑 丙戌 己亥 0419
辛未 辛丑 戊戌 丙辰 0420

辛未 辛丑 己亥 戊辰 0420
第094 辛未 辛丑 辛卯 己亥 0421
辛未 辛丑 戊戌 丙辰 0421
辛未 辛丑 辛巳 戊戌 0422
辛未 辛丑 壬申 丙午 0422
辛未 辛丑 壬午 乙巳 0423
辛未 辛丑 壬辰 庚子 0423
辛未 辛丑 癸酉 乙卯 0424
辛未 辛丑 己卯 戊辰 0424
辛未 辛丑 丁丑 戊申 0425
辛未 辛丑 甲申 戊辰 0425
辛未 辛丑 丙戌 己丑 0426
辛未 辛丑 丁丑 辛丑 0426
辛未 辛丑 己卯 甲子 0427
辛未 辛丑 丙申 己未 0427
辛未 辛丑 丁亥 辛亥 0428
辛未 辛丑 庚寅 己卯 0428
辛未 辛丑 乙酉 丙戌 0429
辛未 辛丑 丁亥 庚子 0429
辛未 辛丑 壬辰 壬寅 0430
辛未 辛丑 庚子 丁丑 0430
辛未 辛丑 辛巳 乙未 0431
辛未 辛丑 庚辰 丙戌 0431
辛未 辛丑 丙子 壬辰 0432
辛未 辛丑 辛巳 己亥 0432
辛未 辛丑 庚子 庚辰 0433
辛未 辛丑 戊辰 辛酉 0433
辛未 辛丑 丁酉 甲辰 0434
辛未 辛丑 甲午 甲戌 0434
辛未 辛丑 庚子 癸未 0435
辛未 辛丑 癸丑 壬子 0435
辛未 辛丑 庚子 丙戌 0436
辛未 辛丑 丙戌 己丑 0436
辛未 辛丑 癸巳 壬子 0437
辛未 辛丑 癸巳 癸丑 0437
辛未 辛丑 乙未 乙酉 0438
辛未 辛丑 丁丑 庚子 0438
辛未 辛丑 丙子 丙申 0439
辛未 辛丑 甲午 乙亥 0439
辛未 辛丑 庚寅 丙戌 0440
辛未 辛丑 丙申 戊子 0440
辛未 辛丑 丁丑 戊申 0441
辛未 辛丑 辛未 辛卯 0441
辛未 辛丑 辛未 辛卯 0442

辛未 辛丑 乙酉 己卯 0442
辛未 辛丑 甲申 甲子 0443
辛未 辛丑 乙酉 丙子 0443
第095 辛未 辛丑 庚子 丁亥 0444
辛未 辛丑 戊戌 丙辰 0444
辛未 辛丑 庚子 甲申 0445
辛未 辛丑 己丑 甲子 0445
辛未 辛丑 壬午 辛亥 0446
辛未 辛丑 庚辰 壬午 0446
辛未 辛丑 戊寅 壬戌 0447
辛未 辛丑 壬申 辛丑 0447
辛未 辛丑 壬辰 丁未 0448
辛未 辛丑 乙未 丙子 0448
辛未 辛丑 癸未 己未 0449
辛未 辛丑 丙戌 己亥 0449
辛未 辛丑 戊子 壬戌 0450
辛未 辛丑 壬午 乙巳 0450
辛未 辛丑 癸丑 壬戌 0451
辛未 辛丑 戊子 己未 0451
辛未 辛丑 己丑 壬申 0452
辛未 辛丑 辛卯 己亥 0452
辛未 辛丑 壬申 辛亥 0453

辛未 辛丑 壬申 甲辰 0453
辛未 辛丑 丙子 壬辰 0454
辛未 辛丑 甲戌 庚午 0454
辛未 辛丑 甲申 甲子 0455
辛未 辛丑 壬辰 甲辰 0455
辛未 辛丑 乙未 戊寅 0456
辛未 辛丑 己卯 甲戌 0456
辛未 辛丑 丁丑 乙巳 0457
辛未 辛丑 丙申 丙申 0457
辛未 辛丑 壬午 庚戌 0458
辛未 辛丑 甲申 乙丑 0458
辛未 辛丑 戊寅 乙卯 0459
辛未 辛丑 己卯 己巳 0459
辛未 辛丑 丁丑 庚子 0460
辛未 辛丑 戊寅 癸亥 0460
辛未 辛丑 辛未 戊子 0461
辛未 辛丑 辛丑 戊子 0461
辛未 辛丑 戊寅 乙卯 0462
第096 壬申 壬寅 甲寅 乙丑 0463
壬申 壬寅 壬寅 庚子 0463
壬申 壬寅 戊辰 庚申 0464
壬申 壬寅 己巳 己巳 0464

壬申 壬寅 甲辰 壬申 0487
壬申 壬寅 戊申 壬戌 0487
壬申 壬寅 丁卯 丙午 0488
壬申 壬寅 庚子 壬寅 0488
壬申 壬寅 辛丑 丙辰 0489
壬申 壬寅 庚午 戊寅 0489
壬申 壬寅 庚午 戊寅 0490
壬申 壬寅 乙巳 庚辰 0490
壬申 壬寅 癸丑 癸丑 0491
壬申 壬寅 庚戌 乙酉 0491
壬申 壬寅 丙辰 壬辰 0492
壬申 壬寅 丁巳 乙巳 0492
壬申 壬寅 庚午 戊寅 0493
壬申 壬寅 己未 丙寅 0493
壬申 壬寅 丙午 丙申 0494
壬申 壬寅 丙辰 壬辰 0494
壬申 壬寅 丙午 戊子 0495
壬申 壬寅 乙巳 甲申 0495
壬申 壬寅 癸卯 丁巳 0496
壬申 壬寅 辛亥 甲午 0496
壬申 壬寅 丁未 丙午 0497
壬申 壬寅 丁卯 庚子 0497

壬申 壬寅 戊午 丙辰 0498
壬申 壬寅 癸亥 壬子 0498
壬申 壬寅 戊申 丙辰 0499
壬申 壬寅 癸亥 戊午 0499
壬申 壬寅 丙辰 己亥 0500
壬申 壬寅 甲辰 乙丑 0500
第098 壬申 癸卯 丙子 0501
壬申 癸卯 癸未 壬戌 0501
壬申 癸卯 辛丑 丑 0502
壬申 癸卯 庚辰 乙酉 0502
壬申 癸卯 戊寅 癸亥 0503
壬申 癸卯 己丑 己巳 0503
壬申 癸卯 甲申 甲子 0504
壬申 癸卯 戊寅 癸亥 0504
壬申 癸卯 丙子 甲午 0505
壬申 癸卯 丁丑 辛亥 0505
壬申 癸卯 庚寅 庚辰 0506
壬申 癸卯 乙未 丙子 0506
壬申 癸卯 癸卯 己未 0507
壬申 癸卯 己亥 壬申 0507
壬申 癸卯 丙子 丁酉 0508
壬申 癸卯 丁丑 壬寅 0508

壬申 癸卯 庚辰 丁亥 0509
壬申 癸卯 癸未 庚申 0509
壬申 癸卯 己亥 甲子 0510
壬申 癸卯 庚辰 丁亥 0510
壬申 癸卯 壬午 辛亥 0511
壬申 癸卯 甲戌 戊辰 0511
壬申 癸卯 甲申 甲戌 0512
壬申 癸卯 乙酉 丙戌 0512
壬申 癸卯 乙亥 甲戌 0513
壬申 癸卯 戊戌 己未 0513
壬申 癸卯 甲申 甲戌 0514
壬申 癸卯 戊子 癸亥 0514
壬申 癸卯 物资 癸亥 0515
壬申 癸卯 甲申 乙亥 0515
壬申 癸卯 己丑 己巳 0516
壬申 癸卯 己卯 壬申 0516
壬申 癸卯 戊戌 辛酉 0517
壬申 癸卯 辛丑 癸巳 0517
壬申 癸卯 乙未 乙酉 0518
壬申 癸卯 癸酉 乙卯 0518
壬申 癸卯 乙亥 丙子 0519
壬申 癸卯 丙子 壬辰 0519

壬申 癸卯 癸酉 癸丑 0520
壬申 癸卯 丙子 己亥 0520
壬申 癸卯 丁丑 辛丑 0521
壬申 癸卯 甲午 辛未 0521
壬申 癸卯 甲戌 己巳 0522
壬申 癸卯 丁亥 辛丑 0522
壬申 癸卯 乙亥 丙子 0523

第099

壬申 丙午 庚戌 丁丑 0524
壬申 丙午 辛酉 甲午 0524
壬申 丙午 辛卯 癸巳 0525
壬申 丙午 丙午 丙申 0525
壬申 丙午 丙辰 丙申 0526
壬申 丙午 癸巳 甲寅 0526
壬申 丙午 丁卯 乙巳 0527
壬申 丙午 丙午 己丑 0527
壬申 丙午 庚申 丁丑 0528
壬申 丙午 癸亥 甲寅 0528
壬申 丙午 丁巳 辛亥 0529
壬申 丙午 甲子 乙亥 0529
壬申 丙午 辛酉 乙未 0530
壬申 丙午 丙寅 壬辰 0530
壬申 丙午 壬子 辛丑 0531

壬申 丙午 癸卯 丁巳 0531
壬申 丙午 丁卯 丁未 0532
壬申 丙午 戊午 甲寅 0532
壬申 丙午 乙卯 己卯 0533
壬申 丙午 壬申 辛亥 0533
壬申 丙午 戊申 甲寅 0534
壬申 丙午 丁未 庚子 0534
壬申 丙午 戊申 辛酉 0535
壬申 丙午 辛亥 乙酉 0535
壬申 丙午 壬子 辛亥 0536
壬申 丙午 乙巳 己卯 0536
壬申 丙午 乙丑 己卯 0537
壬申 丙午 戊午 甲寅 0537
壬申 丙午 壬戌 壬寅 0538
壬申 丙午 丁巳 庚戌 0538
壬申 丙午 甲寅 甲子 0539
壬申 丙午 丙辰 壬辰 0539
壬申 丙午 戊辰 癸亥 0540
壬申 丙午 壬子 辛丑 0540
第100
壬申 丙午 乙丑 庚辰 0541
壬申 丙午 丙辰 壬辰 0541
壬申 丙午 戊申 壬子 0542

壬申 丙午 癸亥 庚申 0542
壬申 丙午 乙卯 丁亥 0543
壬申 丙午 辛酉 戊戌 0543
壬申 丙午 丙寅 甲午 0544
壬申 丙午 癸亥 癸亥 0544
壬申 丙午 戊寅 丙辰 0545
壬申 丙午 己巳 乙亥 0545
壬申 丙午 癸卯 丁巳 0546
壬申 丙午 丙辰 己丑 0546
壬申 丙午 丙寅 己亥 0547
壬申 丙午 丁卯 丁未 0547
壬申 丙午 壬申 癸卯 0548
壬申 丙午 癸亥 癸亥 0548
壬申 丙午 庚申 丁丑 0549
壬申 丙午 丙辰 丁酉 0549
壬申 丙午 丙寅 辛卯 0550
壬申 丙午 辛酉 丙申 0550
壬申 丙午 乙巳 丁亥 0551
壬申 丙午 庚申 辛巳 0551
壬申 丙午 戊申 癸亥 0552
壬申 丙午 己亥 甲子 0552
壬申 丙午 己未 己巳 0553

壬申 丙午 甲子 乙亥 0553
壬申 丙午 辛亥 癸巳 0554
壬申 丙午 乙丑 丁亥 0554
壬申 丙午 己酉 庚午 0555
壬申 丙午 乙丑 己卯 0555
壬申 丙午 辛亥 丙申 0556
壬申 丙午 丙寅 乙未 0556
第101
壬申 丁未 己亥 丁卯 0557
壬申 丁未 癸未 壬戌 0557
壬申 丁未 甲戌 壬申 0558
壬申 丁未 壬寅 戊申 0558
壬申 丁未 戊戌 己未 0559
壬申 丁未 乙酉 乙酉 0559
壬申 丁未 癸未 庚申 0560
壬申 丁未 己丑 己巳 0560
壬申 丁未 丙戌 己亥 0561
壬申 丁未 癸亥 癸丑 0561
壬申 丁未 甲申 辛未 0562
壬申 丁未 丁酉 乙巳 0562
壬申 丁未 辛卯 壬辰 0563
壬申 丁未 丁丑 辛丑 0563
壬申 丁未 甲午 戊辰 0564

壬申 丁未 壬寅 甲辰 0564
壬申 丁未 壬寅 甲辰 0565
壬申 丁未 丙申 丁酉 0565
壬申 丁未 己丑 庚午 0566
壬申 丁未 乙酉 丙子 0566
壬申 丁未 丙戌 戊戌 0567
壬申 丁未 庚子 丁亥 0567
壬申 丁未 丙子 戊子 0568
壬申 丁未 壬辰 己酉 0568
壬申 丁未 己卯 乙亥 0569
壬申 丁未 癸酉 己未 0569
壬申 丁未 丙戌 癸巳 0570
壬申 丁未 乙未 辛巳 0570
壬申 丁未 癸未 壬戌 0571
壬申 丁未 辛卯 戊戌 0571
壬申 丁未 丁亥 癸卯 0572
壬申 丁未 甲午 癸酉 0572
壬申 丁未 庚寅 壬午 0573
壬申 丁未 丙子 戊子 0573
壬申 丁未 癸未 辛酉 0574
壬申 丁未 辛卯 庚寅 0574
壬申 丁未 癸未 癸亥 0575

壬申 丁未 己亥 乙亥 0575

第102

壬申 丁未 乙亥 丙子 0576
壬申 丁未 癸卯 己未 0576
壬申 丁未 戊戌 戊午 0577
壬申 丁未 戊辰 丁巳 0577
壬申 丁未 辛酉 乙未 0578
壬申 丁未 乙亥 癸未 0578
壬申 丁未 癸酉 庚申 0579
壬申 丁未 己卯 甲子 0579
壬申 丁未 甲午 庚午 0580
壬申 丁未 辛丑 癸巳 0580
壬申 丁未 癸未 乙卯 0581
壬申 丁未 庚辰 壬午 0581
壬申 丁未 辛丑 壬辰 0582
壬申 丁未 辛巳 乙未 0582
壬申 丁未 戊寅 戊午 0583
壬申 丁未 己亥 壬申 0583
壬申 丁未 丙戌 甲午 0584
壬申 丁未 壬午 庚子 0584
壬申 丁未 丙申 己丑 0585
壬申 丁未 丙申 戊戌 0585
壬申 丁未 辛巳 癸巳 0586
壬申 丁未 辛卯 乙未 0586
壬申 丁未 戊子 戊午 0587
壬申 丁未 丙申 丁酉 0587
壬申 丁未 庚寅 丁丑 0588
壬申 丁未 丙申 丁酉 0588
壬申 丁未 丙申 壬辰 0589
壬申 丁未 己卯 壬申 0589
壬申 丁未 庚寅 丁亥 0590
壬申 丁未 甲午 壬申 0590
壬申 丁未 乙酉 戊寅 0591
壬申 丁未 庚子 丁亥 0591
壬申 丁未 壬午 乙巳 0592
壬申 丁未 乙酉 癸未 0592
壬申 丁未 癸巳 己未 0593
壬申 丁未 辛卯 戊戌 0593
壬申 丁未 己丑 丁卯 0594
壬申 丁未 辛巳 癸巳 0594
壬申 丁未 丁酉 丙午 0595
壬申 丁未 甲午 壬申 0595
壬申 丁未 癸酉 庚申 0596
壬申 丁未 癸未 壬戌 0596

第103

壬申 丁未 甲戌 壬申 0597

壬申 丁未 戊戌 戊午 0597
壬申 丁未 庚辰 丁亥 0598
壬申 丁未 戊寅 丙辰 0598
壬申 丁未 庚子 丙子 0599
壬申 丁未 丙申 癸巳 0599
壬申 丁未 壬辰 乙巳 0600
壬申 丁未 戊子 戊午 0600
壬申 丁未 庚寅 丙子 0601
壬申 丁未 甲戌 壬申 0601
壬申 丁未 戊子 壬戌 0602
壬申 丁未 壬辰 丙午 0602
壬申 丁未 戊戌 戊午 0603
壬申 丁未 甲午 乙丑 0603
壬申 丁未 辛巳 庚寅 0604
壬申 丁未 甲午 己巳 0604
壬申 丁未 壬寅 乙巳 0605
壬申 丁未 癸未 丁巳 0605
壬申 丁未 乙酉 甲申 0606
壬申 丁未 辛丑 戊子 0606
壬申 丁未 乙亥 丁亥 0607
壬申 丁未 庚子 甲申 0607
壬申 丁未 丁亥 己酉 0608

壬申 丁未 丁丑 庚戌 0608
壬申 丁未 丙申 辛卯 0609
壬申 丁未 庚寅 甲申 0609
壬申 丁未 乙未 戊寅 0610
壬申 丁未 乙酉 辛巳 0610
壬申 丁未 辛卯 戊戌 0611
壬申 丁未 丙子 癸巳 0611
壬申 丁未 丙戌 乙丑 0612
壬申 丁未 己亥 壬申 0612
壬申 丁未 己亥 丁卯 0613
壬申 丁未 庚寅 甲申 0613
壬申 丁未 丙申 丁酉 0614
壬申 丁未 甲戌 壬申 0614
壬申 丁未 辛丑 庚寅 0615
壬申 丁未 戊寅 丙辰 0615
壬申 丁未 丙子 辛卯 0616

第104

壬申 戊申 戊午 庚申 0617
壬申 戊申 戊申 丁巳 0617
壬申 戊申 壬子 癸卯 0618
壬申 戊申 丙寅 丙申 0618
壬申 戊申 己酉 丁卯 0619
壬申 戊申 庚午 丙戌 0619

壬申 戊申 癸亥 壬子 0620
壬申 戊申 戊辰 壬戌 0620
壬申 戊申 丙寅 辛卯 0621
壬申 戊申 庚戌 乙酉 0621
壬申 戊申 乙卯 壬午 0622
壬申 戊申 辛亥 戊戌 0622
壬申 戊申 乙丑 辛巳 0623
壬申 戊申 己巳 丁卯 0623
壬申 戊申 戊午 癸亥 0624
壬申 戊申 辛未 壬辰 0624
壬申 戊申 戊午 甲寅 0625
壬申 戊申 乙巳 甲申 0625
壬申 戊申 壬申 庚戌 0626
壬申 戊申 壬申 戊申 0626
壬申 戊申 丁亥 壬寅 0627
壬申 戊申 丙辰 壬辰 0627
壬申 戊申 壬申 甲辰 0628
壬申 戊申 癸酉 癸丑 0628
壬申 戊申 丁卯 庚子 0629
壬申 戊申 壬子 癸卯 0629
壬申 戊申 甲子 癸酉 0630
壬申 戊申 丙辰 壬辰 0630


第105


壬申 戊申 戊申 庚申 0631
壬申 戊申 庚戌 庚辰 0631
壬申 戊申 乙巳 癸未 0632
壬申 戊申 甲辰 戊辰 0632
壬申 戊申 乙丑 壬午 0633
壬申 戊申 癸酉 庚申 0633
壬申 戊申 甲辰 丁卯 0634
壬申 戊申 乙巳 庚辰 0634
壬申 戊申 丁巳 戊申 0635
壬申 戊申 壬午 庚子 0635
壬申 戊申 丙辰 壬辰 0636
壬申 戊申 乙卯 丙子 0636
壬申 戊申 甲子 癸酉 0637
壬申 戊申 乙卯 丁亥 0637
壬申 戊申 甲辰 甲戌 0638
壬申 戊申 己未 甲子 0638
壬申 戊申 癸亥 己未 0639
壬申 戊申 己酉 乙丑 0639
壬申 戊申 戊午 癸亥 0640
壬申 戊申 戊午 乙卯 0640
壬申 戊申 乙卯 壬午 0641
壬申 戊申 壬辰 庚戌 0641

壬申 戊申 壬戌 甲辰 0642
壬申 戊申 戊午 癸亥 0642
壬申 戊申 癸丑 戊午 0643
壬申 戊申 乙巳 甲申 0643
壬申 戊申 壬子 癸卯 0644
壬申 戊申 戊午 癸亥 0644
壬申 戊申 丁未 甲辰 0645
壬申 戊申 丁卯 己酉 0645
壬申 戊申 戊申 庚申 0646
壬申 戊申 己丑 甲子 0646
壬申 戊申 己酉 甲子 0647
壬申 戊申 庚申 辛巳 0647
壬申 戊申 戊申 甲寅 0648
壬申 戊申 癸酉 乙卯 0648
壬申 戊申 甲子 庚午 0649
壬申 戊申 乙巳 丁丑 0649
壬申 戊申 壬子 癸卯 0650
壬申 戊申 己未 甲戌 0650
壬申 戊申 己巳 壬申 0651
壬申 戊申 甲寅 壬申 0651
壬申 戊申 己巳 丁卯 0652
壬申 戊申 甲子 癸酉 0652

壬申 戊申 己未 庚午 0653
壬申 戊申 戊申 癸丑 0653
壬申 戊申 辛卯 癸巳 0654
壬申 戊申 丙辰 癸亥 0654
壬申 戊申 庚午 丙子 0655
壬申 戊申 癸未 壬戌 0655
壬申 戊申 丙辰 辛卯 0656
壬申 戊申 甲子 甲子 0656


第106


壬申 己酉 壬戌 戊申 0657
壬申 己酉 戊戌 癸亥 0657
壬申 己酉 乙未 丁亥 0658
壬申 己酉 戊戌 甲寅 0658
壬申 己酉 壬申 癸卯 0659
壬申 己酉 庚辰 丁亥 0659
壬申 己酉 丁丑 壬寅 0660
壬申 己酉 甲戌 庚午 0660
壬申 己酉 壬辰 庚子 0661
壬申 己酉 癸巳 辛酉 0661
壬申 己酉 丁丑 壬寅 0662
壬申 己酉 甲申 甲子 0662
壬申 己酉 丁酉 癸卯 0663
壬申 己酉 丁亥 丁未 0663

壬申 己酉 壬午 壬寅 0664
壬申 己酉 丙戌 壬辰 0664
壬申 己酉 辛亥 癸巳 0665
壬申 己酉 癸巳 甲寅 0665
壬申 己酉 丙戌 丁酉 0666
壬申 己酉 甲子 甲子 0666
壬申 己酉 戊子 癸丑 0667
壬申 己酉 乙亥 丁亥 0667
壬申 己酉 乙亥 丁亥 0668
壬申 己酉 庚辰 丁丑 0668
壬申 己酉 丁丑 壬寅 0669
壬申 己酉 乙酉 庚辰 0669
壬申 己酉 壬午 乙巳 0670
壬申 己酉 乙酉 辛未 0670
壬申 己酉 癸卯 癸亥 0671
壬申 己酉 己卯 乙亥 0671
壬申 己酉 甲午 癸酉 0672
壬申 己酉 壬辰 辛丑 0672
壬申 己酉 癸未 癸亥 0673
壬申 己酉 丁丑 乙巳 0673
壬申 己酉 庚辰 壬午 0674
壬申 己酉 丙申 甲午 0674

第107

壬申 己酉 癸巳 癸亥 0675
壬申 己酉 丁酉 丁未 0675
壬申 己酉 辛卯 戊子 0676
壬申 己酉 丁酉 己酉 0676
壬申 己酉 庚辰 辛巳 0677
壬申 己酉 辛巳 癸巳 0677
壬申 己酉 丁亥 丁未 0678
壬申 己酉 戊子 庚申 0678
壬申 己酉 戊戌 癸亥 0679
壬申 己酉 戊申 壬子 0679
壬申 己酉 甲申 庚午 0680
壬申 己酉 甲午 戊辰 0680
壬申 己酉 乙酉 戊寅 0681
壬申 己酉 丙申 乙未 0681
壬申 己酉 戊子 己未 0682
壬申 己酉 乙亥 丁亥 0682
壬申 己酉 辛丑 丙申 0683
壬申 己酉 丙戌 甲午 0683
壬申 己酉 壬午 庚戌 0684
壬申 己酉 乙酉 甲申 0684
壬申 己酉 戊子 癸丑 0685
壬申 己酉 丁酉 庚子 0685

壬申 己酉 丙申 丙申 0686
壬申 己酉 庚寅 乙酉 0686
壬申 己酉 甲午 辛未 0687
壬申 己酉 乙亥 庚辰 0687
壬申 己酉 癸巳 壬子 0688
壬申 己酉 辛卯 己亥 0688
壬申 己酉 戊戌 壬子 0689
壬申 己酉 戊子 丙辰 0689
壬申 己酉 壬寅 丁未 0690
壬申 己酉 壬辰 辛亥 0690
壬申 己酉 丁丑 庚子 0691
壬申 己酉 癸巳 丙辰 0691
壬申 己酉 壬辰 乙巳 0692
壬申 己酉 丁丑 癸卯 0692
壬申 己酉 庚辰 丙子 0693
壬申 己酉 甲戌 癸酉 0693
壬申 己酉 戊戌 辛酉 0694
壬申 己酉 壬午 癸卯 0694
壬申 己酉 壬辰 甲辰 0695
壬申 己酉 庚辰 戊寅 0695
壬申 己酉 辛丑 乙酉 0696
壬申 己酉 庚寅 乙酉 0696

壬申 己酉 癸未 癸丑 0697
壬申 己酉 乙未 壬午 0697
壬申 己酉 甲申 甲戌 0698
壬申 己酉 辛丑 乙未 0698
壬申 己酉 庚辰 丙子 0699
壬申 己酉 辛丑 丙申 0699
壬申 己酉 壬辰 辛丑 0700
壬申 己酉 辛巳 甲午 0700
壬申 己酉 甲戌 戊辰 0701
壬申 己酉 甲辰 己巳 0701
壬申 己酉 丙子 戊戌 0702
壬申 己酉 丙子 戊子 0702
壬申 己酉 乙未 丁亥 0703
壬申 己酉 丙戌 癸巳 0703
第108
壬申 己酉 戊戌 丁巳 0704
壬申 己酉 壬寅 辛丑 0704
壬申 己酉 丙戌 乙未 0705
壬申 己酉 丁酉 乙巳 0705
壬申 己酉 庚辰 辛巳 0706
壬申 己酉 甲辰 乙丑 0706
壬申 己酉 甲戌 己巳 0707
壬申 己酉 己未 己亥 0707

壬申 己酉 甲戌 辛未 0708
壬申 己酉 己未 丙寅 0708
壬申 己酉 壬寅 丁未 0709
壬申 己酉 己卯 丙寅 0709
壬申 己酉 辛卯 丁酉 0710
壬申 己酉 戊子 癸丑 0710
壬申 己酉 己亥 己巳 0711
壬申 己酉 甲午 辛未 0711
壬申 己酉 丙子 癸巳 0712
壬申 己酉 丁亥 庚戌 0712
壬申 己酉 丁丑 乙巳 0713
壬申 己酉 辛卯 丁酉 0713
壬申 己酉 丙戌 丙申 0714
壬申 己酉 庚子 戊寅 0714
壬申 己酉 辛巳 戊戌 0715
壬申 己酉 庚辰 辛巳 0715
壬申 己酉 丁酉 庚子 0716
壬申 己酉 丙申 甲午 0716
壬申 己酉 壬辰 甲辰 0717
壬申 己酉 庚寅 庚辰 0717
壬申 己酉 壬辰 庚子 0718
壬申 己酉 壬寅 己酉 0718

壬申 己酉 戊寅 乙卯 0719
壬申 己酉 丙戌 戊子 0719
壬申 己酉 己卯 己巳 0720
壬申 己酉 乙亥 乙亥 0720
壬申 己酉 辛巳 癸巳 0721
壬申 己酉 癸卯 壬戌 0721
壬申 己酉 壬午 乙巳 0722
壬申 己酉 甲午 壬申 0722
壬申 己酉 戊子 戊午 0723
壬申 己酉 壬寅 甲辰 0723
壬申 己酉 甲午 丁卯 0724
壬申 己酉 癸巳 乙卯 0724
壬申 己酉 壬辰 辛亥 0725
壬申 己酉 戊子 己未 0725
壬申 己酉 癸巳 辛酉 0726
壬申 己酉 庚寅 丁亥 0726


第109


壬申 庚戌 甲子 丙寅 0727
壬申 庚戌 辛巳 乙未 0727
壬申 庚戌 辛酉 庚寅 0728
壬申 庚戌 乙巳 丙子 0728
壬申 庚戌 壬子 辛亥 0729
壬申 庚戌 乙巳 戊寅 0729

壬申 庚戌 丙寅 己丑 0730
壬申 庚戌 乙卯 己卯 0730
壬申 庚戌 甲戌 癸酉 0731
壬申 庚戌 己巳 庚午 0731
壬申 庚戌 甲子 乙亥 0732
壬申 庚戌 丙寅 戊戌 0732
壬申 庚戌 己酉 戊辰 0733
壬申 庚戌 癸亥 壬戌 0733
壬申 庚戌 庚午 丙戌 0734
壬申 庚戌 乙卯 甲申 0734
壬申 庚戌 辛酉 庚寅 0735
壬申 庚戌 丙辰 乙未 0735
壬申 庚戌 己未 戊辰 0736
壬申 庚戌 丙午 己丑 0736
壬申 庚戌 戊申 癸亥 0737
壬申 庚戌 癸丑 癸丑 0737
壬申 庚戌 辛未 丁酉 0738
壬申 庚戌 辛亥 辛卯 0738
壬申 庚戌 甲子 乙亥 0739
壬申 庚戌 丁卯 壬寅 0739
壬申 庚戌 辛亥 己亥 0740
壬申 庚戌 丁卯 癸卯 0740

第110

壬申 庚戌 丙寅 丙申 0741
壬申 庚戌 甲辰 丁卯 0741
壬申 庚戌 戊午 己未 0742
壬申 庚戌 戊申 丙辰 0742
壬申 庚戌 辛卯 戊子 0743
壬申 庚戌 乙酉 辛巳 0743
壬申 庚戌 己巳 癸酉 0744
壬申 庚戌 壬申 壬寅 0744
壬申 庚戌 甲午 乙丑 0745
壬申 庚戌 庚戌 辛巳 0745
壬申 庚戌 癸酉 壬戌 0746
壬申 庚戌 己未 癸酉 0746
壬申 庚戌 辛酉 己丑 0747
壬申 庚戌 壬申 辛亥 0747
壬申 庚戌 癸酉 壬戌 0748
壬申 庚戌 庚午 丁亥 0748
壬申 庚戌 庚申 丁丑 0749
壬申 庚戌 癸丑 己未 0749
壬申 庚戌 壬申 壬寅 0750
壬申 庚戌 甲寅 庚午 0750
壬申 庚戌 己酉 甲子 0751
壬申 庚戌 乙丑 戊寅 0751

第111

| | | | | |
|---|---|---|---|---|
| 壬申 | 庚戌 | 辛未 | 己亥 | 0774 |
| 壬申 | 庚戌 | 癸亥 | 丙辰 | 0774 |
| 壬申 | 庚戌 | 丙辰 | 己亥 | 0775 |
| 壬申 | 庚戌 | 庚申 | 庚辰 | 0775 |
| 壬申 | 庚戌 | 戊申 | 壬子 | 0776 |
| 壬申 | 庚戌 | 壬戌 | 丙午 | 0776 |
| 壬申 | 庚戌 | 壬戌 | 庚戌 | 0777 |
| 壬申 | 庚戌 | 乙巳 | 癸未 | 0777 |
| 壬申 | 庚戌 | 己亥 | 乙巳 | 0778 |
| 壬申 | 庚戌 | 庚申 | 己卯 | 0778 |
| 壬申 | 庚戌 | 乙未 | 丁亥 | 0779 |
| 壬申 | 庚戌 | 戊辰 | 丁巳 | 0779 |
| 壬申 | 庚戌 | 己酉 | 乙丑 | 0780 |
| 壬申 | 庚戌 | 丙辰 | 庚寅 | 0780 |
| 壬申 | 庚戌 | 癸亥 | 己未 | 0781 |
| 壬申 | 庚戌 | 壬戌 | 壬寅 | 0781 |
| 壬申 | 庚戌 | 辛丑 | 戊子 | 0782 |
| 壬申 | 庚戌 | 辛未 | 己亥 | 0782 |
| 壬申 | 庚戌 | 戊午 | 壬戌 | 0783 |
| 壬申 | 庚戌 | 戊辰 | 己未 | 0783 |
| 壬申 | 庚戌 | 己未 | 辛未 | 0784 |
| 壬申 | 庚戌 | 癸酉 | 壬子 | 0784 |

| | | | | |
|---|---|---|---|---|
| 壬申 | 庚戌 | 乙巳 | 丙子 | 0785 |
| 壬申 | 庚戌 | 己酉 | 癸酉 | 0785 |
| 壬申 | 庚戌 | 丁巳 | 戊申 | 0786 |
| 壬申 | 庚戌 | 乙未 | 癸酉 | 0786 |
| 壬申 | 庚戌 | 丙午 | 乙未 | 0787 |
| 壬申 | 庚戌 | 壬申 | 辛丑 | 0787 |
| 壬申 | 庚戌 | 丙子 | 丙辰 | 0788 |

第112

| | | | | |
|---|---|---|---|---|
| 壬申 | 辛亥 | 丙戌 | 癸巳 | 0789 |
| 壬申 | 辛亥 | 辛卯 | 癸巳 | 0789 |
| 壬申 | 辛亥 | 戊子 | 壬戌 | 0790 |
| 壬申 | 辛亥 | 戊戌 | 乙卯 | 0790 |
| 壬申 | 辛亥 | 戊寅 | 丁巳 | 0791 |
| 壬申 | 辛亥 | 己卯 | 壬申 | 0791 |
| 壬申 | 辛亥 | 甲午 | 戊辰 | 0792 |
| 壬申 | 辛亥 | 乙巳 | 丁丑 | 0792 |
| 壬申 | 辛亥 | 戊戌 | 己未 | 0793 |
| 壬申 | 辛亥 | 辛卯 | 戊子 | 0793 |
| 壬申 | 辛亥 | 己丑 | 戊辰 | 0794 |
| 壬申 | 辛亥 | 甲午 | 乙亥 | 0794 |
| 壬申 | 辛亥 | 壬午 | 甲辰 | 0795 |
| 壬申 | 辛亥 | 己亥 | 己巳 | 0795 |
| 壬申 | 辛亥 | 壬寅 | 甲辰 | 0796 |

壬申　辛亥　庚寅　辛巳　0796
壬申　辛亥　戊子　己未　0797
壬申　辛亥　丁巳　丙午　0797
壬申　辛亥　丙子　戊戌　0798
壬申　辛亥　辛未　己丑　0798
壬申　辛亥　癸巳　戊子　0799
壬申　辛亥　甲子　辛未　0799
壬申　辛亥　丙申　戊戌　0800
壬申　辛亥　丁丑　辛亥　0800
壬申　辛亥　乙未　丙子　0801
壬申　辛亥　辛丑　己亥　0801
壬申　辛亥　丙戌　丙申　0802
壬申　辛亥　癸卯　壬戌　0802
壬申　辛亥　庚申　己卯　0803
壬申　辛亥　丙寅　癸巳　0803
壬申　辛亥　癸亥　己未　0804
壬申　辛亥　庚申　丁亥　0804
壬申　辛亥　丙寅　庚寅　0805
壬申　辛亥　戊寅　丙辰　0805
壬申　辛亥　辛酉　甲午　0806
壬申　辛亥　丙寅　己丑　0806
壬申　辛亥　甲申　壬申　0807

壬申　辛亥　丁丑　辛亥　0807
壬申　辛亥　壬辰　庚子　0808
壬申　辛亥　己丑　戊辰　0808
壬申　辛亥　甲申　乙亥　0809
壬申　辛亥　己酉　丙子　0809
第113
壬申　壬子　壬申　甲辰　0810
壬申　壬子　丁酉　庚戌　0810
壬申　壬子　癸亥　癸亥　0811
壬申　壬子　戊申　丁巳　0811
壬申　壬子　辛亥　庚寅　0812
壬申　壬子　壬子　辛亥　0812
壬申　壬子　庚辰　甲申　0813
壬申　壬子　戊午　癸丑　0813
壬申　壬子　丙辰　戊子　0814
壬申　壬子　甲寅　丙寅　0814
壬申　壬子　甲子　乙丑　0815
壬申　壬子　己未　乙亥　0815
壬申　壬子　乙卯　丙子　0816
壬申　壬子　戊申　壬子　0816
壬申　壬子　壬戌　辛亥　0817
壬申　壬子　丙寅　己亥　0817
壬申　壬子　丁巳　壬寅　0818

壬申　壬子　丁巳　戊申　0840
壬申　壬子　乙丑　丙子　0841
壬申　壬子　乙丑　丁丑　0841
壬申　壬子　己未　乙丑　0842
壬申　壬子　癸酉　辛酉　0842
壬申　壬子　癸丑　癸丑　0843
壬申　壬子　庚申　壬午　0843
壬申　壬子　甲寅　丙寅　0844
壬申　壬子　癸酉　庚申　0844
壬申　壬子　己未　乙亥　0845
壬申　壬子　壬申　甲辰　0845
壬申　壬子　癸亥　壬子　0846
壬申　壬子　丙午　壬辰　0846
壬申　壬子　丙寅　辛卯　0847
壬申　壬子　甲寅　庚午　0847
壬申　壬子　壬戌　戊申　0848
壬申　壬子　癸丑　癸丑　0848
壬申　壬子　戊午　癸亥　0849

第115
甲戌　丙寅　辛未　辛卯　0851
甲戌　丙寅　辛巳　癸巳　0851
甲戌　丙寅　庚申　丁亥　0852
甲戌　丙寅　丙辰　己亥　0852

甲戌　丙寅　辛酉　壬辰　0853
甲戌　丙寅　丙辰　己亥　0853
甲戌　丙寅　戊寅　辛酉　0854
甲戌　丙寅　乙卯　丙戌　0854
甲戌　丙寅　甲寅　丙寅　0855
甲戌　丙寅　乙亥　丙子　0855
甲戌　丙寅　己巳　甲戌　0856
甲戌　丙寅　乙卯　戊寅　0856
甲戌　丙寅　戊辰　丙辰　0857
甲戌　丙寅　庚申　甲申　0857
甲戌　丙寅　庚申　壬午　0858
甲戌　丙寅　戊寅　辛酉　0858
甲戌　丙寅　戊寅　壬子　0859
甲戌　丙寅　甲子　辛未　0859
甲戌　丙寅　甲寅　甲戌　0860
甲戌　丙寅　乙卯　庚戌　0860
甲戌　丙寅　壬戌　癸卯　0861
甲戌　丙寅　癸丑　癸丑　0861
甲戌　丙寅　丙辰　戊戌　0862
甲戌　丙寅　辛酉　庚寅　0862
甲戌　丙寅　庚午　丁丑　0863
甲戌　丙寅　癸酉　丙辰　0863

甲戌 丙寅 癸亥 甲寅 0864
甲戌 丙寅 癸丑 甲寅 0864
甲戌 丙寅 己丑 戊寅 0865
甲戌 丙寅 庚辰 辛巳 0865
甲戌 丙寅 戊辰 丁巳 0866
甲戌 丙寅 壬戌 丁未 0866
甲戌 丙寅 癸丑 癸亥 0867
甲戌 丙寅 甲戌 甲戌 0867
甲戌 丙寅 乙亥 辛巳 0868
甲戌 丙寅 乙卯 癸未 0868
甲戌 丙寅 壬申 甲辰 0869
甲戌 丙寅 癸酉 壬戌 0869
甲戌 丙寅 壬申 庚戌 0870
甲戌 丙寅 癸丑 甲寅 0870
甲戌 丙寅 己未 甲子 0871
甲戌 丙寅 丁巳 甲辰 0871
第116 甲戌 丙寅 乙卯 壬午 0872
甲戌 丙寅 丙寅 戊子 0872
甲戌 丙寅 丙辰 己亥 0873
甲戌 丙寅 丁卯 壬寅 0873
甲戌 丙寅 壬戌 庚戌 0874
甲戌 丙寅 丙子 辛卯 0874

甲戌 丙寅 乙丑 丁亥 0875
甲戌 丙寅 戊寅 壬戌 0875
甲戌 丙寅 戊午 癸亥 0876
甲戌 丙寅 壬戌 丙午 0876
甲戌 丙寅 辛未 甲午 0877
甲戌 丙寅 壬子 乙巳 0877
甲戌 丙寅 辛未 癸酉 0878
甲戌 丙寅 辛巳 辛卯 0878
甲戌 丙寅 辛酉 己亥 0879
甲戌 丙寅 乙丑 己卯 0879
甲戌 丙寅 庚寅 癸未 0880
甲戌 丙寅 庚申 丙戌 0880
甲戌 丙寅 丙辰 丁酉 0881
甲戌 丙寅 壬戌 甲戌 0881
甲戌 丙寅 辛巳 辛卯 0882
甲戌 丙寅 丁卯 癸卯 0882
甲戌 丙寅 丙辰 己亥 0883
甲戌 丙寅 辛亥 戊戌 0883
甲戌 丙寅 甲戌 乙亥 0884
甲戌 丙寅 壬戌 庚戌 0884
甲戌 丙寅 戊辰 乙卯 0885
甲戌 丙寅 己未 丙寅 0885

甲戌 丙寅 乙卯 壬午 0886
甲戌 丙寅 癸亥 壬戌 0886
甲戌 丙寅 庚申 丙子 0887
甲戌 丙寅 丁丑 庚子 0887
甲戌 丙寅 己卯 戊辰 0888
甲戌 丙寅 辛酉 戊戌 0888
甲戌 丙寅 乙卯 甲申 0889
甲戌 丙寅 甲戌 甲戌 0889
甲戌 丙寅 丙辰 壬辰 0890
甲戌 丙寅 己未 乙丑 0890
甲戌 丙寅 癸酉 丙辰 0891

第117

甲戌 戊辰 己未 0892
甲戌 戊辰 甲子 丙寅 0892
甲戌 戊辰 己卯 丁卯 0893
甲戌 戊辰 乙卯 戊寅 0893
甲戌 戊辰 辛巳 乙未 0894
甲戌 戊辰 乙卯 丁亥 0894
甲戌 戊辰 壬申 辛丑 0895
甲戌 戊辰 甲寅 戊辰 0895
甲戌 戊辰 己卯 乙亥 0896
甲戌 戊辰 甲寅 乙丑 0896
甲戌 戊辰 丙寅 丙申 0897

甲戌 戊辰 丁卯 丙午 0897
甲戌 戊辰 壬戌 辛亥 0898
甲戌 戊辰 丁丑 己巳 0898
甲戌 戊辰 己巳 甲戌 0899
甲戌 戊辰 癸酉 庚申 0899
甲戌 戊辰 丁卯 庚子 0900
甲戌 戊辰 辛酉 丙申 0900
甲戌 戊辰 壬午 乙巳 0901
甲戌 戊辰 甲子 辛未 0901
甲戌 戊辰 壬寅 辛亥 0902
甲戌 戊辰 壬戌 亥 0902
甲戌 戊辰 乙亥 丁亥 0903
甲戌 戊辰 庚辰 丁亥 0903
甲戌 戊辰 甲戌 乙丑 0904
甲戌 戊辰 癸酉 壬戌 0904
甲戌 戊辰 庚午 丙戌 0905
甲戌 戊辰 丙辰 戊戌 0905
甲戌 戊辰 丁卯 戊申 0906
甲戌 戊辰 0906
甲戌 戊辰 癸丑 0907
甲戌 戊辰 己未 癸酉 0907
甲戌 戊辰 壬辰 癸卯 0908

甲戌 己巳 辛卯 0930
甲戌 己巳 壬寅 0931
甲戌 己巳 戊戌 0931
甲戌 己巳 丁亥 0932
甲戌 己巳 丁酉 0932
甲戌 己巳 庚戌 0933
甲戌 己巳 戊寅 0933
甲戌 己巳 丁亥 0934
甲戌 己巳 壬 0934
甲戌 己巳 壬寅 0935
甲戌 己巳 乙酉 0935
甲戌 己巳 己亥 0936
甲戌 己巳 丁未 0936
甲戌 己巳 辛丑 0937
甲戌 己巳 丁未 0937
甲戌 己巳 壬辰 0938
甲戌 己巳 庚子 0938
甲戌 己巳 戊申 0939
甲戌 己巳 己亥 0939
甲戌 己巳 戊戌 0940
甲戌 己巳 乙未 0940
甲戌 己巳 甲午 0941

甲戌 己巳 壬午 0941
甲戌 己巳 丙戌 0942
甲戌 己巳 丁亥 辛丑 0942
第120甲戌 己巳 己亥 庚午 0943
甲戌 己巳 丙戌 癸巳 0943
甲戌 己巳 丁亥 戊申 0944
甲戌 己巳 癸卯 戊午 0944
甲戌 己巳 丙午 戊戌 0945
甲戌 己巳 辛丑 戊子 0945
甲戌 己巳 辛卯 癸巳 0946
甲戌 己巳 戊申 辛酉 0946
甲戌 己巳 甲午 乙丑 0947
甲戌 己巳 癸巳 癸丑 0947
甲戌 己巳 壬寅 丁未 0948
甲戌 己巳 己亥 甲子 0948
甲戌 己巳 丁未 丙午 0949
甲戌 己巳 乙未 丁丑 0949
甲戌 己巳 丙午 戊子 0950
甲戌 己巳 癸卯 己未 0950
甲戌 己巳 丙申 丙申 0951
甲戌 己巳 甲申 乙丑 0951
甲戌 己巳 甲午 己巳 0952

甲戌 庚午 丁丑 壬寅 0974
甲戌 庚午 丁丑 壬寅 0975
甲戌 庚午 乙丑 辛巳 0975
甲戌 庚午 乙亥 己卯 0976
甲戌 庚午 庚辰 丙戌 0976
甲戌 庚午 戊寅 己未 0977
甲戌 庚午 辛巳 辛卯 0977
甲戌 庚午 己卯 庚午 0978
甲戌 庚午 己巳 甲戌 0978
甲戌 庚午 乙丑 壬午 0979
甲戌 庚午 癸未 戊午 0979
甲戌 庚午 甲戌 乙丑 0980
甲戌 庚午 戊寅 丁巳 0980
甲戌 庚午 甲戌 庚午 0981
甲戌 庚午 辛酉 己丑 0981
甲戌 庚午 戊寅 丙辰 0982
甲戌 庚午 己巳 乙丑 0982
甲戌 庚午 壬午 庚戌 0983
甲戌 庚午 乙卯 丙戌 0983
甲戌 庚午 辛未 己亥 0984
甲戌 庚午 乙丑 壬午 0984
甲戌 庚午 丙午 癸巳 0985

甲戌 庚午 癸未 丁巳 0985
甲戌 庚午 乙亥 己卯 0986
甲戌 庚午 癸未 戊午 0986
甲戌 庚午 丁巳 庚子 0987
甲戌 庚午 庚申 庚辰 0987
甲戌 庚午 乙亥 壬午 0988
甲戌 庚午 癸酉 壬戌 0988
甲戌 庚午 戊辰 癸丑 0989
甲戌 庚午 己卯 庚午 0989
甲戌 庚午 癸亥 丙辰 0990
甲戌 庚午 丁卯 丙午 0990
第123
甲戌 庚午 辛未 壬辰 0991
甲戌 庚午 癸酉 戊午 0991
甲戌 庚午 庚申 己卯 0992
甲戌 庚午 甲寅 己巳 0992
甲戌 庚午 甲子 乙亥 0993
甲戌 庚午 壬戌 辛亥 0993
甲戌 庚午 乙丑 丙子 0994
甲戌 庚午 丙寅 辛卯 0994
甲戌 庚午 丁巳 庚戌 0995
甲戌 庚午 乙亥 甲申 0995
甲戌 庚午 己亥 戊辰 0996

甲戌 庚午 辛未 癸巳 0996
甲戌 庚午 丙寅 己丑 0997
甲戌 庚午 癸亥 丁巳 0997
甲戌 庚午 戊辰 甲寅 0998
甲戌 庚午 丁丑 丙午 0998
甲戌 庚午 甲寅 癸酉 0999
甲戌 庚午 壬午 辛丑 0999
甲戌 庚午 庚辰 丙戌 1000
甲戌 庚午 癸酉 辛酉 1000
甲戌 庚午 癸酉 戊午 1001
甲戌 庚午 丁卯 丁未 1001
甲戌 庚午 戊寅 甲寅 1002
甲戌 庚午 癸未 丙辰 1002
甲戌 庚午 戊辰 癸丑 1003
甲戌 庚午 庚申 癸未 1003
甲戌 庚午 甲寅 庚午 1004
甲戌 庚午 丙寅 己丑 1004
甲戌 庚午 己巳 甲子 1005
甲戌 庚午 庚申 乙酉 1005
甲戌 庚午 乙亥 甲申 1006
甲戌 庚午 丙寅 壬辰 1006
甲戌 庚午 辛巳 戊子 1007

甲戌 庚午 癸巳 戊午 1007
甲戌 庚午 辛未 戊戌 1008
甲戌 庚午 甲戌 庚午 1008
第124
甲戌 辛未 戊戌 庚申 1009
甲戌 辛未 癸卯 癸丑 1009
甲戌 辛未 甲辰 己巳 1010
甲戌 辛未 戊午 乙卯 1010
甲戌 辛未 丁未 庚戌 1011
甲戌 辛未 丙申 戊戌 1011
甲戌 辛未 壬午 癸卯 1012
甲戌 辛未 丙申 癸巳 1012
甲戌 辛未 辛丑 壬辰 1013
甲戌 辛未 癸巳 癸亥 1013
甲戌 辛未 甲辰 己巳 1014
甲戌 辛未 辛丑 壬辰 1014
甲戌 辛未 庚戌 癸未 1015
甲戌 辛未 丙戌 己亥 1015
甲戌 辛未 辛亥 己亥 1016
甲戌 辛未 壬子 辛亥 1016
甲戌 辛未 乙未 辛巳 1017
甲戌 辛未 丙申 戊戌 1017
甲戌 辛未 戊子 壬戌 1018

甲戌 辛未 丙戌 戊戌 1018
甲戌 辛未 庚寅 壬午 1019
甲戌 辛未 甲辰 丁卯 1019
甲戌 辛未 庚戌 庚辰 1020
甲戌 辛未 辛未 己亥 1020
甲戌 辛未 甲辰 丙寅 1021
甲戌 辛未 丙午 戊戌 1021
甲戌 辛未 丁未 辛亥 1022
甲戌 辛未 丙戌 丙申 1022
甲戌 辛未 辛丑 壬辰 1023
甲戌 辛未 辛卯 丁酉 1023
第125 甲戌 辛未 甲辰 己巳 1024
甲戌 辛未 己亥 壬申 1024
甲戌 辛未 乙未 癸未 1025
甲戌 辛未 己丑 戊辰 1025
甲戌 辛未 癸卯 甲寅 1026
甲戌 辛未 庚子 壬午 1026
甲戌 辛未 乙巳 丁丑 1027
甲戌 辛未 丙午 壬申 1027
甲戌 辛未 辛卯 壬辰 1028
甲戌 辛未 庚寅 壬午 1028
甲戌 辛未 己酉 壬申 1029

甲戌 辛未 戊申 癸亥 1029
甲戌 辛未 丙午 壬辰 1030
甲戌 辛未 丙戌 戊子 1030
甲戌 辛未 庚寅 丙戌 1031
甲戌 辛未 甲申 戊辰 1031
甲戌 辛未 壬申 甲辰 1032
甲戌 辛未 癸巳 壬子 1032
甲戌 辛未 己亥 乙亥 1033
甲戌 辛未 戊戌 丁巳 1033
甲戌 辛未 丁未 乙巳 1034
甲戌 辛未 壬寅 己酉 1034
甲戌 辛未 戊戌 乙卯 1035
甲戌 辛未 丁酉 癸卯 1035
甲戌 辛未 壬辰 癸卯 1036
甲戌 辛未 壬寅 丙午 1036
甲戌 辛未 丁未 辛丑 1037
甲戌 辛未 壬子 癸卯 1037
甲戌 辛未 壬辰 丙午 1038
第126 甲戌 壬申 戊辰 壬戌 1039
甲戌 壬申 庚午 辛巳 1039
甲戌 壬申 癸酉 戊午 1040
甲戌 壬申 壬午 甲辰 1040

甲戌 壬申 辛酉 丁酉 1041
甲戌 壬申 丙辰 己亥 1041
甲戌 壬申 丁巳 庚子 1042
甲戌 壬申 戊午 壬子 1042
甲戌 壬申 辛未 壬辰 1043
甲戌 壬申 戊午 乙卯 1043
甲戌 壬申 甲子 乙卯 1044
甲戌 壬申 辛未 戊戌 1044
甲戌 壬申 戊午 丁巳 1045
甲戌 壬申 丙寅 甲午 1045
甲戌 壬申 甲寅 庚午 1046
甲戌 壬申 辛未 戊戌 1046
甲戌 壬申 壬午 壬寅 1047
甲戌 壬申 辛酉 戊戌 1047
甲戌 壬申 辛酉 壬辰 1048
甲戌 壬申 庚午 辛巳 1048
甲戌 壬申 戊辰 癸亥 1049
甲戌 壬申 丙午 癸巳 1049
甲戌 壬申 乙酉 乙酉 1050
甲戌 壬申 己卯 甲戌 1050
甲戌 壬申 辛未 甲午 1051
甲戌 壬申 己卯 癸未 1051

甲戌 壬申 戊辰 甲寅 1052
甲戌 壬申 己未 己巳 1052
甲戌 壬申 甲申 壬申 1053
甲戌 壬申 辛巳 壬辰 1053
甲戌 壬申 戊午 丁巳 1054
甲戌 壬申 辛酉 戊戌 1054
甲戌 壬申 壬戌 壬寅 1055
甲戌 壬申 壬午 癸卯 1055
甲戌 壬申 甲寅 壬申 1056
甲戌 壬申 甲戌 丙寅 1056
甲戌 壬申 丁巳 丁未 1057
甲戌 壬申 甲寅 壬申 1057
甲戌 壬申 丁巳 辛丑 1058
甲戌 壬申 甲午 癸酉 1058
甲戌 壬申 甲申 丙寅 1059
甲戌 壬申 甲戌 戊辰 1059
甲戌 壬申 丁丑 甲辰 1060
甲戌 壬申 己卯 丁卯 1060
第127
甲戌 壬申 丙寅 壬辰 1061
甲戌 壬申 壬戌 壬寅 1061
甲戌 壬申 癸未 癸丑 1062
甲戌 壬申 乙卯 己卯 1062

甲戌 壬申 辛酉 戊戌 1063
甲戌 壬申 辛巳 癸巳 1063
甲戌 壬申 乙卯 丁丑 1064
甲戌 壬申 丙寅 辛卯 1064
甲戌 壬申 丙子 己丑 1065
甲戌 壬申 戊寅 癸丑 1065
甲戌 壬申 庚午 癸未 1066
甲戌 壬申 乙卯 丁丑 1066
甲戌 壬申 丙辰 壬辰 1067
甲戌 壬申 乙亥 辛巳 1067
甲戌 壬申 甲申 甲子 1068
甲戌 壬申 庚午 辛巳 1068
甲戌 壬申 壬戌 乙巳 1069
甲戌 壬申 乙亥 丁丑 1069
甲戌 壬申 乙卯 癸未 1070
甲戌 壬申 癸丑 戊午 1070
甲戌 壬申 丁巳 辛亥 1071
甲戌 壬申 乙卯 庚辰 1071
甲戌 壬申 庚辰 丁丑 1072
甲戌 壬申 癸酉 戊午 1072
甲戌 壬申 辛未 癸巳 1073
甲戌 壬申 壬午 乙巳 1073

甲戌 壬申 丙寅 庚寅 1074
甲戌 壬申 乙亥 丁亥 1074
甲戌 壬申 庚申 丙子 1075
甲戌 壬申 甲戌 甲戌 1075
甲戌 壬申 癸酉 己未 1076
甲戌 壬申 丙寅 庚寅 1076
甲戌 壬申 丙辰 庚寅 1077
甲戌 壬申 庚辰 丁亥 1077
甲戌 壬申 癸酉 戊午 1078
甲戌 壬申 戊寅 壬子 1078
甲戌 壬申 庚午 癸未 1079
甲戌 壬申 癸酉 丙辰 1079
甲戌 壬申 戊寅 庚申 1080
甲戌 壬申 庚午 丙戌 1080
甲戌 壬申 乙丑 戊寅 1081
甲戌 壬申 庚辰 丙戌 1081
甲戌 壬申 乙丑 丁丑 1082
甲戌 壬申 己未 丁卯 1082
甲戌 壬申 丙辰 戊戌 1083
甲戌 壬申 甲子 丁卯 1083
甲戌 壬申 丁巳 辛丑 1084
甲戌 壬申 丙子 庚寅 1084

甲戌 壬申 戊午 乙卯 1085

第128

甲戌 癸酉 戊戌 丁巳 1086
甲戌 癸酉 辛亥 己丑 1086
甲戌 癸酉 壬寅 甲辰 1087
甲戌 癸酉 乙未 丁丑 1087
甲戌 癸酉 乙巳 丙子 1088
甲戌 癸酉 己亥 癸酉 1088
甲戌 癸酉 丁未 壬寅 1089
甲戌 癸酉 乙酉 己卯 1089
甲戌 癸酉 壬子 丁未 1090
甲戌 癸酉 庚戌 乙酉 1090
甲戌 癸酉 己亥 乙亥 1091
甲戌 癸酉 丁未 庚戌 1091
甲戌 癸酉 己亥 乙丑 1092
甲戌 癸酉 丁未 庚戌 1092
甲戌 癸酉 辛亥 己亥 1093
甲戌 癸酉 辛丑 甲午 1093
甲戌 癸酉 甲戌 乙亥 1094
甲戌 癸酉 甲午 丙寅 1094
甲戌 癸酉 丁酉 己酉 1095
甲戌 癸酉 戊子 乙卯 1095
甲戌 癸酉 戊申 壬子 1096

甲戌 癸酉 己酉 乙丑 1096
甲戌 癸酉 乙巳 丙子 1097
甲戌 癸酉 辛亥 甲午 1097
甲戌 癸酉 丙戌 丁酉 1098
甲戌 癸酉 庚寅 甲申 1098
甲戌 癸酉 庚寅 甲申 1099
甲戌 癸酉 丁亥 丙午 1099
甲戌 癸酉 庚寅 甲申 1100
甲戌 癸酉 癸丑 癸丑 1100
甲戌 癸酉 乙酉 辛巳 1101
甲戌 癸酉 丁酉 庚戌 1101
甲戌 癸酉 壬辰 庚戌 1102
甲戌 癸酉 丁亥 丙午 1102
甲戌 癸酉 辛丑 庚寅 1103
甲戌 癸酉 丁未 丙午 1103
甲戌 癸酉 丁未 甲辰 1104
甲戌 癸酉 甲寅 乙丑 1104

第129

甲戌 癸酉 乙巳 己卯 1105
甲戌 癸酉 丙午 戊戌 1105
甲戌 癸酉 甲午 乙亥 1106
甲戌 癸酉 丙午 己丑 1106
甲戌 癸酉 甲辰 戊辰 1107

第130

甲戌 甲戌 丁丑 甲辰 1151
甲戌 甲戌 癸酉 己未 1152
甲戌 甲戌 辛酉 庚寅 1152
甲戌 甲戌 庚辰 壬午 1153
甲戌 甲戌 己卯 丙寅 1153
甲戌 甲戌 乙卯 戊寅 1154
甲戌 甲戌 乙亥 丙戌 1154
甲戌 甲戌 戊寅 甲寅 1155
甲戌 甲戌 戊子 壬戌 1155
甲戌 甲戌 庚辰 丙子 1156
甲戌 甲戌 甲寅 壬申 1156
甲戌 甲戌 甲戌 乙卯 1157
甲戌 甲戌 辛巳 壬辰 1157
第132
甲戌 甲戌 庚申 辛巳 1158
甲戌 甲戌 乙卯 戊寅 1158
甲戌 甲戌 庚午 甲申 1159
甲戌 甲戌 丁卯 癸卯 1159
甲戌 甲戌 戊午 己未 1160
甲戌 甲戌 丁丑 己酉 1160
甲戌 甲戌 辛巳 戊戌 1161
甲戌 甲戌 癸未 甲寅 1161
甲戌 甲戌 壬申 庚戌 1162
甲戌 甲戌 辛未 辛卯 1162
甲戌 甲戌 丁巳 庚子 1163
甲戌 甲戌 戊午 壬戌 1163
甲戌 甲戌 庚辰 辛巳 1164
甲戌 甲戌 壬辰 甲辰 1164
甲戌 甲戌 辛未 壬辰 1165
甲戌 甲戌 癸未 癸丑 1165
甲戌 甲戌 丙辰 戊子 1166
甲戌 甲戌 己卯 丙寅 1166
甲戌 甲戌 己卯 癸酉 1167
甲戌 甲戌 壬申 庚子 1167
甲戌 甲戌 己巳 丁卯 1168
甲戌 甲戌 己未 甲子 1168
甲戌 甲戌 戊午 戊午 1169
甲戌 甲戌 乙丑 己卯 1169
甲戌 甲戌 戊午 戊午 1170
甲戌 甲戌 戊子 辛酉 1170
甲戌 甲戌 壬午 辛亥 1171
甲戌 甲戌 庚午 癸未 1171
甲戌 甲戌 甲戌 乙丑 1172
甲戌 甲戌 壬戌 辛丑 1172
甲戌 甲戌 丁巳 丙午 1173

甲戌 甲戌 庚辰 乙酉 1173
甲戌 甲戌 庚申 戊寅 1174
甲戌 甲戌 癸酉 己未 1174
甲戌 甲戌 乙卯 癸未 1175
甲戌 甲戌 丙辰 辛卯 1175
甲戌 甲戌 壬戌 庚子 1176
第133 甲戌 乙亥 甲午 丁卯 1177
甲戌 乙亥 戊子 乙卯 1177
甲戌 乙亥 己酉 己巳 1178
甲戌 乙亥 癸丑 甲寅 1178
甲戌 乙亥 丁亥 乙巳 1179
甲戌 乙亥 癸丑 丁巳 1179
甲戌 乙亥 甲寅 己巳 1180
甲戌 乙亥 甲午 甲子 1180
甲戌 乙亥 乙未 丙子 1181
甲戌 乙亥 丁酉 庚子 1181
甲戌 乙亥 庚戌 戊寅 1182
甲戌 乙亥 乙未 丙戌 1182
甲戌 乙亥 壬寅 辛丑 1183
甲戌 乙亥 丁酉 庚戌 1183
甲戌 乙亥 戊戌 癸亥 1184
甲戌 乙亥 己丑 丙寅 1184

甲戌 乙亥 乙未 庚辰 1185
甲戌 乙亥 丙辰 己亥 1185
甲戌 乙亥 丙戌 辛卯 1186
甲戌 乙亥 壬辰 辛亥 1186
甲戌 乙亥 丁亥 庚戌 1187
甲戌 乙亥 己丑 甲子 1187
甲戌 乙亥 乙未 甲申 1188
甲戌 乙亥 癸巳 甲寅 1188
甲戌 乙亥 壬寅 甲辰 1189
甲戌 乙亥 乙卯 乙酉 1189
甲戌 乙亥 己丑 甲子 1190
甲戌 乙亥 戊子 丁巳 1190
甲戌 乙亥 丁酉 庚戌 1191
甲戌 乙亥 丁亥 癸卯 1191
甲戌 乙亥 癸卯 壬戌 1192
甲戌 乙亥 癸丑 庚申 1192
甲戌 乙亥 癸卯 壬戌 1193
甲戌 乙亥 甲辰 丙寅 1193
甲戌 乙亥 己亥 甲子 1194
甲戌 乙亥 丙午 甲午 1194
甲戌 乙亥 戊戌 癸亥 1195
甲戌 乙亥 癸丑 癸亥 1195

甲戌 丙子 己巳 癸酉 1218
甲戌 丙子 己卯 辛未 1218
甲戌 丙子 丁巳 乙巳 1219
甲戌 丙子 庚辰 辛巳 1219
甲戌 丙子 壬申 庚戌 1220
甲戌 丙子 辛未 己亥 1220
甲戌 丙子 乙亥 乙酉 1221
甲戌 丙子 甲戌 甲子 1221
甲戌 丙子 甲戌 丙寅 1222
甲戌 丙子 己未 乙丑 1222
甲戌 丙子 庚申 丁亥 1223
甲戌 丙子 乙丑 乙酉 1223
甲戌 丙子 戊午 乙卯 1224
甲戌 丙子 丙寅 己亥 1224
甲戌 丙子 丁亥 乙巳 1225
甲戌 丙子 乙亥 丙子 1225
甲戌 丙子 辛酉 癸巳 1226
甲戌 丙子 丁卯 甲辰 1226
甲戌 丙子 丙子 丁酉 1227
甲戌 丙子 辛酉 癸巳 1227
甲戌 丙子 戊午 庚申 1228
甲戌 丙子 己巳 丁卯 1228

甲戌 丙子 丁卯 甲辰 1229
甲戌 丙子 丙辰 己亥 1229
甲戌 丙子 丁卯 壬寅 1230
甲戌 丙子 辛酉 辛卯 1230
甲戌 丙子 辛巳 庚寅 1231

第136

甲戌 丁丑 丙辰 丁酉 1232
甲戌 丁丑 甲寅 癸酉 1232
甲戌 丁丑 壬寅 辛丑 1233
甲戌 丁丑 丙辰 丙申 1233
甲戌 丁丑 甲申 戊辰 1234
甲戌 丁丑 癸未 癸丑 1234
甲戌 丁丑 戊申 丁巳 1235
甲戌 丁丑 乙巳 丁亥 1235
甲戌 丁丑 戊申 壬子 1236
甲戌 丁丑 癸卯 癸亥 1236
甲戌 丁丑 己酉 甲子 1237
甲戌 丁丑 甲寅 辛未 1237
甲戌 丁丑 丁丑 丙午 1238
甲戌 丁丑 辛亥 甲午 1238
甲戌 丁丑 癸卯 甲寅 1239
甲戌 丁丑 癸亥 甲申 1239
甲戌 丁丑 壬子 戊申 1240

甲戌 丁丑 癸巳 癸亥 1262
甲戌 丁丑 辛亥 戊戌 1263
甲戌 丁丑 辛卯 甲午 1263
甲戌 丁丑 己酉 庚午 1264
甲戌 丁丑 辛亥 己亥 1264
甲戌 丁丑 戊子 壬戌 1265
甲戌 丁丑 辛卯 己亥 1265
甲戌 丁丑 己亥 丙寅 1266
甲戌 丁丑 癸巳 壬子 1266
甲戌 丁丑 辛巳 己丑 1267
甲戌 丁丑 壬子 辛丑 1267
甲戌 丁丑 壬辰 辛丑 1268
甲戌 丁丑 辛酉 戊子 1268
甲戌 丁丑 己亥 甲子 1269
甲戌 丁丑 乙巳 戊寅 1269
甲戌 丁丑 丙申 甲午 1270
甲戌 丁丑 壬寅 甲辰 1270
甲戌 丁丑 乙未 辛巳 1271
甲戌 丁丑 己亥 乙丑 1271
甲戌 丁丑 戊申 壬子 1272
甲戌 丁丑 癸巳 丁巳 1272
甲戌 丁丑 丙申 壬辰 1273

庚午年　戊寅月　壬子日　庚戌時

此八字壬子日丑之辰相配柱中木土食神制殺之格才神在格咸吾光榮主人生於右族長於黃堂水木椿萱一期別天邊鴻鴈各飛黃其為人也丰姿清秀天性剛柔散學幾般藝術不窮三舉文章不慈不暴可員可方行藏果斷作事商量學問不讓顏孟業生平常履貴人鄉重成新事業再整旧門墻福布江山外名聞湖海間消閑棊一局遣興酒三觴但願一生才祿旺何必思登天子堂此則旺益之命鴛幃有犯須年敵子嗣秋来有畳揚運行初上人庇下其樂何當庚辰運中如花向日枝枝艷似笋穿泥漸漸長辛巳運中水向石邊流出冷風從花底過来香當此之際風雨一番壬午運中才源富足家居好須史素耗片時間癸未運中雪晴雲散天如洗從此才源倍有增甲申運中門楣壯管樓閣凌雲乙酉運中晚年富貴家門旺丙戌運中春光去也流水汇汇



庚午年　戊寅月　戊戌日　丙辰時

此八字戊戌魁罡之日殺生印綬之格人生得此生於良族長於仁門椿父先歸萱耐晚天邊鴻鴈獨飛鳴其為人也丰姿清秀天性聰明有近貴親賢之德應上和下之能萬里韶華世事每從忙裏就一般義景才源自向遠方生祖業添新慶根源勝旧風桃李園中未白未紅花蓓蕾家庭之事半親農事半經營將来方壯觀才祿驟然興此則發福之命鴛幃年長方偕老子嗣先虧後有盈已卯上人庇下柳嫩輕盈庚辰運中欲速不達揚帆待風辛巳運中遇貴提挈方是去滿庭桃李發生榮壬午運中不獨才權而享義尚祈樓閣聳凌雲癸未運中為人當識榮枯事莫把身心措積薪甲申運中雪晴雲散行樂精神乙酉運中春光晋不住花落水茫茫

庚午年　戊寅月　甲午日　甲子時

此八字甲午日元相配柱中金火傷官助杀之格
木在春生処事安然心壽遇斯命者生於右族長
於高堂椿萱萱茂長天边鴻鴈不同聯其為人也
年姿清秀天性機関當仁不讓見善則迁知高識
下近貴親賢自有順天之憂豈無福地之緣豈為
田舍之郎李問往劳登孔李筆刀方得拜君顏佇
看頭角譽德澤惠黎民此則吏貴之命兆幐正副
方借老子嗣秋来發桂蘭運行己卯上人庇下春
花春正庚辰運中貴人相指引九載姓名傳辛巳
運中跨馬起程登上國特来天府便為官壬午運
中衣冠從你思名利世事依然有爵栄癸未運中
皇恩有重有感贊政福澜翼甲申運中仁風揚遠
近德政四方傳乙酉運中晚年開故里一枕入黄
梁



庚午年　戊寅月　甲寅日　辛未時

此八字甲寅享禄之日傷官助才之格官殺各分
喜木在春生各有所帰之美女人得此姿容雅麗
鬟見超群椿萱有倚翁姑老棠棣聯美妯娌輕有
針綴紡績之巧勤勤凡膳之能萬里碧天雲皎潔
一生有幸有增新佇看夫荣子秀鳳冠霞帔鮮明
此則荣秀之命良人年長英華客子嗣秋来龍案
英運行初丁丑上人庇下化日陽春丙子運中根
道春光明媚果然柳綠花紅當此之際微雨弄晴
乙亥運中滔、無阻滞步、助夫門甲戌運中錦
綉滿身扶不起金蓮無力載娉婷癸酉運中不用
高燒銀燭同明添倍精神壬申運中冲擊之所如
箋薄水辛未運中狂身入墓一道訃音

庚午年　戊寅月　乙巳日　丙戌時

此八字乙木配合金火傷官助才之格人生得此椿萱双晚茂鴻鴈不聯鳴生於宦族長於高門手姿清秀天性聰明高謙遠見機關别慷慨情懷孝識深祖業增華歷根源勝旧風笋因落籜方成竹魚為奔波始化龍君若有心於仕路果然富貴顯其身此則擊石生烟之命鴛幃正副方偕老子嗣秋来孝義深運行初己卯上人庇下未斷平生庚辰運中閒詩夸礼終怠始勤辛巳運中到此始知時運好萬物光華百事通壬午運中一輪蟾連宵皎萬里秋波徹底清癸未運中一番風雪過從此祿元增甲申運中沖擊之所月入雲屏乙酉運中花落水流春已失蘭摧玉折浪何明



庚午年　戊寅月　戊戌日　癸丑時

此八字戊戌魁罡之日相配柱中木火喬生印綬之格女人之命一貴可作良人可受荣封主人生於右族配於名門姿容清秀髮鬢超群勝丈夫之氣槩有男子之材能雪為輕粉憑風傳霞作胭脂仗日匀斷機曾効軻親訓剪髮能傳侃母心克勤而克儉易喜而易嗔停看夫栄子貴滔滔福祿無窮此則荣茁之命良人木命栄華客子嗣生成貴顯人運行初丁丑上人庇下未斷平生丙子運中路入桃源花爛熳橋橫銀漢水澄清乙亥運中正是梅青月白還愁人事斷盈甲戌運中叢砧沾沛澤福祿享無窮須更風雨兩過山青癸酉運中離綺千般色琢羞百味新壬申運中彩中加彩色紅上贈紅英卒未運中粧樓人去也臺鏡掩晨明

庚午年　戊寅月　乙卯日　己卯時

此八字乙卯專禄之日相配柱中金水傷官助才之格正謂木火恩官有旺主人生於宦族長於名門金命椿萱榮且壽天邊鴻鴈有飛騰其爲人也丰姿清爽天性聰明理窮古事兼今事書對賢經與聖經豹變南山霧鵬搏北海風萬里扶搖驚髦蟄一聲霹靂躍潛鮮一朝騰踏飛黃去金紫次第聲卻狄安諸夏材禮高仕臣此則榮貴之命鴛幃春色麗子嗣襁衣新運行初己卯上人庇下霽月光風庚辰運中欲向雲中夆足須從燈下留心辛巳運中十年窓下苦一舉便成名壬午運中禹浪三層都躍過風古鈇面鬼神驚癸未運中承恩鄉奠榮三世再整衣冠拜九重甲申運中山河開十郡未許便榮乙酉運中晚節樂時宜酌酒西風亂處意鮃蕁丙戌運中落花寂啼山鳥春夢悠悠入九重





庚午年　戊寅月　戊申日　丙辰時

此八字戊申長生之日相配柱中木火殺生印綬格殺印相生功名顯達主人生於右族長於名門椿萱榮贈一碁别天邊鴻鴈各摶風其爲人也丰姿清秀天性聰明胸羅今古事學識聖賢心驪句妙爲天下白高材俊似海東青終是文場攀桂客豈爲田舍鑿耕人鵬路高騰知健翼龍門深躍見偹鱗一從揚姓字職任權衡此則榮貴之命鴛幃燭夜添新慶子嗣生成貴顯人運行初己卯上人庇下未斷平生庚辰運中欲向雲中舉足還須窓下留心辛巳運中執卷幾回空嘆月時來幾會始升騰壬午運中躍過禹門三汲浪秉笏趨朝拜聖明黎花舞雪雨過山青癸未運中職廷金紫貴風雪又還侵甲申運中有材應大用未許便辭榮乙酉運中解組帰田里丙戌運中春帰鳥不吟

庚午年　戊寅月　庚子日　庚辰時

此八字庚子之日相配柱中木火才旺生官之格人生得此生於右族長於高居椿父先歸萱後別天邊鴻雁各分飛其爲人也半姿平淡性格操持鮮知義礼稍識詩書祖基有倚添新慶才帛資囊勝旧時桑柘連墻禾滿野自然終是足歡娛晚年光景好福禄愈崔嵬此則發福之命鴛幃年長須招副子嗣金風秀幾枝運行初己卯上人庇下來断高低庚辰運中寒向梅中盡春從柳上歸辛巳運中如花開上苑似菊綻東籬壬午運中始知富



貴皆前定何必區區費盡機癸未運中行藏漸光彩宣得有崎嶇甲申運中禾黍連丘生計好重增弟宅愈崔嵬乙酉運中嵗寒松栢暮景桑榆丙戌運中夕陽沉也花落春歸

庚午年　戊寅月　甲午日　乙亥時

此八字甲午日元相配柱中金火傷官劫殺之格陽刃合殺有功人生得此生於右族長於仁門椿母先歸椿別晚天邊鴻鴈各行鳴其爲人也半資清淡天性老成般般都好覧件件不全精親賢近貴理白分清謀動君子嚴伏小人終是功名之客豈爲田舍之翁空費十年苦學定應凡戲成名佇看頭角聳光耀舊門庭晚年光霽景德澤惠黎民此則更貴之命鴛有犯須招硬子嗣秋来冬禾桑成運行初己卯上人庇下不斷平生庚辰運中幾欲



恩高慕遠時来異路成名辛巳運中勞形累牘天光霽尚有趦趄未順情壬午運中雨晴雲路踏天府沐皇恩癸未運中雖則榮沾雨露還宜閉守家門甲申運中皇恩重有感運蓦姓名馨乙酉運中解組歸田里丙戌運中春歸鳥不吟

庚午年　戊寅月　乙巳日　辛巳時

此八字乙巳日元相配柱中金火傷官制殺之格官殺混雜滅我功名主人生於遼室長於高門嚴慈先別毋鴻雁各行鳴其為人也丰姿清雅天性老誠雖無深計較稍有淡聰明行藏覺消洒吠傲任枯榮不以功名為念豈於冠冕磨磐祖基祖業添新慶才帛資囊自琢成十年道路霜蓬鬓萬里乾坤一草亭喜則麦舟不卧逢則土界相爭時至自然財祿旺何必天邊沐帝恩此則豊潤之命鴛幃有犯須年少子嗣秋來有粟英運行初已卯上人庇下淡〻春雲庚辰運中雪晴天未暖行樂未如心辛巳運中雖則財源旺足哉多人事虧盈壬午運中福元浩渺家居好实非素耗尚慈人癸未運中氣數昂〻宛似光風霽月才源浩〻正如遊水流東甲申運中有名闊富貴無事樂平生乙酉運中心事数董白髮生涯一片閒情丙戌運中歸去也



庚午年　戊寅月　庚申日　丙子時

此八字庚申專祿之日相配柱中木火才殺之格傷官制殺生才遇斯命者生於宦族長於名門椿萱榮傑先虧父天邊鴻雁各行鳴其為人也丰姿磊落天性聰明筆底詞源三峽遠胸中榮傑一天星驪珠照耀光難掩雷劎生豊氣自充終是傳芳之客豈為田舍之翁蛟橫北海生雲霧豹變南山氣象雄一日風雲相際會九五天門面聖容此則繼榮之命鴛幃春麗須年敵子嗣秋森朵朵榮運行初己卯上人庇下家計滿庭庚辰運中雪晴天未煖宜向聖賢経辛已運中執卷幾回空探月時来頃刻便飛騰壬午運中一從黍珖宴職位東権珩當此之際風雲滿庭癸未運中藩臬陞階超二品山河十郡仰盛雄甲申運中雖則金甌拜命還慈權重生凶乙酉運中英雄都盡也高塚臥麒麟

庚午年　戊寅月　戊午日　甲寅時

此八字戊午日刃之辰相配柱中木火殺生印綬之格人生得此生於良族長於仁門椿萱分別先虧父天邊鴻鴈有飛騰其為人也丰姿清秀天性聰明頗知禮義稍識古今親賢近貴理白分清自有順天之慶豈無福地之深重成新事業再整舊門庭市廛生計審閭里姓名閑得意江山詩句徤忘情日月酒盃深時至財源旺足運來福祿駢臻初運中年未如意晚年財祿足豐盈此則傲霜松栢之命鴛幃有犯須重續子嗣金風孝義兒運行初巳卯上人庇下未斷平生庚辰運中世事究如春夢人情薄似秋雲辛巳運中重重風雪過總斷又傷情壬午運中始覺陽回喬木還愁微雨弄晴癸未運中嚴霜積雪都經過從此滔滔百福增甲申運中成四時佳趣立萬古門庭乙酉運中晚年閑快樂會友以閑博丙戌運中春光去也一枕清風



庚午年　戊寅月　己酉日　甲戌時

此八字己酉日元相配柱中木火官印之格官多化殺書向南方主人生於右族長於名門椿萱雖並耄鴻鴈各行鳴其為人也丰姿清秀天性聰明般技少攬件件不精機謀輙伏夆用人欽水光浮座盃盤堂和氣侵人唉語聲不以功名為念豈將冠冕磨礱得意江山詩句徤忘情日月酒盃深祖業有倚須再整財源厚積晚豐盈但顧一生多旺足何須跨馬入青雲此則穩厚之命外幃重合巹子嗣晚光榮運行初巳卯上人庇下未斷升沉庚辰運中雲籠皓月水泛浮萍辛巳運中幾度樂中有悶数番靜裏愁生壬午運中財源雖旺乏人事尚虧盈癸未運中成四時佳趣立萬古門風當此之際風雨還侵甲申運中威權有布人欽服財帛興隆福祿臻乙酉運中無思無慮丙戌運中春夢無憑

庚午年　戊寅月　甲午日　甲子時

此八字甲午日元相配柱中金火傷官制殺之格人生得此生於右族長於高門堂上椿萱萱茂長天邊鴻鴈各行鳴其為人也丰姿清秀天性聰明般般稍覧件件不精有近貴親賢之德應上和下之能祖業添新慶根源勝舊風自有順天之慶豈無福地之深福布江山外名揚湖海中英雄惟贈劍三尺豪傑相逢酒一鍾琴樽風月閑生計金玉松筠宇宙清花無桃李非春色人有笙歌是太平拙於自巳巧與他人雖不建侯封爵自然潤屋潤身此則穩厚之命鴛幃須正副子嗣秋來始有成運行巳卯初年之下天朗氣清庚辰運中世事宛如春夢人情薄似秋雲辛巳運中雖則財源旺足幾番人事虧盈壬午運中極須邀雪三分白雪桀舒梅一片馨須臾風雨雨過山青癸未運中竹熳終巳數新祿園梅不改舊時馨當此之際素耗還生甲申運中庭前竹報平安日檻外花開富貴春乙酉運中悅年多快樂會友以開樽丙戌運中春光去也花落月沉



庚午年　戊寅月　庚子日　丙子時

此八字庚子日元相配柱中木火財殺之格女人得此生於右族長於名門椿父先歸萱後別天邊鴻鴈各行鳴其為人也姿容清秀髮貌精神有針綴之巧立業之勤雲收華岳千山秀水到湘江一漾清萁常蘋繁存禮節相夫教子蹈賢明淊淊無阻滯步步助夫門離觸難犯易喜易嗔別人夫婦同偕老偏我夫教兩度新佇肴夫榮子貴也應福祿無窮此則旺榮之命良人有犯重榮貴子嗣枝頭有挺榮運行初丁丑上人庇下未斷平生丙子運中契合翠鸞成好夢姻緣紅葉是良因乙亥運中悲風生彩閣依舊會歡盟須臾風雨雨過山青甲戌運中某須沾沛澤還有事虧盈癸酉運中羅綺千般色珎羞百味新酉字之中花放風生壬申運中子貴夫賢家業旺辛未運中訃音一道衆傷情

庚午年　戊寅月　庚子日　甲申時

此八字庚子日元相配柱中木火才杀之格四柱两冲两合利名謀望不成主人生於右族長於名門椿萱皆皓首鴻鴈各西東其為人也丰姿清秀天性聰明頗知礼義稍覧古今什蔵果斷作事老成言不妄發事不明什雖無深計較稍有淡聰明祖基有倚添新慶才帛貲囊自琢成不必覓珠來水府何須求鄒到豐城身將隱笑之何用人不知之味更真但顧才源富足任他身外無名此則穩享之命鴛幃有犯須年敵子嗣金風有顯榮運行初已卯春風融落夏日炎蒸庚辰運中世事究如春夢人情薄似秋雲辛巳運中幾番駁雜都經過從此才源倍有增梨花舞雪雨過山青壬午運中蔵權有布人欽伏片時風雨幸何驚癸未運中天上三陽泰人間五福增甲申運中門楣壯觀福禄無窮乙酉運中一枕黃粱夢千年不復魂



庚午年　戊寅月　庚戌日　壬午時

此八字庚戌魁罡之日才旺生官之格才多身弱滅丐福力其為人也丰姿清秀性格果剛椿萱有倚戌無倚鴻鴈聯行又斷行萬里部華自有順天之慶一聯美景豈無福地之良祖業須重立才囊脫勝新不思干利祿浙海也光揚此則平穩之命鴛幃得合子嗣秋香運行初巳卯不晴不雨乍燠乍凉庚辰運中幾多閙取雜依舊幸無妨辛巳運中飄残楊柳絮萬物被春陽壬午運中春草春江相妬綠春鶯春柳競爭榮癸未運中一番風雨過夘宅悤軒昂甲申運中滔々享福乙酉運中一夢黃粱

庚午年　戊寅月　戊午日　甲寅時

此八字戊午日丑之辰相配柱中木火殺生印綬之格人生得此生於右族長於仁門水火椿萱雙脫茂天邊鴻鴈各行鳴其為人也丰姿清淡天性聰明般般稍覽件件不精有近貴親賢之德應上和下之能鬧處變走冷處不行祖業添新慶根源勝舊風萬里無雲天一色三秋好景月長明才源旺足家業增新得意江山詩句絕忘情日月酒盃深特来自有高人挈名利興隆頃刻中此則發福之命鴛幃有犯須招副子嗣生成貴顯人運行初己卯上人庇下未斷平生庚辰運中世事宛如春夢人情薄似秋雲辛巳運中雖則陰中僥倖也愁人事虧盈壬寅運中爆竹聲催殘臘尽折梅香引早春逢癸卯運中財源滾滾家居好風雪飛来喜不驚甲申運中簾捲香風生百福軒開化日福元增乙酉運中晚年快樂福祿駢臻丙戌運中春光去也一枕清風



庚午年　戊寅月　甲午日　甲戌時

此八字甲子日元相配柱中金土傷官制杀之格人生得此生於右族長於名門椿萱双脫茂鴻鴈各行鳴其為人也丰姿清秀天性聰明胸羅今古事李識聖卖心太山北斗千年在和氣春風四座傾終是功名客豈為田舍翁雲程坦坦登天去牽足悠悠名利成奮身辞白屋平步入青雲一從字溥揚後金紫榮看次弟陞此則榮貴之命兆幃烛夜添新登子嗣金風孝且忠運行初己卯上人庇未斷平生庚辰運中不負寸陰之惜莫幸題柱之功辛巳運中莫愁雪阻藍關道時来頃刻便飛騰壬午運中处事但憑三尺法理刑渾似一團春癸未運中戢位兩迁金紫貴愁看門外雪庭甲辰運中正宜佐明主何事便辞荣乙巳運中夕陽有限春梦無憑

庚午年　戊寅月　乙卯日　丙子時

此八字乙卯專祿之日相配柱中金火傷官制殺之格子午卯酉少一字不全主人生於右族長於高門椿萱双晚茂棠棣各敷榮其為人也手姿清秀性格聰明有傲雪欺霜之智隨機應變之能出土黃金顯十分之貴色離雲掟月有萬里之清明祖業添新慶根源勝舊風得意江山詩句健忘情風月酒盃深門外田疇千古計庭前花木四時新淌世功名身外事五湖風月樂餘情此則穩學之命鴛幃春色羅子嗣擢杈新運行初已卯上人庇



下淡淡春雲庚辰運中登臨雨阻賞翫春陰辛巳運中春風播爽懋雨無晴壬午運中財旺生官家業顯福星臨賍喜非輕癸未運中一番風雪初晴後從此滔滔財祿生甲申運中庭前竹報平安日檻外花開富貴春乙酉運中安樂晚景丙戌運中春夢無憑

庚午年　戊寅月　甲辰日　辛未時

此八字甲木日元相配柱中金火傷官制財之格官殺混祿喊吾科第成名主人生於右族長於名門椿親耐晚鴻鴈獨群其為人也手姿清雅天性聰明有近貴親噴之德應上和下之能般般稍曉件件不精學問頗知今古筆鋒稍有威稜重成新事業再整舊門庭東嶺栽松西嶺秀南園種樹北園青欲為商賈思慕功名皴抱清韵動石攀紫烟生一旦高人提挈也應名利留情此則淘沙見金之命鴛幃有杞須梧硬子嗣森枝一果榮運行初



巳卯上人庇下化日陽生庚辰運中乍雨乍晴當客景或寒或暖囷人春辛巳運中時來逢貴助祿馬旺前程壬午運中威權有布八歎脈才帛興隆雨露均癸未運中才源更美福祿駢臻一番風雪過萬物被陽春甲申運中庭嶺玩物會友開樽乙酉運中春光如過隙一枕八巫峯

庚午年　戊寅月　乙巳日　庚辰時

此八字乙巳日辰相配柱中木土傷官助才之格人生得此生於右族長於名門椿父先歸萱後別天边鴻鴈各行鳴其為人也丰姿清秀天性聰明般般稍覧件件不精有近貴親賢之德應上和下之能祖業添新慶根源勝風旧閑处素走爭处不行意下有惻人之意心中無毒害之情終是功名之客豈為田舍之翁一旦謀為遂意九年要費勞刑莫道花枝難結果東君留意更慇勤此則榮人之命鴛幃有配須重結子嗣秋來有挺榮

運行初己卯上人底下未斷平生庚辰運中煙晴天未發行樂未如心辛巳運中藏器待時時必達時来遇貴入公門壬午運中我載音勤甘守一朝踏馬入神京癸未運中雖則崢嶸頭角还宜用守門庭甲申運中皇恩有感声名顯賛政光華德澤新乙酉運中荣回故里美酒盈樽丙戌運中歸去也



庚午年　戊寅月　丁酉日　癸卯時

此八字丁丑日元相配柱中水木殺生印綬之格人生得此生於右俗長於名門椿萱雙晚茂鴻鴈各行鳴其為人也丰姿清秀天性聰明般般稍覧件件不精豈無高仕敬時有貴人欽曰福曰榮自有順天之慶常安常樂豈無福地之深祖業添新慶根源勝舊風遊山翫水攜詩卷對月觀花把酒斟笙歌沸處曾行樂羅綺叢中幾醉醒拙為自己巧與他人但願才源多富足自然天府沐恩榮晚年光霽景機會也榮身此則因富顯貴之命鴛幃同屬須招副子嗣森枝有挺榮己卯運中上人庇下天朗氣清庚辰運中幾欲思高慕遠番成捉月捕風辛巳運中才源雖旺足素耗尚愁人壬午運中桃李千谿錦江山一畫屏須臾風雨過雨山青癸未運中薰捲香風生百福軒開化日福元增甲申運中富之以潤其屋德之以潤身乙酉運中晚年閑快樂丙戌運中一枕入佳成

庚午年　戊寅月　丁未日　壬寅時

此八字丁未陰刃之日相配柱中水木官印之格有官有印無破作廊廟之材只嫌運行背地減我科第成名主人生於右族長於仁門萱母早歸椿耐晚天邊鴻鴈各行鳴其為人也丰姿清秀天性乖能般般稍覽件件不能謀動君子威伏小人行藏果斷作事老誠筭長名園過舊竹花開上苑勝先春終是功名客豈為田舍翁三汲浪中難變化九年場上却馳名佇看頭角聳光耀舊門庭此則榮貴之命鶯帏有犯須招硬子嗣秋来朶朶成運行，初已卯幼年之下未斷平生庚辰運中雪晴天未煖行樂未如心辛已運中崎嶇都歷盡祿馬旺前程壬午運中幾載辛勤甘苦守雨晴驂馬入神京癸未運中皇恩有感聲名顯天府重沾聖主恩甲申運中黎民皈父母政化洽西東乙酉運中榮回故里樂享雝東丙戌運中歸去也



庚午年　戊寅月　丁酉日　辛丑時

此八字丁酉日貴之辰相配柱中旺木印綬之格印綬者上格也只嫌財印混雜氣減我功名主人生於良温之族長於處變之門椿父先帰萱後别天邊鴻鴈不同鳴其為人也鮮知今古頗曉世情有近貴親賢之德應上和下之能祖基革古事業鼎新東嶺栽松西嶺秀南園種樹北園春不是功名之客終為發福之人酒觧平生恨衣沾湖海塵初運不如中運好晚年遇貴發財名此則旺益之命鶯帏土合須年小子嗣秋来旺宅門運行初已卯上人庇下乍雨乍晴庚辰運中花灼灼而帶雨柳依依而遇風辛已運中不是一番寒傲雪焉得梅花噴鼻馨壬午運中財源雖富足人事尚虧盈癸未運中樓臺疊疊生涯好喜慶重重福祿增未字之中風雨一番甲申運中青松喬北嶺黃菊綻籬東當此之際一番阻却乙酉運中人生從此別無復見儀形

庚午年　戊寅月　丁巳日　甲辰時

此八字丁丑之日相配柱中火土傷官用印之格
主人生於温潤之族長於清白之門椿萱難及耄
鴻鴈各行鳴其為人也丰姿清秀天性聰明頗知
高下稍識古今雖不成名利平生近貴人祖業添
新慶根原勝舊風不向仕途顯達卻來湖海經營
田園有意廊廟無心時至自然才祿旺何須天府
沐皇恩此則穩享之命鶺鴒連珠屬子嗣晚年榮
運行初己卯上人庇下來斷平生庚辰運中隱隐
輕留抽碧笋微微細雨潤紅英辛巳運中世情濃
又淡淡處又還濃壬午運中萬疊好山雲乍嶺一
樓明月雨初晴癸未運中氣数昂昂然如光風霽
月才源浩浩兮若逝水流東當此之際風雪滿庭
甲申運中樽疊有酒座佳客蘭室存中教子孫乙
酉運中春光去也一道訃音



庚午年　戊寅月　壬寅日　辛亥時

此八字壬寅日元相配柱中木土食神制殺之格
人生得此生於右族長於仁門椿父先帰萱耐悦
天邊鴻鴈各行鳴其為人也丰姿清秀天性老誠
世事頗能將就般般學久精通萬里無雲天一色
三秋好景月長明祿在江山外名聞湖海中得意
江山詩句健忘情日月酒盃深門外田疇千古計
庭前花木四時新是非莫管門前客得失須憑塞
上翁雖不建侯封爵自然財祿餘盈此則穩享之
命鶺鴒同屬須弟敬子嗣秋來果果榮運行初己
卯上人庇下來斷平生庚辰運中春園雖雨過桃
李未生英辛巳運中爆竹聲催殘臘尽折梅香引
早春逢壬午運中天上三陽泰人間五福增癸未
運中財源滾滾家居好尚有趦趄未順情當此之
際風雪滿庭甲申運中延賓玩物會友開尊乙酉
運中無思無慮丙戌運中一道訃音

庚午年　戊寅月　辛丑日　戊戌

此八字辛丑之日相配柱中火土傷官助印之格才
神在柱試吾次第成名主人生於宦族長於名門椿
萱榮且壽鴻鴈各行群其為人也丰姿清秀天性聰
明李問知知古機謀壓俊英祖業添新慶根原勝舊
風宜無高仕敬時有貴人欽遊山翫水携詩卷對月
觀花把酒斟笋因落薄方成竹魚為奔波始化龍君
若有心於仕路貴人薦引也光榮此則繫石生烟之
命鴛幃同層如魚水子嗣榮門朵朵馨運行初已卯
上人庇下未斷升沉庚辰運中莫道儒冠悮螢窓万
卷書辛巳運中堤柳已敷新幹綠園梅不改舊時青
壬午運中近水樓臺先得月向陽花木早逢春癸未
運中金勒馬嘶芳草地玉樓人醉杏花村甲申運中
雪晴雲散天如洗從此滔滔福祿增乙酉運中簾捲
香風生百福軒開化日祿元增丙戌運中歸去也



庚午年　戊寅月　戊午日　乙卯時

此八字戊午日刃之辰相配柱中木火煞生印綬
之格人生得此生於右族長於高門椿萱有倚難
双耄天邊鴻鴈陣行分其為人也丰姿清秀天性
聰明世事頗能將就般般學欠精通宜無高仕敬
時有貴人欽萬里春風行樂領四時佳趣瑞祥生
但願一生湖海樂任他身外貴功名此則饒裕之
命鴛幃正副方偕老子嗣秋來貴顯人運丁初己
卯春風駘蕩夏日炎蒸庚辰運中雨過山　秀雲
開日始明辛巳運中梅須遜雪三分白雪却輸梅一
段香壬午運中才旺福生家業長進愁素耗頃時
生癸未運中不獨才源富足尚祈聲勢豪雄甲申
運中金玉滿堂真富貴也愁一疾暗侵身乙酉運
中一枕難醒

庚午年　戊寅月　庚寅日　戊寅時

此八字庚寅之日相配柱中木火財杀之格兩干不雜殺印生身遇斯命者生於右族長於名門椿萱雙晚茂棠第各數崇其為人也手姿清秀氣岩豪横脅羅星斗學貫古今驪珠照魏光難掩雷劍生風氣自克笋長名園過舊竹花開上苑勝先春終是功名之客豈為田舍之翁鰲邀玉蟾攀桂去馬隨青帝踏花行一朝騎踏飛黃去金紫榮看次第陞此則榮貴之命鴛幃宜有贈子嗣有光榮運行初己卯上人庇下詩禮趨庭庚辰運中十年窓下叢時至便昇騰辛巳運中躍過三層浪朝班立縉紳壬午運中綉衣耀日鉄面生風職千金紫聲名顯風雲飛來尚恼人癸未運中三度錦衣歸故里兩扶日月上天庭甲申運中肫股盛世尊名得輔翼明時顯勢英乙酉運中莫道只倚金馬貴也隨蝴蝶夢佳城



庚午年　戊寅月　戊戌日　甲寅時

此八字戊戌魁罡之日相配中之木偏官之格喜逢印局以扶身人生得此丰姿穩厚天性明良生於橘井長於他房頗識君臣之理粗知賢聖之章穩地栽花多艷麗移桃接杏倍芬芳佇看兩家基業移來一慶豊昌此則自然之命鴛幃叅合須早屬桂子庭前三四香運行初乙卯無無處庇下安祥庚辰運中竹遮花蝴蝶花貪竹鳳凰辛巳運中才源來旺人欽伏風雪無端恼一場壬午運中飄殘楊柳絮金玉積盈囊癸未運中不獨粟陳貫朽尚祈第宅軒昂甲申運中孫榮子秀乙酉運中㨗斷人勝

庚午年　戊寅月　己亥日　己巳時

此八字己亥日元相配柱中水木財官之格財盛生官終身有慶主人生於大廈長於華堂椿萱易遂双榮贈鴻鴈奚能隊隊行其為人也丰姿清秀禮藥金鎔筆底源流三峽遠胸中學就錦文章驪珠照魏光难掩雷劍生豊氣莫藏咲顔登鳳闕唾手入朝堂一朝馬上衣冠别此是男児當自强此則榮貴之命鴛幃重合酓子嗣晚珠光運行初已卯襁褓之下未斷灾祥庚辰運中味道心千古彼文日五行辛巳運中莫宜此運难騰蹈時来頃刻遠飛翔壬午運中四境人民悦服一方黎庶称揚癸未運中烏臺展鏡銀馬雕鞍梨苍舞雪後金紫再加昌甲申運中正宜待明主何事返家鄉乙酉運中春光去也一枕黄梁



庚午年　戊寅月　丙申日　丁酉時

此八字丙申之日相配柱中旺才印綬之格印綬者上格也才神在柱識吾金紫之榮主人生於右族長於名門椿父先歸萱耐晚天邊鴻雁各摶風其為人也丰姿清秀天性聰明般般都好覧件件不全精當仁不讓見善則欽風月雙清瀟洒客情祖業須重立根原再整新有心於貨利無意慕功名錦帳何為貴阿房未足称好事番成悪真心換得嗔消閑碁一局遣興酒三鍾笙歌沸處多行樂羅綺叢中幾醉醒但願人生多富貴也須天府沐皇恩此則因富致貴之命鴛幃年長尤招副子嗣枝頭有挺榮運行初己卯上人庇下未斷平生庚辰運中金鉅閑雞三市北玉鞭踌馬五陵東辛巳運中才源雖富足人事尚虧盈壬午運中湖海遨游財禄旺還應素耗片時生癸未運中富貴榮華當此際何愁第宅不光榮當是時也風雨還侵甲申運中子貴榮門重又贈約樽同醉一壺春乙酉運中安閑快樂會友延賓丙戌運中百年繾綣成何用一日無常萬事休

庚午年　戊寅月　丁未日　甲辰時

此八字未丁陰刃之日相配柱中木旺印綬之格人生得此生於右族長於名門水土椿萱壽長天边鴻鴈各行鳴其爲人也丰姿清秀天性聰明般般稍覽件件不精謀動君子感伏小人不愚不魯知重識輕過火黄金重長價離雲皎月陪清明有心求貨利無意慕功名祖業添新慶根基勝舊風月掛碧天多皎潔名揚湖海有光榮雨餘秋色皆喬木花落風流有幾人雖不建侯封爵自然才禄豐盈此則穂厚之命鴛幃火命招年小子嗣秋來采榮榮運行初己卯上人庇下未斷平生庚辰運中登臨甬凝賞覩春臨辛巳運中須史風雨雨過山青壬午運中才源滾滾家居好片時素耗又相侵癸未運中天上三陽泰人間五福臻甲申運中富潤屋德潤月乙酉運中樽中有酒延佳客空下存書教子孫丙戌運中晚年快樂一枕清風



庚午年　戊寅月　己酉日　丙寅時

此八字己土相配柱中旺木殺生印綬之格主人生於文望之族長於詩礼之庭椿萱榮倚鴻鴈飛騰其爲人也丰姿清雅天性志誠善決善斷多見多聞高謀遠見機關别慷慨情懷孝識通曉珠胎魏光难掩霜劍藏豐氣自充際會風雲應有日豈無雨露沐深恩此則榮繼之命鴛幃得配名門女子嗣生成貴顯人運行初己卯蔭庇之下何慮平生庚辰運中欲遂班超投筆志須棲董子下帷功辛巳運中一声青霹靂鷩起困中人壬午運中慶事但憑三尺法理刑渾似一團春癸未運中一番風雪過戝位再加榮甲申運中豈應闊故里未許鮮蹙纓乙酉運中歸去松筠三径足倘未軒冕一毫輕丙戌運中帰去也

庚午年　戊寅月　戊戌日　壬子時

此八字戊戌魁罡之日相配柱中木火殺生印綬之格人生得此生於良族長於名門椿父先歸萱後別天邊鴻雁各行鳴其為人也丰姿清秀天性老誠般般稍覺件件不精有近貴親賢之德應上和下之能祖業添新慶根源勝舊風福布江山外名聞湖海中兩都秋色皆喬木耆舊風流有幾人得意江山詩句徒忘情日月酒盃深但願財源富足任他身外無名此則穩厚之命鴛幃有犯須招硬子嗣秋來有挺榮運行初己卯上人庇下天朗氣清庚辰運中世事宛如春夢人情薄似秋雲辛巳運中隱隱春雷抽碧筍微微細雨潤紅葉壬午運中財源富足家業餘盈癸未運中風帶雪應竟冷寒岩四月如知春甲申運中樽罍有酒延佳客蘭室存書教子孫乙酉運中夕陽有限春夢無憑



庚午年　戊寅月　戊戌日　癸丑時

此八字戊戌魁罡之日相配柱中木火殺生印綬之格殺印相生功名顯達主人生於右族長於高門椿萱雙晚贈鴻雁各博風其為人也丰姿清秀天性聰明筆底詞源三峽水胸中學業五車通麗句妙為天下白高材俊似海東青豈是池中物龙來席上珍龍飛九五青雲近鵬擊三千翰海中瑤池觀靜朝南極五夜鐘停拱北宸此則榮貴之命鴛幃宜有贈子嗣緣衣新運行初己卯上人庇下未斷升沉庚辰運中雖有凌雲志前程路未通辛巳運中莫愁雪阻藍關道時來風送馬蹄輕壬午運中獄折片言民訟息九重雨露再加陞癸未運中雪晴開閶闔金鑾職加陞甲申運中明時柱石盛世股肱乙酉運中九地可憐埋片玉五雲無福見儀形

庚午年　戊寅月　乙卯日　癸未時

此八字乙卯專權日相配柱中火土傷官助財之格人生得此生於右族長於名門椿萱雖並茂鴻鴈各行鳴其為人也丰姿清秀天性昏沉窮書覽史李足三冬驪珠照魏光难掩雷劍生豊氣自充終是功名客豈為田舍翁一朝但得風雲便跨馬天邊沐寵榮此則榮貴之命鴛幃重合鸞子嗣晚光榮運行初己卯上人底下未斷平生庚辰運中欲遂平生志須加董子功辛巳運中何事不能今日去時来有路入神京壬午運中皇恩有感政化西東癸未運中已把嚴威權酷吏更将仁政釋黎民甲申運中正宜加爵祿未許乞閑身乙酉運中晚年離下樂丙戌運中一枕入佳城



庚午年　戊寅月　庚戌日　戊寅時

此八字庚戌魁罡之日相配柱中木火財殺之格兩干不雜之論只嫌身弱滅我功名主人生於右族長於高門椿萱雙悅別棠棣各敷榮其為人也丰姿清秀天性聰明知高識下理白分清出土黄金重長價雜雲皓月倍清明祖基重整頓事業必增新得意江山詩句健忘情日月酒盃深時来財祿盈餘積何必天邊沐寵榮此則旺益之命鴛幃有犯須招破子嗣金風旺益門運行初己卯幼年之下天朗氣清庚辰運中娟娟雲裡月灼灼葉中英辛巳運中始覺陽和滿目還愁雪凍雲凝壬午運中行藏雖有慶素耗尚愁人癸未運中雨過園桃簇鄉風和岸柳拖金甲申運中門楣壯觀福祿駢臻乙酉運中晚年閑快樂會友以開尊丙戌運中夕陽有恨春夢無憑

庚午年　戊寅月　己卯日　甲子時

此八字己卯專權之日相配柱中甲木次乎生印綬
之格杀印相生功名顯達主人生於右族長於仁
門椿萱難並鴻鴈各離分其為人也丰姿清秀
天性聰明世事頗能將就般般學欠精通出土黄
金重長價離雲旋月倍清明祖業添新慶才源旺
倍增名利必從天上降才源自向閑中生時來自
有淵淵福運至遂教路路通一日風雲相際會也
應名利兩興隆此則光榮之命鴛幃土命須年小
子嗣秋來有顯榮運行初己卯上人庇下未斷乎



土庚辰運中幾欲思高慕遠番成捉月捕風辛巳
運中欲速不達揚帆使風　壬午運中一旦逢機會
滔然仕路通癸未運中皇恩有感黎庶紛紛甲申
運中耿耿声名重滔滔祿位增乙酉運中無慮盡
傳詩禮樂有朋來自遠方親丙戌運中歸去也

庚午年　戊寅月　丁巳日　戊申時

此八字丁巳日相配柱中旺木印綬之格傷官用
印去才盡但可馳喜者運行南方豈不光顯主人
生於右族長於名門萱母先歸椿耐晚天邊鴻鴈
各行鳴其為人也丰姿清秀天性聰明理窮今古
事書對聖賢經衣冠濟濟人中傑和氣怡怡席上
珎終是功名客豈為田舍翁鵬路高搏知健翼龍
門深躍見脩鱗風傳五漏金門曉花映千紅玉殿
春此則榮貴之命鴛幃有犯須招副子嗣榮門晚
節馨運行初己卯上人庇下福祿平生庚辰運中



雪晴天未鼓芹泮有書声辛巳運中何事不能今
日顯特來頃刻便升騰壬午運中獄折片言民訟
息九天雨露每加陞癸未運中職遷金紫声名顯
風雪飛來尚恤人甲申運中權高損福慎則無驚
乙酉運中大抵功名而有限且宜籬下樂高情丙
戌運中春光去也一道訃音

庚午年　戊寅月　壬辰日　辛丑時

此八字壬辰魁罡之日相配柱中土木食神制殺之格人生得此生於右族長於名門萱母先帰重有維天邊鴻雁有行鳴其為人也丰姿清秀天性聰明胸羅今古事學識聖賢心太山北斗千年在和春氣春風四座傾終是功名客豈為田舍翁北海蛟横頭角聳南山豹变爪牙新三級浪中龍变化九霄雲外鳳飛騰一從姓字傳臚後濟濟衣冠拜九重此則榮貴之命鴛幃有犯須年小子嗣榮門晚節馨運行初己卯上人庇下風雪初晴庚辰



運中継登終無悶何愁不顯名辛巳運中禹浪三層都躍過風生鉄面鬼神驚壬午運中職迁金紫声名重風雪飛来辛不驚癸未運中佇看官居二品灼然禄享千鍾甲申運中有才應大用未許便帰榮乙酉運中晚年籬下樂丙戌運中一枕入巫峯

庚午年　戊寅月　癸丑日　己未時

此八字癸丑日元相配柱中木火傷官制殺之格人生得此生於右族長於仁門椿萱有倚蒼年別天邊鴻雁各行鳴其為人也丰姿清淡天性乖能不窮書史只好經營般般稍覧件件不精有近貴親賢之德應上和下之能福享天心慶根原勝舊風富後生涯廣湖海禄元豊萬里無雲添一色三秋好景月長明英雄難贈劍三尺豪傑相逢酒一鍾時至財源富足運来福禄無窮莫道拈枝難結果东君留意更慇懃此則豊厚之命鴛幃重合丞



子嗣晚光榮運行初己卯幼年之下未斷平生庚辰運中淡烟揚柳岸薄露杏花村辛巳運中雖則行藏有慶還愁弦斷至荊壬午運中財源旺足家居好素耗鬧非向惱人癸未運中福元昌盛家門好須史風雨不為驚甲申運中富之以潤其屋得之以顯其身乙酉運中安閑晚景春夢無憑

庚午年　戊寅月　辛卯日　庚寅時

此八字才旺生官之格才盛生官終身有慶值斯象者椿萱俱耐晚鴻雁有聯行其為人也聰明書藝遠倜儻世情長自有蘭芳生楚澤即今良玉韞昆崗終是功名客豈為田舍郎留心於文墨頭角崢嶸此則穩榮之命鴛幃玉潤潔子嗣晚承芳運行初己卯上人庇下局断炎凉庚辰運中欲速未達可把帆揚辛巳運中貴人相指引便覓有威光壬午運中才推雖秉美人事尚悠揚癸未運中威推有布人欽伏福進才高雨露昌甲申運中子秀孫賢宜享福訃音一播衆悲傷



庚午年　戊寅月　乙未日　庚辰時

此八字才官之格傷官持令事不十全主人生於富室房於西旁椿親倜儻萱歸副到頭終是毋先行天边鴻雁有各飛騰丰姿平順標格清新稍知今古事頗識聖賢文不必覓珠来水府何須求劍到豐城祖基增華麗才囊晚積存花無桃李非春色人有笙歌是太平此則承祖遺蔭之命鴛幃春麗尤招副桂子秋来朶朶馨運行初己卯上人庇下雲淡風輕庚辰運中始知春晝來方覓瑞祥生辛巳運中如日升暘谷似月皎中庭壬午運中季倫錦幛何為貴秦帝何房未足稱癸未運中富之以潤其屋德之以显其身甲申運中冲擊之所如月入雲乙酉運中春去也烏空鳴

庚午年　戊寅月　己酉日　乙亥時

此八字已酉日元相配柱中木火殺生印綬之格一寅合殺為奇主人生於右族長於高門椿萱双晚别天邉鴻雁各行飛其為人也能排布會施為當仁不讓見善不欺祖業宜脩葺根源必改移江湖風月閑生計朋友琴樽有會期有心於貨利無意慕詩書豈無高士敬時有貴人携報道晚年光景好兒孫貴達望尤彌此則穩享之命鴛幃有犯須年長子嗣秋来有挺象運行初已卯上人庇下輕寒輕暖無是無非庚辰運中曾㮚春寒風料峭也知心急馬行遲辛巳運中莫愁前路多陰晦上有高人與指迷壬午運中不意之中曾得意用心之處反成悲癸未運中財源冨足家業屋餘須臾風雨頃刻趑趄甲申運中雖有家門榮旺幾多人事乙酉運中歳寒松尚茂秋老栢尤奇丙戌運中一夢遊蓬島空山杜宇啼



庚午年　戊寅月　辛酉日　己丑時

此八字辛酉專禄之日相配柱中木火財官之格財旺生官終身有慶遇斯學克生於右族長於名門萱好先歸萱耐晚天邉鴻鴈各行鳴其為人也丰姿清秀天性聰明胸羅今古事學識聖賢心太山北斗千年在和氣春風四座傾終是功名客豈為避世翁一從姓字傳揚後直上金鑾侍聖明此則榮貴之命鴛幃年小合子嗣晚榮馨運行初已卯上人庇下詩礼趨庭庚辰運中十年窓下業一辛便騰身辛巳運中禹浪三層都躍過衣冠濟濟拜明君壬午運中職位近金紫權衡出等倫癸未運中衣冠正在霄衢慶只恐天邉雪滿庭甲申運中聖主憂民事朝廷用老臣乙酉運中晚年籬下樂會友以論文丙戌運中花落水流春已盡蘭摧玉折恨何明

庚午年　戊寅月　丙午日　己亥時

此八字丙午日丑之辰相配柱中水木來生印綬之格人生得此生於右族長於名門萱母先歸椿耐晚天邊鴻鴈各行鳴其為人也丰姿清雅天性老誠頗知礼義稍識古今有近貴親賢之德應上和下之能祖業添新慶再整才源厚積晚豐盈不必覓珠來水府何須求劍到豐城是非莫管門前客得失須憑塞上翁薄有酒消閑日月苦無心緒慕功名但頗粟陳貫朽任他身外無名此則旺足之命驚悖命犍頭生雪子嗣秋來孫孫成運行初己卯上人庭下未斷風沉庚辰運中風帶雪來方覺冷鳥啼花落始知春辛巳運中不意之中曾得意用心之處不如心梨花舞雪雨過山青壬午運中成四特佳趣樂萬古門庭午字之中片時風雨癸未運中天上三陽泰人間五福增甲申運中遊賓玩物會友開樽乙酉運中人生從此別無復見儀形



庚午年　戊寅月　丁巳日　甲辰時

此八字丁巳日元相配柱中旺才印綬之格印綬者上格也主人生於右族長於名門椿萱難並老鴻鴈各行鳴其為人也丰姿清秀天性聰明頗知三畧法稍識古今情出土黃金重長價離雲皎月倍清明終是功名之客豈為田舍之翁三跳御溝沾寵握一聯好景樂無窮風生紫竄秋橫劍月落黃河夜渡兵此則穩榮之命驚悖有犯須招硬子嗣秋來有旺榮運行初己卯上人庇下未斷非沉庚辰運中淡淡愁花月翩翩柳絮風辛巳運中不昔寵下功書卷必應天府沐皇恩壬午運中威權有布人欽服才帛興隆福祿增癸未運中雖則聲名振作幾多人事虧盈甲申運中雨晴雲散天如洗金紫煌煌次第陞乙酉運中晚年閑快樂會友以開樽丙戌運中人生從此別無復見儀形

庚午年　戊寅月　壬寅日　辛丑時

此八字壬寅趨艮之日相配柱中木土食神制煞
之格喜進印綬生身遇斯命者生於艮族長於仁
門萱母續絃椿耐晚水火元未是納音天邊隻有
前各後同其為人也丰姿清秀天性聰明頗知禮
義稍識重輕出土黃金重長價離雲皎月倍清明
兩都秋色皆喬木蒼舊風流有幾人重成新事業
再整舊門庭萬里春風行樂頌四時佳趣瑞祥生
田園有意桑麻茂廊廟無心宇宙輕但願粟陳貫
朽任他身外無名此則發福之命鴛幃得配良能



女子嗣生來貴顯人運行初巳卯上人庇下天朗
氣清庚辰運中世事宛如春夢人情薄似秋雲辛
巳運中爆竹聲催殘臘盡折梅香引早春逢壬午
運中春色滿園關不住一枝紅杏出墻東癸未運
中旺中尚有盈頭雪雪宰才源厚積存甲申運中
梅須遜雪三分白雪亦輸梅一段馨乙酉運中晚
年快樂會友開樽丙戌運中韶華已老一夢佳城

庚午年　戊寅月　辛亥日　壬辰時

此八字辛亥日元相配柱中木火才官之格女人
得此生於右族長於名門椿萱難並兒鴻雁各行
鳴其為人也丰姿清秀髮貌精神有針線之巧立
業之勤雲外華岳千山秀水到湘江一樣清箕箒
蘋蘩存知節相夫教子增賢寧玉客崑崗藏韞色
蘭青楚澤散清馨克勤而克健意喜而意嗔若飛
二次明花燭天定生來配舊婚佇看夫榮子榮也
應同沐弓恩此則榮吝之命良人年長榮華客子
嗣枝頭朵朵榮運行初丁丑上人庇下未斷平生



丙子運中契合翠鸞成好夢寅緣紅葉是良姻已
巳運中雖則夫門多快樂幾番人事尚盈虧甲戌
運中裙釵沾沛澤尚有事遊延癸酉運中才源旺足家
居好須臾風雨尚愁人壬午運中光華疊疊沛澤
紛紛甲子運中花放風生辛未運中人生從此別
無復見儀刑

庚午年　戊寅月　壬辰日　甲辰時

此八字壬辰日元相配柱中木火食神制杀之格人生得此生於大廈長於高堂居上椿萱双晚贈天边鴻鴈有前翔其為人也手姿清秀天性果剛胸中藏錦綉筆底妙文章東海驪珠鮎成見豐城雷劍不終藏終是功名客豈為田舍郎純李科場驚試院英才翰苑沭恩光一從姓字傳臚後濟濟衣冠拜聖顏此則榮貴之命篤幃宜有贈子嗣晚光榮運行初己卯上人庇下未斷平生庚辰運中十年窓下留心志未許天边沭寵光辛巳運中時來風送滕王閣頃刻高摶入帝鄉壬午運中公案生春栢府凛秋霜當此之際風雪沾裳癸未運中金紫階陞超二品九天恩詔近君王甲申運中雖則金甌拜命何期鮮組还鄉丁酉運中春光去也人老花残



庚午年　戊寅月　乙未日　庚辰時

此八字才官之格傷官持令事不十全主人生於富室長於西房椿親倜儻萱歸別到頭終是毋先行天邊鴻鴈各飛騰丰姿平順標格清新稍知今古事頗識聖賢文不必覔珠來承府何須求劍到豐城祖業增華麗才囊挽積存花無桃李非春色人有笙歌是太平此則承祖遺蔭之命篤幃春麗尤招副桂子秋來朵朵榮運行初己卯上人庇下雲淡風輕庚辰運中始知春盈求方覔瑞祥生辛巳運中如日升暘谷似月皎中庭壬午運中季倫錫璋何為貴秦帝何房未足稱癸未運中富之以潤其屋名之以显其身甲申運中冲擊之所如月入雲乙酉運中春去也鳥空鳴

庚午年　戊寅月　戊午日　庚午時

此八字戊午日刃之辰相配柱中木火杀生印綬之格人生得此生於右族長於名門豈親先別椿榮晚天邊鴻雁各飛鳴其為人也丰姿清秀天性乖能知高下識重輕過火黃金重長價離雲皎月倍清明祖業添新慶根源勝舊風月掛碧天多皎潔名揚湖海有光榮不以功名為念豈將冠冕磨磬才源旺足平生好何必天邊沐寵榮此則穩享之命鴛幃有犯須格剋子嗣秋來孝且忠運行初己卯上人庇下陽春化日庚辰運中風帶雪來應竟冷鳥啼花落始知春辛巳運中世情濃又淡淡處又還濃壬午運中幾度凄凉方得泰才源滾富旺門庭癸未運中才旺足家居好尚有閑非素耗生甲申運中引鶴徐行三徑曉約梅同醉一壺春乙酉運中子貴福祿無窮丙戌運中一枕清風



庚午年　戊寅月　辛卯日　甲午時

此八字辛卯之日相配柱中木火才殺之格人生得此生於良族長於名門椿父先歸萱晚別天邊鴻雁各西東其為人也丰姿清雅性格乖能審問不親顏孟業生平樂自貴人名萬里無雲天一色三秋好景月長名祖業須增立才源自草成花無桃李非春色人有笙歌是太平遇險終無險逢凶吉不凶酒解平生浪衣沾閑處塵一旦時來遇貴助才源從此始如心此則發福之命鴛幃金命花燭不明子嗣有成班衣孝感運行初己亥卯年之下風雪未晴庚辰運中雖則親賢近貴才源尚有如心當此之際花放風生辛巳運中漸覺夜凉池雨過信知花放曉風輕須臾素耗頃刻逡巡壬午運中才權美景祿位騈臻癸未運中一宵春夢斷花落總成空

庚午年　戊寅月　辛卯日　戊戌時

此八字辛卯日元相配桂中火木才殺之格喜逢印綬生身人生得此生於右族長於名門椿萱不遠双榮晚天边鳴鴈不同鳴其為人也丰姿清雅天性聰明頗知礼義稍識古今有达貴親賢之德應上和下之能祖業添新慶根源勝旧風終是功名之客豈為田舍之翁一旦謀為遂述揚三考名仍看頭角露光耀显門庭此則微貴之命兆幃有犯須招贅子嗣秋来朶朶成運行初己卯上人庇下未斷平生庚辰運中藏價待沽時未遇何須心下太匆匆辛巳運中劳形案牘多光彩尚有趑趄未順情壬午運中去除巾幘簪烏帽述宜省恭待時来癸未運中皇恩重有感闈里自劳心申申運中天边無德澤雖下有亂情乙酉運中夕陽有限春梦無憑



庚午年　戊寅月　癸巳日　癸亥時

此八字日貴之神相配柱中木火傷官助才之格刑冲太重減吾科第成名主人生於右族長於名門椿父先帰萱耐晚天邊鳴鴈各行鳴其為人也丰姿清秀天性聰明般般稍覧件件不精謀動君子威伏小人自有順天之慶豈無福地之源笋長名園過舊竹花開上苑勝先春終是功名客豈為田舍翁一技刀筆健九載姓名馨幾番生進退不損舊威儀莫道枯枝難結果東君留意更殷勤此則榮貴之命鴛幃有犯須招硬子嗣秋来朶朶成運行初己卯上人庇下未断平生庚辰運中雖欲公門趋進幾番人事虧盈辛巳運中貴人相指引揮筆入公門須史風雨雨過山青壬午運中雪晴跨馬長安道幾遍勤勞始顕揚癸未運中幾年困守行門内一旦重沾雨露恩甲申運中百萬粮吾戢掌何事辭榮向籬東乙酉運中春光去也一枕難醒

庚午年　戊寅月　丙辰日　戊子時

此八字丙辰日德之辰官印之格女人得此生於良族配於衣纓姿容閑朗髮兒超群有針線之巧立業之能萬里無雲天一色三秋好景月長明椿萱棠棣霜降日妯娌翁姑不共群箕帚頻繁存禮節晚年光景相夫教子勤賢明雪為輕粉憑風傳霞作胭脂仗日匀非聘亦非奔福祿自天生晚年光景多饒裕滔滔享福靠兒孫此則福榮之命良人東傑子嗣有來龍運行初丁丑上人庇下針線殷勤丙子運中冰人說好月老會盟乙亥運中萬疊好山雲乍斂一樓明月雨初晴甲戌運中綠中加綠色紅上贈紅爽癸酉運中狐假虎威而獲福蛇居龍穴逞精神壬申運中一度悲心對蒼雲何禽尤解報昇平辛未運中春光一去無消息流水滔滔只向東



庚午年　戊寅月　癸卯日　乙卯時

此八字癸卯日貴之辰相配桂中木火傷官生才之格人生得此丰姿清穩天性仁慈椿父先歸萱後別屬行失隊各分飛學識祖通書史法心秉教加持行樂三昧無障自然果證菩提主席名山尊德教十方善信自皈依此則清僧之命運行初己卯塵俗身不染蒙恩換緇衣庚辰運中椿萱零落非吾慮擊鼓吹螺法性舒辛巳運中廣修方便人皆仰滾滾才源積漸肥壬午運中叢林尊主席何慮事越趄癸未運中雖舒諸佛地也是一番危甲申運中佛日長輝心踴躍容顏奇妙福尤彌乙酉運中滔滔長旺丙戌運中歸去未兮

庚午　戊寅　戊戌　戊午

此八字戊戌魁罡之日相配柱中木火杀印之格人生得此丰姿異雅操幹能為椿親荣貴萱年老鴻鴈天边有共飛般般却好學件件只粗知祖業重新慶才囊自積齊遊山翫水携詩軸交責親賢樂酒卮佇看来晚景頭角崢嵘巍此則富貴之命鴛帏配合須年少桂子秋来有出奇運行初己卯上人庇下快樂怡怡庚辰運中貨殖為心書倦讀行藏尚有事趑趄辛巳運中萬象光華沾沛澤四時佳至樂雍熙壬午運中仰覩宇宙之大俯察品類之盛癸未運中時来逢貴助躍馬上耶畿甲申運中老當光沓了乙酉運中歸去来了



庚午年　戊寅月　乙巳日　丙子時

此八字乙巳日相配柱中之火傷官之格女人得此儀容秀麗天性良賢勝丈夫之器槩過男子之才權椿萱棠棣難相守妯娌翁姑各一天有相夫之理道歷過之精虔佇看晚年光霽景裙釵壯麗福綿、此則旺家女命良人虎屬須年長桂子花開果晚年運行初丁丑上人庇下樂守自然丙子運中紅絲牽綉慎良玉種藍田乙亥運中助夫門才業長自己威權甲戌運中雨花生錦綉風竹動琅玕癸卯運中滔、旺家業日、樂平安壬申運中孫賢子秀辛未運中粧鏡空懸

庚午　戊寅　辛丑　甲午

此八字辛丑日相配柱中之　偏官之格人生得此丰姿慷慨處用多機椿萱堂上双年耄棠棣庭前有共菲知古今之事畧識人面之高低家業多饒裕才囊自積齊但願貴人交敬自然生旺家資此則成立之命鴛幃偕白首桂子秀双枝運行初已卯上人庇下快樂怡怡庚辰運中湖海聲華耿耿鄉邦德望輝輝辛巳運中有田皆種玉無樹不生枝壬午運中一番梨雨過瑞氣滿門闌癸未運中不獨金珠滿目尚祈倉廩豐肥甲申運中黃花



晚節乙酉運中夢入華胥

庚午年　戊寅月　己未日　乙丑時

此八字己未日相配柱中之木偏官之格人生得此本顕功名只嫌官杀相混減虧福力椿萱皓首難双奉鴻雁天邊各奮鳴丰姿英俊天性聪明識達古今之事能交豪傑之英湖海市廛才兩旺果然晚節福崢嶸此則穩富之命鴛幃配合双諧老桂子庭前三四英運行初己卯上人庇下未必為寧庚辰運中有心生貨利無志守青灯辛巳運中蹤蹤風雪過滾滾貨財生壬午運中交四方之豪傑整一簇之門庭癸未運中家業有成人敬仰東



風柳絮又飄零甲申運中晚年發旺倉廩豐盈乙酉運中孫賢子秀丙戌運中一夢难醒

庚午　戊寅　癸卯　丁巳

此八字癸卯日貴之辰相配柱中木大才旺生官之格戊癸得化得從人生得此宜乎金紫之榮主人生於詩禮長於衣纓手姿磊落性格剛明椿萱榮且壽棠棣有聯英學問淵流三峽水胸襟清澈一天星一從參班宴鎖面虎風生此則榮顯之命鴛幃全正副桂子有承英運行初己卯上人庇下樂享昇平庚辰運中讀書漂麥觀史引灯辛巳運中一聲春雷震躍過浪三層壬午運中威風凜凜氣歆騰騰癸未運中風雪初晴後榮者次第陞甲申運中金紫重榮威令重山河十郡仰威名乙酉運中懸車解組丙戌運中一夢難醒




庚午年　戊寅月　庚戌日　庚辰時

此八字庚戌魁罡之日相配柱中木火財旺生官之格人生得此手姿英傑天性剛雄椿親顯姓萱同耄鴻鵠天邊後有從心明韜畧法學貫聖賢風瓊林雖不登宴寵渥榮沾庚辛從此則顯貴之命鴛幃全正副子嗣桂蘭叢運行初乙卯上人庇下快樂無窮庚辰運中鬪鷄三市北走馬五陵東辛巳運中到此威聲揚溢果然身跨玉驄壬午運中威擅驅武士祿位又加封癸未運中祿元重擢威鎮邊戎甲申運中老當益壯乙酉運中夢入巫峯

庚午　戊寅　己未　丁卯

此八字己未日相配柱中之木偏官之格人生得此儀容英雅歷事多方椿萱雙耐晚鴻鴈有分情般〻好學件〻不精祖業重新重慶財源旋積旋盈佇看来晚節毫傑擁門庭此則富貴之命鴛幃配合須年少桂子秋来三四英運行初己卯幼承上庇快樂昇平庚辰運中便向市壓生貨利何須窓下守青燈辛巳運中雪晴春信轉財旺集賢英壬午運中一簇門庭新飛四方人物来迎癸未運中滔〻旺才帛處〻有聲名甲申運中老當發旺

乙酉運中一夢難醒



庚午年　戊寅月　壬寅日　辛亥時

此八字壬寅日配平柱中土木食神斷煞之格女人得此儀容秀爽天性明良椿萱棠棣難依耄妯娌翁姑侍不常立業掌家有道相夫教子多方心静似月明霄漢性急如風捲滄浪佇看来晚節夫顯子榮昌此則榮富女命良人配合須年長桂子庭前吐興香運行初丁丑閨門之内冬暖夏凉丙子運中屏開孔雀帶綰鴛鴦乙亥運中裙釵光絢日羅綺色凝霜甲戌運中一番梨雨過錦綉麗霞裳癸酉運中滔滔臻福金玉滿華堂壬申運中子

榮夫貴同沾贈福氣融融財又昌辛未到庚午運中婦去也

庚午　戊寅　壬寅　辛丑

此八字壬水日元相配柱中水木食神歲殺之格伏此根原焉得不貴椿萱雙秀鴻鴈成聯其為人也善決善斷能語能言當仁不讓見善則迁北海蛟横名顯也南山豹變勢昂然德澤諸方有清威四境傳此則華榮之命鴛幃合連理桂子舞斑斕運行初己卯雖居庇下未必為安庚辰運中雖伸男子志且讀聖人篇辛巳運中雲路開通名顯煥許君一旦去朝天壬午運中片言折獄筆掃危宄癸未運中兩度高遷之喜一番風雨之寒甲申運中冲擊之所何不歸閑乙酉運中春光短也夢入巫山



庚午年　戊寅月　甲辰日　辛未時

此八字甲木配合金火傷官帶殺之格值斯象者生於名門長於右族丰姿洒落智遠理常椿庭豪俊鴻鴈鶺翔萬里韶華滄海驪珠能幾見一聯美景　城雷劍不終藏他年跨馬長安道奪取藍袍歸故鄉此則榮達之命鴛幃招淋潤桂子有芬芳運行初己卯上人庇下一带風光庚辰運中讀書似高鳳觀史効庄衡辛巳運中暮地威權振顯駱然桃李芬芳壬午運中衣冠正在風光慶萬里威權肅似霜癸未運中一番風雪暫阻權衡甲申運中轉轉威風振滔滔雨露長乙酉運中夕陽有限花落人歲

庚午年　戊寅月　乙未日　丙子時

此八字乙木配合寅午之火傷官之格六乙鼠貴之助女人得此為福為祥父母兄弟頗有托翁姑妯娌却無妨姿顏清楚髮貌堂堂操持有理動靜有常心靜似月明霄漢性抉如風捲滄浪風遍芰荷香滿院雨滋花蕚色盈窓此則撑家立業之命良人木命宜年長子嗣枝頭果有芳運行初丁丑上人庇下蘙秀蘭房丙子運中共結絲　山海固永諧琴瑟地天長乙亥運中漸漸精神豁奐省省福祿榮昌甲戌運中裙釵華麗第宅風光癸酉運中洛陽三月花如錦只恐東風頃刻狂壬申運中子秀孫賢夫婦老心安意足福元長辛未運中黃花晚郁庚午運中夢入西廂



庚午年　戊寅月　甲辰日　乙亥時

此八字甲辰日配合柱中金土財煞之格喜逢羊刃却相和女人得此儀容秀爽天性良賢椿萱棠棣雖依耄妯娌翁姑晚不全有相夫之理道教子之才權錦綉花開富貴琅玕竹報平安佇看來晚節福慶向綿綿此則掌家女命良人同屬雙諧老桂子金風來朶妍運行初丁丑閨門之内快樂自然丙子運中紅絲牽綉幙良玉種藍田乙亥運中飄殘楊柳絮福慶自闌閒甲戌運中休羞杏百味羅綺色千般癸酉運中滔滔旺家業風雪不成寒壬申運中晚年享用子秀孫賢辛未運中悠悠慶樂庚午運中粧鏡空懸

庚午年　戊寅月　戊午日　甲寅時

此八字戊午日刃之辰相配柱中木火命殺印之格運歷南方不貴可富椿親顯貴萱先別鴻鴈天邊不共飛半姿洒落操幹能為知今識古將高將低祖業重新慶財囊自積有但顧門迎珠履客何須身到鳳凰池此則富實之命鴛幃同屬雙諧老桂子金風三四枝運行初己卯幼承上庇快樂怡怡庚辰運中財源來來旺無志讀詩書辛巳運中風雪未消人事更行藏致雜又光輝壬午運中江湖尊德望才帛勝當時癸未運中戌四時之佳趣立萬古之根基甲申運中一番風雪過金玉積多餘乙酉運中悠悠享用丙戌運中歸去來兮



庚午年　戊寅月　甲寅日　戊辰時

此八字甲寅專祿之辰歲德之格人生值此雖不成名亦能發福椿萱含脫翠棠棣笑春風其為人也行藏果決天性雍容耕也餒在其中學也祿在其中筍長名園過舊竹花開上苑勝先紅江湖生計廣閭里祿元豐此則穩旺之命鴛闈得配良家女子嗣班衣有孝忠運行初己卯上人庇下睦日和風庚辰運中想是功名如此不將詩禮羅青辛巳運中滾滾財源益旺滔滔無事無榮壬午運中不但財名壯觀尚喜樓閣凌空癸未運中莫作千年調還生一度古甲申運中清閑棋一局遺興酒三鍾癸未運中春光留不住花落水流東

庚午年　戊寅月　乙巳日　丙戌時

此八字乙巳日相配柱中火土傷官助財之格人生得此半姿英雅天性能為堂上椿萱先別母鴈行天際有分飛般般歷學件件粗知祖業重新慶財囊自整齊但頗生涯旺湖海何須身到鳳凰池此則守成之命鴛幃遲配須年少桂子秋風舞綵衣運行初已卯庇佑之下有何是非庚辰運中身衣蘆花絮寒來只自知辛巳運中幾度旺中駁雜依然遇貴相携壬午運中財源來益旺家業漸豐肥癸未運中重興大廈廣植桑榆甲申運中冲擊之所月被雲迷乙酉運中春殘落花盡空怨子規啼



庚午年　戊寅月　庚戌日　庚辰時

此八字庚戌魁罡之日相配柱中木火財旺生官之格人生得此半姿英傑天性剛椎椿親顯姓萱同耄鴻鴈天邊後有從心明韜畧法學貫聖賢經璦林雖不登高宴寵渥榮沾庚辛從此則顯貴之命鴛幃全正副子嗣桂蘭叢運行初已卯止人庇下快樂無窮庚辰運中閑鷄三市北走馬五陵東辛巳運中到此威聲揚溢果然身跨玉驄壬午運中威稜驅武士祿位又加封癸未運中祿元重擢威鎖邊戎甲申運中老當益壯乙酉運中夢入巫峯

庚午年　戊寅月　乙巳日　癸未時

此八字乙木配合柱中水火傷官印才之格女人得此姿容朗朗智慧明明理絲綸而不紊治家業而有成翁姑有慶妯娌無情有斷機之秀氣九膽之賢能万里無雲天一色三秋好景月長名守待晚年多享福夫榮子顯兩加榮運行初丑不禁不辱伏樂和平丙子運中佳配賢良友花從錦上增乙亥運中水火交丑一度災驚甲戌運中相欽濟濟羅綺層層當此之際一番風雪癸酉運中才旺門闌來不盡西風吹雪洒寒形壬申運中冲擊之所花枝風生辛未運中春歸留不得花落根衰腸




庚午年　戊寅月　乙巳日　庚辰時

此八字乙巳日辰相配柱中金火傷官助才之格人生得此生於右族長於高門椿親耐晚萱先別天边鴻鴈各竹鳴其為人也手姿清秀天性聰明般般稍覺件件不精活捧活舵自是自能祖業添新慶根源勝旧風楅布江山外名聞湖海中雨餘秋色皆喬木春旧風流有幾人琴樽風月閑生計金玉松筠旧歲春花無蕊李非春色人有筆歌是太平好意番成惡真心換得嗔雖不建侯封爵自然潤屋潤身此則穩旺之命外憾有犯須重配子嗣秋來孫朶榮運行巳外上人庇下來斷平生

庚辰運中雪晴由未騰人事未如心辛巳運中雖則小歲有憂还愁素耗相侵壬午運中才源富足家居好風雪飛來尚惱人癸未運中桃李千層錦江山一番屏來宇運中如履薄氷甲申運中庭前竹報平安日檻外花開富貴春乙酉運中安閑晚景丙戌運中一枕清風

庚午年　戊寅月　己未日　甲子時

此八字己未日配乎柱中之木正官之格女人得此儀容嬌娟性格堅剛椿萱棠棣難依耄妯娌翁姑侍不双有相夫之理道教子之賢良心静似月明霄漢性急如風捲滄浪佇看未晚節帔服麗蘭房此則榮秀女命良人配合連珠命桂子生成奪錦郎運行初丁丑閨門之内快樂時光丙子運中杏艷挑還娟鶯歌鳳亦翔乙亥運中雨晴山聳翠雲散月揚光甲戌運中羅綺千般色珎羞百味香癸酉運中一番烟雨過金玉滿華堂壬申運中孫賢子秀沛澤加昌辛未到庚午運中歸去也

庚午年　己卯月　乙亥日　壬午時

此八字乙亥日相配柱中火土食神劫才之格人生得此丰姿英傑天性忠誠水火椿萱榮耐晚鴈行天際兩飛鳴歷學古今之事能知世務之情祖業華麗才囊厚積成但願江湖尊德望自然珠履擁門庭此則富足之命鴛幃親屬須重整桂子秋来有異英運行初庚辰庇仕之下快樂昇平辛巳運中詩書雖有志貧利又関情壬午運中繼弱重懷後金紫積盈盈癸未運中万象光華沾沛澤四時佳趣樂昇平甲申運中兩過山平麗潮回水練清乙酉運中冲翠之鄉金玉盛孫賢子秀樂昇平丙戌運中安閑晚節辛亥運中夢入逢瀛



庚午年　己卯月　辛卯日　甲午時

此八字辛卯日相配柱中木火才殺之格人生得此金紫光揚椿萱双皓首鴻鴈有飛聯丰姿英偉天性良賢理窮今古事學貫聖賢篇北海蛟横威振作南山豹変勢巍然躍過禹門三級浪威風凛、布重天此則荣耀之命鴛幃配合須羊少桂子秋風朶妍運行初庚辰庇仰之下未必荣安辛巳運中剌股芸窓應継夜埋頭雪案不知寒壬午運中一徑揚姓字禄位便高遷癸亥運中猛虎度河民快樂飛蝗過境歲豐妍甲申運中再廷禄位風雪一番乙酉運中晚年成大用未許便回騋丙戌運中荣回故里丁亥運中夢入九泉

庚午　己卯　辛巳　丁酉

此八字辛巳日相配柱中木火才殺格女人得此德足以勝封崇椿萱棠棣難依耄妯娌翁姑不共盟有五業掌家之道相夫教子之能錦綉花開富貴琅玕竹報安寧佇看夫崇子貴霞衣帔服層、此則崇贈女命良人獲配乘龍客桂子生成奪錦崇運行初戊寅上人庇下樂守潘平丁丑運中匹配成佳偶鸞歌鳳亦鳴丙子運中夫顯身崇樂珎羞百味馨乙亥運中裙釵加壯麗羅綺積千層甲戌運中重、加沛澤日、樂昇平癸酉運中孫崇子秀壬申運中夢入蓬瀛



庚午年　巳卯月　辛酉日　戊戌時

此八字辛酉專祿之辰相配柱中之土印綬之格值斯命者生於故舊之族長於喬木之門椿萱崇晚景鴈字各聯鳴其為人也丰姿穩秀天性志誠學問不資於翰苑筆鋒可到於公廳當初本是登庸客只恨書窓志不勤倘若機會至邊至也須馳馬拜楓容此則遇時榮身之命鴛幃土命添香桂子榮門孝感運行初庚辰蔭之福何慮生平辛巳運中高士提携還顯達貴客扶持始精神壬午運中雖在施權處無端一度驚癸未運中畿劳刑邊賽處横腰金帶領姓名當此之厲洒衣襟甲申運中所事但憑三尺法理刑渾似一團春乙酉運中重重祿位凜凜威名丙戌運中歸來故里丁亥運中春夢無憑

庚午　己卯　庚寅　丁丑

此八字庚寅日相配柱中之木財旺生官之格入生得此半姿慷慨天性明良椿萱數晚翠棠棣藹春香學識聰明未出名登科甲筆鋒銛利尤能娃顕公堂天官奏最沾恩寵百里仁風自播揚此則榮貴之命鸞幃配合須相䣛桂子秋来吐異香運行初庚辰無思無慮庇下安詳辛巳運中春陽回宇宙桃杏發新粧壬午運中案牘勞形才帛旺風濤滾滾幸無妨癸未運中足馬登天沾寵渥風霜萬里洒門墻甲申運中政化東西洽仁風遠近揚乙酉運中声名馳百里財帛積千箱丙戌運中黄花緑酒丁亥運中夢入仙鄉



庚午　己卯　己卯　甲子

此八字去官留殺之格女人得此生於清白之門長於安和之族堂上椿萱顕姓天邊鴈字分群姿顔清雅言語非態性若寒潭月心如古泉氷雖然不是策封婦晚節從容享太平此則中和之命良人年長魚水之情子嗣有成蘭香桂秀運行初戊寅睞雲掩月未布光明丁丑運中登臨雨淨賞翫春陰丙子運中漸看春色煖始覺福祥生乙亥運中家園成就福禄駢䅣甲戌運中一度風波阻依然不損身癸酉運中安享雍和之福甲申運中夢魂遊入云屏

庚午　己卯　甲戌　丙寅

此八字羊刃合煞之格喜甲己化合之功值斯格者注人儀容明朗德性温良生於名域之家長於遷移之室堂上双親俱皓首天邊鴈字我居先綉線錦梭能巧用蘋蘩箕箒謾支持此則麗人之命良人宜贅年高士子嗣富招志達見運行初戊寅蘭房善養飢食困眠丁丑運中春入綺羅馥郁月穿閨閤影團圓丙子運中淡煙迷弱柳疎雨洒斜陽福氣儼如春氣旺財源一似水源長乙亥甲戌運中雪霽天明朗時來子顯揚癸酉運中羊刃逢



冲逢戕頓教一度凄涼壬申運中兒孫歌舞賀客满堂辛未運中百般都是夢一枕了平生

庚午年　己卯月　乙丑日　戊寅時

此八字乙丑日相配柱中金土才官之格女人得此儀容英雅性格明良椿萱棠棣难全倚妯娌翁姑侍不常有針綫之桃巧立業之貞良心静似月明霄漢性急如風捲滄浪時來財旺夫門盛濟、裙釵絢爛光此則穩旺女命良人配合須年長桂子森、有蔭芳運行初戊寅上人庇下未論炎凉丁丑運中虽歡鸞歌鳳舞月明却被雲蒙丙子運中裙釵加杜鵑風雪洒門墻乙亥運中到此精神豁爽果然羅綺飄香甲戌運中超超先歷過福慶



果軒昂癸酉運中孫賢子秀樂守華堂壬申中落日青山外猿啼人斷腸

庚午年　己卯月　丁丑日　庚子時

此八字丁丑日相配柱中水木殺印之格人生得此生於喬木長於高居椿萱皓首鴻鴈高飛祖業增新麗才囊厚積餘季倫錦幛何為貴秦帝阿房未足奇不入文場非案牘如何頭角也嵬嵬此則因富顯貴之命鴛幃全正副桂子有標奇運行初庚辰上人庇下樂享何如辛巳運中延賓酌酒會友攻書壬午運中貴客相携才祿旺一番雪後便名馳癸未運中鄉隣尊德望士卒仰威儀甲申運中才源來旺人欽敬一度風波不致危乙酉運中晚年安享第宅輝輝丙戌運中月落猿声急西風木葉悲



庚午　己卯　辛未　庚寅

此八字辛未日相配柱中之木才旺生官之格正渭才盛生官終身有厚值斯象者丰姿穩重天性良能捧父先歸萱耐晚鴈行天際有分情祖業重新整才囊自積成但願貴人交敬厚市屢湖海貨生成此則富实之命鴛幃赴後重旗屬桂子秋来三四英運行初庚辰上人庇下椿樹凋零辛巳運中焦桐新整琉弹出斷絃聲壬午運中才源来愈旺湖海會賢英癸未運中雨過萬重山有色雲開千里月揚明甲申運中市上生中益旺庭前花木芳荣乙酉運中老當發旺才厚福興丙戌運中悠悠処樂丁亥運中杜宇春聲

庚午年　己卯月　丁亥日　癸卯時

此八字丁亥日貴之辰相配柱中水土去煞留官之格人生得此宜乎姓顯名揚椿萱不逮雙榮贈鴻鴈天邊有共翔丰姿洒落天性果剛學問淵源三峽遠霄中學業五車書一日風雲際會果然騰蹈飛黃此則顯揚之命鸞幃尅後重年少桂子秋来有繼芳運行初庚辰幼年之景庇下安詳辛巳運中泮水書聲勞困苦洞房喜氣変悲傷壬午運中運中斷絃重續後輝月也光揚癸未運中榮沾新寵渥禄位覲朝堂甲申運中一番風雪過助列大夫行乙酉運中重金重紫未擬還鄉丙戌運中榮回故里丁亥運中夢慶石梁



庚午年　己卯月　壬戌日　己酉時

此八字日德壬戌之辰官印之格值此象者堂上雙親椿别早天邊鴈字有聯飛其為人也丰姿磊落標格清奇衣冠濟濟和氣怡怡蟾宮定須攀桂子天門終許覲皇威一朝姓字光揚馨德譽輝輝四境馳此則榮達之命鸞幃得配良家女子嗣生成孝達兒運行初庚辰只宜襁褓有何是非辛巳運中東風吹散堤邊絮光景融和好讀書壬午運中到此已知文字好禹門連躍掛朱衣癸未運中三年不改来時政百姓咸懷去後思當此之際一喜一悲甲申運中皇恩有感祿秩加輝乙酉運中歸閑田里謾飲芳卮丙戌運中花落春光短東風杜宇啼

庚午年　己卯月　丙子日　丁酉時

此八字丙子日相配柱中金木棄印就財之格人生得此半姿瀟洒性格剛明椿親顯貴鴻雁聯鳴深明黃石畧熟味聖賢經金鉅鬧鷄三市廟王鞭瞭馬五陵城一徙雲霧合騰蹈沐恩榮此則武瑞文祥之命鶯慘全正副桂子秀英英運行初庚辰上人庇下天朗氣清辛巳運中芸窗萬學心無倦汗馬功勳志頼成壬午運中士卒皈心民望重仁風適播勞崢嶸癸未運中祿元進顯權衡重一度風濤也不驚甲申運中威振一方天下還看祿位加陞乙酉運中沖擊之鄉權任重未應此際便辭榮丙戌運中榮歸故里丁亥運中一夢難離



庚午年　己卯月　乙丑日　甲申時

此八字乙丑日相配柱中金土才官之格女人得此姿秀清麗壓事勤劬椿萱双皓首鴻雁各分飛生於茂族配於高居箕箒蘋蘩存禮節掌家立業羨能為一聯美景無瑕玉萬里韶華氣象奇晚年自有安榮日福慶綿綿異昔特此則掌家女命良人大命須年長桂子秋來三兩枝運行初戊寅閨門之內處樂自如丁丑運中藍田種玉綉幞率絲丙子運中雨過山方秀雲開月始輝乙亥運中一番風雪過羅綺色真奇甲戌運中淡煙迷弱柳徵雨洒花枝癸酉運中老當益壯蘭桂芳菲壬申運中粧樓人去也寒月照機絲

庚午年　己卯月　甲戌日　丙寅時

此八字甲戌日相配柱中火土傷官助才之格喜逢日祿以歸時女人得此姿容清爽天性明良椿萱棠棣須全奉妯娌翁姑侍有常有立業掌家之道相夫教子之方佇看來晚節福慶自榮昌此則安康女命良人金命須年長桂子秋來有挺芳運行初戊寅不榮不辱毓秀蘭房丁丑運中配匹賢良交滔滔樂意長丙子運中夫門才業雖多旺人事還愁有惏傷乙亥運中裙釵壯麗家業軒昂甲戌運中錦綉花開富貴琅玕竹根安康癸酉運中沖擊之所月被雲囊壬申運中孫賢子秀辛未運中鏡掩晨光



庚午年　己卯月　乙酉日　乙酉時

此八字乙酉專權之日相配柱中旺金偏官之格露官藏殺身旺為奇主人生於右族長於高門椿萱晚分別鴻鴈各行鳴其為人也丰姿清秀天性剛忠頗能禮義稍識古今行藏覺瀟洒㗇傲任扶榮自有順天之慶豈無福地之深重成新事業再整舊門庭福布江山外名聞湖海中得意江山詩句健忘情日月酒重深花無桃李非春色人有筆歉是太平但須才源富足任他身外無名此則穩厚之命鴛幃有犯須招副子嗣金鳳旺宅門運行初庚辰上人庇下未斷平生辛巳運中隱隱輕雷抽碧笋微微細雨潤紅英壬午運中乍雨乍晴留客景或寒或煖困人春癸未運中才源雖富足人事尚虧盈甲申運中桃李千秋景江山一座屏當此之際風雪滿庭乙酉運中晚年閑快樂會友以開樽丙戌運中無慮盡傳詩礼樂有朋來自遠方覩丁亥運中春光帰去也一枕入巫峯

庚午年　己卯月　丁丑日　甲辰時

此八字丁火相配柱中之木印綬之格印綬者上格也女人得此豈不為良堂上椿萱舍晚翠庭前棠棣向陽閑姿容清楚言行端莊立業掌家多智相夫教子有方蘭生幽谷蕙蕙藹芽長名園鄭郎長惟有一般不平事蹇脩說合配殘房此則起家之命良人水命宜年長子嗣森森秀色倉運行初戊寅雲收海嶠月轉西廂丁丑運中春至始沾新雨露看看行樂勝於常丙子運中雨過萬重山有色雲開千里月揚光乙亥運中事冗心煩多蹇滯

煙浮雲漢有荒涼甲戌運中家門清泰人情好世態光華福祿昌癸酉運中韶華滿目珠翠盈盤壬申運中春光一去無消息流水滔滔送夕陽



庚午年　己卯月　甲申日　丙寅時

此八字甲申日相配柱中火土傷官助才之格女人得此儀容嬌媚體妖嬈椿萱棠棣難守相妯娌翁姑各奮送有應上和下之策掌家歷事之勞一苑杏桃鋪錦綉滿山松柏瞬多嬌佇看未晚節才旺福滔滔此則英麗女命良人配合情無实桂子秋来孕孕嬌運行初戊寅早年之業庇下荣明丁丁丑運中儀鸞合鳳慷㥏足世利多生體態嬌丙子運中到此重新氣象何愁泪滴羅袍乙亥運中裙釵壯麗福慶彌高甲戌運中寸雲沾月依旧良

宵癸酉運中運桑榆暮景壬申運中夢斷無聊

庚午年　己卯月　戊子日　癸亥時
此八字戊土配乎水木財官之格值斯象者主人衣冠儒雅礼兒溫恭英才浩志氣雍雍椿父早歸萱耐晚雁鴻無字獨飛風笋長名園過舊竹花開上苑勝先紅但教樽酒花前醉不必誇鞭登九重此則融和之命鴛幃得配連珠女子嗣東門孝且忠運行初庚辰輕輕晚霧淡淡春空辛巳運中小池雨過添新祿深谷春來發舊叢壬午運中福布江山之外名揚湖海之中癸未運中不是錦衣驄馬客定應閭里顯威雄甲申運中雖則才名而兩旺也愁秋雨打梧桐乙酉運中沖擊之際雲月朦朧丙戌運中訃音一道酹酒三鍾



庚午年　己卯月　甲申日　乙亥時
此八字甲申日相配柱中金木殺刃之格喜逢甲木以超乾人生得此顯姓揚名椿萱含晚節棠棣有聯英丰姿穩厚天性本能學問有成擬向仕途騰蹈英才敏捷空教華野躬耕一日風雲相際會果然變化沐恩榮此則顯榮之命鴛有得須重疊桂子秋來有錦英運行初庚辰風和日麗庭下昇平辛巳運明窗淨几黃卷青燈壬午運數回空探月到至便升騰癸未運中到此功名遂志恩治雨露光榮甲申運中政化東西洽仁風遠近清乙酉運中位高權重慎則清平丙戌運中到乙亥歸去也

庚午年　己卯月　庚午日　癸未時

此八字庚午日貴之辰相配柱中木局財旺生官之格人生得此本顯功名只嫌身弱不能勝用不貴而富椿親耐晚萱歸早鴻鴈天邊有奮鳴羊姿俊秀天性聰明學識穷通書史智謀能合賢英湖海市壘財兩旺紛紛僕馬有随行此則富厚之命鴛幃配合須年少桂子秋來綻錦英運行初庚辰上入福庇芳絮悲生辛巳運中詩書雖有志仕路尚難行壬午運甲倦讀來湖海財源滾滾生癸未運中僕馬縱橫樂金珠積满盈甲申運中壹番梨雨過倉廩自豊盈乙酉運中孫賢子秀第宅峥嵘丙戌到丁亥運中歸去也



庚午年　己卯月　壬申日　癸卯時

此八字壬申日相配柱中旺木傷官之格傷官者剛毅之物也注人丰姿慷慨性格剛雄生於喬木長於華宗椿萱堂上雙榮壽鴻鴈天邊各奮風學問有成一舉鵬程搏萬里英財敏捷片時禹浪躍三重一從恭玳宴肅氣凛鴻濛此則英顯之命鴛幃簇錦桂子聯叢運行初庚辰榮庇之下詩禮從容辛巳運中雖則騰身離雪案未應沐寵拜飛龍壬午運中威搖山嶽動令布虎風雄癸未運中皇恩有感金紫加封甲申運中雪霽山河壯麗榮看祿享千鍾乙酉運中旺中生阻節籬下樂雍雍丙戌運中落日青山外哀猿嘯晚風

庚午年　己卯月　己卯日　乙亥時

此八字傷官合殺之格乘子七殺太重命必犯孤
寡慈不相靠昆季不相和祖基莫倚妻子全無投
師訪友清男子飛錫廷杯閑丈夫平生自有高人
敬道譽流傳福有餘此則良僧之命運行初庚辰
風清月白無是無非辛巳運中雖然不是青雲客
曾向王都走一回壬午運中烟樹依依遮北斗雲
程疊疊隱南靨癸未運中十方敬仰四境尊推甲
申運中忽然風浪驀地驚疑乙酉運中揚嚴誦羅
無餘事明月清風樂自如丙戌運中光陰短也歸
去来兮



庚午年　己卯月　己卯日　戊辰時

此八字己卯日相配柱中之木偏官之格人生得
此丰姿敦厚处置多方堂上椿萱共老天邊鴻雁
分翔李識聰明擬許身登上国筆鋒雄健晋敷顯
姓公堂一自天官考最果然光耀門墻此則顯達
之命駕幃有得須偏正柱子秋来朵朵步運行初
庚辰上人庇下其樂何當辛巳運中文場無進路
刀筆有声揚壬午運中幾度旺中跋涉依然不損
權衡癸未運中恩澤身沾沐門閑果異常甲申運
中雷騎加祿位財旺勢軒昂乙酉運中祿元重顯
擢黎廣樂安康丙戌運中榮回故里丁亥運中梦
入仙鄉

庚午年　己卯月　庚辰日　戊寅時

此八字庚辰魁罡之日財旺生官之格人生得此手姿英俊天性明良火命椿親偕母壽庭前棠棣有芬芳理窮今古事書對聖賢章滄海驪珠能幾見豐城雷劍不終藏一朝姓顯名揚後此是男兒當自強此則榮貴之命鴛幃同屬尤掐副桂子森森有継芳運行初庚辰聞詩學礼勤向灯窓辛巳運中志欲攀龍附鳳依然進退悠揚壬午運中雲程坦坦登天去舉步悠悠祿位昌癸未運中一番風雪過化日照黃堂甲申運中旺處生荊棘依然沐寵光乙酉運中金魚初綰帶未許便还香丙戌運中一夢帰仙路寒雲掩夕陽



庚午年　己卯月　己丑日　庚午時

此八字干支不雜日帰時值斯象者生於詩禮之族長於深迟之居堂上二親椿貴壽庭前棠棣獨標奇其為人也丰姿敦厚立性能為窮今古博詩書自有升勝之日豈無变化之時倘若留心文墨必然名得俱馳此則福貴之命死幃得合子嗣班衣運行初庚寅不亐不益無是無非辛卯運中欲遂男兒志三年圍不窺壬辰運中一紹機會至雨露自如瀞癸巳運中滔滔振作步步光輝甲子運中四景榮華之樂一悲風竹之番乙未運中玩賞玩物會友彈琴丙申運中夢回南浦魄返仙壹

庚午年　己卯月　丙寅日　庚寅時

此八字丙寅日相配柱中之木印綬之格印綬者上格也人生得此宜乎仕路榮登椿萱榮贈雙雙老鴻鴈天邊有共鳴丰姿清秀性格剛明今古皆通達詩書盡講明一朝但得風雲便耀過龍門沐寵榮此則榮顯之命鴛幃配合須年少桂子秋來有継声運行初庚辰上人庇下快樂昇平辛巳運中欲遂平生志潛心對短檠壬午運中一声轟霹靂耀過浪三層癸未運中寵遷榮沾後無端雪便生甲申運中祿元財進千里馳名乙酉運中正欲金魚綰帶胡為籬下閑情丙戌運中樂中生阻節丁亥運中一夢入蓬瀛



庚午年　己卯月　甲午日　丙寅時

此八字甲午日相配柱中之木火傷官之格只嫌傷之不盡貴氣只優椿萱分別道鴻鴈不同飛丰姿洒落天性良賢理窮今古事學貫聖賢篇佇看來脫節福慶自綿綿此則富厚之命鴛幃金玉聲子嗣桂蘭妍運行初庚辰上人庇下快樂自然辛巳運中紅紛牽綉幙人事更光輝壬子運中沖擊之所夢入九泉

庚午年　己卯月　己巳日　癸酉時

此八字金神帶殺之格，仗以根基生於名望之門，長於衣纓之族，椿萱秀茂，棠棣芬芳，衣冠雅麗，智慧明良。滄海驪珠能幾見，豐城雷劍不終藏。身似黃金見十分之赤色，名如皓月有萬里之清光。此則清英之命，駕幃金玉，潤桂子發秋香。運行初庚辰上人庇下，負笈尋章。辛巳運中，陽回驚木氣，轉華堂。壬午運中，俄然孅會至泪沒，一朝揚。癸未運中，名聞四境，澤潤諸方。甲申運中，鳳凰池上，乾坤大虎豹關前，日月長。當此之時，一番跋跋。乙酉運中，有才當大用，昌遂退，家鄉。丙戌運中，香夢歸何處，衰猿斷夕陽。




庚午年　己卯月　辛巳日　己亥時

此八字辛金相配，柱中木局生官之格，喜逢殺印兩相幇。人生得此，宜乎仕路榮登，椿萱年長。鴻鷹天邊三兩鳴，丰姿磊落，天性剛明，學問三冬足，詩書萬卷，精擊開水府，珠生彩。掘出豐城劍有声，禹浪三層都躍過，榮沾寵渥，虎風生。此則榮肅之命，駕幃連珠，尤列副柱蘭，还擬有承。榮運行庚辰，庇佑之下，快樂昇平。辛巳運中，讀殘茅店月，行落泮林星。壬午運中，霹靂一声，雲霧合，果然奮躍三層。癸未運中，寵渥榮沾，騰肅氣，雪晴还擬位加陞。甲申運中，權衡千萬里，金紫大夫榮。乙酉運中，十群山河開職掌，九重恩命又榮徵。丙戌運中，榮回故里。丁亥運中，夢入蓬瀛。

庚午年　己卯月　壬午日　甲辰時

此八字六壬生臨午位號曰祿馬同鄉傷官用印之格傷官若用印官殺不爲刑人生得此丰姿倜儻天性標𢡟有慈祥愷悌之德無酷毒害人之心其爲人也生於名族長於良庭一對椿萱難並耄鴻雁遥天我顯鳴祖業稀與罕才祿自積成峯間聰明終是利名之客英材敏捷豈爲田舍之人非徙家門而有慶四遠馳名播閭鄰性不受觸心不蔵機一朝貴人來扶起晉交祿馬旺前程此則顯祖之命鴛幃有犯宜畝配桂子中來出錦衣運行



初庚辰癃底之下未論升沉辛巳運中螢窓誦罷高人薦耗失憂危謹已行壬午運中貴人指引天山路官破突憂未脫身癸未運中重重祿位耿耿聲名甲申運中人民皆讚仰梨雨化晴明乙酉運中門迎車馬客積玉與堆金丙戌運中有子朝帝闕老健日精神丁亥運中三杯别酒一夢西沉

庚午年　己卯月　甲戌日　丁卯時

此八字甲戌之日配合柱中火土傷官帶才之格人生得此本乎早歲成名只嫌羊刃傷才減亏福主人儀容清爽性格明良生於善族長於他房梅開白雪飄東閣竹長新梢過北墻雙親別倚鴻雁分行不攻武畧懶習文章等閑儁得通玄術豐衣足食旺田庄此則離祖成家之命鴛幃重綰帶桂子發秋香運行初庚辰隨風柳絮傍月啼鶯辛巳運中細數落花春意足緩尋芳草促歸裝壬午運中造化無私神効驗陰有陽準吉凶彰癸未運中財源浩浩氣數洋洋



甲申運中成四時之佳趣五萬古之田庄乙酉運中一番風雪幸不損傷丙戌運中黃粮未熟清夢先忙

庚午年　己卯月　甲申日　甲戌時

此八字甲申專祿之日配合柱中金火食神制殺之格經云殺一制豈是常人人生逢此丰姿穩重天性剛能順之千金不論逆之驟雨顛風其為人也生於望宅長於良門堂上嚴慈雅並萱庭中棠棣挺枝馨香問聰明富貴必從天上降英材特達才祿必向遠方來非獨家門而有慶賢貴相引福不輕幼歲中年然駁雜晚年富貴子腰金此則富貴之命鴛幃匹配子有香馨運行初庚申火年之際有險無侵辛巳運中螢窓熱辛苦危憂未將伸



壬午運中正是撥雲方見月非災憂破險遭迍癸未運中才如春水滔滔旺旺中厄雖破憂非甲申運中西風掃盡天邊雪金銀珍宝樂豐盈乙酉運中門迎車馬谷積玉與堆金丙戌運中得子朝廷顯官浩贈門庭丁亥運中指望千年訥一夢見閻君

庚午年　己卯月　庚辰日　丙子時

此八字庚辰日相配柱中木火財殺之格人生得此仕路難登椿萱双耐晚鴻鴈各飛鳴丰姿洒落天性聰明理貫古今之學心明賢聖之經不向仕途求聞達却來湖海旺財名佇看來晚節金玉積盈盈此則富厚之命鴛幃金玉麗子嗣桂蘭榮運行初庚辰庇佑之下詩禮趨庭辛巳運中詩書雖有志貨利亦關情壬午運中但願財名旺湖海自然人事有崢嶸癸未運中一番風雪過金玉滿門庭甲申運中交四方之豪傑生一旦之悲驚乙酉



運中老當益壯丙戌運中夢入蓬瀛

庚午年　己卯月　辛卯日　己丑時

此八字辛卯日相配柱中之木財旺生官之格正謂才威生官終身有慶值斯象者丰姿英亭慶用多撰般般都好李件件只祖知椿萱堂上分年耄鴻鴈天邊不共飛祖業更新換舊才囊自積豐肥但顧門迎車馬客何須身到鳳凰池此則穩富之命鴛帳連珠諧白首桂蘭庭外吐芳菲運行初庚辰幼年之景爲論與衰辛巳運中過難新笋貪成竹不嘗同根未脫泥壬午運中僕馬從行樂威稜異昔時癸未運中交四方之豪傑整一簇之門閭甲申運中滔滔旺家業風雪不成悲乙酉運中桂蘭挺秀財帛威肥丙戌運中到丁亥歸去也



庚午年　己卯月　辛巳日　己亥時

此八字辛巳日元相配柱中木火才官之格才威生官於身有疑女人得此生於右族配於名門擕萱双貌茂棠棣合歡荣其為人也丰姿清秀髮貌精神翁姑姑少倚妯娌各行生有針綫之巧立紫之勤一死吉桃鋪錦綉滿山松柏映帰屏充勤而充儉易喜而易嗔佇看夫荣子貴也應同沐皇恩可惜青春年少女卻將玉体贈殘婚此則荣旺之命良人金命荣身客子嗣森枝悅節馨運行初戊寅運中上人庇下毓秀閨門丁丑運中紅葉溝中傳密意赤繩月下結良姻須吏風雨雨過山青丙子運中雖則夫門多樂順運愁微雨弄晴空乙亥運中萬疊好山雲乍斂一樓明月雨初晴甲戌運中羅綺千般色珍羞百味新癸酉運中光華疊疊沛澤紛紛壬申運中子貴脫年閑快樂辛未運中　春帰花落鳥無声

庚午年　己卯月　丁丑日　己酉時

此八字丁丑日元相配柱中旺木印綬之格印綬者上格也只嫌才印溫緊職我功名主人生於右族長於名門椿父先歸萱尙脫天邊鴻各行鳴其為人也丰姿磊落天性聰明頗知礼義稍識古今有貴近親賢之德應上和下睦之能祖業添新燙根源勝旧風田園桑柘茂畝畝稻梁馨花無桃李非春色人有笙歌是太平雖不建侯封爵貴自然福禄随身此則穩厚之命外幃有化須招長子嗣秋来朶朶馨運行初庚辰上人庇下未斷平生辛巳運中春歸柳葉晴初変紅入桃花煖未匀壬午運中雪晴天未煖行樂尚困循癸未運中才源滾滾家居好尚有閑非素耗生甲申運中威權有布人欽服才帛與隆福禄增乙酉運中庭前竹报平安日檻外花開富貴春丙戌運中子秀家門多壮覯春歸花落鳥無声



庚午年　己卯月　辛卯日　甲午時

此八字辛金相配柱中木火從殺之格值斯象者生於穩盛之門長於賢德之族椿萱皓首方相别棠棣聯枝獨佔芳丰姿濟楚性格明良辭鋒雄健筆力縱横孜孜雪案勉勉螢窓登鳳闕入朝堂必是豪華客豈為田舍郎此則榮達之命鴛幃得合宜招副桂子芬芳孝道昌運行初庚辰上人庇下未斷灾祥辛巳運中倒架牙籤亂鋪庭竹簡光壬午運中佇看機會至唾手赴科場癸未運中姓字傳千里威聲布四方甲申運中衣冠雖在權衡處猶恐楊花撲錦裳乙酉運中重加禄位嚴肅憲綱丙戌運中優游田里暢飲壷觴丁亥運中光陰如過隙一夢逺仙鄉

庚午年　己卯月　乙卯日　丁丑時

此八字乙卯專祿之艮木在春生處世安然必壽歲穩之格其為人也儀容高古性格異常順則一團和氣逆之千里風霜椿歸椿後別鴻雁各飛揚逢凶終化吉遇險幸無傷根葉三番四復世情或暖或凉初運中和中限雖晚年依旧樂安康約偕賓而會良友設盛席而歡壹觴此則傑人之命兜幃重合登桂子旺門牆運行初庚辰如花向日枝枝艷但䖏穿林節節長辛巳運中踈雲微雨行樂中當壬午運中自有順天之日何須役役忙忙癸未運中有意栽花花不活無心插柳柳成行甲辰運中正好看花驪柳誰知履雪經霜己酉運中有子掌家吾快樂須史踐跳不相傷丙午運中但使自開心樂何愁鬢白頭蒼丁亥運中安享晚年之福慶戊子運中幽魂查入泉鄉



庚甲年　己卯月　甲子日　[illegible]

此八字甲子日元相配柱中火土[illegible]格陽刃合殺有功主人生於右族長於仁門椿萱分別先斷父天边鴻雁不同群其為人也丰姿儒雅天性老誠頗知礼義稍識古今有近貴親賢之德應上和下之能心胸澄徹度量寬洪定擬得名得祿豈教南畝躬耕一枝刀筆健九載利名成莫嘆枯枝難結果東君留意散勤此則成名之命鶯幃命健頭生雪子嗣秋来旺宅門運行初寅辰上人庇下未斷平生辛巳運中登臨值雪賞玩天陰壬午運中倘逢機會從天降高勢劍筆入公門癸未運中跨馬起程登上國雨晴雲散沐雨晴雲散沐皇恩甲申運中[illegible]國守衛門内皇恩有感勤元豊乙酉運中軍民仰德何事離榮丙戌運中夕陽有限春夢無憑

庚午年　己卯月　甲子日

此八字甲子日元相配柱中火土[illegible]制殺之格陽刃合殺有功主人生於右族長於仁門椿萱分別先斷父天边鴻鴈不同群其為人也丰姿儒雅天性老誠頗知礼義稍識古今有近貴親賢之德應上和下之能心胞澄澈度量寬洪定擬得名得祿豈教南畝躬耕一枝刀筆健九載利名成莫與枯枝難結果東君留意散勤此則成名之命鴛幃命健頭生雪子嗣秋來旺宅門運行初寅辰上人庇下未斷平生辛巳運中登既值雪賞玩天隂壬午運中倘逢機會從天降高攀劍筆入公門癸未運中跨馬起程登上國雨晴雲散沐雨晴雲散沐皇恩甲申運中總[illegible]因守衛門内皇恩有感勃元豊乙酉運中軍民仰德何事離荣丙戌運中夕陽有限春夢無憑



庚午年　己卯月　丁酉日　乙巳時

此八字丁酉日貴之辰傷官帶印之格人生得此生於平淡之族長於溫潤之門金土椿萱有倚天邊鴻鴈分群手姿清楚學問匪深高人敬貴客尊自有順天之理豈無福地之深鬧處愛走冷處不行一日貴人相指引利就名成福祿增此則穩達之命鴛幃得合如魚水挂子生成跨灶人運行初庚辰上人在下雲月朦朧辛巳運中漸漸精神奕還愁霧鎖烟凝壬午運中富之以潤其星名之以顯其身癸未運中雪消雲散方如意從此財源倍有增甲申運中三盃遺興五斗鮮醒乙酉運中松尚茂竹尤青甲戌運中春光一去無消息花落黃昏月已沉

庚午年　己卯月　己卯日　丁卯時

此八字乙卯專權之日相配柱中木火赤生印綾之格女人得此生於右族長於名門椿萱双晚茂鴻鳳各行鳴其為人也手姿清秀髮兒精神翁姑有倚妯娌尚情輕有針綴之巧文業之勤雪為輕粉憑風傳露作胭脂伏日匀其篇蘋蘩存礼節相夫教子揺賢明难觸难犯易喜易嗔雖不鳳冠披服自然才祿豐盈此則益旺之命良人同屬生客子嗣榮門晚節奇運行初戊寅上人庇下毓秀閨門丁丑運中匹配名門友兆從錦上增丙子運中須曳雲掩月須刻月離雲乙亥運中一抹晚烟迷芍藥半泓秋水浸芙蓉甲戌運中羅綺臨風玠羞百味癸酉運中夫賢子秀樂意忘情壬申運中享子孫之福慶辛未運中梦杳杳之佳城



庚午年　己卯月　壬午日　丙午時

此八字六壬生臨位午號曰祿馬同鄉傷官助才之格人生得此生於右族長於名門水火椿萱双晚茂天遐鴻任飛鳴其為人也丰姿清秀天性聪明高謀遠見機関別慷慨情懷學識深萬里無雲天一色三秋好景月華明祖業添新慶根原勝舊風五湖四海生涯好萬水千山道路通身外陰榮文何用人不知之昧更聲雖不逮侯封壽自然榮鳥餘盈此則稳厚之命鴛幃木命須年少子嗣秋来朵朵榮運行初庚辰上人庇下天朗氣清齊運中娟娟雲裏月灼灼蕊中英壬午運中才原多旺足人事尚斷盈癸未運中着意種花花不發無心插柳柳成陰甲申運中雪晴天如洗才源倍有增乙酉運中簾捲香風生百福軒開化日瑞祥增丙戌運中悠悠快樂會友開樽丁亥運中花落水流春已去幽幽殘梦入幽冥

庚午年　己卯月　甲戌日　乙亥時

此八字甲戌日元相配柱中金水才官之格陽刃合杀刃重杀輕事不十全主人生於良族長於仁門椿文先帰萱耐晩天邊鴻鴈陣行分其爲人也丰姿清秀天性老誠知高下識重輕有近貴親賢之德應上和下之能祖業有倚須再整才原雖有晩豐盈不是功名客生平近貴人得意江山詩句健忘情日月酒盃深晩年光霽景福祿愈豐盈此則發福之命翁情有化須年敵子嗣森枝旺宅門運行初庚辰上人庇下淡淡春雲辛丑運中風帶雪來穊覺冷鳥啼花落始知春壬午運中得中有失晦後迯明癸未運中雖則行藏有慶幾多人事虧盈甲申運中一枝梅破臘萬象漸回春乙酉運中延賓玩物會友開樽酉字之中花放風生丙戌運中楚臺雲散空留夢漠花香消不過夢



庚午年　己卯月　辛巳日　癸巳時

此八字辛金相配柱中木火才旺生官之格才盛生官終身有慶人生得此生於百年喬木長於累世衣纓椿親微貴萱賢淑鴻鴈天边不共群其爲人也丰姿清穩天性聰明季成有成登擬得名得祿英材敏捷豈教鑿井耕耘一從姓字傳揚後祿位榮看次弟陞此則繼榮之命兆常全正副桂子長春英運行初庚辰上人庇下天朗風清辛巳運中欲遂平生志宜加繼晷功壬午運中萬里風雲相際會九天雨露沐恩榮癸未運中衣冠正在權衡処只恐天边雪滿庭甲申運中職任金紫貴三度聖恩封乙酉運中冲擊之所旺処生驚丙戌運中榮回故里丁亥運中一道訃音

庚午年　己卯月　丁卯日　庚子時

此八字丁卯之日相配柱中水木殺生印綬之格人生得此生於右族長於高門萱母續絃椿爲落水火元来是納音生我三年椿早去終留萱母[illegible]青灯一双飛鴈字一隻各家生其為人也丰姿清秀天性老成般般好學件件不精行藏覺消[illegible]徴任枯榮重成新事業再整旧門庭田园桑柘[illegible]畎畝稻粱馨門外生涯廣濶江海活計維新[illegible]貽貽乖節不以寘實隨行欲為商賈思慕[illegible]名高人起激貴客相欽雖不青驄近貴自然旺足平生

此則發福之命篤悼水命年高女子嗣秋来朵朵馨運行初庚辰上人庇下萱親庇下未斷弁沉辛巳運中乍雨乍晴留客景或寒或暖困人天壬午運中始覺陽和淌目还愁人事虧盈癸未運中片段萬含瑶草仔週迴甲第鑵雕甍甲申運中一番風雪初晴後從此滔滔福祿增乙酉運中財源富足樓閣凌雲酉字之中一番風雨丙戌運中安閑晚景丁亥運中一枕清風





庚午年　己卯月　庚辰日　乙酉時

此八字庚辰日得之辰相配柱中水火才官之格比肩太重惜乎冲破事不十全主人生於右族長於高門金水椿萱羊犬屬天边鴻鴈各行鳴其為人也丰姿清雅性格昏沉不窮書史不曉古今言不妄發事不胡行頗曉三分道理文章一般不[illegible]重成新事業再整舊門庭是非莫管門前吝得失須憑蹇上翁但願一生才祿旺何必天边沐寵[illegible]

此則守成之命篤悼堤一載子嗣晚生英運行初庚辰如痴如醉不辱不宗辛巳運中世事宛如春夢人情薄似秋雲壬午運中微微精神豁爽淡淡氣象增新癸未運中桃李千谿錦江山一畫甲申運中軒間化日千祥集薰撲香風百福增乙[illegible]運中冲擊之所女月入雲丙戌運中享子孫之福慶丁卯運中憂杳杳之佳戍

庚午年　己卯月　癸卯日　壬子時

此八字癸卯日貴相配柱中土木傷官印殺之格女人得此生於右族長於名門椿萱难丞耄鴻鳫各行鳴其為人也姿容清秀髮貌精神有肝食生名之懊惱治家立業之財能霜為輕粉憑風傳霞作胭脂仗日匀箕箒頻繁有礼節相夫教子蹈賢明心靜似月明雲漢性息如風捲殘雲玉產崑崗藏蘊色蘭生楚漢散清馨克勤而克儉易喜而易嗔雖不鳳冠帔服自然福祿駢臻此則旺盃之命良人火命須年長子嗣金風孝且忠運行初戊寅上人庇下毓秀閨門丁丑運中雖則夫門多快樂幾多人事尚虧盈丙子運中片雨欲發千千山雨雨過千山依舊睛乙亥運中晚烟雲收降人搜明月當堂甲戌運中羅綺千般色珎羞百味新癸酉運中夫賢子秀樂意忘情壬申運中花已落月尤沉



庚午年　己卯月　壬午日　庚子時

此八字六壬生臨午位號曰祿馬同鄉傷官助財之格女人得此生於良族配於名門姿容清秀情性和溫有針綴之巧立業之勤萬里無雲天一色三秋好景月長明衣冠濟濟三從備家業昂昂四德新翁姑姑有倚妯娌尚情輕性若寒潭月心如古井氷夫榮何足羡子貴又沾恩此則榮旺之命良人連珠低一載子嗣秋来顯宅門運行初戊寅幼年之下毓秀閨門丁丑運中紅葉溝中傳客意赤繩月下結良姻丙子運中雖則夫門榮快樂還愁人事尚虧盈乙亥運中羅綺千般色珎羞百味新甲戌運中光華疊疊沛澤紛紛癸酉運中冲擊之所如月入雲壬申運中子貴重榮贈辛未運中春歸鳥不鳴

庚午年　己卯月　丁亥日　辛亥時

此八字丁亥日配乎柱中水木官印之格人生得此多機多智不柔下剛椿萱双别早鴻鴈不聯翔稍有高謀遠見粗知今古文章祖業重磨琢財源自積蔵自有貴人提挈豈無名數揮揚此則自旺之命駕帷逢酡須年少桂子秋来四朶香運行初庚辰幼年之景何論炎凉辛巳運中飄殘楊柳絮鼓節向公堂壬午運中狐假虎威財業旺招妻立業異於常癸未運中田園桑柘茂蘭桂又生香甲申運中交四方之豪傑立千古之門墻乙酉運中老當益壯米粟盈倉丙戌運中花落春歸去猿啼人断腸



庚午年　己卯月　戊寅日　庚申時

此八字戊寅專權之日相配柱中木火殺生印綬之格食神制殺有功人生得此生於良族長於皇宮椿萱棠棣霜帰日妯娌翁姑分尚輕其為人也姿顔清爽德性聡明有針綴之功丸膝之能春入水光成嫩緑日匀花萼發新紅深明閨壼理洞識古今情紅日点穿湘水碧白雲堆破楚山青時来平地蒙宣選選入金宮鳳閣中此則聖妃之命良人至貴

天中聖子嗣生成龍鳳姿運行初戊寅上人厎下未断平生丁丑運中皇天豈不從人願臈盡寒消盡是春丙子運中福祿從天降恩波日日同乙亥運中錦綉花開春富貴琅玕竹報日昇平甲戌運中光華疊疊沛澤紛紛癸酉運中日月當天春氣秀光華萬景色尤新壬申運中無限韶華當此際辛未運中春歸花落鳥無聲

庚午年　己卯月　乙丑日　壬午時
此八字乙丑日主相配柱中金火傷官助才之格
木在春荣處世安然必有壽遇此命者生帰右族
長於名門金少椿萱命須並天邊鴻鴈不同群其
為人也丰姿清秀天性聰明土木陽和動花應
早春太山比斗千年在和氣春風四座傾終是功
名客豈非田舍郎奮身換白屋篤志入青雲一夕
風來服會九重雨露沐皇恩此則榮貴之命兆幃
有配須相底子嗣秋來發艷榮庚辰運中上人庇
下未断平生辛巳運中十年窗下苦黄卷與青燈



壬午運中枕卷幾回空　月時来飛步自升騰癸
未運中皇恩大用青名显加昌禄位惠黎民佇看
官封設　禄享千鍾甲午運中薰捲香風生百福
軒開化與禄元增乙酉運中夢了平生

庚午年　己卯月　乙丑日　己卯時
此八字乙丑日元相配柱中金土才官之格木在
春生為世安然必壽值斯命者生於右族長於高
門萱親累別還招繼天邊鴻鴈各行分其為人也
丰姿清秀天性聰明般般精覧件件不精高士欽
貴人欽祖業有倚才帛盡盈當為萬里客有愧百
年自水光浮座盃盤莹花氣侵人笑語馨雖不建
侯封爵自然金谷豐盈此則穩厚之命鸞幃同屬
須年敵子嗣拔頭損後成運行初庚辰椿親庇下
蘆絮侵身辛巳運中雖則遨遊湖海幾多人事齬



盈壬午運中財源雖旺足素耗尚愁人癸未運中
負載不辭千里遠貨才推喜四方通當此之際風
雨還生甲申運中庭前竹根平安日檻外花開富
貴春乙酉運中晚年快樂福禄駢臻丙戌運中夕
陽有限春夢無憑

庚午年　己卯月　癸亥日　丙辰時

此八字癸亥日相配柱中木土日辰制殺之格人生得此生於良族長於高堂椿親堂上萱耐脫天邊鴻鴈不行聯其為人也手姿清秀天性機關不慈不勇可方可員知高識下近貴親賢頗知今古事少識聖賢篇終是功名之客豈教豹隱龍蟠騰身何必登科試自有功名案牘權晚年光濟景德澤惠黎元此則榮貴之命鴛幃冝有贈子嗣晚班蘭運行初庚辰上人庇下春苑春山辛巳運中貴人相指引祿馬旺於前壬午運中雨晴雲露遠跨



馬去朝天癸未運中頭角崢嶸多快樂還冝困守幾多年甲申運中皇恩有感榮除授贊政琴堂姓字傳乙酉運中重重加爵祿何事隱田園丙戌運中歸去也

庚午年　己卯月　丙戌日　壬辰時

此八字丙火日干配爭格中水木殺生印綬之格此格者主人生於富室長於高居椿萱有倚半途別天邊鴻鴈後行飛其為人也手姿清秀天性聰明行藏果斷作事三思善決善斷多見多知祖業添新慶根原再整齊遊山翫水携詩卷對月觀花把酒巵不須問名利何用習詩書五湖風味多饒裕自然金谷豆盈余此則旺益之命鴛幃有得須招硬子嗣秋枝有出奇運行初庚辰上人庇下未斷高低辛巳運中萬象光華沾沛澤四時佳趣勝



常時甲申運中財原富足樓閣衣豐當此之際風雪霖霖乙酉運中田園桑柘茂畝畝稻粱肥丙戌運中安閑晚景丁亥運中歸去也

庚午年　己卯月　丁卯日　癸卯時

此八字丁火相配柱中水木偏官助印之格人生得此生於茂族長於高門椿萱舍晚翠棠棣藹春雲其為人也英材而出類學問以淵深北海蛟横嶄然而出頭角南山豹变蔚然而露文英一朝騰蹈飛黄去整濟衣冠拜聖明此則榮貴之命鴛幃全正嗣子嗣彩衣新運行初庚辰春風駘蕩夏日炎蒸辛巳運中欲跨騰雲驥須當對短檠壬午運中到此始知文學好長安道上馬蹄輕癸未運中衣冠正在風光處只恐闌非素耗甲申運中威權布瑞声名重禄進才高雨露新乙酉運中權重生顛躓何不早思尋丙戌運中落花啼啼山鳥香夢悠悠入九重



庚午年　己卯月　乙亥日　乙酉時

此八字乙木配合柱中之金露官藏殺之格人生得此椿萱有倚奕双耆天邊鴻雁各西東丰姿清秀天性雍雍李門有成定作鳳凰池上客英材敏捷必能龍虎榜中人重重禄位耿耿声名此則榮肅之命兆幃全玉潤子嗣襁衣新運行初庚辰上人庇下不辱不榮辛巳運中讀書映雪觀文引灯壬午運中鵬路高摶知健翼龍門深躍見脩鱗癸未運中千里霜威金斧重三秋風色綉衣輊當此之際風木之驚甲申運中重沾新雨露秪位每加陞乙酉運中錦衣肥馬重重貴牖上桃符字字真丙戌運中解組田田里黄梁夢不醒

庚午年　已卯月　甲申日　乙亥時

此八字甲申專權之日陽刃合殺之格女人得此生於右族配於仁門椿父早歸萱堂耐歲天邊鴻鴈各行群翁姑有倚妯娌行輕有針線之巧立業之能雲妝華岳千山秀水到湘江一樣清難觸難犯易喜易嗔自有順天之慶豈無福地之深雖然不作榮封婦自然衣祿足豐榮此則旺足之命良人金命須年長子嗣生成貴顯人運行初戊寅萱堂親庇下未斷平生丁丑運中路入桃源花爛熳播横銀漢水澄清當此之際頃刻風雲丙子運中淡烟楊柳岸薄霧杏花村乙亥運中才源富足家業餘盈甲戌運中滔滔增福祿步步助夫門癸酉運中冲擊之所如月入雲壬申運中安閑晚景辛未運中春梦無憑



庚午年　已卯月　丁丑日　壬寅時

此八字丁丑日元相配柱中水木官印之格人生得此生於右族長於名門椿萱有倚难双耄天邊鴻鴈各行鳴其為人也半安清秀天性聰明胸羅今古事李藏聖賢心太山北斗千年在和氣春風四座終是登庸之客豈為田舍之翁三汲浪中能變化九霄雲外鳳飛騰一從姓字傳揚後九天雨露沐皇恩此則榮貴之命鸞幃重合巹子嗣桂蘭榮運行初庚辰上入庇下未斷平生辛巳運中十年窓下業黄卷与青灯壬午運中禹浪三層都躍過東第金鑾拜聖明癸未運中錦衣肥馬重重貴天上恩波淡淡新甲申運中眈迁金紫宇內澄清當此之際風雪滿庭乙酉運中權高損福宇內澄清丙戌運中晚節閑時宜菊酒西風起處憶鱸蓴丁亥運中歸去也

庚午年　己卯月　辛巳日　己亥時

此八字辛金相配柱中旺木才旺生官之格主人生於溫潤之族長於深邃之庭其為人也丰姿清秀天性聰明豈是池中物乜席上珍終是利名之客豈為田舍之人瓊林雖不叅高宴也教沛澤惠黎民此則貴人之命篤偉全正副子嗣彩衣新運行初庚辰上人庇下未論昇沉辛巳運中十年窓下業須用對青灯壬午運中声名從此显旧没一朝伸癸未運中衣冠雖壯麗还愁風木驚甲申運中依然光彩倍振權衡乙酉運中冲繫之所如履薄氷丙戌運中日落西風急青山對暮休



庚午年　己卯月　己丑日　壬申特

此八字己丑日元相配柱中旺木月支偏官之格傷官制杀有功人生得此生於清白之族長於更变之門椿萱有倚鴻鷹聯群其為人也丰姿清秀天性聿能有近貴親賢之德應上和下之能東嶺栽松西嶺秀南園種樹北園青琴箏風月開生花酒歌歡樂此生但得高人指引滔滔享福無穷此則遇時發福之命篤幃亦萬方偕老子嗣生成孝感人運行初庚辰上人庇下淡淡青雲辛巳運中性使千般計較依然人事匆匆壬午運中青風播爽微雨喜晴癸未運中才源滾滾家居好一度風波也惱人甲申運中成四時佳趣立萬古門庭乙酉運中克當益壯曰福曰榮丙戌運中安閑晚景丁亥運中一枕难醒

庚午年　己卯月　辛巳日　己丑時

此八字辛巳日元相配柱中木火才官之格人生得此遇斯命者生於右族長於名門萱母先帰椿耐晚天邊鴻雁各行鳴其為人也丰姿清秀天性聰明知高下識重輕高人啓敬貴客相欽不向仕途求聞達却來湖海覔黄金重成新事業再整舊門庭福布江山外名聞湖海中英雄惟贈三尺劍豪傑相逢酒一鍾才源富足家業餘盈但恐一生多快樂何必天地沐寵榮此則穩厚之命鴛幃連珠低一載子嗣生成孝義人運行初庚辰上人庇下未斷平生辛巳運中雪晴天未煖行桑未為春壬午運中乍雨乍晴留客景或寒或煖因人天癸未運中才旺生官家業長福星明照喜非輕甲申運中山前山後皆明月江北江南想是春乙酉運中晚年多快樂子女貴無窮丙戌運中莫費功名斷遊水無聲



庚午年　己卯月　戊子日　壬戌時

此八字戊土相配柱中水木才官之格女人得此生於茂族配於高堂椿萱棠棣霜睇日妯娌翁姑相共行姿容清朗髮貌異常有針綴之巧刺綉之良深明閨壼理洞識古今章佇看夫榮子秀霞冠服榮昌此則榮夫顯子之命良人獲配名門文桂子先成奪錦郎運行初戊寅上人庇下毓秀蘭房丁丑運中風送浮雲帰古洞雨滋花萼發新粧丙子運中夫顯身榮樂滔滔福祿昌乙亥運中羅綺千般色珎羞百味香甲戌運中裙釵濟濟家業昂昂癸酉運中沖擊之所樂處殃壬申運中春光帰去也流水自茫茫

庚午年　己卯月　甲戌日　辛未時

此八字甲戌日元相配柱中金火傷官制殺之格只嫌官殺混雜刑奇得第成名主人生於右族長於名門金水椿萱双晚别天邉鴻鴈影行分其為人也丰姿清秀天性聰能李問頗知今古書肆稍有不成衣冠濟濟人中傑和氣怡怡席上珎終是功名之客豈為田舍之翁三級浪中難变化九年場上却馳名佇看揚姓字黎座頌昇平此則榮貴之命鴛幃有犯須招硬子嗣金風孝且忠運行初庚辰上人庇下未斷平生辛巳運中倦誇幾經風雨阻灯窓執卷入青雲壬午運中着意種花花不發無心謀望却成名須史風雨雨過山青癸未運中幾載李勤甘苦守雪晴跨馬沐天恩甲申運中皇恩雖有感賛政播声名乙酉運中此運足須还且退且宜籬下樂閑情丙戌運中無思無慮美酒盈樽丁亥運中歸去也





庚午年　己卯月　巳巳日　乙亥時

此八字己巳日元相配柱中木火殺生印綬之格未印相生功名顯達主人生於右族長於名門椿萱双晚别鳴鴈各行鳴其為人也手姿清秀天性聰明通今博古覽史穷経衣冠済楚學問詳明當仁不讓見善則從終是功名之客豈為田舍之翁文章自有凌雲志學業豈無觀国賓此則榮貴之命鴛幃有犯須年敵子嗣秋来有捷榮運行初庚辰上人庇下未斷平生辛巳運中欲遂功平生志还須對短檠壬午運中時来機會好寄跡入撟門當足時也素耗还生癸未運中皇恩有感声名顯紛又德澤潤黎民甲申運中一天好雨随車至千里清風逐扇生乙酉運中江山迎五馬花柳拂双旌丙戌運中子貴重榮贈己丁丑運中花落寂無声

庚午年　己卯月　己巳日　丙寅時

此八字己巳日元相配柱中木火殺生印綬之格殺印相生功名顯達主人生於文望之族長於詩礼之庭椿萱不違祿壽鴻鴈有各飛騰其爲人也丰姿清秀礼樂縱横攜書覧史李足三各袖裡虹電霧色筆端風雨駕雲程終是功名之客豈爲田舍之翁雲程隱隱登天去李足悠悠名利成一朝騰踏氣黄去東彷金鑾拜聖明此則榮貴之命驚愇有犯須年敵子嗣秋来朶朶榮運行初庚辰幼年之下未必評論辛己運中欲向雲中李足須從燈下留心壬午運中挑卷幾回空探月時来機會便作騰癸未運中令重奸邪伏嚴鬼騰驚甲申運中一奇春雨随車至千里仁風遂扇凉當此之際風木傷情乙酉運中江山近五宅雖見不爲驚酉字之中歸隱離東丙戌運中夕湯有限春夢無憑



庚午年　己卯月　丁丑日　丁未時

此八字丁火相配柱中旺木印綬之格人生得此椿萱双脁茂鴻鴈独光榮丰姿磊落天性聪明筆落驚風雨詩成泣鬼神龍門变化三春浪鵬路道遥萬里程此則榮貴之命驚常春麗桂子金英運行初庚辰上人庇下祿祿平生辛己運中讀書渠麥觀史引灯壬午運中鵬路高搏健翼龍門躍見修鱗癸未運中奸邪屛息宇内澄清甲申運中重重風雪霽晴明乙酉運中權高損福慎則無驚丙戌運中黄粱未熟清夢先行

庚午年　己卯月　癸酉日　癸丑時

此八字癸酉日元相配柱中木[illegible]神制殺之格喜逢印綬生身遇斯命者生於右族長於名[illegible]萱難並耄鴻雁各行聯其爲人也年姿清秀天[illegible]機閑英材出類學問淵源魚佩玉麟光照地雀啣瑞带勢冲天定擬南山豹變豈教北海龍蟠名登虎榜身造鵷班一從揚姓字秉笏拜金鑾此則榮貴之命鴛幃燭夜添新笣子嗣秋來發桂蘭運行初庚辰上人庇下春苑春山辛巳運中十年窓下陰硯寒毡壬午運中騰蛟起鳳攀桂步蟾癸未運中名聞萬里微折片言甲申運中一番風雪過金紫職高遷乙酉運中冲激之所解組歸閑丙戌運中晚年籬下樂丁亥運中一枕入黃泉



庚午年　己卯月　癸亥日　癸亥時

此八字癸水相配柱中土木食神雜殺之格身強殺淺假殺爲權人生得此生於宦[illegible]長於名門椿萱榮且壽鴻雁独飛騰其爲人也年姿清雅天性聪明旁問三冬足群書萬卷通豈是池中物尤來席上珎三級浪中龍变化九雷雲外鳳飛騰一朝但得風雲便秉笏金鑾拜聖明此則繼業之命鴛幃金玉潤子嗣桂蘭馨運行初庚辰上人栄庇詩礼從容辛巳運中欵遂班超投筆須捿董子下帷功壬午運中報道是龍還不信果然奪得錦標新癸未運中令重奸邪伏威嚴鬼膽驚甲申運中一番風雪過金字厥加陞乙酉運中權高損福慎則無凶丙戌運中籬下悠悠樂丁亥運中春殘杜宇鳴

庚午年　己卯月　戊子日　壬戌時

此八字戊子日元相配柱中水木財官之格人生得此生於右族長於仁門椿萱晚別難雙耄天邊鴻雁各行鳴其為人也才姿清秀天性老誠頗曉三分道理文章一竅不通萬里船華世事每從忙裡就一點美景財源自向遠方生祖業添新慶財源日蓄咸是非莫管門前客得失須憑塞上翁時至財源頗進運來福祿駢臻莫道桂枝難結果東君留意更殷勤此則穩厚之命鴛幃燭夜添新鸞子嗣秋來有繼榮運行初庚辰上人庇下襁褓平生平巳運中世事短如春夢人情薄似秋雲壬午運中雖則行藏有慶幾多人事虧盈癸未運中雨過萬疊山有色雲開千里月光明末字之中素耗還生甲申運中財源滾滾家居好須史風雨尚愁人乙酉運中天上三陽泰人間五福增酉字之中花放風生丙戌運中晚年閑快樂丁亥運中一枕入佳城



庚午年　巳卯月　庚寅日　壬午時

此八字庚寅之日相配柱中木火才官之格才盛生官終身有慶遇斯命者生於望族長於高門椿萱有倚難双耄天邊鴻雁各行群其為人也才姿清秀天性聰明善決善斷多見多聞知高而識下近貴以親賢學業有成名必著衣冠殊別性畄堅魚佩玉鱗光照地雀御瑞帶勢冲天機會來時吾快顯紫騮嘶過玉楼前此則榮達之命鴛幃連理合子嗣晚班蘭運行初庚辰上人庇下化日陽春辛巳運中欲跨騰雲驥思囊飛露螢壬午運中一声春霹靂驚起困中人癸未運中報道是龍還不信果然奪得錦袍新甲申運中錦衣肥馬重重貴天上恩波浩浩新當此。際風雪不晴乙酉運中冲繫之時旺處生光丙戌運中晚年快樂丁亥運中春夢無憑

庚午年　己卯月　癸亥日　丙辰時

此八字癸水日元相[illegible]柱中此木傷官制殺之格人生得此生於右族長於高門土命播遺[illegible]天邊鴻雁各雲津其為人也丰姿清秀天[illegible]立仁立義多見多聞學問有成終是登庸之客英材卓魁岦為田舍之翁龍虎榜中題姓字鳳凰池上捧金罇瑤池曉鞭靜秉笏近明君此則榮膺之命駕憾有碍須重續子嗣金風綻粟英運行初庚辰工人庇下天朗氣清辛巳運中十年寒下業未許便昇騰壬午運中足履三千皆後學摶風九萬即前程癸未運中威嚴少奸弊澤庚起瘦癰甲申運中一番風聖過重紫與重金乙酉運中冲擊之所權高損福慎則無驚丙戌運中榮歸離下多勸樂丁亥運中一夢黃梁永不醒

庚午年　甲申月　戊申日　丁巳時

此八字戊申長生之日相配柱中[illegible]殺之格人生得此生於右族長於名門椿父先歸萱晚別天邊鴻雁各行鳴其為人也丰姿清秀天性聰明自有順天之慶豈無福地之深終是功名客豈為田舍翁不貴十年苦李定應九載成名佇看頭角聳光耀舊門庭此則擊石生烟之命鶯幃有犯須招硬子嗣秋來朶朶榮運行初乙酉上人庇下未斷平生丙戌運中雪晴天未暖行樂未如心丁亥運中藏器待時時必達時来機會入公門須叓風雨：過山青戊子運中勞牘案牘多光彩雨晴跨馬入神京己丑運中雖則崢嶸頭角還宜省察家門庚寅運中皇恩重有感德澤惠黎民辛卯運中正宜加爵祿何事便歸榮壬辰運中子貴閑田里春歸鳥不吟



庚午年　甲申月　癸卯日　癸亥時

此八字癸卯日元相配柱中水金印綬之格印綬者上格也主人生於右族長於名門萱母續絃春磊落天邊鴻鴈各行鳴其為人也丰姿清秀天性聰明般般捎覽件件不精風月慶交消洒客情有理白分青之智截長補短之能祖業添新慶根源勝舊風終是功名客豈為田舍翁三汲浪中难变化九年場上却馳名佇看頭角聳光耀舊門庭不費區區力終為發跡人此則擊石生烟之命鶯幃連珠係三載子嗣生成貴顯人運行初乙酉上人庇下未斷平生丙戌運中幾年曾映孫康雪空把身心對聖經丁亥運中時来自有良機會遇貴騰身仕路中當此之際素耗还生戊子運中幾載辛勤甘苦守時来跨馬入神京己丑運中恩沾雨露省發家門庚寅運中皇恩重有感德澤惠離民子貴閑田里離邊樂性情辛卯運中重沾榮增壬辰運中一枕难醒

庚午年　甲申月　巳未日　丙寅時

此八字巳未陰刃之日傷官之格女人得此姿容清秀髮皃精神椿萱难並奉妯娌不睦群有怍食神之懊恼治家立業之事勤助夫旺子福禄駢臻若非二次明花燭天定生来配舊婚此則穩足之命良人年長方偕老子嗣秋来綻粟英運行初癸未上人庇下未断平生壬午運中青帰柳葉晴初变紅入苑花燦未匀辛巳運中萬里無雲天一色三秋好景月長明庚辰運中庭前竹報平安日檻外花開富貴春巳卯運中萬象光華沾沛澤四時佳趣瑞祥生戊寅運中冲擊之所如月入雲丁丑運中人生此去長為別一枕黄梁永不醒



庚午年　甲申月　壬戌日　壬寅時

此八字壬戌日德之辰相配柱中旺金印綬之格人生得此本显功名只嬌運行背地事不十全人生於右族長於仁門椿親耐晚萱先別天邊鴻雁有飛騰其為人也丰姿清秀天性乖能世事頗能將就般般爭欠精通萬里春風行樂須四時佳趣瑞祥生祖基宜再整事業必增新琴樽風月閑生計金玉松筠旧歲春不必覓珠來水府何須求劍到豐城但願一生多旺足何必天边沐寵榮此則旺足之命鴛幃有犯須招硬子嗣秋來貴显人運行初乙酉春風靡蕩夏日炎蒸丙戌運中古柳金風常帶雨寒岩四月始知春丁亥運中乍雨乍晴留客景或寒或煖困人春戊子運中才源雖旺足素耗尚愁己丑運中到此始知時運好萬物光華百事通庚寅運中富之以潤其屋德之以显其身辛卯運中子貴榮門家業旺壬辰運中春帰花落鳥無声

庚午年　甲申月　壬戌日　庚子時

此八字庚戌日德之辰相配柱中金土殺生印綬之格殺印相生功名显達只嫌運行背地减吾科弟成名主人生於右族長於高門椿萱有脩先丐父天邉鴻鴈各西東其為人也丰姿清秀天性聡明頗曉三分道理文章一竅不通有近貴親賢之德應上和下之應笋長名園過旧竹花開上苑勝先春終是功名之客豈為田舎之翁十年泮水难留意三載勤劳係显名住看頭角聳禄位疊加陞此則崇貴之命鴛幃有犯須㧑副子嗣生成貴显



人運行初乙酉上人庇下未断平生丙戌運中雪晴天未燦行樂未如心丁亥運中貴人相指引從事入公門戊子運中皇恩有感重名显幾載劳繁接送迎當此之際微雨弄晴己丑運中百萬粮儲吾職掌除奸提悪又加陞梨花舞雪雨過山青庚寅運中佐政琴堂民悅貽何期解組便鋽崇辛卯運中子貴重崇贈壬辰運中春帰鳥不吟

庚午年　甲申月　己酉日　丙寅時

此八字己酉日元相配柱中金木傷官之格喜逢印綬生身遇斯命者主人生於右族長於高堂椿萱亡皓首鴻鴈各翱翔其為人也丰姿清秀天性明良不暴不嚴可員可方重成新事業再整舊門庭學問不親賢孟業平生常獲貴人鄉田園桑枯茂畝畝稻粱肥遊山翫携詩卷對月觀花把酒斟但願一生財禄旺何必天沐寵栄此則穩厚之命鴛幃燭夜添新丞子嗣生成貴顯郎運行初乙酉上



人庇下其樂何當丙戌運中如花向日枝枝艷似笋穿泥節節長丁亥運中雖則家門有慶還愁人事憑場戊子運中村逕遠山松晚葉晩柴門流稻花香己丑運中理須年切險人向耗中忙尚此之際風雪無妨庚寅運中才源富足樓閣軒昂辛卯運中晚年閑快樂壬辰運中一枕黄梁

庚午年　甲申月　丙辰日　壬辰時

此八字丙辰日德之辰相配柱中金水才杀之格人生得此生於平淡之族長於迁变之門其為人也丰姿清雅天性操持親不我踈而自遠祖非我破而迁移有近貴親賢之德應上和下之能萬里無雲天一色三秋好景月長明時来財祿旺運至福元齊但願一生漸高仕自然財祿足盈餘此則離祖成家之命鴛幃有犯須相敵子嗣秋来有出奇運行初乙酉將身寄托東家宅折取楊枝作柳枝丙戌運中淡烟楊柳岸薄霧杏花堤丁亥運中乍雨乍晴留客景或寒或煖困人情戊子運中財源旺足家居好須臾風雨幸無危己丑運中成四時佳趣立萬古根基丑子之中花被風欺庚寅運中天上三陽泰人間五福臻辛卯運中春光去也花落月沉



庚午年　甲申月　辛亥日　戊戌時

此八字辛金相配柱中水火傷官制殺之格人生得此生於仁門長於右族椿萱亡皓首鴻鴈各分飛丰姿清秀天性能為行藏果斷作事三思心不爱觸心不藏萬里春風行樂頌四時佳趣勝當時滚滚才源旺滔滔福祿齊但願門楣生意好何須騎馬入雲衢此則旺足之命鴛幃得配名門女子嗣生成俊俏兒運行初丁酉上人庇下未斷高低丙戌運中淡烟楊柳岸薄霧杏花堤丁亥運中片時風雨過萬紫閙芳菲戊子運中梅梢傳報春消息始覺陽和滿太虚己丑運中人生正在風光處只恐天邊雪滿衣庚寅運中才源富業家足盈餘辛卯運中安閑晚景壬辰運中歸去来兮

庚午年　甲申月　戊申日　癸卯時

此八字戊申長生之日食神制煞之格戊癸作合有功人生得此生於良族長於高門椿萱會晚翠棠棣各敷榮其為人也丰姿清秀天性聰明學問知先覺群書貫一經定擬當朝顯朱紫豈教南畝務躬耕一朝騰踏飛黃去祿位榮耆次第陞此則榮貴之命鴛幃正副子嗣英英運行初乙酉上人庇下貿筊趨庭丙戌運何事不辞今日苦特來一舉便成名丁亥運中自錫瓊林役威飛郡縣驚戊子運中一番風雪初晴後金紫滔滔雨露均己丑運中乱浪怒虎風生重金重紫威布一方庚寅運中正宜輔國未許思尊辛卯運中悠悠歸下壬辰運中一枕难醒



庚午年　甲申月　丙辰日　辛卯時

此八字丙辰日德之辰才旺生官之格女人得此生於溫潤之族配於豊厚之門姿容闔朗天性克勤有針綫紡績之巧治家立業之能翁姑有倚妯娌聯群性急如風翻浪心安似月離雲滔滔無阻滯步步助夫門此則發福之命良人得配如魚水子嗣生成俊傑人運行初癸未幽閑紡閣毓秀閨門壬午運中紅葉溝中傳密意赤繩月下結良姻辛巳運中正是梅青月白何愁霧鎖烟凝庚辰運中雲散家家月春來處處英己卯運中一番風雪不損精神戊寅運中夫賢子秀綫錦滿身丁丑運中光陰如過隙花落水活活

庚午年　甲申月　甲寅日　庚午時

此八字甲寅專祿之日相配柱中旺金偏官之格傷官制伏為良士人生於盛族長於名門火命椿萱舍晚翠天邊鴻鴈各飛鳴其為人也丰姿清秀天性老誠機謀斬伏舉用人欽世事頗能將就般般學欠精通祖業添新慶根源勝舊風曰福曰榮自有順天之慶常安常樂豈無福地之深門楣壯觀福祿駢臻豐年田舍禾盈譽騰日山家酒滿斟五湖生計好四海福元豐但願粟陳貫朽何須天府求榮此則饒益之命鴛幃火命須年長子嗣

森枝有挺榮運行初乙酉尸宜庇下繼孫平生丙戌運中淡烟楊柳岸薄霧杏花村丁亥運中始覓春風播爽還愁微雨弄晴戊子運中才源滾滾家居好風雪飛來幸不驚己丑運中蕭捲香風生百福軒開化日祿元增丑字之中一番阻節庚寅運中高朋滿座美酒盈樽辛卯運中但使家園而富足何愁白髮鬢邊生壬辰運中春歸去也花落月沉



庚午年　甲申月　丙午日　癸巳時

此八字丙午日刃之辰相配柱中金水才官之格人生得此生於右族長於名門椿萱雙脫茂鴻鴈各行鳴其為人也丰姿清秀天性聰明斷高理直處事公平育近貴親賢之德應上和下之能祖業添新慶才源厚積存堂無高杜敬時有貴人欽得意江山詩句健忘情日月酒盃深萬里無雲天一色三秋好景月長明豐年田舍禾盈斝騰日山家酒滿斟但願才源富足何須千祿求名此則饒厚之命鴛幃有配須招副子嗣榮門孝感人運行初

乙酉上人庇下天朗氣清丙戌運中如花向日似月離雲丁亥運中春風播爽微雨弄晴戊子運中才源滾滾家居好旺中尚有事虧盈己丑運中天上三陽泰人間五福增當此之際風雨還驚庚寅運中晚年快樂會友開樽辛卯運中無思無慮壬辰運中一枕清風

庚午年　甲申月　丙申日　戊子時

此八字丙申之日相配柱中金水才官之格人生得此生於右族長於高門水土椿萱萱嵗長大遷鴻鴈各飛騰其爲人也丰姿清秀天性聰明般般稍覽件件不精學問頗知今古筆鋒稍有威稜謀動君子威伏小人祖業宜再整才帛足豐盈遊山玩水猜詩卷對月觀花把酒斟福布江山生秀麗名聞湖海有光榮雖不建侯封爵自然金谷豐盈此則穩富之命鴛幃木命須年長子嗣生成貴顯榮運行初乙酉幼年之下襁褓平生丙戌運中雖則行藏有慶幾多人事虧盈丁亥運中才源滾滾家居好風雪飛來又惱人戊子運中桃李千溪錦江山一匳屏己丑運中須史風雨庚寅運中庭前竹報平安日檻外花開富貴春辛卯運中子貴晚年沾沛澤喧喧車馬集門庭壬辰運中歸去也



庚午年　甲申月　戊午日　甲寅時

此八字戊午日元相配柱中金木食神助才之格食居前殺居後功名兩全主人生右族長於名門椿萱有倍先虧毌天邊鴻鴈各排空其爲人也丰姿清俊天性清聰書究經史孝三冬太山北斗千年在和氣春風四海傾終是功名之客豈爲田舍之翁發達不早見名利當晚成一朝但得風雲際九天雨露沐皇恩此則榮貴之命鴛幃有配須年小子嗣生成貴顯人運行初乙酉上人庇下未斷平生雪晴天氣㥮芇洋有書声丁亥運中雪案誰留苦志天階未許榮登戊子運中執卷幾同空往拭時未快翩便飛騰己丑運中始知文學好長安道上馬蹄輕庚寅運中一天好雨隨車至千里仁風逐扇生辛卯運中戝廷金紫貴子貴又重榮壬辰運中夕陽有限春夢無憑

庚午年　甲申月　丁未日　甲辰時

此八字丁未陰刃之日相配柱中旺金才旺生官之格才盛生官終身有慶遇斯命者生於右族長於名門萱親先别還招繼椿父光榮旺耄年天邊鴻鴈各窠生其為人也丰姿清秀天性聰明有博古通今之智裁長補短之能祖業添新慶根源勝舊風萬里韶華名利必從天上降一聯美景財源自向遠方生不以功名為念豈將冠冕磨麾身帰憑賢文何用人不知之味更真雖不建侯封爵自然潤屋潤身此則穩厚之命鴛幃燭夜深新副子嗣森枝晩郎榮運行初乙酉椿親庇下風雪不睛丙午運中世事短如春夢人情薄似秋雲丁亥運中漸漸精神爽看看氣象新戊子運中榮佰親馳金勒馬錦帽爭看玉楼人已丑運中庭前須報平安日檻外花開富貴春當此之際風雪盈庭庚寅運中晩年快樂辛卯運中春夢無憑



庚午年　甲申月　壬戌日　丁未時

此八字壬戌日德之辰相配柱中金火殺生印綬之格才神在運行旹地減我科第成名主人生於右族長於名門椿父先歸萱後别天邊鴻鴈各行鳴其為人也丰姿清秀天性聰明般般稍攬件件不精高謀遠見機関别慷慨春風一妙人第長名園過旧竹花開上苑勝先春終是功名之客豈爲田舍之翁成名不用三場舉顯達還宜九載勤攻看頭角聳光耀旧門庭此則榮貴之命鴛有犯須招副生成貴顯人運行初乙酉上人庇下未斷平生丙戌運中雨睛天未燦行事未如心丁亥運中貴人招引登公府尚有須吏索耗侵戊子運中幾載辛勤自苦守一朝驕馬入神京已丑運中雖則崢嶸頭角還宜省察家門庚寅運中皇恩應有感賛政德民心辛酉運中正宜加爵祿何乃便辞榮壬辰運中歸去也

庚午年　甲申月　乙卯日　戊寅時

此八字乙卯專祿之日相配柱中旺金正官之格官多化殺旺我功名主人生於右族長於仁門萱母先歸椿後别天邊鴻雁各飛騰其為人也丰姿清淡天性老成頗曉三分道理文章一竅不通有理白分清之智裁長補短之能重成新事業再整舊門庭自有順天之慶豈無福地之源花無桃李非春色人有笙歌是太平江湖有意公卿小廊廟無心宇宙輕特來才祿旺運至始精神此則守成之命鴛幃有犯須招硬子嗣榮門晚節黎運行初



乙酉上人庇下未斷升沉丙戌運中世事宛如春夢人情薄似秋雲丁亥運中寒向梅中尽春從柳上生戊子運中着意種花花不發無心插柳柳成陰己丑運中才如春水滔滔長福似秋蟾皎皎明庚寅運中延賓玩物會友開樽辛卯運中晚年多快樂子貴樂無窮壬辰運中春光去也一枕難醒

庚午年　甲申月　甲午日　戊辰時

此八字甲午日元相配柱中旺金偏官之格才祿在柱賊我科第之榮主人生於右族長於名門椿父先歸萱後别天邊鴻雁陣行鳴其為人也丰姿清秀天性聰明般般稍覽件件不精機謀韜伏舉用人欽行藏果斷作事老成祖業添新慶根原勝舊風欲求富貴思慕功名爭因落籜方成竹魚為奔波始畫龍君若有心求仕進也應光耀舊門庭不費區區力終為顯跡人此則攀石生烟之命鴛幃有犯須重聘子嗣秋來大小成運行初乙酉上



人庇下未斷平生丙戌運中幾欲登高慕省成剪雪裁冰丁亥運中欲速不信揚帆待風戊子運中威權有布人欽服財帛興隆福祿增才權兼美福祿駢臻庚寅運中庭前竹報平安日檻外花開富貴春辛卯運中入生從此别無復見儀形

庚午年　甲申月　癸卯日　癸亥時

此八字癸卯日貴之辰相配柱中旺金印綬之格印綬者上格也主人生於望之族長於遷高之居其為人也手姿清秀天性操持德不我誇而自達祖非我破而遷居有近貴親賢之德奉上和下之能萬里無雲天一色三秋好景月揚輝自有順天之日豈無福地之時初運平常守到中年順旺中年順旺不如晚節光輝此則守成之命雋偉同属方借老子嗣生來更有奇運行初乙酉上人庇下未断高低丙戌運中九十春光何太速三春行樂失佳期丁亥運中乍雨乍晴留客芴或寒或煖困人時戊子運中爆竹声傳殘臘去折梅香引早春帰己丑運中才源增進遇事投機庚寅運中遠望漢舟深入沼不須重問武陵溪辛卯運中　桑榆晚景壬辰運中帰去來兮



庚午年　甲申月　丙申日　甲午時

此八字丙申之日相配柱中旺金才旺生官之格喜逢陽刃以相扶人生得此生於右族長於良門金火椿萱歲長天邊鴻鴈各行群其為人也手姿清淡天性老誠言不妄發事不胡行頗知礼義稍識古今祖業有依雖再整才囊厚積豐盈得意江山詩句健忘情日月酒盃深簾幙垂珠光不夜林花剪彩景長春江湖有意公卿小廊廟無心宇宙輕一生多旺足何用慕功名此則旺益之命雋帏金命須年小子嗣森枝有顯榮運行初乙酉上人庇下灾悔之中丙戌運中登臨雨淨賞翫春陰丁亥運中始覺陽和满目還愁人事虧盈戊子運中財如春水滔滔長福似秋蟬皎皎明當此之際風雪盈庭己丑運中梅須遜雪三分白雪亦輸梅一段香庚寅運中簾捲香風生百福軒開化日禄元豈辛卯運中晚年享福壬辰運中一道訃音

庚午年　甲申月　壬寅日　庚戌時

此八字壬寅趁艮之日相配柱中金土殺印之格惜乎冲破藏我功名主人生於右族長於名門播萱嬰晚茂棠棣各敍榮其為人也卓姿清秀天性聰明斷高理直慶事公平自有順天之慶豈無福地之深祖業須重立財源自琢成不以功名為念宜將冠冕磨礱有心於貨利無意慕功名得意江山詩句健忘情日月酒盃深財源旺足家居好身外無名樂此生此則發福之命鸞幃得配名門女子嗣生成孝義人運行初乙酉上人庇下未斷平



生丙戌運中如日初出如月始升丁亥運中寒向梅中盡春從柳上生戊子運中小池雨過添新綠深谷春來發舊馨己丑運中旺中尚有盈頭雪雪霽財源倍有增庚寅運中門楣壯觀樓閣凌雲辛卯運中樽罍有酒延佳客蘭室存書教子孫壬辰運中人生從此別無復見儀形

庚午年　甲申月　丁巳日　辛丑時

此八字丁巳日元相配柱中旺金才旺生官之格女人得此生於右族長於名門椿父先歸萱後別天邊鴻雁各行鳴其為人也姿容清秀姿貌精神有肝食胃衣之慎憯治家立業之材能雪為輕粉憑風傳霞作胭脂伏日旬斷機留效斯親訓剪髮能傳保母心性急如風翻浪心安似月離雲但願一生財祿旺何須帔服受榮封此則益旺之命良人得配須龍虎子嗣秋來朵朵成運行初癸未上人庇下未斷升沉壬午運中紅棠滿中傳家意未



繩月下結良姻須臾風雨雨過山青辛巳運中一抹曉烟迷芍藥半泓秋水浸芙蓉庚辰運中一輪蟾魄連宵皎万里秋波徹底清己丑運中天上三陽泰人間五福增戊子運中晚年閑快樂衣祿享無窮丁亥運中粧樓人去也臺鏡掩長明

庚午年　甲申月　甲辰日　乙亥時

此八字甲申日元相配柱中金水殺生印綬之格乙庚作合有功人生得此生於右族長於名門水木楂萱為晚茂天邊鴻鴈不聯行其為人也丰資清秀天性聰明般般稍覽件件不精機謀輟服擧用人欽謀動君子威伏小人行藏果斷作事老誠祖業添新慶根原勝舊風福布江山生秀顯名聞湖海有光宗遊山玩水携詩卷對月觀花把酒傾才源有分生涯好官貴無緣不用心雖不建侯封爵自然潤屋潤身此則穩厚之命鴛幃有犯雖同



屬子嗣秋來有挺榮運行乙酉上人庇下未斷平生丙戌運中世事宛如春夢人情薄似秋雲丁亥運中喬木陽回生萬物還愁素耗有特生戊子運中才源滚滚家居好須臾風雨不為驚己丑運中軒開化日千祥集簾捲香風百福臻丑穿運中如履薄氷庚寅運中樽罍有酒延佳客蘭室存書教子孫辛卯運中子貴孫賢多洪樂壬辰運中訃音一播衆傷情

庚午年　甲申月　己亥日　乙亥時

此八字己亥之日相配柱中金木合技留官之格傷官在格帰其官宮揩平本軽減吾貴氣主人金土椿萱双晚茂天邊鴻鴈有行群其為人也丰姿清秀天性聰明知高下識重軽梅開白雪飄東閣笋出新稍过北園不向仕路求聞達好来湖海覔黄金時至才源富足運通家宅增新御民仰德閭里推尊此則饒裕之命鴛幃重合卺子嗣晚光榮運行初乙酉上人庇下花朗風清丙戌運中春風播奥微雨弄晴丁亥運中寒向梅中尽春從柳上生



戊子運中驀地才源滚滚鶴然桃李逢春須臾風雨雨过山青己丑運中梅須遜雪三分白雪壓輸梅一段馨當此之際風木之驚庚寅運中才源富足家業余盈辛卯運中晚年快樂子孝光榮壬辰運中帰去也

庚午年　甲申月　壬子日　甲辰時

此八字壬子日丹之辰相配柱中金土殺生印綬之格殺印相生功名顯達主人生於右族長於仁門萱毋先帰椿耐晚天邊鴻鴈各行鳴其為人也丰姿清秀天性聰明般般稍覧件件欠精有迺貴親賢之德應上和下之能祖業添新慶根源勝旧風終是成容名豈為田舍翁不廢十年苦學定應九載成名佇看頭角儕光耀旧門庭此則榮貴之命鶯愽金命年招敵手嗣秋来旺益門運術乙酉幼年之下未斷平生丙戌運中雪晴天未駿行樂未如心丁亥運中時来自有良機會遇貴相携名利成須史風雨雨過山青戊子運中幾番辛勤甘若守雨晴跨馬入神京黎花舞雪雨過山青己丑運中雖則峥嶸頭角还須困守門庭庚辰運中皇恩有感賛政多能辛己運中榮回故里美酒盈樽壬午運中春光去也花落月沉



庚午年　甲申月　甲寅日　甲子時

此八字甲寅專權之日相配柱中金水杀生印綬之格四柱兩冲織吾貴氣主人生於右族長於名門椿父先帰萱耐晚天边鸿鴈各同群其為人也丰姿清秀天性聰明高謀遠見機関別𠓗慨春風一妙人萬里春風行樂頌四時佳趣瑞祥生不以功名為念豈將冠冕磨龍石翫山翫景携詩卷對月観花把酒斟雖不是侯封爵自然才禄餘盈此則穏享之命鶯愽金命須年少子嗣秋来有挺荣運行初丁酉上人衣下未称登臨丙戌運中雪晴天未𩥇行樂未如心丁亥運中世情濃又淡淡処又还濃戊子運中梅須透雪三分白雪亦輸梅一段馨己丑運中成四特佳趣之萬古門庭黎花舞雪雨過山青庚寅運中樽有美酒延佳客蘭室存書教子孫辛卯運中晚年多快樂光耀旧門庭壬辰運中帰去也

庚午年　甲申月　丁酉日　辛亥時

此八字丁酉日貴之辰相配柱中金水才官之格才盛生官有慶遇斯命者生於石於長於名門椿萱双晚別天边鴻鳫各播風其為人也丰姿磊落天性聰明常以特人不如已厭播世事不如心李闍三冬足群書萬卷通衣冠济济人中傑和氣怡怡席上珎岂應白衣開故里定應扶日入青雲鴈塔題名後衣冠拜九重此則榮貴之命兆幃有犯須招副子嗣生成貴顯人運行初丁酉上人㐂下詩礼趣庭丙戌運中十年窓下業騰身上帝京丁亥運中禹門三層都躍過秉笏金鑾侍滾龍戊子運中衣惹御炉香拂袖筆宿宸恩恵澤春己丑運中重金重紫顯何愁山外雪盈庭庚寅運中股肱盛世專名德輔至明時顯世英寅字之中帰刻渊明辛卯運中子貴重榮贈壬辰運中春帰鳥不啼



庚午年　甲申月　癸巳日　壬戌時

此八字癸巳貴人之日相配柱中金土官印之格人生得此生於右族長於名門椿先早別萱尤老天邊鴻鴈各行鳴其為人也丰姿清秀天性聰明斷高理直處事公平行藏果斷作事老誠祖業添新慶根源勝舊風由土黃金顯十分之貴色離雲皎月布萬里之清明生涯湖海上道路或西東萬里先華沾沛澤四時佳趣瑞祥生時通財祿旺運至福財吳雖不建侯封爵自然潤屋潤身此則饒裕之命鴛幃長配尤宜硬子嗣森枝晚節馨運行初乙酉運人㐂下風雷未晴丙戌運中雖則行藏有慶也愁人事斟盈丁亥運中着意種花花不發無心插柳柳成陰戊子運中財源富足家業餘盈片時晦耗不損精神己丑運中簾捲香風生百福軒開化日祿元增庚寅運中延賓玩物會友開樽辛卯運中人生從此別無復見儀形

庚午年　甲申月　癸丑日　戊午時

此八字癸丑日元相配柱中金火官印之格女人
得此生於良於配於名門萱母先歸椿耐晚天邊
鴻鴈各飛鳴其為人也丰姿清秀髮貌精神有針
綴之巧立業之勤深明閨壼理洞識古今情風送
芰荷香滿院日匀花蕚發新紅萬里無雲天一色
三秋好景月長明自有順天之慶豈無福地之深
助勤每劬和態贍剪髮應傳侃母心克勤而克儉
易喜而易嗔但願財源旺足何須恍服榮封此則
穩厚之命良人金命須年長子嗣秋来旺宅門運
行初癸未上人庇下毓秀閨門壬午運中路入桃
源花爛熳橋横銀漢水澄清辛巳運中乍雨乍晴
留客景或寒或煖困人春庚辰運中財源滾家居
好尚有趂趄未順情己卯運中簾捲香風生百福
軒開化日祿元增戊寅運中夫榮子秀樂意忘情
丁丑運中花落水流春已失蘭摧玉折恨何明





庚午年　甲申月　己亥日　乙丑時

此八字己亥日元相配柱中金木傷官制杀之格
人生得此生於右族長於仁門萱母先歸椿耐晚
天邊鴻鴈各行鳴其為人也丰姿清秀天性聰明
頗知礼義稍識古今有近貴親賢之德應上和下
之能祖基添新慶根源勝旧風欲為商賈思慕功
名爭因落擇方成竹魚為奔波始化龍君若有心
於仕路三年九載可成名不費區區力終為隱跡
人此則擊石生烟之命鴛幃金命須年少子嗣秋
来有晚榮運行初乙酉上人庇下未斷平生丙戌
運中世事究如春夢人情薄似秋雲丁亥運中時
來自有良機會求謀仕路便興隆須史風雨雨過
山青戊子運中聲名從此顯汩沒一朝伸己丑運
中耿耿聲名重滔滔雨露均當此之時風雪滿庭
庚寅運中大抵利名只如此不如潦跡向籬東辛
卯運中無思無慮壬辰運中一枕難醒

庚午年　甲申月　丙申日　辛卯時

此八字丙申日元相配柱中旺金才旺生官之格女人得此生於右族長配高門椿萱難並耄鴻鴈各行鳴其為人也姿容清秀髮兒精神衣冠濟濟三從備家業昂昂四德新箕箒蘋蘩存禮節相夫教子蹈賢明深明閨壼理洞識古今情斷機曾勁軻親訓剪髮能傳侃母心難觸難犯易喜易嗔晚年子貴夫榮日也應福祿享無窮此則榮益之命良人得配同庚女子嗣秋來有顯榮運行初癸未幽閒綉閣毓秀閨門壬午運中路入桃源花爛熳橋横銀漢水澄清辛巳運中淡烟楊柳岸薄霧杏花村庚辰運中正是太平光霽景須叟風雨尚愁人己卯運中羅綺臨風多壯觀片時風雨片時晴戊寅運中子貴夫榮家業旺丁丑運中春歸花落鳥無聲



庚午年　甲申月　壬子日　壬寅時

此八字壬子日日之辰食神印綬之格人生得此生於良族長於名門椿萱雙晚茂鴻鴈獨飛鳴其為人也丰姿清秀天性聰明學問知先覺群書萬卷通龍飛九五青宵近鵬擊三千瀚海中瑤池晚鞭靜秉笏拜明君佇看官封三級酌然祿享千鍾此則榮貴之命鴛幃金玉潤子嗣袮衣新運行初乙酉上人庇下詩禮趨庭丙戌運中十年窗下無人問時來一舉四方聞丁亥運中騰身離泮水攀之上神京戊子運中自錫瓊林後朝班立縉紳己丑運中三度君恩喜兩番風木驚庚寅運中權萬稹福慎則無凶辛卯運中安享故鄉之鱸酒壬辰運中青宵一枕永難醒

庚午年　甲申月　壬戌日　丁未時

此八字壬戌日德之辰相配柱中旺金印綬之格人生得此生於君族長於名門椿萱早別先虧父天边鴻鴈各行鳴其為人也丰姿清秀天性聪明般般精曉件件精概謀輙伏衆同欽筭長名園過旧竹花開上苑勝殘枝終是功名之客童為田舍之翁三級浪中非我欲九年場上却馳名晚年光霽景光耀旧門庭錦長化日桑麻叢融落仁風雨露新此則榮貴之命鴛幃有碍須年歉子嗣秋来有顯榮運行初丙戌上人庇下未斷平生丙戌運中世事短如春梦人情薄似秋雲丁亥運中嵗署待時終出用遠朋提挈入公門戊子運中雨晴雲路遠蹄馬入神京須史風雨頃刻遂光乙丑運中却除巾幘簪烏帽还宜困守旧門庭庚寅運中皇恩有感庭嘆光榮家全子貴晚歸故里壬辰運中一枕梦难醒



庚午年　甲申月　乙卯日　丙子時

此八字乙卯專祿之日相配柱中金水官印之格子午卯酉少一字不全主人生於温潤之族長於遷變之門椿萱有倚成無倚鴻鴈聯羣又斷羣其為人也丰姿清雅天性聪明頗曉三分道理文章一竅不通自有順天之慶豈無福地之深重成新事業再整舊門庭福布江山外名聞湖海中時至運通自有高人清眼地靈人傑自然福祿駢臻此則成家之命鴛幃有杞須年歉子嗣金風長嫩英運行初乙酉上人庇下未断平生丙戌運中稅地栽花多艷麗移桃接李色鮮明丁亥運中雖則行藏有慶幾多人事虧盈戊子運中狐駕虎威為猛獸蛇居龍穴逞精神己丑運中成四時佳趣立萬古門庭庚寅運中晚年閑快樂會友以開樽辛卯運中安閑晚景壬辰運中一枕巫峯

庚午年　甲申月　甲午日　戊辰時

此八字甲木相配柱中金火傷官制殺之格人生得此生於茂盛之族長於深邃之居木火椿萱双晚茂天邊鴻雁有聯飛其為人也丰姿清秀天性操持盈沼芰荷馥郁滿園花木芳菲花盈上苑果盈圃稻滿平疇水滿池滿世功名身外事但無榮辱得便宜此則穩足之命鴛幃春暖桂子秋枝運行初乙酉上人底下安何知丙戌運中如花向日似芦穿泥丁亥運中漸漸精神奥看看第宅輝戊子運中一番風雪過沛澤滿門閭己丑運中英雄惟贈劍三尺豪傑相逢酒一盃庚寅運中冲擊之所狂處生非辛卯運中暮年安享壬辰運中歸去來兮



庚午年　甲申月　戊午日　辛酉時

此八字戊午日刃之辰相配柱中金木傷官制殺之格人生得此生於右族長於名門水火椿萱榮晚別天邊鴻雁各行鳴其為人也丰資清秀天性老誠頗知礼義稍識古今有近貴親賢之德聽上和下之能祖業添新慶根原勝舊風月掛碧天多皎潔名揚湖海有光榮欲為商賈思慕功名筭曰落籜方成筍魚為奔波始化龍君若有心於仕路也應光耀舊門庭此則擊石生烟之命鴛幃有犯須年敵子嗣榮門晚節聲香運行初乙酉上人底下未斷平生丙戌運中世事短如春夢人情薄似秋雲丁亥運中雖則行藏有慶幾多人事戲盈戊子運中時來遇貴祿馬旺前程己丑運中威權有布人欽服須史風雨尚愁人庚寅運中天上三陽泰人間名利成辛卯運中聲名耿耿氣宇英英當此之際風雪滿庭壬辰運中晚年閑快樂樽酒樂怡情庚寅運中春光去也一枕清風

庚午年　甲申月　己酉日　戊辰時
此八字己酉之日相配柱中金木傷官制殺之格
女人得此生於右族配於仁門椿萱雙晩茂鴻鴈
奮長空其為人也姿容清致德茂行真翁姑有倚
妯娌睦群風送芰荷香滿晩日勻花萼發新紅箕
箒頻繁存禮節相夫教子蹈賢明衣冠濟濟三從
備家業昂昂四德新錦囊玉軸多愈積翠鈿金釵
日日春雖觸雖犯易喜易嗔雖然不作榮封婦自
然金谷足豐盈此則穩福之命良人同偏如魚水
子嗣生成跨灶人運行初癸未上人庇下籠秀閨
門壬午運中契合翠鸞成好夢貧緣紅葉就良姻
辛巳運中精神又樵悴樵悴又精神庚辰運中明
月當天春氣爽光華萬象色尤新己卯運中羅綺
千般色珎羞百味新戊寅運中一度愁心對蒼雪
沙禽尤邦日升平丁丑運中晩年快樂暮景升平
丙子運中春光歸去也花落水沄沄



庚午年　甲申月　乙巳日　丁亥時
此八字乙巳日相配柱中之金官多化殺偏官之
格人生得此仕路馳聲椿父先歸萱後別鴈行天
際各飛鳴半姿慷慨天性剛明理貫古今之學筆
分枉直之情機會未時逢貴助劳形案牘沐恩
榮此則顯榮之命鴛鷺幃正副方諳老桂子秋來
有顯英運行乙酉上人庇下詩禮趨庭丙戌運中
便向公庭奮志果然才旺名成丁亥運中三疊
陽関斟別酒九重天府沐恩榮戊子運中仁風
揚百里風浪不為驚己丑運中再加祿位未擬辭
榮庚寅運中銀章紫綬辛卯運中梦入蓬瀛

庚午年　甲申月　丙寅日　戊寅時
此八字四柱兩冲甲年夭折

子平遺書

庚午年　乙酉月　辛巳日　己亥時

此八字去官留殺之格乙庚作合有□女人得此生於右族適于高門翁姑秀而壽妯娌和而分蘭心明敏蕙性兼能每懷丸膽意時抱擇鄰心錦囊玉軸多餘積翠袖金釵到處春佇看夫沾皇澤也知自沐聖恩此則福貴之命良人顯達子嗣蕃盈運行初甲申娟娟雲裏月灼灼葉中英癸未運中冰人通好月老盟壬午運中行藏但如此守已只中平辛亥運中到此始知光景好紛紛沛澤㽞門庭庚辰運中歎凝庭院樂意忘情己卯運中冲擊之發如月入雲戊辰運中人生從此永為別江水東流源野聲



子平遺書

庚午年　乙酉月　壬申日　甲辰時

此八字壬申長生之日相配柱中金土殺生印綬之格主人生於右族長於名門萱母先歸椿耐晚天邊鴻鴈各行鳴其為人也丰姿清秀天性聰明胸羅星斗學貫古今衣冠濟濟人中傑和氣怡怡席上珍終是功名之客豈為田舍之人鰲逐玉蟾攀桂去馬隨青帝𦆑花行一從姓字傳臚後九重雨露沐皇恩此則榮貴之命鸞幃宜有贈子嗣晚光榮運行初丙戌上人之下淡淡春雲丁亥運中欲向雲霄萬里須從灯下留心戊子運中莫愁雪阻藍關道時來峯足便飛騰己丑運中令重奸邪伏威嚴鬼膽驚庚寅運中金紫聲名顯風雪尚愁人辛卯運中有材應大用未許便歸榮壬辰運中晚年閒快樂一枕入巫峯

庚午年　乙酉月　丙戌日　己丑時

此八字丙辰日德之日相配桂中旺金傷官助財之格人生得此生於右族長於名門椿萱豪傑萱先別天邊鴻雁各行鳴其為人也丰姿清秀天性聰明般〻精覽件〻不精謀動君子威伏小人雖承新事業難守舊門庭祕方能起死妙術可回生萬里無雲天一色三秋好景月長明但願人生才祿旺何必天邊沐寵榮此則穩厚之命鴛幃得配名門女子嗣生成孝義人運行初丙戌上人之下渼〻春風丁亥運中風帶雪來應覺冷馬啼花落始知春戊子運中隱〻〻輕雷抽碧笋微〻細雨洒紅英己丑運中軒開化日千祥集簾捲香風百福增庚寅運中才源充足祿慶駢臻辛丑運中天上三陽春人間五福興壬辰運中晚年閑快樂癸巳運中扁鵲也成空



庚午年　乙酉月　丁丑日　辛亥時

此八字丁丑日元相配柱中金水才官之格女人得此生於右族長於名門椿萱双晄茂鴻雁各行鳴其為人也丰姿清秀髮皃精神有針織之巧立業之能一苑杏桃錦綉滿山松柏映幃屏每懷九膳之意時把恤憐之心玉座昆岡蘊色蘭生楚澤散清馨滔滔無阻滯步步旺夫門雖觸难犯易喜易嗔雖不鳳冠披服自然夫貴子榮此則益旺之命良人得配名門友子嗣生成貴显人運行初甲申上人庇下未斷非況癸未運中契合翠鸞成好夢會緣紅葉是良姻壬午運中雖則夫門快樂幾多人事亏盈辛巳運中才源富足家居好頂史風雨尚愁人庚辰運中羅綺千般色珍羞百味新己卯運中子貴夫賢家業旺戊寅運中訃音一捿乘傷情

庚午年　乙酉月　丙寅日　庚寅時

此八字丙寅長生之日相配柱中金土傷官助才之格人生得此生於右族長於名門椿萱榮晚茂鴻雁各飛騰其為人也丰姿清秀天性聰明胸羅星斗學貫古今辞鋒穎利疑無敵筆力縱橫若有神終是功名之客豈為田舍之翁萬里扶搖鶯暗發一聲霹靂躍潛鱗長安人滿路爭看錦衣新瑶池鞭靜朝南極五夜鍾停拱北宸此則榮貴之命鶺鴒同屬如魚水子嗣生成貴顯人運行初丙戌上人庇下詩禮趨庭丁亥運中何日不辞今日苦時來一擧便成名戊子運中自錫瓊林後朝班立縉紳處事但憑三尺法理刑渾似一團春己丑運中三度君恩喜一番風雪驚庚寅運中重金重紫位執權衡辛卯運中正宜秉笏匡朝野未許離邊樂性情壬辰運中晚年多快樂癸巳運中一枕入巫峯



庚午年　乙酉月　丁亥日　甲辰時

此八字丁亥日貴之辰才旺生官之格才感生官終身有慶遇斯命椿萱有倚難双耄天邊鴻雁各飛翲其為人也丰姿清爽天性機關深知顔孟學熟讀聖賢篇准擬南山豹豈教北海龍一朝雲露合跨馬上長安此則榮貴之命鴛幃得配名門女子嗣生來發桂蘭運行初丙戌上人庇下快樂安然丁亥運中志思騰猶飛黄去耿雪囊螢誦簡編戊子運中時至功名遂騰鯨上九天己丑運中一番風雨過化日照黎元庚寅運中疊疊光華日滔滔雨露添辛卯運中正當食禄未許歸閑壬辰運中花落人何在空山啼杜鵑

庚午年　乙酉月　甲申日　甲戌時

此八字甲申專權之日相配柱中旺金偏官之格陽刃合殺為奇主人生於右族長於名門椿萱有倚先丐父天邊鴻鴈各行飛其為人也手姿清雅氣宇高奇頗知礼義稍識詩書行藏果斷作事三思心不變性不藏機終是功名之客豈為田舍耕鋤不就三場選好將刀筆施一朝佔得風雲便九天雨露沭皇恩此則榮貴之命篤𢄕有犯須招副子嗣秋來有出奇運行初丙戌上人庇下有何是非丁亥運中藏器待時必達時來自有貴人携戌子運中案牘勞刑當此際雨晴跨馬入雲衢己丑運中到此始知機會好巍然頭角与人殊丑字之中花放風欺庚寅運中皇恩有感澤潤黔黎辛卯運中蓮幕声名威振量未應鮮組向東籬壬辰運中子貴晚年歸故里癸巳運中春歸花落鳥空啼



庚午年　乙酉月　辛卯日　癸巳時

此八字辛卯日元相配柱中木火才殺之格喜逢建祿身强遇斯命者生於右族長於名門椿萱晚榮茂鴻鴈有飛騰其為人也丰姿清秀天性聰明般般稍覧件件不精謀動君子威伏小人行藏果斷作事老誠豈無高仕敬時有貴人欽終是功名之容豈為田舍之翁三登科第非吾願九年從事卻成名佇看頭角聳光耀舊門庭晚年光賽景祿位冕加陞此則榮貴之命篤幃有剋須重續子嗣秋來有顯榮運行初丙戌上人庇下未斷平生丁亥運中春歸柳葉晴初變風入桃花燦未匀戊子運中勞形案牘多光賽雨晴跨馬入神京當此之際絃斷重聲己丑運中去除巾幘簪烏帽還宜省祭待時亨須史風雲雨過山青庚寅運中皇恩有感聲名顯贊政光華德澤新辛卯運中耿耿聲名重滔滔祿位陞壬辰運中榮歸故里美酒盈樽癸巳運中子貴重榮贈春歸鳥不鳴

庚午年　乙酉月　甲申日　辛未時

此八字甲申專權之日相配柱中旺金偏官之格女人得此生於右族長於名門椿萱有倚难双耄天边鴻鴈各行鳴其為人也姿容清秀髮皃超群勝丈夫之氣槩有男子之才能雲收霧斂千山秀水到江湖人採清箕箒蘋蘩存礼節相夫教子效賢明滔滔無阻滞步步旺夫門难觸难犯易喜易順雖不鳳冠披脹自然福祿駢臻此則益旺之命良人木命須年長子嗣生成貴显人運行初甲申上人庇下毓秀閨門癸未運中雲開山聳翠雨過水重清壬午運中雖則夫門多快樂幾多人事尚亏盈辛巳運中万疊好山雲乍斂一團明月雨初晴須臾素耗花放風生庚辰運中羅綺千般色裙釵絢日明己卯運中夫賢子秀樂意忘情戊寅運中安享晚景丁丑運中鏡掩晨明



庚午年　乙酉月　甲戌日　甲子時

此八字甲戌日元相配柱中金土官印之格乙庚作合有功遇斯命者生於温潤之族長於穩厚之門椿父先歸萱耐晚两行鴻鴈各飛鳴其為人也丰姿清秀天性聰明世事頗能将就般般學久精通福布江山外名闡湖海中两都秋色皆喬木耆舊風流有幾人祖業添新慶根源勝舊風月掛碧天光皎潔名揚湖海有光榮時至自然財祿旺運來福祿享無窮此則穩厚之命鴛幃有犯須年長子嗣生成貴顯人運行初丙戌上人庇下天朗氣清丁亥運中雪晴天未暖行樂未如心戊子運中爆竹聲催殘臘盡折梅香引早春還己丑運中天上三陽泰人間五福增庚寅運中不獨財源旺足尚衍聲勢豪洪當此之際風雪滿庭辛卯運中軒闊化日千祥集簾捲香風百福增壬辰運中晚年閑快樂癸巳運中一挽入佳城

庚午　乙酉　甲戌　己巳

此八字甲戌日元相配桂中旺金合殺留官之格其為人也生於良族長於名門水土樁萱雙晄茂天邊鴻鴈各行鳴其為人也丰姿清秀天性剛忠頗知禮義稍識古今有近貴親之德應上和下之能祖基祖業添新慶財帛資囊自豚成有心於貨利無意慕功名是非莫管門前客得失須憑塞上翁花非桃李皆春色人有笙歌是太平雖然不是金鞍客也應才祿足豐盈此則饒裕之命鴛幃有犯須招副子嗣秋來有粟英運行丙戌上人庇下雲月朦朧丁亥運




中精神有慊粹慊粹又精神戊子運中不意之中曾得意用心之處不如心己丑運中才源旺足家居好尚有官非素耗生庚寅運中不獨才源旺足尚祈聲勢豪洪辛卯運中消閑碁一局遺興酒三鍾壬辰運中無思無慮癸巳運中一道訃音

庚午年　乙酉月　甲戌日　甲子時

此八字甲午日元相配柱中旺金正官之格陽刃合殺有功主人生於右族長於名門堂上椿萱歲長天邊鴻鳫陣行分其為人也丰姿清秀天性聰明世事頗能將就般般季欠精通福佈江山外名聞湖海中兩餘秋色皆喬木皆得風流有幾人祖業添新慶根原勝舊風月掛碧天多紋懷名揚湖海有光榮時至自能財祿旺運來福祿享無窮此則穩身之命鴛幃有犯須年長子嗣主成貴顯人運行初丙戌上人庇下天朗氣清丁亥運中雪




晴天未發行樂未如心戊子運中爆竹聲催殘臘盡折梅香引早春逢己丑運中天上三陽泰人間五福增庚寅運中不獨財源富足尚祈聲勢豪洪當此之際風雨滿空辛卯運中軒開化日千祥集簾捲香風百福增壬辰運中晚年閑快樂癸巳運中一桃入佳城

庚午年　乙酉月　戊辰日　乙卯時

此八字戊辰日德之辰相配柱中金木傷官之格傷者官於變物之也主人生於良族長於仁門金土椿萱毋續紘椿磊落天邊鴻鴈各飛雲外有不同聯甚為人也丰姿清雅天性機謀智囊深能近貴筆鋒雄健稍親賢鄉里春風行樂頌四時佳趣福閑閱定疑得名得禄豈家的隱龍幡騰身必登科誠自有功問案牘權一朝頭角聳德澤惠耕元此則榮貴之命鸞幃金命壬申配子嗣金風朶朶妍運行初丙戌上人庇下未斷暑寒丁亥運中幾欲私門趋步还愁人事迍邅戊子運中劍筆高搏多壯觀須史風雪临江山雨晴雲路連跨馬上長安己丑運中政化東西給仁風四境濡庚寅運中佐琴堂之政事秉百里之威權辛卯運中莫恋恩波洽重回故里閭壬辰運中安閑娛景春苑春山癸巳運中春光歸也宜身忍啼鵑



庚午年　乙酉月　己卯日　癸酉時

此八字己卯專權之日相配柱中金木傷官制殺之格人生得此生於右族長於高門椿萱有倚難全鶺天邊鴻鴈陣行分其為人也丰姿清秀天性平能行藏果斷作事老誠窮書覽史夯足三冬多聞多見自是自能終是光榮之客豈為田舍之翁文章定有凌雲志德業豈無觀國賓一朝但得風雲便跨馬天門沐寵榮此則穩享之命鸞幃有把丙強匹配始齊眉子嗣有成晚節班衣而有慶運行初丙戌上人庇下未斷平生丁亥運中欲向雲中峯足須從燈下留心戊子運中一旦貫通諸事覽時来也許上神京己丑運中寄跡橋门十載寒毡陰硯辛勤當此之際風雪重重庚寅運中皇恩有感聲名显百里絃歌樂太平辛卯運中江山迎五馬花柳拂双旗壬辰運中解組回田里籬邊樂性情癸巳運中歸去也

庚午年　乙酉月　癸未日　癸亥時

此八字癸水日元相配柱中金土熱生印綬之格人生得此生於右族長於高門椿萱双晚茂鴻鴈各行鳴其為人也丰姿清秀天性聰明斷高理直處事公平有針線之巧立業之能翁姑有倚妯娌行輕箕帚頻繁有礼節相夫教子踊賢明萬里無雲天一色三秋好景月長明磨穿鉄硯非吾事綉折金針却有功性急便如風捲浪片時言起片時傳錦綉花開春富貴琅玕竹報日升平佇看夫榮子顯也應同沐皇恩此則榮秀之命良人木命榮華客子嗣金風朶朶成運行初甲申上人庇下毓秀閨門癸未運中孔雀屏開光烱爍芙蓉帳煖氣氤氲壬午運中須臾雲捲月依舊月離雲辛巳運中食則珍羞百味衣則羅綺千層庚辰運中光華疊疊沛澤紛紛己卯運中一輪明月當秋夜無限奇花正遇春戊寅運中子貴重沾新寵渥丁丑運中訃音一播衆傷情



庚午年　乙酉月　己丑日　壬申時

此八字己丑之日相配柱中金水傷官助才之格乙庚合作有功五形無破四柱得垣主人生於右族長於高門椿父先帰萱耐晚天邊鴻鴈各行鳴其為人也丰姿清爽天性聰明學問異常錦綉胸藏賢聖學英材卓冠珠璣口吐武文風太山北斗千年在和氣春風四座傾終是功名之客豈為田舍之翁騰蹈飛黄去崇恩拜紫宸此則榮貴之命鴛幃青麗尤招贈子嗣榮門朶朶馨運行初丙戌上人庇下月白風清丁亥運中雪晴天未煖芹泮有書聲戊子運中何事不能今日時來頃刻便升騰己丑運中禹浪三層都躍過風生鉄面兕神驚庚寅運中職位遷金紫權衡出等倫當此之際風雲滿庭辛卯運中錦衣肥馬重重貴天上恩波浩浩新壬辰運中天邊無沛澤籬下樂高情癸巳運中春光帰去一枕入巫峯

庚午年　乙酉月　癸酉日　辛酉時

此八字癸酉日元相配柱中旺金印綬之格人生
得此生於右族長於宦門椿萱榮貴萱年長天邊
鳴鳫各行鳴其爲人也手姿清秀天性聰明世事
頗好覽般般季欠精自有順天之慶豈無福地之
深祖業添新慶根源勝舊風有心於貨利無意慕
功名兩都秋色皆喬木耆舊風流有幾人田園桑
柘茂畝畝稻粱馨死無疵李非春色人有生歌是
太平施恩惹怨布德成嗔雖不建侯封爵榮貴自
然潤屋潤身此則揔富之命鴛幃金命低二載



子嗣秋來有挺榮運行初丙戌上人庇下未斷平
生丁亥運中雨過萬重山有色雲開千里月光明
戊子運中有得有失有喜有驚己丑運中財源富
足家居好素耗閑非尚怨人庚寅運中不獨財源
富足尚祈勢聲豪洪辛卯運中手貴霑恩贈何愁
白髮生壬辰運中悅年閑快樂一枕入巫峯

庚午年　乙酉月　癸巳日　壬戌時

此八字癸巳貴人之日相配柱中金土官印之格
人生得此生於右族長於高門萱毋先歸椿耐晚
天邊鴻鴈各行鳴其爲人也手姿清秀天性能爲
多智惠梢操持頗知礼義稍識詩書見善則持於
己當仁不讓於師終是功名之客豈教田里耕鋤
六曹知古律三語覺今非一朝但得良機會九載
辛勤沐龍歸晚年光霽景德澤惠黔黎此則榮貴
之命鴛幃有犯須年敵子嗣秋來有出奇運行初
丙戌上人庇下有何是非丁亥運中春寒風料峭



心急馬行遲戊子運中貴人提引揮刀筆時來跨
馬入京畿己丑運中祛除巾幘簪烏帽还宜困守
舊門閭黎花舞雪頃刻趨趄庚寅運中皇恩有感
声名顯紛紛黎庶黎来皎辛卯運中此運見陞還
見退子榮贏得贈光韡壬辰運中無思無慮癸酉
運中歸去来兮

庚午年　乙酉月　庚寅日　甲申時

此八字庚寅日相配柱中之金木火才官之格女人得此儀容清爽天性夊温生於清淡之室配於豐富之門椿萱有倚成無倚妯娌聯群又斷群有針綫之機巧歷事之辛勤初運淹延中頗順晚年福氣愈精神雖非正聘亦不言奔此則能事女命良人配合須年長桂子秋來有捷榮運行初甲申庇佑之下快樂昇平癸未運中四配諧懽慶斯須不順情壬午運中幾度樂中生出悶依然悶過又安寧辛巳運中未是施權之日且向淡守平生庚辰運中狐假虎威而獲福蛇居龍窟以成榮己卯運中老當安享快樂安寧戊寅運中依然發旺丁丑運中夢入蓬瀛



庚午年　乙酉月　戊子日　癸亥時

此八字戊子日元相配柱中金水傷官助才之格人生得此生於右族長於名門萱親別後还招繼椿父蓉年便去程天邊鴻鴈各搏風其為人也丰姿瀟灑天性乖能般般稍覽件件不精謀動君子威伏小人行藏果斷作事老誠不以功名為念豈將冠冕磨礱祖基有倚添新慶才源晚積存不向仕途求覓遠却來湖海覓黃金好意番成悪其心換得嗔但願人生才祿旺何必天邊沐寵榮此則穩孕之命篤幃火命須年敵子嗣秋來桑棗戌運行初丙戌上人庇下未斷平生丁亥運中雷晴天未穫行樂未如心戊子運中世情濃又淡淡處又还濃己丑運中才如春水滔滔長福似秋蟾皎皎明樂中重素耗如履薄氷庚寅運中桃李千層錦江山一叠屏辛卯運中庐特風雨辛字之中庭前竹報平安日檻外花開富貴春壬辰運中老来且樂閒中事三徑荒涼有竹松癸巳運中春光去也

庚午年　乙酉月　庚寅日　戊寅時

此八字庚寅之日相配柱中木火才殺印綬之格人生得此生於右族長於名門椿萱双曉茂鴻鴈各搏風其為人也丰姿清美天性聰明千古文章筐椎躍一天星斗煥心胸驪珠照耀光難掩雷劍生豐氣自先終是功名之客豈為田舍之翁鵬搏知翼徙波躍見鱗潛一旦風雲會九天雨露沐恩新此則榮貴之命兆幃有他須招副子嗣秋来有挺榮運行初丙戌上人庇下祿祿平生丁亥運中数向雲中奪是也須燈下留心戊子運中繼登終無間何愁不显榮己丑運中莫愁雪阻蘭関道時来成會便升騰庚寅運中到此始知文斈好長安道上馬蹄輕當是時也風雪满庭辛卯運中施仁布德掛紫腰金壬辰運中榮囬故里東籬菊酒忘情癸巳運中春光去也萬事成空



庚午年　乙酉月　壬午日　辛丑時

此八字六壬生臨午位號曰祿馬同鄉印綬之格人生得此椿萱有倚難嬰巷鴻鴈天邊有共飛其為人也丰姿清秀氣岸高奇有傳古通今之智高謀遠見之機懶掘豐城為得劍不獻水府怎逢珠君若留心仕文墨管取麻衣換錦衣此則過數有聲之命鶯啼春色麗子嗣有標奇運行初丙戌上人庇下有何是非丁亥運中欲思登仕路須用習詩書戊子運中富貴榮華當此際綠楊汀外馬頻嘶己丑運中衣冠正在風光處也愁飛絮襲羅衣庚寅運中萬象光華沾沛澤四時佳趣勝當時辛卯運中冲擊之旂月入雲衢壬辰運中香消宝鴨人初靜花落春歸鳥倦啼

子平遺書　二三

庚午年　乙酉月　甲申日　癸酉時

此八字甲申專祿之日羊刃合殺之格亦有金神之意人生得此搢萱榮倚棠棣聯群丰姿清秀天性聰明高謀遠見機關別慷慨情懷牽識深祖業增新慶根標勝旧風笋因落籜方成竹魚為奔波始化龍君若有心於翰苑仕路終量許功名此則穩榮之命鴛幃得配名門女挂子花前果後成運行初丙戌惠風和暢天朗氣清丁亥運中藏器待時時必達何須心下太匆匆戊子運中牽向勤中應有得名聞朝野豈無榮己丑運中到此始知時運達萬物光華百事通庚寅運中才權兼美福祿遵崇辛卯運中沖繫之斫月入雲叢壬辰運中落花寂寂啼山鳥香夢悠悠入九重

子平遺書　二四

庚午年　乙酉月　辛未日　丁酉時

此八字亥丑日元相配柱中金木才殺之格人生得此生於右族長於名門椿萱雙晚茂鴻鴈各飛鳴其為人也丰姿清秀天性聰明有博古通今之志裁長補短之能般般稍覽件件不精謀動君子威伏小人祖業添新變根源勝舊風欲為商賈思暮功名兩都秋色皆喬木舊風流有幾人英雄惟贈劍三尺豪傑相逢酒一鍾財源富足生涯好何必天邊沐寵榮此則穩盛之命鴛幃有犯須年齡子嗣秋來貴顯入運行初丙戌上又庇下未斷平生丁亥運中幾欲窮中覧史身還昌雪沖風戊子運中雨過自然山聳翠雲開千里月光明己丑運中幾度旺中叢福數番靜裏憂生過此庚寅運中財旺生官家業長福星臨照喜非輕當此之際風雪還生辛卯運中歲寒松上茂秋老菊尤馨壬辰運中夕陽有限春夢無憑

庚午年　乙酉月　辛未日　甲午時

此八辛未日元相配柱中木火才然之格人生得此生於右族長於名門椿萱不待榮贈天邊鴻鴈各鳴其為人也丰姿清秀天性聰明胷羅今古事學識聖賢心太山北斗千年在和氣春風滿座傾終是功名客豈為田舍翁北海蛟橫頭角聳南山豹變爪牙新佇看居塞輔雨露惠黎民此則榮貴之命鴛幃燭夜添新丕子嗣森枝朶朶榮運行丙戌上入庇下未斷平生丁亥運中讀殘茅店月囊聚案頭螢戊子運中藏器待時時必遇時來他日自升騰己丑運中躍過三層浪朝班立搢紳庚寅運中職迁金紫馨名顯風雲飛來尚慍人辛卯運中赤心扶日月素志念經綸壬辰運中晚年閑故里樽酒樂怡情癸巳運中花落月沉沉





庚午年　乙酉月　己未日　乙亥時

此八字己未陰刃之日傷官制殺之格人生得此多智慧善操持般般稍覽件件精一對椿萱先別天边鴻鴈不聯飛花盈上苑果盈圃稻滿平疇水滿池雖然不是青雲客也應鄉里冒黔黎此則穩傑之命外幃配合难同老子嗣花開果尚稀運行初丙戌上人庇下鄉娟之時丁亥運中春寒風料悄心急馬行遲戊子運中正是梅青并月白片時風雨不為恁己丑運中雖則行藏有慶还愁人事盈亏庚寅運中淡烟迷弱梛微雨洒楊枝辛卯運中退不後步進不前馳壬辰運中有茶留客有酒盈卮癸巳運中平波防有窄峻嶺豈無危甲午運中歸去来兮

庚午年　乙酉月　庚寅日　丁亥時

此八字庚金相配柱中木火才官之格陰丹侍令搣我功名主人格親耐晚叅先別天边鴻鳫各群鳴其為人也精神耿耿智慧明明謀動君子威伏小人春入園林香遍滿乾坤之大月離海嶠光揚宇宙之明自有良田千百畝何須衣紫与腰金此則旺足之命鴛幃正副方偕老子嗣先丐後有盈運行初丙戌上人庇下強縻之中丁亥運中軽雷抽碧笋微雨潤紅英戊子運中乍雨乍晴留客景輕寒輕暖困人春己丑運中才源從此長福禄勝春庚寅運中才帛盈囊人事廣也悲飛絮襲衣襟辛卯運中沖擊之所得失相停壬辰運中延宥玩物癸巳運中春夢無憑



庚午年　乙酉月　丁丑日　庚子時

此八字丁火相配柱中金水才殺之格女人得此生於良族長配殘婚姿容清秀鬓青超群有軒食衣之襖恬治字立業之材能雖非正聘亦不言奔揚拂無風枝娜娜梅花有月樂精神雪為経粉憑風傳霞作胭脂伏日匀信看来貞子秀滿門佳氣氤氳此則秀英之命良人年長豪華客子嗣生成貴顯人運行初甲申上人庇下何論升沉癸未運中帳前初縮鴛鴦帯堂上新開孔屏當此之際一番風雨壬子運中精神又憔悴憔悴又精神辛巳運中不用高燒銀烛雲開千里月明庚辰運中濟濟裙釵絢日輝耀羅倚臨風己卯運中錦綉滿身扶不德金蓮無力曾聘停戊子運中人生從此別無福見儀刑

庚午年　乙酉月　丙子日　己亥時

此八字丙火相配柱中金水才杀之格女人得此姿容清致而見標奇生於右族配於高居椿堂棣堂棣霜曉日妯娌翁姑侍不齊過如男子勝如丈夫治家能分表裏心处事實會與吾桃李紛紛嬌娟才源泡泡未緩不正而姻方字福君為頭適定妨夫此則衣祿有餘之命良人貴顯方偕老子嗣生成俊俏児運行初甲申上人庇下何論高低癸未運中共結構登山海国同諧琴瑟地天齊壬午運中方權秉美福祿有餘辛巳運中楊柳無風枝婀娜梅花有葉尋光生輝庚辰運中疗雲掩月景色昏迷己卯運中桑榆景戊寅運中歸去

未考



庚午年　乙酉月　戊辰日　壬戌時

此八字戊辰日德之辰相配柱中金木傷官助才之格主人生於右族長於高門椿萱有倚先蔭世天邊鴻鴈各行鳴其為人也丰姿清秀天性聰明艇艘稍覺件件不精雖無深計較稍有從聰明自有順天之慶豈無福地之深終是功名之客豈為田舍之翁三級浪中龍變化九霄雲外鳳飛騰行看頭角崢嶸光耀旧門庭此則榮貴之命鴛幃有犯須招硬子嗣秋來禾禾荣運行初丙戌上人庇下未断平生丁亥運中天晴天未暖行樂未如心戊子運中榮耀多光彩驂馬入神京己丑運中榮沾新雨露光耀旧門庭丑字之中花放風生庚寅運中皇恩有感重加祿金紫榮陞德澤新辛卯運中子貴晚年重又贈壬辰運中春歸花落鳥無声

庚午年　乙酉月　壬辰日　乙巳時

此八字壬辰魁罡之日相配柱中金土赤生印綬之格人生得此生於古族長於名門萱母先歸椿耐晚天邊鴻鴈各行鳴其爲人也丰姿消洒天性聰明般般精覧件件不精有近貴親暱之德應上和下之能祖業添新慶根源勝舊風五湖生計好四海祿元增琴樽風月閑生計金玉松筠旧歲春時來自有渊渊福運至遂教路路通一日貴人相接引也應祿馬旺前程此則機會成名之命鴛幃有犯須招副子嗣秋來朶朶榮運行初丙戌上人



庇下未斷平生丁亥運中兩過園桃簇錦風和堤柳拖金戊子運中精神又憔悴憔悴又精神己丑運中幾番駿襍勸經過從此才權倍有增庚寅運中有名聞富貴何處雪盈庭辛卯運中庭前竹報平安日檻外花開富貴春壬辰運中晚年閑快樂癸巳運中一枕了平生

庚午年　乙酉月　己丑日　乙亥時

此八字己丑日元相配柱中金木傷官制殺之格人生得此生於右族長於高門同屬椿萱不同壽天邊鴻鴈各行鳴其為人也丰姿敦篤天性老誠頗曉三分道理文章一竅不通自有順天之處豈無福地之深祖基革古事業鼎新萬里春風行樂頌四時佳趣瑞祥生不以功名為念豈將冠冕磨礱是非莫置門前客得失須憑塞上翁但願時來才祿旺何必天邊沐寵榮此則豐饒之命鴛幃有碍須年長子嗣秋來在後盈運行丙戌初年之下



未斷平生丁亥運中春風播爽微雨弄晴戊子運中有得有失有喜有驚己丑運中才源雖旺是花放尚風生當此之際風雪滿空過此庚寅運中天上三陽泰人間五福增須史風雨雨過山青辛卯運中才源滾滾家業長福星臨照幸非輕壬辰運中晚年閑快樂癸巳運中一枕平生

庚午年　乙酉月　戊辰日　丁巳時

此八字戊辰日德之辰配乎柱中金木傷官帶印之格人生得此生於良族長於仁鴟椿萱有倚难双耋天邊鴻鴈各行鳴其爲人也丰姿清秀天性聰明斷高理直處事公平知高下識重輕行藏竟消洒㗛傲任枯榮祖業添新慶根源勝旧風遊山玩水奪詩卷對月觀花把酒斟不以功名為念豈将冠冕磨礱是非莫管門前客得失須憑塞上翁但願一生湖海樂何須天府沐皇恩此則發福之命鴛幃春麗須年紀子嗣秋來朶朶榮運行初丙戌上人庇下未斷平生丁亥運中登臨雨霽賞玩春陰戊子運中精神又憔悴憔又精神己丑運中不是一番寒徹骨焉得梅花撲鼻馨庚寅運中天上三陽泰人間五福增辛卯運中延賓換物會友開樽壬辰運中春光如過隲一枕了平生





庚午年　乙酉月　庚辰日　癸未時

此八字庚辰日德之辰才旺之格陽刃持令賊我功名主人生於右族長於高居水木椿萱雙脫茂天邊鴻鴈有行飛其為人也丰姿清秀天性聰為頗知礼義稍識詩書有近貴親賢之德處上和下之能見善則持於己當仁不讓於師羅綺飄香風落臺觴列座草萋萋生涯湖海上道路或東西但願栗陳并貫朽何必天邊掛紫衣此則穩厚之命鴛幃有犯須同屬子嗣生成豫灶兒運行初丙戌上人庇下有何是非丁亥運中登臨雨淳賞玩春陰戊子運中爆竹聲催殘盡折梅香引早春歸須史風雨頃刻赵赵己丑運中才源雖旺是風雲不為悲壬寅運中始登泰域才造享衢癸卯運中才旺生官家業長果然行樂勝當特甲辰運中晚年快樂乙巳運中歸欤歸欤

庚午年　乙酉月　壬申日　丁未時

此八字壬申長生之日相配柱中金土官格人生得此生於右族長於仁門椿親耐既萱母先行天邊鳴鴈獨自飛鳴其為人也丰姿清秀天性聰明弆問三冬足群書萬卷通麗句妙為天下白高材俊似海中青笋長名園過舊竹花開上苑勝先春終是功名之客豈為田舍之翁踪跡不能遊絆水声名也許播儒林一朝但得風雲便九天雨露沐深恩此則榮貴之命鴛幃正副方偕老子嗣榮門孝且忠運行初丙戌上人庇下化日陽春丁亥運中十年窓下苦黄卷與青燈戊子運中時来名始就跨馬上神京已丑運中驛中饒日依行站江上春風但去程庚寅運中三度錦衣帰故里兩扶日月上天庭辛卯運中雪晴開閶闔雨露再加榮壬辰運中尊鉐味美軒冕毫輕癸巳運中花落人何在春帰鳥不吟



庚午年　乙酉月　甲子日　丁卯時

此八字甲子相配柱中旺金合殺留官之格喜子午卯酉俱全值斯象者生於茂盛之族長於名望之居椿萱双皓首鴻鴈有聯飛其為人也丰姿清秀天性操持知今古覽詩書終是功名之客豈教田里耕鋤時至運通晋取名成利就地灵人傑豈無雨露加濡一朝頭角聳沛澤淌門閭此則榮貴之命鴛幃全正副子嗣秀枝枝運行初丙戌風和日麗燕語鶯啼丁亥運中斯時未遂男児志且向寒窓困幾時戊子運中到此始知時運好長安道上躍霜啼已丑運中一番風雨驟幸不損威儀庚寅運中依然光霽處樂日如辛卯運中用神有損夢入仙衢

庚午年　乙酉月　丙子日　癸巳

此八字丙火相配柱中金水才旺生官之格遇斯命者生於文望長於高門丰姿雅覊天性聰明詞源流三峽誰能及筆掃千軍孰與論奮志登雲路天門沐寵榮此則榮傑之命鴛幃得合花郴分春子嗣有成鸞鳳垂立秀運行初丙戌上人庇下詩禮趨庭丁亥運中篤學十年窓下未應一舉成名戊子運中鰲逐玉蟾攀桂去馬隨青帝踏花行己丑運中三度君恩喜一翻風雨驚庚寅運中重添新氣象復振舊威稜辛卯運中冲擊安如月入雲壬辰運中花落水流春



己失蘭摧玉恨何明

庚午年　乙酉月　辛卯日　辛卯時

此八字辛卯日元相配柱中木火才殺之格女人得此生於宦族長配名門椿顯先歸萱耐晚天遲鴻鴈各行鳴其為人也姿容清秀髮貌精神有針綴之巧立業之勤雲收華岳千山秀水到湘江一樣澄每懷丸膽意時抱擇鄰心衣冠濟濟三從備家業昂昂四德新克勤而克儉易喜而易嗔雖不鳳冠帔服自然福祿無窮此則益旺之命良人連珠低一載子嗣生成蹲灶人運行初甲申上人庇下毓秀閨門癸未運中幹合翠鸞成好夢寅緣紅葉是良姻須史風雨雨過山青壬午運中雖則夫門多快樂幾多人事尚戲盈辛巳運中羅綺臨風多壯觀須史風雨尚愁人庚辰運中飛李千蹊錦江山一番屏已卯運中不用高燒銀燭月明添倍精神戊寅運中機絲閑畫景明月照黄昏

庚午年　乙酉月　庚午日　甲申時

此八字庚午貴人之日相配柱中木火才官之格陽刃持令減我功名主人生於溫潤之族長於遷變之門椿萱有倚萱耐晚天邊鴻鴈斷行分其爲人也丰姿清雅性格雍容頗知禮義稍識古今雖不成名利生平近貴人東嶺栽松西嶺茂南園種竹北園青有心於貨利無憂到功名時至自然財祿旺運來門第有光榮此則穩旺之命鴛幃有犯須遲配子嗣秋來朵朵成運行初丙戌上人庇下雪零未晴丁亥運中娟娟雲裏月灼灼葉中英戊子運中正是梅青月白還愁微雨弄晴己丑運中才源旺足苑室增新丑字運中花放風生庚寅運中財增家業好花艷柳風輕辛卯運中成四時之佳趣立萬古之門庭壬辰運中晚年閑快樂癸巳運中一枕入巫峯

庚午年　丙戌月　丁酉日　己酉時

此八字丁酉日貴之辰相配柱中[illegible]傷官[illegible]才之格喜逢天月德相扶主人生於右族長於高門椿萱有倚先虧父天邊鴻鴈各搏風其為人也丰姿清雅天性乖能頗知禮義稍識古今有近貴親賢之德應上和下之能重成新事業再整舊門庭福布江山外名聞閭里中花無桃李非春色人有笙歌是太平不向仕途求顯達却來海海覓黃金時至財源富足運來福祿無窮鄉民仰德閭里推尊此穩厚之命舊幃有配須招副子嗣森枝扶後



榮運行初丁亥上人庇下未斷平生戊子運中古樹含風常帶雪寒窓向日始知春須史風雨頃刻遂迎己丑運中財權雖秉義人事尚虧盈庚寅運中有得有失有憂有驚辛卯運中桃李千谿錦江山一畫屏片時風雨雨過山青壬辰運中不獨財源富足尚期人事豪洪癸巳運中百年繾綣成何用一日無常萬事空

庚午年　丙戌月　辛丑日　戊戌時

此八字辛丑日元相配柱中火土雜氣官印之格人生得此生於右族長於高門堂上椿萱連珠屬天邊鴻鴈獨飛鳴其為人也丰姿清秀天性聰明般般稍覽件件不精有抵雪欺霜之志截長補短之能祖基宜整頓事業再添新水光浮座盃盤瑩花氣侵人咲語馨雖不成名利生平近貴人花無桃李非春色人有笙歌是太平時來自有淵淵福運至還教路路通福元成岳瀆威勢壓鄉民此則穩厚之命舊幃金命須年小子嗣生成貴顯人運



行初丁亥上人庇下未断平生戊子運中青歸柳葉情初变紅入飛花燦未匀己丑運中雖則行藏而有慶還忌閑非素耗生庚寅運中財源富足家居好須臾風雨雪漫空辛卯運中威權有布人欽服財帛興隆福祿從富此之際風雨還生壬辰運中子貴家門增益旺一番悔耗不為驚癸巳運中春光如過隙一枕了平生

庚午年　丙戌月　甲寅日　戊辰時

此八字甲寅專祿之日相配柱中金火傷官制紋之格人生得此生於右族長於高門椿萱双晚茂鴻鴈各行鳴其為人也丰姿曠達礼貌温恭頗知礼義稍識古今高人起敬貴客相欽重成新事業再整旧門庭過火黄金重長價離雲皓月倍精神月掛天門多潔皎名揚湖海有光榮田園桑柘茂畝畝稻梁馨有心於貨利無意慕功名但領粟陳并貫朽何須騎馬步青雲此則穩厚之命鴛幃春色麗子嗣繼衣親運行初丁亥上人庇下天朗氣清戊子運中雲籠皓月水泛浮萍己丑運中漸漸精神爽看看氣象增庚寅運中簾捲香風生百福軒開化日祿元增辛卯運中一番風雨初晴後從此滔滔福祿均壬辰運中無慮尽傳詩礼樂有朋来自遠方親癸巳運中安閑晚景樂享無窮甲午運中春光去也一枕巫峰





庚午年　丙戌月　丁巳日　辛亥時

此八字丁巳日元相配柱中金木禄氣才官之格只嫌傷官有輕貴人逢冲事不十全主人生於右族長於名門椿萱分別早鴻鴈各行鳴其為人也丰姿清雅天性老誠世事頗能將就般般學欠精通自有順天之慶豈無福地之蔭祖基旧業添新慶才帛貨囊足有余萬里無雲天一色三秋好景月長明莫向江湖淹歲月好来仕路覓功名一朝但得吹噓力也應光耀旧門庭不費區区力終為晚达人此則過鼓有声之命鴛幃有化須年敵子嗣秋成有挺榮運行初丁亥上人庇下未斷升沉戊子運中雪晴天霽行樂如心己丑運中幾次思高暮遠春成剪雪栽冰庚寅運中才源継旺足人事尚方盈辛卯運中成四時嘉果立花木門庭壬辰運中有田皆種玉無樹不生英癸巳運中晚年快樂甲午運中春梦難醒

庚午年　丙戌月　戊戌日　乙卯時

此八字戊戌魁罡之日相配柱中木火祿氣官印之格人生得此生於右族長於名門金命椿萱双晚茂鴻雁天邊各行鳴其為人也年姿清雅天性聰明理窮古事兼事書對賢經与聖經驪句好為天下白高材俊似海東青一朝騰達飛黃去濟濟衣冠拜聖名此則榮貴之命鴛幃重合螽子嗣強衣新運行丁亥上人庇下未斷平生戊子運中花散風生己丑運中萬事十年窓下業果然春浪躍三層庚辰運中殿中曉日依行路江上春風促去程辛亥運中三冬君思喜一番風木驚壬辰運中任參官封三級翻然綠亨千鍾癸巳運中一番風雨兩山青甲午運中翩翩名祿欝欝佳成



庚午年　丙戌月　丙申日　戊戌時

此八字丙申日相配柱中金土傷官助才之命格女人得此生於右族長配名門椿萱棠棣霜彿日妯娌翁姑分尚輕具為人也姿容清秀髮見精神勝丈夫之氣槩有男子之材能一充杏桃鋪錦結滿山松柏联幃屛相夫有道訓子捻成群難睭難圮易喜易嗔雖不正娉亦不言奔但頭一生多快樂時來子貴也光榮此則豐旺之命良人年長殘婚客子嗣森枝晚節馨運行初乙酉上人庇下未断平生甲申運中幾度樂中有閟数番静衷長生癸未運中精神又憔悴憔悴又精神壬午運中若非二次明花燭天定生來配舊風婚須史風雨頃刻違逃過此辛巳運中萬疊好山雲作斂一樓明月雨初晴庁特風雨花放風生庚辰運中羅綺千般色裙釵化日明己卯運中晚年多快樂子貴也光榮戊寅運中粧樓人去也臺鏡捲辰明

庚午年　丙戌月　辛丑日　癸巳時

此八字辛金相配柱中火土裸氣官印之格人
生得此生於右族長於高門告内播萱双晚民
庭前棠棣各數棠其爲人也丰姿清秀天性聰
明世事頗能將就般般李久精通萬里春風行
樂須四時佳趣瑞祥生笋長名園過舊竹花開
上苑勝先春富之以潤其屋德之以顯其身五
湖風味好何必慕功名此則發福之命篤悕金
玉潤子嗣繼衣新運行初丁亥上人庇下淡淡
春金戊子運中閔山千里念風雨一番驚巳丑
運中財源滚滚第宅增新當斯之際素耗还生
庚寅運中簾掩香風生百福軒開化日祿元增
辛卯運中一番風雪過福祿自騈臻壬辰運中
田園曠闊樓閣凌雲癸巳運中亦樂晚景甲午
運中花落月沉



庚午年　丙戌月　丁未日　庚戌時

此八字丁未陰刃之日相配柱中金土傷官財才
之格女人得此生於右族配於高門翁姑姑少倚
妯娌尚情其爲人也妖娆之休兒消洒之姿容掌
家有道處事惟誠箕箒頻繁存礼節相夫教子
蹈賢明順則春風習習逆則波浪層層風送
荷香滿苑雨滋花萼發新紅門蘭饒裕福祿峥
仰看夫榮子貴也應同沐天恩此則榮旺之命良
人火命榮華客子嗣生成貴显人運行初乙酉上
人庇下毓秀閨門甲申運中帳前新縮帶月下始
拴繩癸未運中婦随夫唱多歡慶幾度風霜雨弄
晴壬午運中正是梅青月白幾多人事丐盈辛巳
運中夫榮子秀樂意忘情當此之際須刻風雲庚
辰運中彩中加彩色紅上贈紅英已卯運中子貴
重榮贈何愁白髮生戊寅運中春光去也啼鳥無
声

庚午年　丙戌月　己未日　乙亥時
此八字己未陽刃日相配柱中木火傷官杀印之格為人得此生於右族長於名門椿萱双悅茂鴻鴈各飛鳴其為人也姿容清秀髮貌精神勝丈夫氣槩有男子之能衣冠濟〻三從備家業昂〻四德新克勤而克儉易喜而易嗔佇看夫榮子貴也鹿㡌服榮封此則榮貴之命良人金命榮華客子嗣生成出類人
運行初乙酉上人庇下毓秀閨門甲申運中契合翠鸞成好愛商緣紅葉是良姻須更風雨雨過山青癸未運中雖則夫門榮快樂还愁人事有虧盈壬午運中夫榮光顯多歡樂何愁慮花開風又生辛巳運中春雲疊〻洋沼紛〻庚辰運中彩中添彩色紅上贈紅英己巳運中粧樓人已去臺鏡掩晨塵



庚午年　丙戌月　丁亥日　辛亥時
此八字丁未日元相配柱中水土傷官助才之格人生得此生於良族長於仁門椿父先歸萱耐悅天邊鳴鴈各行群其為人也丰姿清雅天性乖能知高下識重輕水光浮塵盃盤瑩花氣侵人咲語馨重成新事業再整舊門庭有心終貨利無慮暮功名得意江山詩句健忘情日月酒盃深遇險終無險逢凶幸不凶但顧財源富足任他身外無名此則饒裕之命鴛幃火命須年長子嗣秋來旺宅門
運行初丁亥上人庇未斷平生戊子運中世事短如春夢人情薄似秋雲己丑運中世情濃又淡淡處又還濃庚寅運中着意種花花不發無心栽柳柳成陰辛卯運中財如春水滔滔長福似秋蟾皎皎明當此之際風雪滿庭壬辰運中無慮尽〻傳詩礼樂有朋來自遠方親癸巳運中享子孫之福慶甲午運中夢杳杳之情佳城

庚午年　丙戌月　丁未日　庚子時

此八字丁未陰刃之日時上一位貴客主人生於文堂之族長於詩礼之庭椿萱榮倚難双耄鴻鴈天邊有列韋其為人也丰姿清秀天性忠誠事事頗能將就件件學久精通荀因落籜方成竹魚為奔波始化龍君若思心於翰墨文場終許顯功名此則穩榮之命鴛幃配合能家好桂子生成奪錦人運行初丁亥上人庇下未斷爵盈戊子運中欲遂平生志宜留灯火功己丑運中藏器待時時必達何須心下太匆匆庚寅運中一朝機會從天降萬物光華百事通辛卯運中衣冠正在風光處天邊洒雪自西東壬辰運中傷官臨墓一夢巫峯



庚午年　丙戌月　庚戌日　甲申時

此八字庚戌魁罡之日相配柱中火土雜氣殺印之格女人得此生於右族長配名門椿父先歸萱後別天邊鴻鴈各行鳴其為人也丰姿清秀天性聰明右針綉之巧立業之勤雲妝華岳千山秀水到湘江一樣清每懷九膽意時抱擇隣心滔滔無阻滯步步助夫門磨穿鐵硯非吾分繡折金針劫有功難觸難犯易喜易嗔雖不鳳冠帷服自然福祿駢臻此則穩厚之命良人進珠高一載子嗣秋來朶朶榮運行初乙酉上人庇下毓秀閨門甲申運中契合翠鸞成好夢鴛緣紅葉是良姻須史風雨雨過青癸未運中雖則夫門才業旺幾番風雨幾番晴壬午運中天上三陽泰人間五福臻辛巳運中羅綺千般色裙釵化日明庚辰運中彩中加彩色紅上贈紅英己卯運中夕陽有限春夢無憑

庚午年　丙戌月　戊申日　壬戌

此八字戊土坐長生之日相配秣中丙火禄氣印綬之格印綬者上格也人生得此生於有族長於華居椿萱皓首方帰去鴻鷹天邊各奮飛丰姿清爽性格能爲學問有成一舉可冲天之勢益才敏捷片言有折獄之機一從性子傳臚後濟濟衣冠拜鳳池此則昷煥之命鴛春色麗桂長秋枝運行丁亥只宜𫎌褓其未何知戊子運趨庭負汲學禮聞詩已巳運中歆速不達藏器待時庚寅運報道是龍還不信早非奪得錫慓帰辛卯運中職位榮廷日西風霄洒衣壬辰運旺中生進退樂處見憂疑癸巳運人生從此則復見形儀



庚午年　丙戌月　庚戌日　甲申

此八字庚戌魁罡雜氣杂印之格人生得此生於右族長於高貴之命椿萱双悦戊天邊鴻鴈有聯行其爲人也丰姿清秀天性聦明良孝問有成一奉可中天之势英敏捷片有折獄之良一從姓字登黄甲便同声名肅憲綱此則榮隶之命鴛帏配合須年長子嗣生成貴顯郎運行初丁亥上人底下襲近祥安戊子運中未直心千古披文月玉行己丑運中贊遇玉蟾扶上馬随青帝踏名門庚寅運中清映梅窓兼玉雪寒生栢府凉秋霜辛卯運中一番風雪過金紫代如昌壬辰運中禄應重重監加爵禄豈應常列大夫門癸巳運中悠悠心離下甲午運中一枕黄粱

庚午年　丙戌月　庚申日　己卯時

此八字乘氣夾卯之格人生得此生於茂族長於高門椿萱先别萱存晚鴻鴈天邊各異程其為人也雖無深計較稍有淡聰明言不妄發事不胡行黄金遇火重增價白璧離塵色更明江湖播姓字閭里有声名此則穩足之足允帰木介須年少甚子秋来旺宅門運行初丁亥娟娟梅月向淡淡柳風清戊子運中退不後步進不前行己丑運中精神又憔悴悴又精神庚寅運中万遇光華沾沛澤四時佳趣樂昇平辛卯運中雨晴山聳翠雲散月當空壬辰運中延賓玩物會友開樽癸巳運中春残花落杜宇



庚午年　丙戌月　戊戌日　癸亥時

此八字戊戌魁罡之日相配柱中旺火雜氣印綬生身喜逢天月二德相扶主人生於右族高於高門椿萱晚蒼翠鳴鴈陣行分其為人也丰姿磊落天性聰明窮書覧史學足三冬筆落驚風而詩成泣鬼神定向月宮攀桂子須從天上領陽春北海蛟横頭角從南上豹变爪牙新際會声名應有日豈無雨露沐深恩此則榮貴之命鴛幃燭夜添新瓞子嗣森枝晚節馨運行初丁亥上人庇下未斷平生戊子運中未遂登天步月志且宜窓下對青灯己丑運中莫愁雪阻藍關道時来須刻躍潛鱗庚寅運中重沐恩波鳳池囊朝班詔諭侍明君辛卯運中一番風雪過三度聖恩濃壬辰運中衣惹御爐抱瑞錦筆宣皇澤洒春霜癸巳運中辭組回田里甲午運中一枕了平生

庚午年　丙戌月　癸丑日　戊午時

此八字癸丑日元相配柱中火土雜氣才官格三奇之助主人生於右族長於名門椿萱有倚雛雙耄天邊鴻鴈各行鳴其為人也丰姿清秀天性聰明胸羅今古事學識聖賢心麗句妙於天下白高材俊似海東青終是功名客豈為田舍人鼇逐玉蟾攀桂去馬隨青帝踏花行一從揚姓字金門面聖君此則榮貴之命鸞幃有犯須年歆子嗣秋來系〻棠運行初丁亥上人庇下未斷平生戊子運中欲向雲中攀足須從燈下留心己丑運中莫愁雪阻藍關道時來頃刻便升騰庚富運中躍過禹門三級浪秉笏趨朝拜聖明辛卯運中處事但憑三尺法理刑渾似一團春梨花雪過祿位重陞壬辰運中有材應大用未許便歸棠癸巳運中榮回故里美酒盈樽甲午運中春光去也啼鳥無聲



庚午年　丙戌月　戊午日　庚申時

此八字戊午日相配柱中旺火印綬之格喜逢天月德以相扶遇斯命者生於右族長於名門萱母先行椿後别鴈行天際隻前鳴其為人也手姿清秀天性聰明知高下識重輕世事頗能將就舩舩李久精通曰福曰榮自有順天之慶豈無福地之深豈無高仕敬時有貴人欽祖業添新慶才源腕積存不以功名為念豈將官冕磨礱田園有意公卿小廊廟無心宇宙輕雖不建侯封爵自然潤屋潤身此則穩厚之命然幃火命須年長子嗣秋来有捷榮運行初丁亥上人庇下未斷平生戊子運中重重風雪過行落未如心已丑運中人生正在風光処只恐閑非素耗生庚寅運中着意種花花不發無心插柳柳成林須臾風雨過雨過山清辛卯運中才源滾滾家居好何愁人事尚回循壬辰運中不独才源富足尚祈吉勢豪横癸已運中樽雷有酒延賓客蘭室存書教子孫甲午運中春光去也啼鳥無声

庚午年　丙戌月　己亥日　戊辰時

此八字己亥之日相配柱中旺火印綬之格印綬者上格也主人生於右族長於仁門椿先長別萱帰晩天邊鴻鴈各行鳴其為人也丰姿清秀天性聰明高謀遠見機関別慷慨情懐學識深高人敬重貴客相尋重成新事業再整舊門庭月離海嶠山山秀春入園林處處英遇火黃金顯十分之貴色離雲皓月布萬里之清明東嶺栽松西嶺秀南園種樹北園陰笋因落籜方成竹魚為奔波始化龍君若有心於仕路也應光躍舊門庭此則擊石



生烟之命鴛幃娶得名門女子嗣生成貴顯人運行初丁亥上人庇下未断平生戊子運中世事亂如春夢人情薄似秋雲己丑運中爆竹声催殘臈去折梅香引早春還庚寅運中才如流水滔滔長福似秋蟾皎皎明辛卯運中成四時佳趣立萬古門庭壬辰運中延賓玩物會友閑搆癸巳運中晚年快樂甲午運中一枕清風

庚午年　丙戌月　甲子日　丙子時

此八字甲子日元相配柱中金火歲殺之格傷官制殺印綬生身主人生於武官長於将門椿萱榮贈難雙耄天邊鴻鴈各行鳴其為人也丰姿磊落天性聰明頗窮黃石書稍識聖賢經般般稍覧件件不精謀動君子威伏小人終是傳芳客豈為田舍翁三跳御潢沾寵渥千家萬庇樂非平風生紫塞秋橫劍月落銀河夜渡兵此則武貴之命鴛幃重合丞子嗣晩光業運行初丁亥上人庇下未断升沉戊子運中不劳窓下功書史慈喜天邊雨露恩



己丑運中雖則崢嶸頭角幾多人事虧盈庚寅運中不入巫山路焉貨将有功辛卯運中萬馬不斷听號令諸藩無事樂耕耘壬辰運中名儒好将傳與子皆有青廡付與孫癸巳運中英雄都尽也高枕卧麒麟

庚午　丙戌　丁酉　丁未

此八字丁酉日貴之辰相配柱中金土傷官助才之格人生得此生於右族長於名門大士椿萱双親茂天边鳴鴈各行鳴其為人也丰姿清秀天性聰明高謀遠見聞識意終始投相孝識深自有順天之德豈無祀地能終是功名客豈為田舍翁不費十年苦孝定應二載成名一朝借得吹噓力頭角崢嶸顯姓名此則榮貴之命兆帡定有寵子嗣有精英出行丁亥運中上金下月白風清戊子運中貴人相給引公廳聽承行雨猜雲路隨為入神京己丑運中去德小舵因路遠去與寒冬有祿生情庚寅運中显達衣冠盛粮草日當心辛卯運一番風雪初猜後琴堂伏政治民心壬辰運中天边聞詔勅雛下樂琴樽癸巳運子貴重榮贈甲午運中春暮鳥空吟

子平遺書　二二

庚午年　丙戌月　丙申日　丁酉時

此八字丙申之日相配柱中金土傷官助才之格人生得此生於右族長於高門椿萱有倚雖双耄天边鴻雁各行鳴其為人也丰姿清雅天性聰明頗知礼義稍識古今有近貴親賢之德應上和下之能祖基祖業添自廣才帛資囊自琢成不向仕途求聞達却來湖海覓黃金是非莫管門前客得失須憑塞上翁但顧時來才祿旺何必天边沐寵榮此則穩享之命鴛幃重合卷子嗣晚森英運行初丁亥上人庇下雲淡風輕戊子運中花明柳暗賞玩春陰己丑運中不意之中曾得意用心之處不如心庚寅運中才旺福與家業廣也愁人事有虧盈辛卯運中成四時佳趣立萬古門庭壬辰運中天上三陽太人間五福增癸巳運中晚年關快樂會友以開樽甲午運中春光去也花落月沉

子平遺書　二三

庚午年　丙戌月　辛丑日　己亥時

此八字辛丑日元相配柱中火土雜氣官印之格
有官有印無破作廊廟之才只嫌運行背馳事不
十全主人長於右族長於良門萱安先歸椿樹脫
天邊鴻雁各行鳴其為人也丰姿清秀天性聰明
般般稍覽件件不精衣冠雅楚權柄精神有近貴
親賢之德應上和下之能學問嘗遊泮水功名且
貴且榮三汲浪中難變化九年塔上已馳名佇看
頭角贊光耀及門庭此則擊石生烟之命鴛幃有
犯須軍敲子嗣秋來有挺榮運行初丁亥上人辰
下來斷平生戊子運中莫道儒冠悞苦窗遂不勤
梨花帶雨過山青己丑運中時來機會好投筆
入公門庚寅運中雨晴跨馬登雲路始知非是不
榮身辛卯運中雪晴雲散天如洗恩皇有感惠黎
民庚辰運中正宜居壽祿何事便辭榮癸巳運中
春光去也一枕難醒



庚午年　丙戌月　辛酉日　己丑時

此八字辛酉專祿之日相配柱中火土雜氣殺印
之格殺印相生功名顯達主人生於右族長於名
門椿萱有倚先歸父天邊鴻雁各行鳴其為人也
丰姿清秀天性乖能季問頗知禮義筆鋒稍有威
稜般般稍覽件件不精豈無君子教特有貴人欽
終是功名之客豈為田舍之翁三汲浪中难變化
九年塔上却馳名佇看頭角贊光躍舊門庭此則
榮貴之命鴛幃有犯須招硬子嗣秋來有挺榮運
行初丁亥幼年之下猕猕平生戊子運中淡烟堤
柳岸薄霧杏花村己丑運中雪晴開壯麗揮筆入
公門庚寅運中雨霽跨鞍登上國始知冠冕可榮
身辛卯運中雖則崢嶸頭角還宜困守家門壬辰
運中黃門多有感德澤惠黎民癸巳運中天邊少
恩涯籬下栖高埠甲午運中夕陽有限春夢無憑

庚午年　丙戌月　戊午日　癸丑時

此八字戊午日刃之辰相配柱中旺火印綬之格喜逢天月之德相扶主人生於右族長於高居火命椿萱双晚茂天邊鴻鴈各行飛其為人也丰姿清秀天性操持學問頗知今古深知表裏精粗自有順天之慶豈無福地之深重成新事業再整舊根基羅綺飄香風蕩蕩畫觴列座草萋萋雖不建侯封爵貴也應卿黨姓名馳此則穩身之命鴛幃有犯須逢配子嗣秋來有出奇運行初丁亥上人庇下有何是非戊子運中淡烟楊柳岸薄霧杏花村己丑運中幾欲思高暮遠遲愁人事趑趄庚寅運中財源旺足家居好尚愁素耗與閑非辛卯運中不獨財源富足尚祈挂閣崔嵬壬辰運中信使家園富足何愁白髮厖眉癸巳運中晚年閑快樂會交以圍棊甲午運中春光去也花落月西



庚午年　丙戌月　己亥日　己巳時

此八字己亥日主相配柱中旺火雜氣印綬之格印綬者上格也主人生於右族長於名門椿萱双晚茂鴻鴈各差雲其為人也丰姿清秀天性聰明千古文章逞榮耀一天星斗煥心胸驪珠照魏光难掩雷劍生豐氣自充終是登庸之客豈為田舍之翁意向月中攀桂子何從天上領陽春瑤池鷄報朝南極五夜鍾停拱北辰此則榮貴之命鴛幃宜有贈子嗣耀名新運行初丁亥上人庇下未断升沉戊子運中遠望天恩雲外降高攀桂子月中英己丑運中一從登虎榜職任秉權衡庚寅運中金紫耽榮權任重風雲飛未尚惱人辛卯運中藩臬陛陞超二品九重恩詔又加陞壬辰運中自嘆引年帰故里朝廷已遂西疏心癸巳運中夕陽有限春夢無憑

庚午年　丙戌月　庚申日　丁亥時

此八字庚申專祿之日相配柱中火土雜氣殺印之格人生得此生於右族長於仁風金土椿萱及挽茂天邊鴻鴈各行鳴其為人也半姿清秀天性聰明世事頗能將就般般學又精神自有順天之慶豈無福地之深祖業添新慶根源勝舊風五湖生計好四海祿元增水光浮座盃盤瑩和氣侵人四座馨花無能李非春色人有笙歌是太平但頗才源旺足何須天府沾恩此則穩厚之命鴛幃火命須年小子嗣秋來朵朵榮運行初丁亥上人庇下蔭祿平生戊子運中莫道儒冠悞螢窗不勤己丑運中雖則遨遊湖海幾多人事虧盈庚寅運中才源滾滾家居好尚有閑非素耗生辛卯運中負戝不辟千里遠貨才惟喜四方通壬辰運中庭前竹報平安日檻外花開富貴春癸巳運中晚年快樂會友開樽丁亥運中花落水流春已失蘭摧玉折恨何明



庚午年　丙戌月　戊申日　壬戌時

此八字戊土長生之日相配柱中丙火雜氣印綬之格印綬者上格也人生得此生於右族長於華居椿萱一皓首方歸去鴻鴈天邊各齊飛手姿清爽天性能為孝問有成一舉可冲天之勢英村敏捷片言有折獄之機一從姓字傳臚後濟濟衣冠拜鳳池此則是煥之命鴛幃春色麗桂子長秋枝運行初丁亥只宜蔭祿安樂得知戊子運中趨庭更笈孝礼聞詩己丑運中欲速不達藏待時庚寅運中報道是龍還不信果然奪得錦標歸辛卯運中戝位迍金日西風雪滿衣壬辰運中旺中生進退樂處見憂擬癸巳運中又生從此別無復見刑儀

庚午年　丙戌月　戊戌日　甲寅時

此八字戊戌魁罡之日相配柱中木水殺印之格女人得此生於右族長配名門椿萱棠棣霜晞日妯娌分尚輕其為人也丰姿清雅髮兒超群有針綴之巧立業之勤一苑杏桃鋪錦綉滿山松栢映幃屏諂諂无阻滯步步助夫門柳楊无風枝婀娜梅月有月色精神克勤而克儉易喜而易嗔雖不鳳冠帔服自然金玉豐盈若非二次明花燭天定生來配旧婚此則益旺之命良人出合殘婚客子嗣秋來桑桑成運行初乙酉幼年之下母訓宜遵

甲申運中淡烟柳楊岸薄霧杏花村癸卯運中紅葉溝中傳密意赤繩月下結良姻當此之際花衽風生壬午運中雖則夫門多快樂幾多人事尚亏盈辛巳運中羅綺千般色裙釵化日明庚辰運中夫賢子秀樂意忘情己卯運中粧樓人去也臺鏡掩晨明



庚午年　丙戌月　壬寅日　辛丑時

此八字壬寅趨艮之日相配柱中火土雜氣才官之格人生得此生於右族長於名門水命椿萱棠晚茂天边鴻雁各行鳴其為人也丰姿清秀天性聰明胸藏今古事斈識聖賢心太山北斗千年在和氣春風四座傾終是功名客豈為田舍翁北海蛟龍頭角聳南山豹变爪牙新行看官封三級敕然祿享千鍾此則榮貴之命兆幃有碍須招副子嗣荣門晚節馨運行初丁亥上人庇下未斷平生

戊子運中歆遂平生志須加灯火功己丑運中到此始知文斈好融融春浪躍三層庚寅運中獄折片言民訟息九天雨露再加陞辛卯運中戟廷金紫声名顯風雲飛未幸不驚壬辰運中藩臬一方超二品山河十郡仰威雄癸巳運中解組回田里離边樂性情甲午運中夕陽有限春夢無憑

庚午年　丙戌月　戊午日　癸丑時

此八字戊午日羊刃相配柱中旺火雜氣印綬之格人生得此生於右族長於名門椿父先歸萱後別天邊鴻鷹各行鳴其為人也丰姿清淡天性聰明般般勤好攬件件不精能吟詩賦華會丹青豈無文仕敎時有貴人欽祖基重再整事業必重新若無桃李飛春色人有笙歌是太平拙於自己巧與他人田園有意公卿小廊廟無心宇宙輕蛀不建侯風爵也須潤屋潤身此則藝傭之命鴛幃土命須年小子嗣秋来朶朶成運行初上人庇下未断平生戊子運中登臨雨滯賞翫春陰己丑運中畫水無聲空有浪綉花雖艷不聞馨庚寅運中着意種花花不發無心插柳柳成陰辛卯運中天上三陽泰人間五福增須臾風雨雨過山青壬辰運中軒閑化日千祥集簷映春風百福臻癸巳運中晚年閑快落甲午運中一枕入佳城





庚午年　丙戌月　癸亥日　壬戌時

此八字癸亥日元相配柱中火土雜氣才官之格喜逢天月德相扶主人生於右族長於名門萱親先別椿歸晚天邊鴻鴈各行鳴其為人也丰資清淡天性老誠頗知禮義稍識古今親賢近貴理白分清行藏果斷作事幹能留長名園過舊竹花開上苑勝先春不必覓珠來水府何須求劒到豐城萬里春風行樂聳四時佳趣瑞祥生江湖有意公卿小廊廟無心宇宙輕雖則財源富足任他身外無名此則穩厚之命鴛幃有犯須年敵子嗣秋来朶朶成運中初丁亥上人庇下来断平生戊子運中雪晴天未暖行樂未如心己丑運中或寒或暖乍晴乍雨庚寅運中喬木陽回生喜氣還愁素耗有時生辛卯運中財源富足家業餘盈須臾風雨雨過山青壬辰運中晚年閑快樂福祿以無窮癸巳運中子貴孫賢家業旺甲午運中夕陽春去啼鳥無聲

庚午年　丙戌月　庚申日　己卯時

此八字秉氣於卯之格人生得此生於茂族長於高門椿萱先別萱存脫鴻鴈天邊各奠程其為人也雖無深計較猶有有淡聰明言不妄發事不胡行黃金過火重增價白璧離塵色更明江湖播姓字閭里有声名此則穩足之命丙午木介須年少掛子秋来旺宅門運行初丁亥焰焰梅月白淡淡柳風清戊子運中退不後步進不前行己丑運中精神又憔悴憔悴又精神庚寅運中萬里光華沾沛澤四時佳趣樂昇平辛卯運中雨猜山聳翠雲散月當空壬辰運中延窅玩物會交閑樽癸巳運中春殘花落杜宇



庚午年　丙戌月　癸亥日　庚申時

此八字癸水配乎午戌之火才官之格喜得印綬生身稟乎中和之道馬金恬恬双双秀崇棣枝頭職紀奇其為人也丰姿英俊智慧高奇窓下研穷今古事燈前双見玩圣賢書豹変南山之霧擁鵬摶北海之雲飛此則揚命之命鴛幃得合連理之枝桂子有成瑚璉之器運行初丁亥蔭庇之下雲出月衢戊子運中勤心苦志孝礼問詩己丑運中有志攀蟾窟聲名自此池庚寅運中耿耿声華重滔滔雨露墻辛卯運中祛悪除奸弊威風播帝畿壬子運中一番風雨過依旧德名珎癸丑運中箏舍竹蘺依旧黃玉堂金馬且拋離甲午運中春光盡也帰欤帰欤

庚午年　丙戌月　甲辰日　戊辰時

此八字甲辰日元柱中金火雜氣才殺之格官在提
剛制伏為奇注人生於右族長於名門金火播豐變
有倚天邊鴻鴈各行鳴其為人也丰姿清秀天性聰
明頗知礼義稍識古今有近貴親賢之德應上和下
之能祖業添新慶根源勝舊風月掛碧天多皎潔名
揚湖海有數乘不以功名為念豈將軒冕縻才源
富足家居好何必天邊沐寵榮此則發福之命鴛幃
有犯須再娶子嗣秋來貴显人運行初丁亥上人庇
下未斷平生戊子運中世事短如春夢人情薄似



秋雲己丑運中得中有失晦後還明庚寅運中
才旺生官家業長庭前蓁耗片時生辛卯運中庭前
竹報平安日欄外花開富貴春壬辰運中富以潤其
屋德以潤其身癸巳運中子貴孫賢家業旺甲午運
中皆因一訃夢巫雲

庚午年　丙戌月　丙辰日　庚寅時

此八字丙辰之日德之辰相配柱中金土傷官
之格風光得此生於右族長於仁望之門椿
萱双晚茂天邊鴻鴈各封榮其為人也姿容
清秀聳兒精神姑翁姑先別幽煙出能尚情
輕有針線之能收雲華岳千山水到湘江
一泓清滔滔無阻滞步步助夫門揚柳無風
枝嫋娜梅花有月陪精神雅淡雅紀易喜而
易嗔雖能鳳冠帔旺自然才禄余盈此則穩
厚之命良人火命須年長子嗣秋來朵朵榮



運行初上人庇下毓秀閨門甲寅運中春
帰桃柳情初傳紅入桃花嬡未特癸未運中
淡烟揚柳岸薄霧杏花村辛巳運中才源滚
滚家居好風雪飛来幸不驚辛巳運中羅綺
千般色珍羞百味新庚辰運中晚年快樂福
禄駢臻己卯運中春光去也一枕清風

庚午年　丙戌月　庚戌日　乙酉時

此八字庚戌日元相配柱中火土雜氣杀印之格人生得此生於右族長於良門椿萱昌遂双双老鴻雁奚能隊隊飛其為人也丰姿清爽天性能為知高識下不勇不辞行藏果斷作事三思有近貴親賢之德應上和下之機重成新事業再整旧根基自有順天之氣豈無福地之深羅綺飄香風蕩蕩臺觴列坐草萋萋月掛碧天多皎潔名揚湖海有光輝肖於仕路留心緒定得驪龍項下珠晚年光霽景頭角与人殊不費区区力也應福禄餘此則擊石生烟之命鴛幃有犯須招硬子嗣秋来有出奇運行初丁亥上人庇下有何是非戊子運中乍暖乍寒景或雨或晴特己丑運中有得有失有喜有悲庚寅運中雨過源桃簇錦風和堤柳垂絲辛卯運中揚雄雖如賦还用侍吹噓壬辰運中老来老去荣華日富貴風光在此時癸巳運中子荣重沐寵甲午運中一枕入仙衢



庚午年　丙戌　甲午　壬申時

此八字甲午日元相配柱中金水雜氣殺印之格傷官若用印官傷不為刑主人生於右於右族長於名門椿父先帰萱耐晚天邊鴻鴈有行鳴其為人也丰姿清秀天性聰明般般都好里件件不全精有近貴親賢之德應上和下之能祖業添新添根源勝舊風終是功名之客豈為田舍之翁不貴十年苦學定應九載成名行看頭角聳光耀舊門庭此則荣貴之命鴛幃有犯須招小子嗣秋来朶朶荣運行初丁亥上人庇下未斷平生戊子運中雪晴天未煖竹樂心己丑運中跨馬起移登上國始知冠冕可荣身庚寅運中皇恩有感聲名顯幾度劳繁接送迎梨花舞雪雨過山青辛卯運中除奸絕惡聲名重粮儲何愁日用心壬辰運中琴堂佐政解組思尊癸巳運中春光去也一枕清風

庚午年　丙戌月　甲辰日　乙丑時

此八字甲辰之日相配柱中金火傷官制殺之格乙庚作合有功入生得此生於右族長於名門椿親耐晚萱先别天邊鴻鴈各行鵷其為人也丰姿清秀天性剛忠多聞多見自是自能有近貴親賢之德應上和下之能第長名園過舊竹花開上苑勝先春終是功名客豈為田舍翁腰銀不用三場學治政令憑九載勤佇看頭角聳光耀舊門庭此則榮貴之命鴛幃燭夜添新登子嗣榮門孝且忠運行初丁亥上人庇下未斷平生戊子運中貴人相招引揮筆入公門須臾風雨過山青己丑運中雨晴雲路遠跨馬入神京庚寅運中去服巾幞簪烏帽依然困守舊門庭辛卯運中皇恩有感重加祿簪政琴堂德澤新當此之際風雪滿庭壬辰運中正宜加爵祿未許解簪纓癸巳運中春光去也一枕難醒





庚午年　丙戌月　丙申日　己亥時

此八字丙申日相配特支之水偏官之格食神持令成伏得宜堂上双親難並倚庭前棠棣聯枝其為人也機謀百変作事三思筆底包羅千古事胸中積蓄五車書早登蟾窟扳英去快向龍頭奪錦歸昂然頭角儹霏雨四方施此則輔世安邦之命鴛幃得合霜添鬢桂子金風舞綵衣運行初丁亥雖居庇下未必為奇戊子運中學業必須窮六籍光陰何啻惜三餘己丑運中青雲而平步駟馬以高騎庚寅運中舒長化日桑麻茂融蕩仁風雨露濡辛卯運中雖則權高祿重一番風雨過悲壬辰運中朝覲龍宸日覲皇威癸巳運中歸去松筠三徑足倘來軒冕一毫卑甲午運中落日青山外猿啼夕照西

庚午年　子月　己□　□□時

此八字己酉天元相配柱中所犯財□□□□□

逢印綬扶身值斯命者生於百年□□□□□□□

好椿萱有倚難双昆棠棣庭前各挺榮衣冠濟濟人

表和氣貽貽席上珍李問有成一季可冲天之勢

英財敏捷片言有折獄之能此則榮貴之命鸞幃正

副子嗣春英運行初己丑上人庇下樂在其中庚寅

運中明窓淨几暮史朝經辛卯運中三汲浪中龍变

化九霄雲外鳳飛騰壬辰運中威飛亂浪怒命重虎

風生癸巳運中雖則金甌拜命須臾風雪盈庭甲午

運中腰横金作帶符蒭玉為鱗乙未運中榮回故里

丙申運中春夢無憑



庚午年　戊子月　丙辰日　甲午時

此八字丙辰日德之辰正官之格陽刃冲破雖不成

名亦能發福人生得此生於遠室長於西房親椿磊

落萱帰副天邊鴻鴈不聯行其為人也半姿清雅性

格果刚聰明書藝遠綢倘世情長樓臺疊疊生涯富

才帛生涯貨積倉閭里声名播江湖風味長一朝機

會至献粟姓名揚此則勝祖強家之命鸞幃有碍須

添副子嗣枝頭有挺芳運行初己丑上人庇下其樂

何當庚寅運中水向石邊流出冷風從花底過来香

須臾風雨幸不戊傷辛卯運中雖則家君攖旺还愁

人事悠揚壬辰運中才源滚滚家居好福祿駢臻弟

宅昌癸巳運中一番風雨過萬物被陽春甲午運中

才權兼茂樂亨華星乙未運中宴樂睨潦丙申運中

一枕黄泉

庚午年　戊午月　丙辰日　丙申時

此八字丙辰日德之辰相配柱中金水傷官助財之格人生得此生於右族長於高門水命椿萱榮晚茂天邊鴻雁各行鳴其為人也丰姿清雅天性聰明頗曉三分道理文章一竅不通曰福曰榮自有順天之慶常安常樂豈無福地之深祖業添新慶根源勝舊風有心於貨利無意慕功名兩都秋色皆喬木舊風流有幾人處世素無榮辱生平幸不富貧鄉民仰德閭里推尊此則旺益之命鴛幃金命須年小子嗣先虧後有成運行初己丑上人庇下天朗氣清庚寅運中寒〻向梅中盡春從柳上生辛卯運中雖則行藏有慶幾多人事虧盈壬辰運中才旺福興家業廣也愁素耗尚愁人癸巳運中成四時佳趣立萬古門庭甲午運中富足以潤其屋德足以顯其身乙未運中晚年閑快樂子秀愈興隆丙申運中夕陽有限春夢無憑



庚午年　戊子月　戊戌日　乙卯時

此八字戊戌魁罡之日相配柱中水木才官之格女人值此生於右族配於名門椿萱有倚雖雙耋天邊鴻鴈各行鳴其為人也姿容清秀髮兒超群有針線之巧立業之勤雪為輕粉憑風傳霞作臙脂伏日匀萬里無雲天一色三秋好景月光明雖非正娉亦不私奔滔滔無阻滯步步助夫門立業掌家雖以自專自任隨幾應变尚宜听命听從時耒子貴身如意也應福祿享無窮此則榮益之命良人配舊榮華客子嗣森枝有挺榮運行初丁亥幼年之下毓秀閨門丙戌運中淡烟揚柳岸薄霧杏花村乙酉運中契合翠鸞成好梦奠緣紅葉是良姻甲申運中萬疊好山雲乍歛一樓明月雨初晴癸未運中洎吏風雨雨過山青壬午運中狐假虎威而獵猛蛇居龍穴越精神辛巳運中一度愁心對蒼雪子榮從此福駢臻庚辰運中粧樓人去也臺鏡掩曩日辰明

庚午年　戊子月　丙辰日　戊子時

此八字丙辰日德之辰相配柱中旺火官殺化殺之格喜進傷官制殺成我功名主人生於右族長於高門椿萱有倚一期別天邊鴻鴈不同鳴其為人也丰姿清秀天性聰明般般稱覽件件不精風月処文消洒客情棧謀轍服拿用人欽祖業添新慶根源勝舊風有心於貨利無意慕功名一花杏花無桃李非春色有筌歃是太平琴搏風月開生計金玉松筠旧歲青好意番成悪真心換得嗔雖不建侯封爵自然潤屋潤身此則穩厚之命鴛幃有碍須招副子嗣秋來有顯榮運行初巳丑上人庇下未斷平生庚寅運中雨過山方秀雲開月始明辛卯運中世情濃又淡淡処又還濃壬辰運中雖則行藏有慶还忌閑非耗生癸巳運中才源富足家居好片時風雨驚甲午運中庭前竹報平安日檻外花開富貴春乙未運中子貴沾榮贈丙申運中一枕入佳城



庚午年　戊子月　戊申日　壬戌時

此八字戊申長生之日相配柱中水木才殺之格人生得此生於右族長於西房椿親為落萱歸副天邊鴻鴈各行鳴其為人也丰姿清秀天性果剛聯行書顯達倜儻世情長學聞不親顏孟業生平常履貴人鄉重成新事業再整舊門墻閭里聲名播江湖姓字揚英雄惟贈劍三尺豪傑相逢酒一觴樓臺疊疊生涯好才帛盈囊又積倉但願一生多快樂何必思登天子堂此則穩厚之命鴛幃連琳須招碍子嗣秋來朶朶長運行初己丑上人庇下未斷炎凉庚寅運中雨過山方秀雲開月色光辛卯運中隱隱輕雷抽碧笋微微細雨潤華楊壬辰運中才源富足家居好還愁風雪滿門墻癸巳運中門迎珠履三千客户納金釵十二行甲午運中天上三陽泰人間五福昌乙未運中晚年多快樂丙申運中一梦入黃梁

庚午年　戊子月　丙辰日　戊子時

此八字丙辰日德之辰相配柱中旺水官多化杀之格傷官制杀有功人生得此生於右族長於高門椿萱不逮双榮贈鴻鴈天邊不奮騰其為人也手姿清秀天性聡明千古文章逞榮耀一天星斗煥心胸不特驪珠能照乘迷應趙壁擬連城終是功名之客豈為田舍之翁龍門変化三層浪鵬路道遥萬里程一從揚姓名戰位秉權衡此則榮貴之命鴛幃有犯須爭繼子嗣秋来桑棗榮運行初己丑上人庇下未斷平生



庚寅運中十年窓下業黃卷与青灯辛卯運中雪案須留苦志天階未許榮登壬辰運中到此始知文孝好長安道上馬啼輕癸巳運中郎署官啣何足羨大夫金紫又重陞梨花舞雪雨過山青甲午運中自嘆晚年帰里朝廷未許西陲心乙未運中子貴重榮贈丙申運中一枕了平生

庚午年　戊子月　丙辰日　戊子時

此八字丙戌日柱相配柱中水土傷官制殺之格人生得此生於右族長於名門椿萱有倚難双耄天邊鴻鴈各行分其為人也丰姿清秀天性聰明世事皆好覽般般學欠精行藏果斷作事老成謀動君子威伏小人終是功名客豈為田舍翁十年窓下難騰踏九載光華達

帝京一從沾寵渥咫尺至膛銀此則榮顯之命鴛幃有碍須招副子嗣秋来有顯榮運行初癸丑上人庇下未斷平生庚寅運中雲閑山聳翠



雨過竹逐青辛卯運中時来自有良縁會手揮利筆入公門壬辰運中跨馬赴程登

上國始知冠冕可榮身癸巳運中幾年困守家門内一旦宣榮上

帝京甲午運中漸漸聲名播滔滔祿位增乙未運中子貴重榮贈丙申運中無常促去程

庚午年　戊子月　乙巳日　庚辰時

此八字乙木相配柱中金水官印之格人生得此水木椿萱双晚茂天邊鴻雁獨高飛其為人也丰姿清秀天性操持筆底倒流三峽水舌端掀破五車書一日風雲相際會管教天府沐恩歸此則榮貴之命鸞幃春色麗子嗣秀枝枝運行初巳丑上人庇下李礼闈詩庚寅運中斯時未遂凌雲志且向螢窓困幾時辛卯運中霹靂一声雲霧合峥嵘頭角現丹墀壬辰運中一番風雪過金紫戦加冕癸巳運中耿耿声名重滔滔雨露濡甲午運中冲擊之所何不懷帰乙未運中悠悠辭下丙申運中花落月西



庚午年　戊子月　癸亥日　癸亥時

此八字癸亥日元相配柱中木火才殺之格水居冬旺生平樂自無憂女人得此生於右族長於名門椿萱双晚別鴻雁各行鳴其為人也姿容清秀髮貌超群勝丈夫之氣槩有男子之材能雲收華岳千山秀水到湘江一樣清萁第蘋蘩存礼節相夫教子蹈賢明滔滔無阻滞步步助夫門楊柳無風枝嫋娜梅花有月益精神雖觸雖犯易喜易嗔雖不鳳冠帔服自然福祿無窮此則旺益之命良人水命須年長子嗣生成貴顯人運行初丁亥上人庇下毓秀閨門丙戌運中契合翠鸞成好夢黃緣紅葉是良姻乙酉運中雖則夫門多快樂幾多人事尚虧盈甲申運中正是太平光霽景还愁花放尚風生癸未運中羅綺千般足裙釵化日明壬午運中夫賢子貴樂意忘情辛巳運中粧楼人去也臺鏡掩晨明

庚午年　戊午月　庚戌日　丁丑時

此八字庚戌魁罡之日傷官之格女人得此多機多
変有操有持搘當有倚棠棣芳菲姿容清秀作事見
機般般琢立件件施為萬里韶華自有順天之慶一
聮美景豈無福地之時不榮不辱無是無非此則平
穩之命良人有碍須年敵桂子金風秀幾枝運行初
丁亥上人庇下桃李芳菲丙戌運中桃紅柳綠燕語
鶯啼乙酉運中斤時雲蔽日依旧月揚輝甲申運中
一番風雪過萬紫閙芳菲癸未運中到此始知光景
好益旺夫門福禄齊壬午運中家居有慶處樂自如
辛巳運中桃源春去也蓬島信來掃



庚午年　戊子月　癸丑日　乙卯時

此八字癸丑日元相配柱中火土財官之格水居
冬旺生平樂自無憂女人得此生於良族配於仁
門椿萱雙晚茂鴻鴈各行鳴其為人也姿容清秀
髮貌精神有針綫之巧立業之勤一苑杏桃鋪錦
繡滿山松柏映幃屏翁姑少倚妯娌緣輕春入水
光成嫩綠日匀花蕚發新紅磨穿鉄硯非吾事綉
折金針却有功滔滔無阻滯步步助夫門难觸难
犯易喜易嗔雖不鳳冠帔服自然福禄無窮此則
穩厚之命良人木命須年長子嗣生成貴顯人運行
初丁亥幼年之下毓秀閨門丙戌運中詠桃夭之
化吟魚水之情乙酉運中雖則夫門多快樂幾番
人事尚虧盈甲申運中正是梅青月白還愁微雨
美晴癸未運中一輪明月當秋夜無限奇花正遇
春壬午運中夫賢子秀樂意忘情辛巳運中子貴
晚年多快樂庚辰運中春歸花落鳥無聲

庚午年　戊子月　壬戌日　己酉時

此八字壬戌日貴之辰相配柱中火土木殺之格
陽刃合殺有功女人得此生於右族配於華室萱
母先歸椿晚茂天邊鴻鴈各西東其為人也丰姿
清秀發免精神有針指之功立業之勤一院春桃
鋪錦繡滿山松柏映佛屏每憶凡塵意時把澤臨
心玉產崑崙藏醞色崗生楚濟散清香春入水光
成嫩綠日匀花萼發新紅雖觸雖犯易喜易嗔雖
不鳳冠霞服自然家谷豐盈此則益旺之命良人
火命須長子嗣森枝晚節崇運行初丁亥上人庇
下未斷平生丙戌運中契合翼鴛成好夢當緣紅
葉是良姻乙酉運中雖則夫門多悅樂幾番微雨
幾番晴甲申運中禍叙濟濟家貧好幾番風雨尚
愁心癸未運中羅綺千般舊殺饈百味新壬午運
中一輪明月當秋夜三月桃花正遇春午字運中
如石落水乙巳運中夕陽有限春夢無憑



庚午年　戊子月　戊午日　戊午時

此八字戊午日刃之辰相配柱中旺水傷官助才之
格陽刃火重事不十全主人生於右族長於仁門椿
父先歸萱晚別天邊鴻鴈不同群其為人也丰姿平
淡性格昏沉知高下識重輕行藏果斷作事志誠重
成新事業难守舊門庭有心於貨利無意於功名是
非莫管門前客得失須憑塞上翁遇險終無險逢凶
幸不凶特來但得高人挈從此行藏倍稱情此則旺
福之命鴛幃木命須年小子嗣秋來旺宅門運行初
己丑上人庇下未斷平生庚寅運中雪晴天未煖行
樂未如心辛卯運中登臨雨阻賞翫春陰壬辰運中
才源雖有慶人事尚亏盈癸巳運中不見一番寒徹
骨焉得梅花噴鼻香甲午運中晚年開快樂何慮事
因循乙未運中無思無慮丙申運中春夢無憑

庚午年　戊子月　乙丑日　庚辰時

此八字乙丑日元相配柱中金水官印之格只嫌沖破正謂小人命内亦有印綬官星位斷命者生於平淡之族長於迁変之門椿萱分别早鳴鴈各行鳴其為人也丰姿清淡天性老成常親君子每侍高人頗知礼義稍識古今行蔵果斷作事辛勤重成新事業难守旧門庭天門高廣难趋進湖海遨遊頼上賓一朝時運至也許福才生此則發福之命鴛幃有紀須年敵子嗣秋来朶朶成運行初已丑六親庇下風雲还生庚寅運中飢蕎但得人



吟咏始覔陽和吟又温辛卯運中着意種花ニ不發无心插柳ニ成陰壬辰運中戒四時佳趣立万古門庭癸巳運中漸覔花塲池閙过信知花放暁風生甲午運中冲撃之所如履薄氷乙未運中春光去也一枕清風

庚午年　戊子月　戊申日　壬子時

此八字戊申長生之日相配柱中金水傷官劫才之格人生得此生於喬木長於名門椿萱榮壽鴻鴈飛騰其為人也丰姿清秀天性聰明錦綉胸藏聖賢李珠璣口吐武文風太山北雲千里在花氣清風四座驚定是當朝显朱紫豈教南畝務躬耕北海蛟擂頭角聳南山豹変爪牙新三汲浪中龍变化九霄雲外鳳飛騰衣冠累世王公曹柱石三朝社稷臣此則榮貴之命鴛幃年長名門女子嗣森枝朶朶榮運行初已丑



上人庇下未断生平庚寅運中十年甯業黄卷與青灯辛卯運中秋闈搏青鳳春榜列英雄壬辰運中獄折片言民訟德九天雨露再加陞癸巳運中戢迁金紫声名显風雨飛来積滿建甲午運中如花向日似月秋明乙未運中榮帰故里美酒盈罇丙申運中春光如過隙一枕清風

庚午年　戊子月　戊午日　乙卯時

此八字戊午日主相配柱中水木才官之格女人得此生於右族長於名門堂上椿萱难並壽天邊鴻雁各行鳴其為人也丰姿清秀髮貌精神有針綴之巧立業之勤一死杏桃鋪錦綉滿山松柏列帏屏滔又妄跟滯步又旺夫門玉崖崑崗藏縕瀆蘭生楚澤散清香难觸难犯易喜易嗔雖然不作荣封婦也应福禄享無穷此则旺足之為良人木命須年長子嗣秋香有秀荣運行初丁亥上人庇下毓秀蘭房丙戌運中洞房生綉彩燭夜配良人乙酉運中雖则夫荣快樂須當風雪悲人甲申運中正是太平人樂處五夜金風來放情癸未運中裙釵濟楚子業臻荣壬午運中一輪明月當天皎万里秋波巨浪清辛巳運中如履薄冰庚辰運中青夢佳城



庚午年　戊子月　甲子日　甲子時

此八字甲木配乎柱中旺水發印之格亦有遥禄之意人生得此生於茂族長於高門椿親先别萱存晚棠棣庭前各煙荣其為人也丰姿清秀天性忠誠胸冨今古事李識聖賢心終是名利之客豈為田舍之人文章别有凌雲志德業豈無德国賓此則荣貴之命鴛幃金玉潤子嗣桂蘭馨運行初己丑上人庇下天朗氣清庚寅運中豈待魏珠能照乘还應趙壁擬連城辛卯運中機會來特逢貴助橋門寄跡守青灯壬辰運中荣沾新雨露光耀旧門庭癸巳運中正欲一方布德何期三載諒陰甲午運中折搗芳見憂喜並行乙未運中夕陽有限春夢無憑

庚午年　戊子月　乙巳日　丙戌時

此八字乙巳日元相配柱中金水官印之格有官有印無破作廊廟之才只嫌冲破財戎功名主人生於右族長於仁門萱毋先歸椿後别天邊鴻雁各行鳴其為人也丰姿清秀天性聡明活橹活舵自是自能般般精覧件件不精謀動居子憾伏小人自有順天之慶豈無福地之深有心於貨利無意慕功名兩沾秋色皆喬木嗜酒風流有幾人好意番成惡真心換得嗔雖然不是全崇客也應晚節福駢臻此則豐饒之命所怫有佗須招嗣子嗣秋來朶朶成運行初己丑上人庇下未斷平生庚寅運中雪晴天未煖行樂未如心辛卯運中乍雨乍晴留客景或寒或煖困人天壬辰運中雖則行藏有度幾多人事斟盈癸巳運中一枝梅破臘萬象漸回春甲午運中才源富足家居好風雨瀟瀟未放晴乙未運中黃粱未熟一夢先行





庚午年　戊子月　乙未日　丙戌時

此八字官印之格正謂有官有印無破作廊廟之材惜乎冲破事不十全主人手段清秀性格聰能頗知今古事稍識聖賢經恒招君子敬時有貴人欽曰福曰崇庭前竹報平安日常安常樂檻外花開富貴春歆殘弱翠簾前月醉倒巫山十二雲藕穿平地生荷葉笋出來家作竹林花無桃李非春色我有笙歌是太平此則豐饒之命篤怫窮寇子嗣奇矣運行初乙丑上人庇下雲淡風輕庚寅運中春風拂爽微雨弄晴辛卯運中天上三陽泰人間福祿增壬辰運中滿有酒消閑自月苦無心緒慕功名癸巳運中君子自然相处樂何愁芽宅不增新甲午運中印竹死絕一枕唯醒

庚午年　戊子月　乙未日　己巳時

此八字己未陰刃之日傷官助才之格金神之論主人生於右族長於名門椿萱晚茂鴻鴈分群機謀輒伏峯用人欽半姿清秀天性聰明豈是池中物由來席上珎萬里清風行樂頌四時佳趣瑞祥生田園曠野才帛豐盈鼓樾清韻動石擊紫烟生君若有心於仕路必然富貴顯其身此則穩達之命鴛幃配合須偏正桂子秋來綻粟矣運行初己丑未分虧盈易斷升沉庚寅運中春日洞房生喜氣還愁人事有虧盈辛卯運中山前山後皆明月江北江南總是春壬辰運中雪晴雲散天如洗從此天園倚有增癸巳運中門楣壯觀樓閣凌雲甲午運中冲擊之所如月入雲乙未運中楚臺雲散



庚午年　戊子月　辛丑日　壬辰時

此八字辛丑日元相配柱中旺水傷官制煞之格人生得此生於右族長配名門椿萱難並壽鴻鴈各行鳴其為人也姿容清秀髮貌超群有針線之巧立業之勤雲妝華岳千山麗水到湘江一樣清斷機曾効軻親訓剪髮能傳侃母心性急便如風捲浪片時言起片時停晚年光露景榮貴樂無情此則穩貴之命良人連珠須配長子嗣榮門孝且忠運行初丁亥上人庇下來斷平生丙戌運中契合翠鸞成好夢寅緣紅葉是烟乙酉運中淡烟楊柳岸薄露杏花村甲申運中雖則夫門多快樂幾多人事尚虧盈癸未運中羅綺千般色珎羞百味新壬午運中夫賢子貴享福享榮午字之中花放風生己巳運中春光去也一枕難醒

庚午年　戊子月　辛酉日　庚寅時

此八字辛酉專祿之日相配柱中水木食神助才之格人生得此生於良族長於仁門萱母先歸椿晚別天邊鴻雁各行鳴其為人也丰姿清秀性格昏沉頗晚三分道理文章一竅不通重成新事業難富旧門庭耦穿平地生荷葉笋出新梢過壯庭萬里春風行樂頌四時佳趣瑞祥生處世素無榮辱生平喜不富貴時通方壯觀運至福財增此則守成之命鴛幃連理合子嗣桂蘭馨運行初己丑上人庇下淡淡春雲庚寅運中雲籠皎月水泛浮萍辛卯運中楊柳不禁三月雨花嬌猶慮五更風過此壬辰運中始知春晝永方覺瑞祥生癸巳運中着意種花花不發無心種柳柳成陰甲午運中晚年快樂尚有虧盈乙未運中無思無慮丙申運中一道訃音



子平遺書

庚午年　戊子月　壬戌日　癸卯時

此八字壬戌日德之辰相配柱中戊土陽刃合煞之格格局兩显得均祿位至公卿壬人生於右族長於名門椿萱榮贈難雙羞天邊鴻雁各行鳴其為人也丰姿清天性老誠才能出類學問淵源衣冠壯麗聲聞儼然揚清激濁袪惡除奸終是功名客豈為田舍姓名已雲霄上逸氣還充宙宇間一朝騰達去東方拜吾容此則榮貴之命鴛幃一正一副子嗣到晚和同運行初己丑上人庇下春能春山庚辰運中書窗勤十載雪宴覽千篇辛卯運中藏器待時時必達時來鵬路便高騰壬辰運中禹浪三層都躍過威風凜凜身冠新癸巳運中重重風雨過步步戰高廷甲午運中名利喜心成老懶溪山招隱且接籌乙未運中在家多晚樂丙申運中一枕也難還

庚午年　戊子月　壬寅日　庚戌時

此八字壬寅趋艮日元相配柱中木火食神助才之格陽刃合煞有功人生得此生於右族長於名門椿萱雙脫我堂棣各數荣其為人也丰姿清淡天性聪明頗知禮義稍識古今親賢近貴理白分清水光浮座盃盤瑩花氣侵人咲語聲終是功名之客豈為田舍之翁不貴十年学定學九載成名晚年光壽景光耀舊門庭此則荣貴之命鴛幃有犯須招副子嗣秋来朵朵荣運行初己丑上人庇下未断平生庚寅運中藏器待時時必達時来



遇貴有前程辛卯運中雖則劳形案牘幾多人事虧盈壬辰運中雖則崢嶸頭角還宜困守家門癸巳運中皇恩有感声名顯幾載劳繁国謀心甲午運中正宜加禄秣一枕入巫峯

庚午　戊子　己未　甲子

此八字己未陰刃之日相配柱中水木材官之格女人得此生於良族配於名門椿萱先别毋鳩鳫各行鳴雲妆華岳千山秀水到湘潭一樣清衣冠濟濟三從備家業昂昂四德新外家不利夫業興隆雖觸雖犯易喜易嗔佇看夫荣子貴滔滔福祿無窮此則旺業之命良人連珠低一載子嗣森枝晚節荣運行丁亥上人庇下未断平生丙戌運中四配名門友華從錦上生乙酉運中夫榮此際多荣旺尚有趦趄未順情甲申運中羅綺千層色珎

羞百味新癸未運中重重沾德澤疊疊布皇恩壬午運中雖則廣沾雨露也曾花放風生辛巳運中桑榆暮景庚辰運中花落月沉

庚午年　戊子月　戊戌日　壬子時

此八字戊戌魁罡之日相配柱中金水食神助財之格女人得此生於右族長配名門椿萱棠棣霜晞日妯娌翁姑分尚輕有針緻之巧立業之勤一莸杏桃錦綉滿山松栢映幃屏深明歸壼理洞識古今情雖然正婕亦不言奔風送芰荷香滿院日勻花蕚發新紅陽枝無風枝婀娜梅花有月蕚精神財源富足家業增新雖然不是榮封婦自然福旺樂平生此發之命良人年老須金合子嗣生成聯灶人運行初丁亥上人在下毓秀閨門丙戌運中青歸柳葉晴初变紅入桃花暖未勻乙酉運中一抹晚烟迷芍藥半泓秋水浸芙蓉甲申運中蕭捲香風生百福軒開化日祿元增癸未運中不用高燒銀燭月明添倍精神壬午運中晩年夫子秀福祿享無窮已已運中無思無慮戊辰運中一枕清風

子平遺書　二七

庚午年　戊子月　癸卯日　壬戌時

此八字癸卯日貴之辰相配柱中火土才官之格人生得此生於右族長於名門椿萱双晚茂棠棣各行郡其為人也手姿窈窕髮貌精神翁姑榮倚妯娌行輕風送芰荷香滿院日句花蕚發新紅春入水光成嫩綠日煖花蕚色盈庭錦綉花開家貴琅玕日報日昇平才源旺足家業盈豐雖是女流之華過如男子之材能仰看夫榮子貴也應同沐榮封此則榮旺之命良人年少須火命子嗣生成貴顯人運行初丁亥上人在下化日陽春丙戌運中如花何日似月離雲乙酉運中夢托翠鸞成契合媒憑紅葉就良姻甲申運中夫榮紀除多歡樂何慮天邊雪滿庭癸未運中羅綺千般色珠翠百味新壬午運中光華疊疊沛澤紛紛辛已運中彩中加彩色紅上贈紅英庚辰運中機績閒暇景明照黃昏

子平遺書　二八

庚午年　戊子月　己未日　癸酉時

此八字己未陰丑之日傷財之格人生得此生於溫潤之族長於清白之門椿父早歸泉世萱親適與他人手姿清雅天性志誠才帛有來有去祖源重聲重成可為商術莫暮功名一生自有清高趣騎逢運至始精神北則發福之兮鴛幃偏配能家女子嗣生成後倚人運行初己丑椿樹凋雲後行藏月入雲庚寅運中卜雨乍晴留客景或寒或煖困人春辛卯運中頻覓行藏有慶還愁人事虧盈壬辰運中笋長名園過舊竹花開上苑勝生春癸巳運中天上三陽泰人間五福增甲午運中冲擊之所花放風春乙未運中落花簌簌啼山鳥香夢悠悠入九重



庚午年　戊子月　丁酉日　癸卯時

此八字丁酉日貴之辰相配柱中旺水偏官之格喜子午卯酉俱全主人生於右族長於名門椿親先別萱有贈天邊鴻鴈各博風其為人也丰姿清秀天性亦能有微微之計較淡淡之聰明曰福曰榮自有順天之慶常安常樂豈無福地之深般般稍覽件件不精高人起敬貴客相欽田園桑柘茂畝稻梁馨花無桃李非春色人有笙歌是太平但願時來才祿旺何必天邊沐寵榮此則豐潤之命鸞幃有配須招硬子嗣春風李且患運行己丑幼年之下未斷平生庚寅運中雷晴天未煖行樂未如心辛卯運中才源滾滾家居好素耗鬧非尚惱人壬辰運中正是太平光霽景片時風雨片時晴過此癸巳運中片巖薔薇連野綠迥迴甲第聳甍甲午運中門楣壯觀福祿駢臻乙未運中夕陽有限逝水無聲

庚午年　戊子月　辛酉日　甲午時

此八字辛酉專祿之日相配柱中水火食神制殺之格人生從此生於右族長於名門椿萱有倚雄双耄天边鴻边各行鳴其為人也丰姿清秀天性聰明胸次崢嶸書樂卷賢翁敏捷壓群倫依冠濟濟人中傑何氣怡怡席上珎定捉富朝顯貴紫宣為南仙樂錫耕龍門変化三春浪鵬路逍遥萬里程一朝揭姓字秉笏拜金門此則榮貴之命鴛幃須有贈子嗣桂蘭榮運行初己丑運中上人底下化日陽春庚寅運中欲遂平生志潛心對短檠辛卯運中時來風送滕王閣頃刻高搏萬里程壬辰運中禹浪三層都躍過濟濟衣冠拜聖恩癸巳運中錦衣肥馬重重貴天上恩波浩浩清富此之際風雪滿庭甲午運中冲紫之所摧重生驚乙未運中名利熏心成志傾溪山兆隱且閑身丙申運中花已落月西沉

庚午年　己丑月　丙寅日　戊子時

此八字丙火長生之日相配柱中金水雜氣財官之格人生值此豈得不豪焉得不榮注人手姿瀟洒天性聰明上和下睦之德截長補短之能其為人也生於豐盛之宅長於有名之庭椿萱有慶終难卷鴻雁遥天我顯鳴父置根源吾添彩才帛声名有積成學問森嚴蛟龍豈是池中物英才出類一旦昇騰化作鮮非獨田園桑麻盛尚祈鄉里有名聞悪不遜讓善不欺凌初運淹中運好管文暮景有声名風雲未際會麻衣換紫衣此則強宗勝



祖之命駕幃有犯宜配敵桂子遲来出顯英運行初庚寅上人之下也習書經辛卯運中然有凌雲之秀氣何期運滯送災延貴人指引官破憂驚壬辰運中富貴榮華當此際財源滾滾有声名癸巳運中然則威權而有布風雲飄落不沾身甲午運中創置門樓增產業往来車馬閙喈聽乙未運中積玉推金多快樂子登天府受封恩丙午運中三㮲辭故交一夢了平生

庚午年　己丑月　戊辰日　甲寅時

此八字戊辰日相配柱中之木時工偏官之格女人得此儀容英麗天性聰明椿親難總主萱毋享遐齡學織不攻針綴生涯多在歌笙麗句妙於天下白英才俊似海東青佇看財帛旺日、會賢英此則嬌麗女命良人未往情多合子嗣難爲發晓英運行初戊子歌臺之内皷瑟吹笙丁亥運中便有英雄契合果然財帛生成丙戌運中人事趦趄何足論門閫重整貨財興乙酉運中春花開有艷



畫永听絲聲甲申運中財帛倍增人事廣絲、豪傑集門庭癸未運中老當益壯壬午運中歌管無聲

庚午年　己丑月　癸酉日　丁巳時

此八字癸酉日相配柱中火土財殺之格入生得此仕路榮登椿萱榮贈難全耄鴻鴈天邊各奮騰丰姿慷慨天性剛明理貫古今之學心明賢聖之經霹靂一聲雲霧合果然躍過浪三層此則顯榮之命鴛幃全正副柱子有承榮運行初庚寅上入庇下詩禮趨庭辛卯運中讀殘窓下月囊死案頭螢壬辰運中禹浪三層都躍過榮沾寵渥職兵刑癸巳運中一番風雪過祿位又加陞甲午運中權衡千萬里金紫大夫榮乙未運中大才大用威振邊城丙申到丁未運中歸去也



庚午年　己丑月　己巳日　乙丑時

此八字天元己土配合己丑乙丑乃曰傷官帶煞之格雙親早失椿府先歸鴈字翱翔比肩分翅學問淵源不負寸陰之惜英雄拔萃貴當題柱之功此則榮耀之命鴛幃兩敵百年夫婦同歡子嗣不孤他日桂蘭多貴運行庚寅螢窓書史襤褸羅衣運行壬辰長安花夾道爭看綠衣郎銀馬踏鞍霜淄路烏臺展鏡月當空乙未運中耿耿聲名頻思鱸鱠丙申運中老景桑榆丁酉運中莫道只隨金與貴也隨蝴蝶夢莊周

庚午　己丑　己卯　己巳

此八字金神帶杀之格只緣生逢背令名利有亏主人生於偏房長於右族艱捨年老萱年少鴻鴈聯行一隊飛其為人也清丶擺布淡丶操持万里韶華一苑杏花鋪錦繡一聯美景湍山松柏勝屏幃此則不辱不崇之命紀得合賢能女子嗣秋風綉幾枝運行初庚寅但宜庇下未問盈虛辛卯運中春草春江相妬綠新鶯新燕競喧呼壬辰運中五湖四海多生意万水千山樂自如癸巳運中淒雨寒烟掩微月梅花掛絮乱斜暉甲午運中雜道春光明媚果然花李芳菲乙未運中拂衣去後重回首寀落江湖故旧稀



庚午年　己丑月　丙戌日　戊戌時

此八字丙戌日相配柱中金土雜氣才官之格人生得此丰姿平穩天性良能椿萱雙皓首鴻鴈各飛鳴學業有成難顯姓智謀宏遠好經營祖業忝新慶才囊自積盈但顧生涯旺湖海自然豪傑擁門庭此則穩富之命鶯憐年長須龍女桂子秋来綻錦英運行初庚寅上人庇下快樂和平辛卯運中詩書無志讀貨利便生成壬辰運中行蔵覺瀟洒咲傲任枯榮癸巳運中雪晴加氣象紅紫褁春晴甲午運中門闌壯觀英雄集木帛豊蔵事業興乙未運中冲擊之所月入之屏丙申到丁酉運中歸去也

庚午年　己丑月　乙亥日　丙子時

此八字乙亥日相配柱中之土雜氣才官之格人生得此仕路声揚椿萱榮養分丰耄鴻鴈天邊各奮翔丰姿洒落天性果剛學問有成終是風雲之客英才卓冠豈爲耕稼之郎一從姓字登天去百里崇看化日長此則顯榮之命鴛幃諧白首桂子有承芳運行初庚寅初承上庇何論炎凉辛卯運中春章摘句入室升堂壬辰運中禹浪三層都躍過桑麻藹藹秀河陽癸巳運中一番梨雨過職位又加昌甲午運中祿位重顯擢職列大夫行乙未運中重金重紫威布一方丙申到丁酉運中帰去也



庚午　己丑　己丑　乙亥

此八字己丑日相配柱中金木時上一位貴客人生得此丰姿英孚天性剛明椿萱棠棣難依耄妯娌翁姑少共盟有應上和下之策掌家歷事之精雲開華嶽千峯秀水到瀟湘清非奔非聘天生福晚節榮肴福慶榮此則能事女命良人配偶須年長桂子秋來始得馨運行初戊子幼年之景月朗天清丁亥運中雖則交儀鸞鳳也防哭泪生零丙戌運中狐假虎威而獲福蛇居龍穴以生靈乙酉運中羅綺生光齊財源日有增甲申運中滔滔旺家業日日樂安寧癸未到壬午運中歸去也

庚午　己丑　庚辰　庚辰

此八字庚辰魁罡之日雜氣印綬之格值此象者主人生於旺族長於名家雙親父榮哥棠棣有奇葩其為人也丰姿清俊天性豪奢學問有成登帝闕英才出類拜京華佇看騰踏飛黄去顯煥家声振迩遐此則継榮之命妻杏桃争艷子瑚璉無瑕運行初庚寅和風煖日綠柳紅花辛卯運中窓前事業時特習燈下工夫漸漸加壬辰運中夙有青雲業方乘犯斗搓癸巳運中清風華奸幹膏澤桑麻甲子運中褒德封侯當此景期風寒雪恨巴巴乙未運中若何致政歸田里閒事天然着羞丙申運中清心詠明月素志對牖霜丁酉運中薤露起散人不在風塵滚滚牖天涯



庚午　己丑　己巳　丁卯

此八字時上偏官之格喜得日主剛強主人生於富室長於高堂萱母早歸椿後别西風鴻鴈獨趍行其為人也丰姿洒落智慧昭彰胸中藏錦繡筆底妙文章皷擲清韵動石擊紫烟揚螢窓若肯留心讀鴈塔終須姓字香此則青出於藍之命鴛幃金命宜年小子嗣森枝一挺芳運行初庚寅踈踈細雨未必安康辛卯運中書窓芸几淹留志雪舞西風也慘傷壬辰運中報道是龍還不信峥嶸頭角拜君王癸巳運中聲名揚四境德澤被諸方甲午運中錦衣肥馬重重貴一度風波幸不妨乙未運中英雄只有限何不早還鄉丙申運中光陰如撚指一夢熟黄粮

庚午　己丑　丁丑　乙巳

此八字丁丑日相配柱中金土雜氣才官之格人生得此年姿英雅処用多擻椿萱雙皓首鴻鴈各分飛粗識古今之事淺知時務之宜祖業終难靠才囊自積齊稅地栽花多艷麗移葩接杏倍芳菲份看江湖財業廣自然豪傑擁門閭此則富旺之命鴛幃贅定宜年少桂子風来舞采衣運行初庚寅庇佑之下似箏遏籬辛卯運中便有托身之樹何期風雨相欺壬辰運中世事光輝行樂順順中尚有事傷悲癸巳運中滔ゝ旺家業日ゝ飲瓊盃甲午運中成四時之佳趣整一簇之門閭乙未運中孫賢子秀丙申運中歸去来兮



庚午年　己丑月　壬子日　乙巳時

此八字壬子日刃之辰相配柱中之土雜氣財官之格人生得此年姿英厚天性聰明椿萱不逮双榮贈棠棣叢中我挺榮學問三冬足詩書萬精北海蛟横頭角衡南山豹变爪牙馨禹浪馬能奮躍當教大器晚成此則榮貴之命鴛幃年長双諧老桂子秋來有顕英運行初庚寅上人庇下詩礼趋庭辛卯運中欲遂生平志思霑恩露壬辰運中幾思登月殿泥滑馬慵行癸巳運中三疊陽関飛驟足九重都下樂昇平甲午運中榮沾新寵渥庶卒卯威稜乙未運中祿元重顕擢千里大夫榮丙申運中悠悠處樂丁酉運中一夢難醒

庚午　己丑　甲午　癸酉

此八字雜氣財官之格亦有金神之意值斯象者丰姿洒落性理剛明椿萱皓首難全奉鴻鴈天邊不共鳴學問三冬足詩書萬卷精一從揚姓字氣熠自騰騰此則榮秀之命鴛幃全正副桂子欑秋英運行初庚寅上人庇下樂享昇平辛卯運中明窓靜几黄卷青燈壬辰運中到此始知文學好長安道上馬蹄輕癸巳運中政化東西洽仁風遠近清甲午運中一番風雪過祿位又加陞乙未運中晚年光霽景未許便辭榮丙午運中榮回慶樂丁酉運中一夢難醒



庚午年　己丑月　戊寅日　甲寅時

此八字戊寅日相配柱中土木煞刃之格人生得此宜乎仕路騰身注人丰姿瀟洒性理剛明生於仁厚之族長於詩禮之庭堂上椿萱分皓月天邊鴻鴈各飛騰學問有成終是利名之客英財特達豈爲避世之靈一從揚姓字光耀舊家聲此則榮貴之命鴛幃金玉潤子嗣桂蘭馨運行初庚寅上人庇下樂守青燈辛卯運中志欲登天步月身還剪雪戴氷壬辰運中一聲春霹靂頭角聳崢嶸癸巳運中一番風雪初消後祿位榮看次第陞甲午運中權重也防生進退時來還擬復呈榮乙未運中正欲榮回光故里胡爲跨鶴入蓬瀛

庚午年　己丑月　乙亥日　甲申時

此八字乙亥日相配柱中金土雜氣財官之格女人得此足以發身主人生於茂族配於文房儀容秀爽天性明良妯娌翁姑兩井老椿萱棠棣各生香立業掌家全禮德助丸勤膽顯貞良晚年更有風光日濟濟褶鈫色異常此則福旺女命良人配豪貴桂子育膺揚運行初戊子無忌無慮庇下安詳丁亥運中春光轉喬木喜氣溢蘭房丙戌運中漸覺精神豁爽何愁風雪飄揚乙酉運中財權並振福氣洋洋甲申運中徽徽細雨洒脩竹淡淡寒烟鎖綠楊癸未運中到此蘭香桂馥悠悠享用何當壬午運中落日青山外猿啼人斷腸



庚午　己丑　乙亥　庚辰

此八字乙亥日相配柱中金土雜氣才官之格人生得此丰姿洒落志氣豪洪椿萱有倚分中道鴻鴈天邊各奮風般般歷學件件精通胄中氣錦綉筆底走蛇龍驪珠終照鋭雷劍豈藏豐一朝借得風雲力騰踏飛黃步九重則此榮貴之命鴛幃全正副桂子秀秋篆運行初庚寅上人庇下快樂從容辛卯運中欲遂凌雲志須加映雪功壬辰運中時來機會好身跨五花驄癸巳運中一番風雪過化日照鴻濛甲午運中祿元階進祿位重重乙未運中晚年加勢要未擬向籬東丙申運中榮回田里丁酉運中人去家空

庚午　己丑　己巳　甲子

人生天地命寓陰陽評斯奇造天元陽土配合地
支人元丑巳之金爲金神傷官之格經云有格乃
朝廷備用其爲人也英才浩浩志氣雍雍其爲人
也立仁立義多見多聞其爲事也行乎疾速性理
風雲雙親有倚鴈字連芳文章技萃筆掃千年北
海蛟橫薪然而出頭角南山豹變絫然而露文章
御爐香繞東朝駕官燭沙籠內府運此則綉衣之
命妻琴瑟諧和魚水百年之樂子桂蘭孝悌鵬程
萬里之歡運行庚寅官煞之鄉生於詩禮之家長
及名門之內壬辰運中一榻松風千古意半窗燈
火十年心丙申運中鱸魚正美鮮印歸鄉丁酉中
筆停小院詩無興枕冷幽齋夢不醒



庚午　己丑　己巳　丁卯

此八字己巳日之相配柱中木火雜氣殺印之格
殺印相功名顯達偽官若月印官赤不為刑為人
生於石族長於名門椿萱不違祿養鴻鴈不同群
其為人也丰姿清爽天性剛忠無一毫之私胸有
千古之赤心理毋見古今參心通仁義風衣黠滑
、人中傑和氣怡、席上珍終是功名之客豈為
田舍之翁万里扶搖鷲懔蟄一聲霹靂躍潛鱗一
從姓字傳相後金字榮沿弟陛此則榮衛之命鴛
幃配得宦門女子嗣枝頭嬌虎生運行中庚寅上
上庇下詩禮趨庭辛卯運中雖只蟾宮折桂依前
寄跡橋門壬辰運中瓊林晏罷涖政理刑須事風
雨、過重陛癸巳運中綉衣耀日權衡重金紫煌
、雨露陛甲午運中俯有官封發酌然祿字千鍾
乙未運中明時柱石盛世股肱丙申運中夕陽有
限春夢無憑

庚午年　己丑月　丙戌日　庚寅時

此八字丙戌日相配柱中金土雜氣才官之格人生得此仕路聲揚椿萱堂上榮还老鴻鴈天邊有共翔丰姿慷慨天性果剛學問三冬足詩書萬卷藏終是功名之客豈爲耕稼之郎一朝騰踏飛黃去此是男兒當自強此則顯榮之命鴛幃全正副桂子發天香運行初庚寅上人庇下何論炎凉辛卯運中尋章摘句入升室堂壬辰運中禹浪三層都躍過恩沾寵渥評明王癸巳運中祿元重顯躍何憲歷風霜甲午運中職列大夫金紫貴山河萬里躍春陽乙未運大才大用丙申運中參入仙鄉



庚午年　己丑月　己巳日　甲子時

此八字雜氣財官之格五行端正四柱粹純嚴慈耄别棠棣春叅丰姿洒落礼貌維新威風凜凜文質彬彬讀書破萬卷下筆如有神萬里扶摇搏去鳳一声霹靂躍潛鱗赤心扶社稷素志展經綸此則方面之命鴛幃麗春色桂子發星運行初庚寅上人庇下未稱尊春辛卯運中簡編恒習誦燈火日相親壬辰運中日中攀桂朝班立縉紳癸巳運中擢崇居宰輔霖雨降黎民當此之際幾度因循甲午運中一天沛澤人民樂十郡山河德望新乙未運中總然聖主憂民事諫不望心簡舊臣丙申運中蒼顏白髮綠酒青蕁丁酉運中故人何處去墳對錦江濱

庚午年　己丑月　乙酉日　丙子時

此八字乙酉日相配柱中金土雜氣才官之格人生得此福享清榮椿萱不逮雙榮養鴻鴈天邊有各鳴手姿磊落天性聰明足践列仙之館身披太極之星添火爐中燒藥燃灯座下談玄佇看來脫節擬必沐恩榮此則清貴之命運行初庚寅幼承上庇月白風清辛卯運中歘遂求玄志須生冷淡情壬辰運中得道人多助無由事有榮癸巳運中財源來滚滚名勢挺英英甲午運中玄都尊德望祿位愈峥嵘乙未運中老當益壯祿位加陞丙申



運中悠悠處樂丁酉運中一夢難醒

庚午年　己丑月　丁丑日　庚戌時

此八字丁火日元相配柱中土金傷官帶財之格傷官傷盡格局清奇主人手姿朗秀天性能為性不受觸心不莊撥筆底詞源三峽水胞中學業五車書佇看一日風雲便當取麻衣換錦衣此則英達之命椿庭英豪棠棣標奇鴛幃連理合桂子秀技技運行初庚寅只宜庇下何論盈虧辛卯運中汗簡留神久青藜照誦初壬寅運中雲程坦坦登天去舉步悠悠姓字馳癸巳運中名聞遠近澤潤黔黎甲子運中皇恩有感重重貴風雲飄來一度



悲乙未運中秋風起處尊鱸美晚節閑時菊酒宜

丙申運中悠悠香夢歸何處寂寂柴門掩落暉

庚午年　己丑月　戊寅日　甲辰時

此八字戊辰日德之辰時上偏官之格食辰制伏最得其宜一對椿萱晚秀幾行鴻鴈聯飛行藏知進退動止顯見機順時隨時高士愛怡聲下氣貴人夏日芰荷香馥郁春風桃李色芳菲五湖四海多生意萬水千山樂有餘此則安和之命鴛幃得合連理之枝桂子有成金風之粟運行初庚寅名花霧鎖皓月雲迷辛卯運中梅梢忽報春消息始覺陽和濡太歷壬辰運中駸駸登坦道緩緩入亨衢癸巳運中遙望漁舟深入沼不須重問武陵漁甲午運中一得一失一喜一悲乙未運中一聯佳景無瑕正是尋芳拾翠時丙申運中悠悠一夢歸南浦慘慘終年鳥雀悲



庚午年　己丑月　己丑日　庚午時

此八字干支不雜日祿歸時值斯象者生於詩禮之族長於深邃之居堂上二親椿貴壽庭前棠棣獨標奇其為人也丰姿敦厚立性能為窮今古博詩書自有升騰之日豈無變化之時倘若留心文墨必然名德俱馳此則福貴之命鴛幃得合子嗣斑衣運行初庚寅不虧不益無是無非辛卯運中欲遂男兒志三年圍不窺壬辰運中一朝機會至雨露自加濡癸巳運中滔滔振作步步光輝甲午運中四景榮華之樂一番風木之悲乙未運中玩賓翫物會友彈棋丙申運中夢迴南浦魄返仙都

庚午年　己丑月　丁卯日　辛亥時

此八字丁卯日配乎柱中金水雜氣才官之格人生得此多機多智不勇不慈椿親早別萱重姓馮厲天邊少共飛粗知今古事淺識聖賢書祖業添新慶財囊自積肥湖海市塵財利旺脫年門第有光輝此則自旺之命鴛幃年少雙諧老桂子金風三兩枝運行初庚寅萱親庇下有何是非辛卯運中有心生貨利無暇讀詩書壬辰運中家業多饒潤風霜度一悲癸巳運中掉漢樓臺高聳宜春花木芳菲甲午運中貨利交通四遠究非生在一時

乙未運中孫賢子秀丙申運中一夢無回



庚午年　己丑月　丁丑日　乙巳時

此八字丁丑日相配柱中金木雜氣才官之格人生得此本顯功名只嫌運入卯鄉不貴而富椿父先歸萱副壽鷹行天際有分飛手姿洒落天性仁慈般般都好學件件只粗知祖業加彰慶才源自積身但願門迎朱履客自然湖海貨財肥此則富足之命鴛幃年長方諧老子嗣金風舞綵衣運行初寅庚初年上庇快樂怡怡辛卯運中有心生貨利無志讀詩書壬辰運中交四方之豪傑生一度之傷悲癸巳運中不獨金珠滿目尚祈人事光輝

甲午運中栗陳貫朽風浪無危乙未運中老當益壯丙申運中歸去來兮

庚午年　己丑月　甲戌日　丙寅時

此八字甲戌日相配柱中之土雜氣才官之格甲己化土最為榮人生得此丰姿洒落天性剛明椿親顯勇萱歸早鴻鳫天邊後有鳴理明韜畧法學貫聖賢經旗穿曉日烟霞雜山倚秋空劍戟明三跳御溝沾寵渥祿元顯赫布芳菅此則武威之命鶯帏全正副桂子有承榮運行初庚寅如承上庇萱草凋零辛卯運中便有威聲振作豈無士卒懽迎壬辰運中踈踈風浪過威勢播神京癸巳運中三箭天山加祿位輝輝金紫肅威陵甲午運中再遷再擢風浪無驚乙未運中老當益壯丙申運中一夢難醒



庚午年　己丑月　丙寅日　庚寅時

此八字丙寅之日身坐長生傷官帯才之格值斯象者椿萱晚秀茂棠棣春芳菲其為人也丰姿歆學詩礼少知自有高人敬豈無貴客携相甚垂懸頓事業稍光輝一死杏桃鋪錦綉滿山松栢列愇房不是榮華客还数福祿弥丑則饒足之命鶯愇早遂東床選子嗣枝頭两果奇運行初庚寅双親庇下處樂自然辛卯運中春到上林花爛熳人生發達正當時壬辰運中看看登坦道漸漸入亨衢癸巳運中助父成家多壯覌踈踈風雨也無危甲午運中天元太旺一度憂悲乙未運中金玉松筠歡有慶琴樽風月樂多餘丙申運中訃音一道萬事成非

辛未年　庚寅月　丁未日　甲辰時

此八字丁未陰刃之日印綬之格才神在柱職光榮主人生於華門圭寶長於達户昌居金命椿萱有倚天邊鴻雁分飛丰姿清秀天性操持祖業重新慶根異昔時旺苗生敗草糞土長靈芝慶世榮辱生平少是非此則勝祖強宗之命鴛幃連理合子嗣、枝運行初己丑上人庇下未斷高低戊子運中雨賞翫春歸丁亥運中漸漸精神爽看看第宅戊運中一番風雪過湖海姓名馳乙酉運中杏艷桃嬌春一色還愁風雪濕襟裾甲申運中暮幸安享癸未運中花落月西



辛未年　庚寅月　丙午日　庚寅時

此八字丙午日刃之辰印綬之格前才後印双成其福女人得此豈不為良姿容清爽髮皃異常有治家之道立業之良相夫應有道訓子揔成行行藏能果斷作事有商量風送浮雲帰古洞雨滋花蕚發新粧平生才禄無虧欠一世安康福禄、、則康福之命良人佳配須年敵子嗣生成俊俏運行初辛卯上人庇下其樂何當壬辰運中孔雀屏開花爛熳芙蓉帳煖睡鴛鴦當此之際人事悠揚癸巳運中水冷石边流出冷風從花底過未香

甲午運中才源從此長行樂勝於常乙未運中一番風雪過依旧樂何當丙申運中千斯箱万斯箱富貴榮華當此際何愁烟雨暗滄浪丁酉運中春光去也一枕黃梁

辛未年　庚寅月　乙卯日　己卯時

此八字乙卯專祿之日相配柱中金火傷官制殺之格人生得此生於右族長於仁門水木椿萱及晚茂椿覩仕路不成名天邊鴻雁有各飛鳴其為人也丰姿清秀天性聰明善決善斷多見多聞行藏竟消洒咲傲任枯榮祖基祖業添新變才帛資囊祿福盛門外田疇千古計庭前花木四時新蒲世功名身外事五湖風月樂性情此則發福之命兆帰有碍歸帳重重子嗣有成孝且深運行初己丑上人庇下未斷平生戊子運中娟娟雲裏月灼灼葉中英丁亥運中淡烟楊柳岸薄霧杏花村丙戌運中正是太平光霽景西風洒雪蒲門庭乙酉運中化日千祥集香風百福增甲申運中桃李千踏錦江山一屋昇癸未運中無思無慮不辱不榮壬午運中春光都盡也一枕入巫峯



辛未年　庚寅月　丙寅日　壬辰時

此八字丙寅長生之日相配柱中水木絲生印綬之格運行華地減我功名主人生於右族長於高門椿萱一期老鴻雁天邊下共群其為人也丰姿滿秀天性畏剛敝敢稍覽件件不精不愚不曾可方可員祖業添新慶才源學積存英雄贈劍三尺豪傑相逢酒一色愚遇險終無險逢凶亦不妨一生湖海上道路各西東此則穩享之命鴛幃有拖須年敵子嗣秋來有繼禁運行初己丑上人庇下玉石未分戊子運中雖則行藏有慶逐人事豐盈己丑運中江湖風月安閒舟揖驅馳白髮生丙戌運中才源多富足家業一番齊乙酉運中正是太平光霽景春風吹綻百花香甲申運中端氣迎門生百福和風入户集千祥癸未晚年多快樂一枕了平生

辛未年　庚寅月　辛丑日　辛卯時

此八字辛金配合木火財盛生官之格經云財盛生官終身有慶值斯象者注人丰姿標致天性多能遇文王則言善逢桀紂則行兇其爲人也生於名望之族長於故舊之庭一對椿親難並耄天邊鴈陣我飛鳴錦綉花開真富貴琅玕竹報日平安祖業終添彩財禄向遠來多鬧多見多智多能觀花翫柳對月迎風佇看貴人相催起也是榮華爵禄人此則光耀之命鴛幃有尅須當硬桂子金風有送程運行初己丑歸光之下有何是非戊子運中窓下貴人来提起其中跌蹉未清寧官耗灾滞憂保無驚丁亥運中此景聲多方振作還有餘非官破侵丙戌運中門迎珠履三千客紛紛車馬鬧堦廳乙酉運中剏置楼臺添產業下民仰德福非輕當是時也三載親甲申運中禄位輝輝權任重仁風千里自清揚癸未運中有名鬧富貴無事小仙人壬午運中英雄係出去㝱返到黄梁



辛未年　庚寅月　壬子日　丙午時

此八字壬子日刃相配柱中木火食神助才之格人生得此生於右族長在仁門椿萱双茂鵝鴻鴈各行鳴其爲人也丰姿清秀天性聰明般般少覽件件不精有近貴親賢之德應上和下之能水光浮座杯盤瀾花氣侵人咲語馨不以功名爲念豈將冠冕爲榮重成新事業再整舊家風有心於貨利無意戀功名花無㐫李非春色人有笙歌是太平但顧財源富足何須天府求榮此則穩享之命鴛幃有犯須竿敵子嗣金風有顯榮運行初己丑上人瞻未斷平生戊子運中世事究如春夢人情薄似秋雲丁亥運中雖則行藏有慶幾多人事鬪盈丙戌運中財源雖富足素耗斤特生乙酉運中桃李千株錦江山一畫屏甲申運中延賓翫物會友開樽癸未運中花落水流春已暮蘭摧玉折恨何窮

辛未年　庚寅月　乙卯日　壬午時

此八字乙卯專祿日元相配柱中金木傷官制殺之格人生得此生於右族長於仁門椿萱双晚茂鴻鴈各西東其為人也半資清秀天性聰明知高下識重輕有抵雪欺霜之志應上和下之能世事每從忙裏就財源自向遠方生重成新事業再整舊門庭田園有意公卿小廊廟無心宇宙輕無辱心常足何須慕利名此則發福之命鶯幃有犯須招副子嗣榮門孝且忠運行初己丑上人庇下未斷平生戊子運中世事短如春夢人情薄似秋雲丁亥運中春風桃李微雨弄晴丙戌運中着意種花花不發無心插柳柳成陰乙酉運中財源富足樓閣凌雲當此之際風雪滿庭甲申運中天上三陽泰人間五福臻癸未運中晚年快樂壬午運中花落月沉



辛未年　庚寅月　戊申日　壬戌時

此八字戊土配合柱中之木偏官之格食神制伏為良值斯象者注人生於宦族長於高居衣冠雅麗性格操持椿萱雙皓首鴻鴈傍天飛觥觥歷學件件粗知笙歌簇擁春遊處羅綺争扶夜醉時但顧稟陳貫朽何須騰蹈雲衢此則富實之命鶯幃土木須偏正桂子秋風秀幾枝運行初己丑上人榮庇處樂自如戊子運中杏艷桃嬌春色驪綠柳汀外馬頻嘶丁亥運中季倫錦幛何為貴秦帝阿房未足奇丙戌運中一番風雪過依舊福元綏乙酉運中翔凌雲之樓閣種連節之桑榆甲申運中冲擊之所花放風欺癸未運中春殘花落盡夢逐杜鵑飛

子平遺書

辛未年　庚寅月　癸亥日　乙卯時

此八字癸水相配柱中旺木傷官者之格也傷官剛毅之物也人生得此年姿清秀立志剛明生於豐潤之族長於詩礼之庭椿萱火土双諧老業棣庭前發錦英學問聰明終是求名之客英才特達豈為避世之人一朝雲霧豈頭角犖崢嶸此則榮達之命鶯啼春色嚴桂子芬秋香運行己丑上人庇下詩礼趨庭戊子運中雖有凌雲志東關未許登丁亥運中天然機會至騰踏上神京丙戌運中濟濟生徒沾德化紛紛黎庶可絃鳴乙酉運中一番風雷過祿位加再陞甲申運中沖擊之所暫阻威癸未運中宗田雖下樂一夢到仙鄉

九

子平遺書

辛未年　庚寅月　庚辰日　乙酉時

此八字庚辰魁罡之日相配柱中之木才旺生官之格乙庚作合有功值斯象者仕路榮登椿萱双晚睇棠棣我呈榮年姿俊秀天性聰明學問胸中廣詞章立志深黃道三秋騰驤足赤霄千里奮鵬程長安花奉道相映彩獲明此則榮耀之命鶯啼全正副桂子有承榮榮行初乙丑上人福庇月白風清戊子運中洞房生喜氣芹泮有書聲丁亥運中鵲浪連三躍衣冠弾聖明丙戌運中一番風雪過祿位兩加陞乙酉運中綠位重陞金紫貴山河十群仰威靈甲申運中訃音莫遣行人說旧洒西風萬里程

十

辛未年　庚寅月　癸未日　甲寅時

此八字癸水配手柱中木火傷官動才之格亦有刑命之忌主人生於宦族長於名門椿萱雙晚茂棠棣各數榮其為人也丰姿清秀天性聰明學問有成一舉可冲天之勢兼材敏從片言有折獄之能一從姓字傳揚後濟濟衣冠拜九重衣冠累世王公胄位石三朝社稷臣此則榮建之命鴛幃正剋方偕老子嗣生成貴顯人運行初己丑上人庇下負笈趨庭戊子運中篤學十年窓下特來一舉成名丁亥運中躍龍龍之奮浪揚京京之威風丙戌運中虎風鵰鄂烈化雨潤双孫乙酉運中一番風雨初晴後金紫煌煌雨露雖甲申運中權高慎福慎則無虞癸未運中正配戊梁棟胡為夢不醒



辛未年　庚寅月　丙寅日　己未時

此八字己未陰刃之日相配柱中火木人生得此生於茂盛之族長於深邃之門椿萱双皓首棠棣有聯飛丰姿清秀性格操持懶搖豐城焉得劍不敲冰府怎逢珠留心於仕路頭角聳崔嵬此則擊石生煙之命鴛幃玉潤桂子秋枝運行初己丑上人庇下其樂可知戊子運中不為惜花春起早多應愛月夜歸遲丁亥運中忽然機會從天降才帛聲名瀰闊里丙戌運中才源滾滾家居好福祿重重第宅輝乙酉運中一番風雨驟幸不損威儀甲申運中沖擊之所月入之衢癸未運中清風明月不用買玉山自倒飛人推

辛未年　庚寅月　辛亥日　壬辰時

此八字辛金相配柱中金水傷官助才之格值斯象者主人丰姿儒雅性行謙恭生於富室長於華宗金火椿萱終有倚聯行鴻雁各西東祖業重麗才囊晚歲豐擊開水府珠生彩掘出豐城劍氣雄瑍林雖不忝高宴濟濟生儒四遠從此則清貴之命篤幃招內助桂子發秋榮運行初已丑雙親蔭庇什樂從容戊子運中雖則囊螢映雪馬能附鳳攀龍丁亥運中到此始知文學好長安道上跨青驄丙戌運中河汾事業功先著祿位榮看雪後封乙酉運中仁風揚海国政化散鴻蒙甲申運中百里絃鳴民樂業胡為挈盍向籬東癸未運中悠悠處樂壬午運中夢入巫峯



辛未年　庚寅月　戊戌日　辛酉時

此八字戊戌日相配柱中之木偏官之格人生得此本顯功名只嫌制殺太過減貴而富堂上椿萱雙耐晚天邊鴻雁有聯飛丰姿洒落操幹能為般般都歷學件件只粗知湖海市廛財兩旺自然豪傑擁門閭此則富足之命篤帏金風須年少桂子庭前舞彩衣運行初已丑上人福庇快樂怡怡戊子運中有心生貨利無志誦詩書丁亥運中便向江湖生貨利不妨人事致傷悲丙戌運中一段風霜歷過百般事業光輝乙酉運中交四方之達士盤千古之根基甲申運中老當享用蘭桂芳菲癸未運中悠悠處樂壬午運中歸去來兮

辛未年　庚寅月　癸丑日　甲寅時

此八字癸丑日相配柱中金木傷官用印之格人生能此多機変善操持般般歷學件件粗知祖業重華麗財囊自積齊椿萱堂上雙年耋鴻鴈天邊有各飛不向仕途跋蹤却来湖海奔馳佇看市廛生計旺晚年福慶旺門閭此則穩旺之命鴛幃瓜葛成婚配桂子秋来朶朶奇運行初己丑上人庇下快樂怡怡戊子運中便向市廛生貨利何須窓下讀詩書丁亥運中英雄交敬厚財帛旺門閭丙戌運中滔滔旺家業風雪一番欺乙酉運中行藏竟瀟灑人事愈光輝甲申運中悠悠享用癸未運中歸去来兮



辛未年　庚寅月　己酉日　癸酉時

此八字己酉日相配柱中之木正官之格正官者文貴之宿也人生得此丰姿慷慨天性剛忠生於戈矛之室長於錦綉之叢椿親榮武畧鴻鴈有相從李識聰明擬向文塲顯姓英才卓冠何須汗馬成功寵渥榮沾騰肅氣輝輝金紫職重重此則文武兼全之命鴛幃全正副桂子武文風運行初己丑幼承尊庇詩礼從容戊子運中欲遂凌雲志宜加映雪功丁亥運中躍過禹門沾聖澤威風肅肅散鴻濛丙戌運中雪晴加禄位金紫職加封乙酉運中佇看官封三級酌然禄享千鍾甲申運中榮膺大用勳樹邊功癸未運中許榮歟樂壬午運中夢入巫峯

辛未年　庚寅月　甲子日　乙丑時

此八字甲以乙妹妻庚合殺留官之格喜得特值金神土水椿萱双白首聯枝棠棣占先春其為人也丰姿濟楚禮樂維新學問有成鵬路高搏知建翼英才特達龍門深躍見脩鱗閶闔開黃道衣冠拜紫宸此則榮達之命篤悼驪春色桂子襪衣新運行初己丑趨庭學禮篤志觀文戊子運中霹靂一聲驚驃贄崢嶸頭角見通津丁亥運中欣欣聲名重紛紛雨露均丙戌運中西風洒雪令人悶雪霽依然祿位陞乙酉運中政行遐迩德澤軍民甲申運中暮年樂趣晚景開心癸未運中春光去也夢入烟雲



辛未年　庚寅月　己未日　丁卯時

此八字己未日相配柱中之木偏官之格人生得此丰姿平穩処置有方萱母早歸椿後別鴈行天際少同翔般般都歷覽件件只平常祖業重新整才源自積蔵不向雲村耕稼却來湖海經商晚年才帛旺日日醉壺觴此則自成之命篤悼遲配須年少桂子秋來吐異香運行初己丑幼年之景芦絮悲傷戊子運中便擬生才覓利悠悠奔走外方丁亥運中才源來益旺人事也軒昂丙戌運中重興新事業再整旧門墻乙酉運中踈踈風雪過日日旺才囊甲申運中晚年發旺癸未運中猿斷人傷

辛未年　庚寅月　乙卯日　丙戌時

此八字乙卯專祿之日相配柱中金火去官留殺之格人生得此金紫光榮水命椿親資母壽鴈行天際有隨鳴丰姿慷慨天性剛明學問淵源三峽水青祿瑩潔一天星擎開水府珠生彩掘出豊城劍有声一朝騰踏飛黃去榮沐恩波肅氣清此則榮肅之命鸞幃同庚同耄桂蘭擬許承榮運行初巳丑上人庇下黃卷清灯戊子運中讀殘窓下月時至便飛騰丁亥運中禹浪三層連耀過榮沾寵渥虎風生丙戌運中一番風雲過職大夫榮乙酉運中金紫耀輝權萬里劍光飛處鬼神驚甲申運中身膺瑚璉器權任棟梁名癸未運中榮回故里壬午運中清夢難醒



辛未年　庚寅月　癸丑日　丙辰時

此八字癸水相配柱中金木傷官用印之格傷官若用印官殺不為刑人生得此丰姿瀟洒天性聰明筆底詞源三峽水腹中背誦聖賢經其為人也生於喬木長於書庭椿親榮邁萱西室鴈行有序各飛鳴學問有成龍虎榜中題姓字英材出類鳳凰池上顯宗親奕世衣冠從今望九天雨露沐深恩佇看重金重紫日天下軍民盡伏欽此則貴顯之命鸞幃正副桂子麒麟運行初巳丑上人庇下學禮趨庭戊子運中十年窓下勞神苦志素憂非耗險迍丁亥運中金榜必然瓊宴罷官灾破服未离身丙戌運中皇恩陛祿位群縣盡皆驚乙酉運中嚴霜消盡腰帶圍金甲申運中重金重紫每日朝君癸未運中群印歸來一夢佳城

辛未年　庚寅月　甲子日　乙丑時

此八字甲子日相配柱中金水殺印之格亦有金神之意值斯象者丰姿洒落天性聰明椿萱親先别萱棠晚鴻鴈天邊有各鳴學識古今之畧理明賢聖之經不向仕途求聞達可從湖海旺才名祖業重重聚財豐厚厚藏佇省晚年光霽景喧喧車馬集門庭此則富足之命鴛幃同属双偕老桂子花先果後榮運行己丑上人庇下樂處安生戊子運中椿樹凋零風浪急徐徐歷過旺才名丁亥運中行藏人敬仰貨利自天生丙戌運中萱花萎露心悽慘貨利從教日日增乙酉運中粟陳貫朽福勢峥嵘甲申運中老當益壯子秀孫榮癸未運中榮沾沛澤壬午運中一夢難醒



辛未　庚寅　癸丑　戊午

此八字癸丑日相配柱中木火傷官助財之格戊癸有化火之功人生得此宜乎金紫之榮椿萱榮且耄鴻鴈有飛騰學問有成折桂蟾宫誇妙手英財卓冠標名鴈塔振蜚聲一從宴錫瓊林後榮沐恩波肅氣清此則繼榮之命鴛幃全正副桂子綻金英運行初己丑上人庇下黄卷青燈戊子運中讀殘官舍月行落曉天星丁亥運中三跳禹門居上爭威郡縣自奔驚丙戌運中雖則名高禄重尚防風雪飄零乙酉運中金紫重重貴皇恩疊疊陞甲申運中赤心扶社稷素志佐朝廷癸未運中歸去松筠三徑足倘来軒冕一毫輕壬午運中春光盡也夢入佳城

辛未年　庚寅月　丁未日　辛亥時

此八字丁未陰刃之日相配寅亥水木官印之格遇此格豈不爲良一對椿萱之别早幾枝棠棣獨呈芳丰姿磊落天性忠良滄海驪珠能幾見豐城雷劍不終藏一朝馬上衣冠别此是男兒當自强此則貴顯之命鴛幃王潤氷清潔子嗣金風蘭桂香運行初己丑只宜庇下未断灾祥戊子運中窓前習書燈下覽文章丁亥運中一時雲霧合頭角聳崢嶸丙戌運中威傳四境澤及諸方乙酉運中赫赫威名振紛紛雨露長甲申運中三徑尚存元亮菊五湖空泛子皮航癸未運中一夕不来都是夢訃音據也衆悲傷



辛未年　庚寅月　丙申日　壬辰時

此八字丙申日相配柱中之水時上偏官之格丙辛作合有功人生得此丰姿洒落天性能爲金土椿萱双耐晩偶行天際有随飛季識聪明未必騰身仕路英才卓冠还須用意玄機祖業添新慶才囊厚積餘湖海布壓財共旺果然精術造玄微此則富厚之命鴛幃金命須猴屬桂子金風舞綵衣運行初己丑上人庇下快樂安舒戊子運中風和日麗燕語鶯啼丁亥運中等閑探得玄中奥禍福興衰預探知丙戌運中何慮世情擾不妨風雪霏乙酉運中家業輝〻人事廣英雄豪傑集門閭甲申運中老當益旺家旺財肥癸未到壬午運中歸去也

辛未年　庚寅月　丙寅日　己丑時

此八字丙火相配柱中之木印綬之命格人生值此生於華麗之族長於名望之庭水土嚴慈齊厲鶴庭前棠棣有秀英其爲人也丰姿明敏躰貌精神笋長名園過舊草花開上苑勝先春但願瀏身瀏屋不須求利求名此則富足之命鴛幃正副方偕孝子嗣生成跨堂人運行初己丑上人之下或雨或晴戊子運中花發園林香遍歷寰之藹月難海嶠光揚宇宙天明丁亥運中旺中跋踪樂慶庚生丙戌運中雪消雲散天如洗從此滔滔福祿增



乙酉運中簾捲香風生意廣門迎車馬祿元新甲申運中得意江湖詩句徤忘懷友酒飲盃深癸未運中如松之茂似植之清壬午運中正享堂前子榮福何華無常又促程

辛未年　庚寅月　庚戌日　癸未時

此八字庚戌魁罡之日財旺生官之格人生遇此生於華麗之族長於擒花之門椿親高燒紅臘燭萱母來歡續絃摶其爲人也丰姿濟楚天性多機能言能語多見多知祖業有倚重新發財帛豐資自琢磨生意從天判活計任君爲此則發達之命鴛幃金命宜年少子嗣生來跨馬見運行初己丑上人之下何是何非戊子運中志欲思高慕遠依然未稱人機丁亥運中爆竹聲催殘臘去拆梅香引早春歸丙戌運中錦綉花開春富貴琅玕竹戛丨日安然乙酉運中一番風雪幾度躊躕甲申運中雨過園桃簇錦風和堤柳拖依癸未運中延賓翫物壬午運中月落烏啼

辛未　庚寅　癸亥　壬戌

此八字傷官帶財之格印綬坐身五行清正值此象若生於名門長於華諸萱母續後辭父早春風棠棣各苗根其爲人也丰姿濟濟學業淵淵聞義能徙見善則迁鰲逐玉蟾攀桂上高隨青帝踏花還魚佩玉鱗光照地鵲御瑞帶勢冲天此則英官之命鴛幃賢麗桂子光鮮運行初巳丑微風微雨淡霧淡烟戊子運中喜伸男子志須讀聖賢書丁亥運中禹門三級浪令耆四方傳丙戌運中錦衣駿高重重貴神鬼聞名膽氣寒乙酉運中三度錦衣歸故里兩扶紅日上朝端甲申運中身閑當得真天爵官敘無憂即地仙癸卯運中一枕香兔歸不得夕陽郊外草芊芊



辛未年　庚寅月　癸丑日　甲寅時

此八字丁丑日相配柱中金木傷官用印之格人生得此宜乎仕路榮登椿萱榮贈髦鴻鴈有同鳴丰姿慷慨天性聰明理窮今古事學貫聖賢經一舉可冲天之替序言有折獄之能一經揚姓字便擬沐恩榮此則榮貴之命鴛幃全正副桂子有承榮運行初巳丑上人庇下快樂昇平戊子運中讀殘窓下月行落晚天星丁亥運中風雲相際會躍過浪三層丙戌運中一番梨雨過祿位有加榮乙酉運中祿允階進宦道生荊甲申運中大才大用癸未運中一夢難醒

辛未年　庚寅月　辛酉日　壬辰時

此八字辛酉專祿之辰相配柱中木火財官之格財盛生官終乎有慶主人生於盛族長於良門一對椿萱先別父幾行鴻鴈獨超群其爲人也丰姿穩秀性格聰明鼓攄清韻動㕥聲紫烟生若肯留心於仕路必逢機會顯榮華此則豪傑之命鴛幃配淑女子嗣有豪人運行初己丑火年之景未稱尋春戊子運中萬疊好山雲下歛一樓明月雨初晴丁亥運中財名從此旺福祿自斯春丙戌運中威權有布人欽服財帛豐饒享太平乙酉運中旺處生叢依然致險驚甲申運中浮生只如此何必苦勞形癸未運中春光盡也夢入蓬瀛



辛未年　庚寅月　乙酉日　壬申時

此八字乙酉日相配柱中之木正官之格只嫌寅申冲破不貴而富椿萱雙晚翠鴻鴈少聯飛丰姿穩厚操幹能爲般般都好學件件只粗知祖業加新麗財囊自積肥但願粟陳貫朽何須身到天池此則富實之命鴛幃配合雙偕老桂子庭前三兩枝運行初己丑卯幼承上庇無慮無思戊子運中財源來便旺何必讀詩書丁亥運中但覺行藏有慶不妨人事傷悲丙戌運中僕馬從行樂門閭異昔時乙酉運中一番梨雨過鶬野植桑榆甲申運中孫賢子秀多光彩車馬喧喧集滿門癸未到壬午運中歸去也

辛未年　庚寅月　庚申日　庚辰時

此八字庚申專祿之日相配柱中寅木財旺生官之格人生得此多機變善操持椿樹晚榮萱早別鴻行鴈字傍天飛學問聰明不向明倫堂上英才特達可將劍筆高揮遇貴逢機會衣冠異昔時此則顯貴之命鴛幃倆正須金木桂子枝枝有秀奇運行初己丑春風播爽秋日成輝戊子運中貴客相携手馳名聽指揮丁亥運中梨雨初晴春氣旺榮沾雨露振威儀丙戌運中金菊晚發迎來禘畫舫潮平促去儀乙酉運中兆民樂業四境咸甲申運中刑衝太重樂極生悲癸未運中夕陽西下猶惟有暮猿啼



辛未年　庚寅月　壬戌日　辛亥時

此八字壬戌日德之辰相配柱中木火食神助財之格殺星助印為良主人生於右族長於高門椿萱不逮祿養鴻鴈有各分群其為人也丰姿清秀天性聰明般般稍覺件件粗知親賢近貴不勇不慈笋長名園過舊竹花開上苑勝先技終是功名之容豈教南畝耕鋤不就三塲選好將刀筆施六曹知古律三語竟今非佇看頭角聳光耀舊門閭此則榮貴之命鴛幃有犯須年敵子嗣孫枝右出奇運行初己丑上入庇下有何是非戊子運中藏器持時時必達時來自有貴人携丁亥運中勞形案牘多光霽尚有趑趄未順機丙戌運中雪晴雲散天如洗跨馬天門沐寵歸乙酉運中皇恩有感重光顯捷送迎來事未知甲申運中重陞祿位當斯際子榮解組返鄉閭癸未運中春光去也花落月西

辛未年　庚寅月　甲戌日　甲戌時

此八字甲戌日元相配柱中金火傷官助才之格陽刃合殺為奇主人生於右族長於高門椿萱双既茂鴻雁各行鳴其為人也丰姿清秀天性聪明頗知礼義稍識古今親賢近貴理白分清黄金過火重增價白壁離塵色更明不必覓珠來水府何須求劍到豐城田園旺足家業余盈滿世功名身外事五湖風月樂怡情此則穩厚之命鴛幃連理合子嗣晚光榮運行初乙丑春風駘蕩夏日炎蒸戊子運中寒〻向梅〻盡春從柳上生丁亥運中春色滿園関不住一枝紅杏出墻前丙戌運中天上三陽泰人間五福增乙酉運中旺中尚有亏盈事雪霽才源倍有增甲申運中心事數莖白髮生涯一片閑情癸未運中帰去也



辛未年　庚寅月　癸卯日　乙卯時

此八字癸卯日貴之辰配合柱中木火傷官助財之格女人得此傷官傷尽為奇主人生於右族長於名門椿萱棠棣難双得妯娌公姑分尚輕其為人也姿容清秀德行脩明女性愠柔全婦道頻繁尽礼有賢能每懐丸膽意常抱擇鄰心揚柳無風枝獨娜梅花有月葶精神難觸難犯易喜易嗔非慈亦非勇福禄自天生此則穩厚之命良人年長残婚客子嗣秋来有晚馨運行初辛卯上之庇下毓秀閨門壬辰運中淡烟楊柳岸薄霧杏花村癸巳運中若非二次新花燭一定生来配旧婚甲午運中万疊好山雲乍歛一輪明月雨初晴乙未運中雖則夫家增益旺須愁風雪滿門庭丙申運中壽源應久遠福祉暗中生丁酉運中春光去也一挽清風

辛未年　庚寅月　乙卯日　己卯時

此八字乙丑之日相配柱中金火傷官制殺之格人生
渭此生於右族長於高門萱母先帰椿耐晚天边鴻
鴈各行鳴其為人也丰姿清秀天性老誠世事頗
能將就般般亭又精通自有順天之慶豈無福地之
梁祖業添新慶才囊自琢戌福布江山外名聞湖
海中英雄惟贈劍三尺豪傑相逢酒一鍾拙於自
已巧於他人但頗粟陳貫朽何須天府求榮此則
穩厚之命篤帰大命須年長子嗣枝頭朵朵美運
行初己丑上人之下未断平生戊子運中西風洒蒼雪



行樂未如心丁亥運中不免幾番寒徹骨爭得梅
花撲鼻馨丙戌運中才源旺足家居好素耗灾非
尚倏人乙酉運中、戌四時佳趣立萬里門庭甲申
運中福若泉源湧財如春氣生申字運中月入雲
屏癸未運中春光如過隙一枕了平生

辛未年　庚寅月　癸亥日　癸亥時

此八字癸亥日癸亥時本作飛天祿馬之格得未
中己土覊絆擬作傷官制殺之格傷官之格人生
值此丰姿洒利性格聰明生於富室長於仁門堂
上椿親多倜儻母親長父起家能鴻鴈上聯难
有弟家門積德我榮身學問有成不負寸陰之
惜詩書博覽豈為田舍之郎此則顯父強宗之
命篤帰年長宜偏正桂子承芳朵朵榮運行
初己丑父母之鄉趋庭負笈戊子運中螢窗事
業當時習燈下工夫可琢磨丁亥運中列此姓



知文學好長安道上馬蹄輕丙戌運中慶事
但平三尺法治民渾是一團春就此之中上人帰
去花放風飄乙酉運中祿位高陞喜威權鎮
方甲申運中仁風遠播黎庶沾恩癸未運中
帰來故里花落月沉

辛未年　庚寅月　癸巳日　壬戌時

此八字是財格之論經之祿馬同鄉不三台而八座癸日坐向巳宮乃是財官雙美值此格者無不貴顯注人威儀凜凜得性怡怡春萱德蔭受對子姓功勳承沛澤龍韜何必陳三畧虎帳由來肅萬兵此則將官之命妻鳳冠亮罵两諧和雪鬢頭霜雙綰帶子秋桂枝枝茂春蘭朶朶榮運行初腰下帶刀金錯落馬前行帳錦模糊運行中邊塵驚漠騎塞月慘胡笳行甲申之中英雄萬古今何用留得虛名入史篇



辛未年　庚寅月　戊午日　甲寅時

此八字戊午日刃之局食神制殺之格主人生於豐潤之族長於穩厚之門椿萱双睨茂棠棣各苗英半姿清雅天性乖能李問知今古詩書對聖經終是功名之客豈為避世之炅一日風雲相濟會頭角崢嶸显利名此則穩榮之命鴛幃春暖桂子金英運行初巳丑上人庇下未斷平生戊子運中欲遂班超投筆志須報董子下帷功丁亥運中雲程坦坦登天去夲足悠悠名利成丙戌運中正欲一方布德誰知三載諒陰乙酉運中耿耿声名重滔滔雨露均甲申運中榮中生阻節何不早思尊癸未運中人生從此別無復見儀形

辛未年　庚寅月　癸丑日　丙辰時

此八字傷官助才之格喜印綬生身人生得此生於温潤之族長於廷变之庭椿萱分别早鴻鴈不聯群丰姿清秀天性聰明礼樂縱横字詩書典雅文馬蹄塵土三千里鵬翼風雲九萬程此則榮貴之命鴛幃正副方偕老子嗣生成俊傑人運行初己丑上人庇下未斷平生戊子運中讀書馳聖觀史引灯丁亥運中霹靂一声雲霧合禹門躍過浪三層丙戌運中衣惹御炉拖瑞錦筆宣黄澤洒春霖乙酉運中山河帰旧國管籥換離宮甲申運中政引風霜成物色語同天地到陽春癸未運中花落水流春已失蘭摧玉折恨何明



辛未年　庚寅月　甲寅日　丙寅時

此八字身强殺浅假殺爲権木生在春生處世安然必壽人生得此生於官族長於名門椿萱崇晚茂鴻鴈各飛高丰姿清秀詩禮吟嘲學問三冬足詩書萬卷饒龍飛九五青霄近鵬擊三千翰海遥拜恩登鳳闕秉燭待皇朝此則継榮之命鴛幃正副子嗣秋稍運行初己丑上人带庇其樂滔滔戊子運中窓前事業應加習燈下功夫莫嘆劳丁亥運中龍門堪变化鵬路任逍遥丙戌運中聲名從此出東带立於朝乙酉運中雖則聲名耿耿還愁瑞雪飄飄甲申運中権重一番生進退依然禄位再加高癸未運中解組回田里壬午運中一夢入雲霄

辛未年　庚寅月　丙辰日　甲午時

此八字丙辰之日相配柱中旺木即綬之格女人得此生於右族長配名門椿萱難並奄鴻鴈各行鳴其爲人也姿容清秀天性聰明勝丈夫氣槩有男子材能雲收華岳千山秀水到湘江一樣清滔滔無阻滯步步助夫門楊梆無風枝婀娜梅花有月夢精神雖嗣難祀易喜易嗔雖不鳳冠帔服自然福祿無窮此則穩厚之命良人會命須年小子嗣秋来旺宅門運行初辛卯上人庇下毓秀閨門壬辰運中紅葉溝中傳寄意赤繩月下結良姻癸巳運中雖則夫門多快樂幾番微雨未天晴過此甲午運中萬疊好山雲乍斂一樓明月雨初晴乙未運中羅綺千般色珍羞百味新須史風雨雨過山青丙申運中天上三陽泰人間五福增丁酉運中子秀夫賢家業旺戊戌運中春歸花落鳥無聲



辛未年　庚寅月　乙卯日　戊寅時

此八字專祿之日相配柱中金土傷官制殺之格主人生於良族長於仁門椿父先歸萱耐晚天邉鴻鴈各行鳴其爲人也丰姿清秀性格老成般般稍覧件件不精萬里韶華世事每從忙裏鷲一聯美景才源自向遠方生重成新事業再整旧門庭不向仕途求問達好来湖海覓黄金一朝時運至才祿足豊盈此則穩福之命鴛幃有犯須招硬子嗣森枝朶朶榮運行己丑上人庇下風雪未晴戊子運中莫道儒冠悟螢窓患不勤丁亥運中春圃雨過梆緑花紅丙戌運中近水樓臺先得月向陽花木早逢春乙酉運中天上三陽泰人間五福增甲申運中延賓玩物會友開樽癸未運中心事數莖之白髮生涯一片之閒情壬午運中春光去也一枕清風

辛未年　庚寅月　庚子日　甲申時

此八字庚子之日相配桂中水木傷官劫才之格敍輕才助為良主人生於平淡之族長於酒館佗門椿父先帰萱後别天邊鴻鴈各行鳴其為人也丰姿清秀天性乖能知高識下理白分清祖基重再整事業必重增學識能歌麗曲土運慣撫琴箏親賢近貴理白分清但願平生多快樂何愁白髮鬢生此則風月之命鴛帏有祀須偏正子嗣秋来朶朶戌運行初巳丑上人庇下未断平生戊子運中娟娟雲裏月灼灼葉中英丁亥運中精神又憔



悴憔悴又精神丙戌運中笑傲壺中日月優游醉裏乾坤當此之際風雨還生乙酉運中桃李千鉛錦江山一昼甲申運中座上客常滿樽中酒不空癸未運中晚年閑快樂壬午運中一枕入佳城

辛未年　庚寅月　壬寅日　庚子時

此八字壬寅之日相配桂中水木食神劫才之格人生得此生於右族長於名門木火椿萱宜年小天邊鴈字各行鳴其為人也丰姿清秀天性聰明斷目理直處事公平頗知礼義稍識古今有近貴親賢之德重上和下之能祖業漆新慶根源勝舊風日福日榮自有順天之理常安常樂豈無福地之源生涯消洒上過北武平東不以功名為念常怜麴沽宜情才深順足家居泰何必天府去求名此則花掌之命鴛帏有克宜年長子嗣枝杖原朶



看運行初巳丑上人蔭下未断平生戊子運中始知雲月情又得掃天風乙亥運中雨過山青秀雲開月又輝丙戌運中時望花逢景才深倍更增乙酉運中月排碧天光皎皎名揚閭里有光榮甲申運中樂享桑榆之景日福日壽精神癸未運中一夕無憂

辛未年　庚寅月　丙辰日　戊戌時

此八字丙辰日主相配桂中旺木印綬之格人生得此生於右族長於名門水木椿萱有慶天邊鴻雁各行鳴其爲人也丰姿清秀天性聰明有振雪欺霜志栽長補短之能祖業添新慶根源勝舊風節長名園過舊竹花開上苑勝千春月掛碧天多浪白名揚四海有声業田園有意公卿小廊廟無心宇宙輕時至運通行樂順地灵人傑旺財名此財程發之命鴛幃兩硬須當敵子嗣森森晚後成運行初己卯運中上人庇下未斷平生戊辰運中



辛未年　庚寅月　丙辰日　戊戌時

此八字丙辰日主相配桂中旺木印綬之格人生得此生於右族長於名門水木椿萱有慶天邊鴻雁各行鳴其爲人也丰姿清秀天性聰明有振雪欺霜之志栽長補短之能祖業添新慶根源勝舊風節長名園過舊花開上苑勝千春月掛碧天　舵　名揚湖海有声業田園有意公卿小廊廟無心宇宙輕特至運通行樂順地灵人傑旺財名此則程達之命鴛幃有以須相敵子嗣森枝桂崇運行初己丑上人庇下未斷平生戊子運中

辛未年　庚寅月　甲子日　庚午時

此八字甲子日元相配柱中金火傷官制殺之格人生得此生於右族長於仁門椿父先帰萱耐晚天邉鴻鴈各行鳴其為人也丰姿清秀天性聰明有博古通今之志截長補短之能出土黃金重長價離雲皎月倍清明五車書富三冬足兩石矛當萬驥沖終是功名之客豈為田舍之翁奮身鶱白屋平步入青雲一朝但得風雲便跨馬金門沐寵榮不費區區力終為隐跡人此則擊石出烟之命鶺鴒有祀須年献子嗣秋來朶朶榮運行初巳丑上人庇下未斷平生戊子運中雪晴天未暖芹類有書聲丁亥運中藏器待時時必達時來遇貴便成名丙戌運中耿耿聲名揚絳帳紛紛德澤惠儒生乙酉運中正宜食俸禄素耗尚憗人甲申運中天邉無沛澤籬下樂高情癸未運中春光去也一枕清風



辛未年　庚寅月　丙申日　戊戌時

此八字丙申相配柱中旺木印綬之格女人得此生於右族配於高門椿萱有倚鴻鴈各分其為人也姿容清秀髮貌精神有針綴之巧立業之勤一苑杏桃鋪錦秀半溪山水綠羅新有道訓斷機之智助勤九膽之能明月當天生氣奕春雲靄靄色尤新性急如懸岩飛瀑心安似山月秋清若非二次明花燭天定生來配舊婚此則穩厚之命良人年長英豪客子嗣秋来旺宅門運行初辛卯上人庇下未斷平生壬辰運中雖則夫門多快樂幾多人事尚虧盈癸巳運中片雲能發千山雨雨過千山依舊睛甲午運中齊濟裙釵掬日輝輝羅綺臨風午字之中花放風生乙未運中一輪明月連霄皎萬里秋波徹底清丙申運中冲擊之所如月入雲丁酉運中機絲閑書錦明月照黃昏

辛未年　庚寅月　庚申日　辛巳時

此八字庚申專祿之日相配桂中火木財殺之格女人得此生於良族長配仁門椿萱雖並鸞鴻各行鳴其為人也姿容清秀髮貌精神翁姑姑有倚妯娌各行輕有針綴之巧立業之勤雪為輕粉憑風傳霞作胭脂伏日匀明月當天生氣爽光華萬象色尤新萬里無雲天一色三秋好景月長明處世素無榮辱生平喜不富貧此則平穩之命良人金命西房容子嗣森枝朵朵蕃運行初辛卯上人庇下雲月朦朧壬辰運中淡烟楊柳岸薄霧杳花村癸巳運中須臾雲掩月頃刻月離雲甲午運中爆竹聲催殘臘盡折梅香引早春逢乙未運中三陽開泰運一氣轉鴻鈞丙申運中財源旺足家業餘盈丁酉運中享子孫之福慶戊戌運中夢杳杳之佳城





辛未年　庚寅月　庚子日　丙戌時

此八字陽刃合殺之格比肩助用為良主人生於右族長於名門萱親先別近招繼椿迁臺到京光榮天邊鴻雁一隻並鳴其為人也平姿淯孝禮樂惟新贈記崢嶸書萬卷葉材敏捷歷辟倫衣冠濟濟人中俊和氣怡怡席上珍定擬當朝異來榮豈教田舍務躬耕折桂次中先叨早鳳凰池上早標名一從叁攬宴須詔步金門晚年光零疊疊祿元增此則榮繼之命鴛幃青麗須招副子嗣榮名存且忠運行初己丑上人庇下風雪初晴戊子運中明窗淨几暮史朝經丁亥運中但聞春雨露須刻便成龍丙戌運中千里霜威金笒定三秋風色錦衣輕乙酉運中職位遷金紫權衡出署倫當此際風雪滿庭甲申運中山河開十郡未許便辭榮癸未運中天涯無阻滯離下樂高情壬午運中歸故里

辛未年　庚寅月　癸丑日　庚申時

此八字癸水日元相配柱中木火傷官助才之格人生得此生於右族長於仁門水土嚴慈萱茂長天邊鴻鴈各飛鳴其為人也丰姿清爽性格剛忠多聞多見自是自能高人起敬貴客相欽祖業添新慶根原勝旧風笋長名園過旧竹花開上苑勝先紅田园桑柘茂畝讪稲粱馨有心於貨利無意慕功名才源富足平生好自身外無名足称情雖不自來聰馬也應金谷豐盈此則旺足之命鴛幃同屬須羊敵子嗣榮門晚節馨運行初己丑上人庇



下何處平生戊子運中雖則遨遊湖海幾多人事齵盈丁亥運中才源雖旺足世事尚困循丙戌運中一番風雨初晴後從此滔滔福禄增乙酉運中威權有布人欽伏才帛與隆第宅新甲申運中引鶴凃行三徑曉約梅同醉一壺春癸未運中子榮孫秀多如意壬戌午運中一枕黃粱永不醒

辛未年　庚寅月　壬戌日　辛亥時

此八字壬戌日德之辰相配柱中木火傷官助才之格日禄帰時之助遇斯命者生於右族長於名門椿萱金命双存晚天邊鴻鴈各行鳴其為人也丰姿清秀天性聰明胸羅今古事學識聖賢心麗句妙為天下白高材俊似海東青終是文場榮貴客豈為田舍鑿耕人北海蛟龍頭角聳南山豹变爪牙新風傳五漏金閨曉花映千杉玉殿春佇看官封三級酌然禄享千鍾此則榮貴之命鴛幃金玉潤子嗣桂蘭馨還行初己丑上人庇下未斷平生戊子運中十年窓下



業時至便騰身丁亥運中禹浪三層都躍過風生鉄面鬼神驚丙戌運中戢迁金紫字内澄清此之際風雲滿庭乙酉運中十郡山河吾職掌九天恩詔再重封甲申運中正宜輔國未許辞榮癸未運中春光去也一枕清風

辛未年　庚寅月　壬子日　乙巳時

此八字壬子日刃之辰食神助才之格女人得此生於右族長配名門椿萱棠棣霜肺日妯娌翁姑不共群其爲人也姿容清秀天性聰明有針綫之巧立業之能雲收華岳千山秀水到湘江一樣清萬里無雲天一色三秋好景月長明不曉三從理豈全四德新楊梛無風枝嬝娜梅花有月藝精神處世素無榮辱生平喜不富貧若非二次明花燭天定生来配旧婚此則富穩之命良人土命須年長子嗣名聞果有成辛卯運中上人庇下未斷平生壬辰運中四配名門友花從錦上增癸巳運中乍雨乍晴留客景或寒或煖困人春甲午運中始知春晝永方覺瑞祥生乙未運中滔滔無阻滯步步助夫門丙申運中財源旺足家業豐盈丁酉運中無思無慮戊戌運中一枕清風



辛未年　庚寅月　辛亥日　甲午時

此八字辛金相配柱中木火才殺之格人生得此生於右族長於名門椿萱双晚茂棠棣各敷榮丰姿清秀禮樂維新詩書廣覽博古通今七朝塵隱成文露千里恩承破浪風姓字傳千里聲名滿九重此則貴榮之命鸞韓配合須平長子嗣生咸貴顯人運行初已丑上人庇下化日陽春戊子運中蹈破泮橋霜钱板讀殘茅屋月三更丁亥運中一聲春霹靂洗濯潛鮮丙戌運中虬浪焂虎風生重重祿位肽肽聲名乙酉運中正在權衡光景審一番風雪使人驚甲申運中忠心尤壯未許恩專癸未運中花落水流春已失蘭摧玉折恨何明

辛未年　庚寅月　甲子日　乙丑時

此八字甲木日元相配柱中金火食神制殺之格亦有食神之意人生得此生於右族長於名門椿萱榮倚鴻雁分群其為人也丰姿清爽天性聰明窮經覽古學足三冬比海蛟横頭角聳南山豹變露文英一舉可沖天之勢片言有折獄之能足步黃金殿身朝白玉京凜凜威風寒兇膽紛紛德澤惠軍民腰横金作帶符剖玉為鱗晚年更有非天禄秉笏金鑾拜聖明此則榮貴之命鴛幃春馥霞裳贈子嗣榮門孝且忠運行初己丑上人庇下未斷升沉戊子運中十年窗下業時至便成名丁亥運中禹浪三層都躍過風生鉄面兇神驚丙戌運中三度君恩喜一番風木驚乙酉運中重紫重金當是景山河十郡仰威雄當此之際風雲盈甲申運中正宜秉笏匡朝野未許籬邊樂性情癸未運中名利薰心成免懶溪山胎隱且閑身壬午運中祀己落月尤沉





辛未年　庚寅月　丙辰日　戊子時

此八字丙辰日德應相配於辛未官印之格人生得此生於右族長於名門火命椿萱榮晚茂天邊雲雁各相鳴丰姿清秀天性老成頗知禮義稍識古今有親貴近賢之德應上和下之能祖業添新慶根源勝舊風水光浮座盃盤瑩花氣侵人笑語聲不以功名為念豈將軒冕磨礱得意江山施律句忘情日月酒盃深財源富足平生好何須跨馬入青雲此則穩厚之命鴛幃金土方偕老子嗣松枝有挺榮運行初上人庇下未斷平生戊子運中青歸柳葉精初變紅入桃花煖未匀煖柳已舒新幹綠園梅不改舊時紅須臾風雨過山青丙戌運中不財源富足尚祈聲勢豪洪熱花舞雪雨過山清乙酉運中片斷雷連野綠週迴甲弟從離一番風雨不損精神甲申運中引鶴須經三徑晚約梅同醉一壺春寅字運中如履薄氷癸未運中夕陽有限春夢無憑

辛未年　庚寅月　庚子日　丙子時

此八字庚子之日相配柱中木火才杀之格兩辛作合有功其為人也丰姿清秀天性聰明萱親賢別椿帰後天邊鴻雁各行鳥其為人也丰姿清秀天性聰明胸羅今古事李識聖賢心麗句妙為天下白高材俊似海東青終是功名之客豈為田舍之翁奮身辞白屋平步入青雲蘅遂玉蟾攀桂去馬随青帝躍花行一朝但得風雲便九天雨露沐皇恩瑶池鞭静朝南極五夜鍾停拱北宸此則榮貴之命鴛帳有犯須招副子嗣榮門晚節馨運行初巳丑上人庇下風雪紛紛戊子運中欲向雲中奔足須從燈下留心丁亥運中藏器待時時必達時来頃刻便升騰丙戌運中仁風揚百里政化治西東乙酉運中千里霜威金斧重三秋風色彩衣輕甲申運中有材膺大用未許便辞榮癸未運中晚年羅下樂會友以開樽壬午運中花已落月九沉



辛未年　庚寅月　癸丑日　癸亥時

此八字癸丑之日相配柱中火土木傷官印才之格亦有拱祿之意人生得此生於石族長於名門萱母先帰椿耐晚天边鴻雁各行鳴其為人也丰姿清秀天性聰明般般稍覽件件不精有近貴親賢之德庇上和下之能重成新事業再整舊門庭有心於貨利無意着功名身将隱矣文何用人不知之味更真雖不建侯封爵自然財祿餘盈此則穩厚之命鴛帳連珠高一載子嗣生来有显榮運行初己丑上人庇下未斷平生戊子運中世事短如春夢人情薄似秋雲丁亥運中雖則行藏有度幾多人事虧盈丙戌運中財源滚滚家居好尚有閑非素耗生乙酉運中篆捲香風生百福軒閒化日祿元增甲申運中但顧材源旺足南期吉勢豪洪癸未運中晚年多快樂樽中樂怡情壬午運中春光去也一枕清風

辛未年　庚寅月　丁未日　乙巳時

此八字丁未陰刃之辰相配柱中旺木印綬之格印綬者上格也只嫌才印混雜事不十全主入生於右族長於名門椿萱有倚先虧父天邉鴻鴈各行鳴其為人也丰姿清秀天性廉能頗知禮義稍識古今有近貴親賢之德應上和下之能祖業添新慶根基勝舊風水光浮座杯盤瑩花氣侵人笑語聲不向仕途求聞達卻來湖海覓黃金時通運至成名利地傑人靈福祿增莫道桂枝難結果東君留意更殷勤此則擊石生烟之命鴛鴦火合須多小子嗣花多果後成運行初己丑上人庇下未斷平生戊子運中雪晴雲未散行樂未如心丁亥運中幾欲用心圖慕遠雨晴才旺福隆興丙戌運中才權重美當斯際須臾耗尚愁人乙酉運中福若泉源湧財如春氣生須臾風雨頃刻逡巡甲申運中沖擊之鄉還發福何愁人事有虧盈癸未運中晚年閑快樂一枕入巫峰





辛未年　庚寅月　丁未日　壬寅時

此八字丁未陰刃之日相配柱中旺木印綬之格印綬者上格也人生得此生於右族長於高門萱母鎮房椿磊雙雙金合保長生其為人也手姿清秀天性聰明世事頗將就般般李又精過火黃金重長價離雲皓月倍清明終是功名之翁豈為田舍之翁雖不文場鏖戰也非汗馬成名時來惜得吹塵力筆力之中顯姓名姓字頗通詩礼火也應光耀舊門庭此則謀望成名之命鴛幃年火須連理子嗣先虧後有盈運行初己丑上人庇下稚祿平生戊子運中世事宛如春夢人情薄似秋雲丁亥運中時來名旺就蹲上神京丙戌運中青除中帽簪烏帽麻衣換得綠衣新乙酉運中衣冠正在雲衢處只恐天邊雪滿庭甲申運中栄中先阻卻何不早宜尊癸未運中且宜觀菊東籬下壬午運中一枕入佳城

辛未年　庚寅月　丁酉日　辛亥時

此八字丁酉日貴之辰相配柱中水木官印之格女人得此生於右族配於衣纓翁姑先别妯娌尚情輕有針黹之巧立業之勤一苑杏桃鋪錦綉滿山松柏映幃屛每懷丸膽意時抱擇隣心楊柳無風枝嫋娜梅花有月夢精神克勤而克儉易喜而易嗔佇看夫榮子貴也應同沐天恩此則榮益之命良人連理須配長子嗣業門孝且忠運行初辛卯上人庇下毓秀閨門壬辰運中契合翠窩成好要夤緣紅葉是良姻癸巳運中夫榮當此際尚有事虧盈甲午運中食則珍羞百味衣則羅綺千層須史風雨雨過山青乙未運中光華疊疊沛澤紛紛丙申運中子貴榮沾新寵渥丁酉運中春歸花落鳥無声



辛未年　庚寅月　庚申日　乙酉時

此八字庚申專祿之日相配柱中木火才殺之格女人得此生於右族長配仁門椿萱難並鸞鳳各行鳴其為人也姿容清秀髮貌超群勝大夫之處置有男子之材能一苑杏桃鋪錦綉滿山松柏映幃屛玉產崑岡蘊色蘭生楚澤散清馨滔滔無阻滯步步助夫門萬里無雲天一色三秋好景月長明難翻難紀易喜易嗔雖不鳳冠帔服自然財祿豐盈此則益旺之命良人得配名門友子嗣主成貴顯人運行初辛卯上人庇下毓秀閨門壬辰運中淡烟楊柳岸薄霧杏花村癸巳運中雖則夫門財業旺旺中尚有事虧盈甲午運中萬疊好山雲乍斂一輪明月雨初晴乙未運中羅綺千般色珍羞百味新丙申運中一輪明月當秋夜無限奇花正遇春丁酉運中春光去也一枕巫峯

辛未年　辛卯月　庚辰日　丁亥時

此八字庚辰日德之辰相配柱中木火木官之格食
神助才為用女人得此生於右族長於名門萱毋先
帰婚晚別天邊鴻鴈各行鳴其為人也姿容清秀髮
貌精神有眠食宵衣之憪怙治家立業之材能雪爲
輕粉憑風傳霞作胭脂仗月勻滔滔無阻滯步步助
夫門衣冠濟濟三從倍家業昂昂四德新心清似月
明雲漢性急如風捲殘雲夫榮子貴文身無窮此則
榮益之命良人連珠榮貴客子嗣生成貴顯人運行
初壬辰上人庇下未斷平生癸巳運中匹配名門文
花從錦上增甲午運中正是梅青月白還愁陰雨弄
晴乙未運中光華昊昊光如洗五夜金風未放晴丙
申運中食則珎羞百味衣則羅綺千層丁酉運中子
貴重光顯滔滔福壽增戊戌運中人生從此別無復
見儀形



辛未年　辛卯月　庚午日　丁丑時

此八字庚午貴人之日相配柱中木火財官之格
財盛生官終身有慶只嫌運行水鄉咸吾料弟成
名主人生於良族長於名門椿萱雙聯茂鴻鴈各
行名其為人也丰姿清秀天性聰明頗知礼義稍
識古今有近貴親賢之德應上和下之能然是功
名蹉跎為田舍翁九載辛勤廿苦守一朝天府沐
皇恩佇看来悦郎光照禮門庭不費區區力終為
發福人此則撃石生煙之命鶯悌有犯須年敵子
嗣秋来有显榮運行初庚寅上人庇下未斷平生
己丑運中幾欲思高慕遠耑成捉月補風戊子運
中勵筆高揮多壯觀須史風雨驚愁人丁亥運中
三疊傷関斟別酒九重天府沐皇恩丙戌運中幾
年困苦家門內一旦榮除治庶民乙酉運中正宜
加爵禄何事便辭榮甲申運中無思無慮癸未運
中一枕清風

辛未年　辛卯月　己丑日　甲子時

此八字己丑日相配柱中木局偏官之格人生得此本顯功名只嫌官殺相混減丐福力椿萱堂上双年耄鴻鴈天邊各奮風丰姿洒落天性剛雄傲五候而不作礼序三軍而肯爭雄但喜市壓生計旺果然湖海貨交通此則自強之命鴛幃配合須年少桂子秋來吐嫩紅運行初庚寅幼年之景露月光風己丑運中詩書心力倦貨利未蔵豊戊子運中到此英雄敬仰果然氣象豪洪丁亥運中一番風雪過日日會英雄丙戌運中倉廩實府庫充



乙酉運中老當發旺甲申運中夢入巫峯

辛未年　辛卯月　戊子日　庚申時

此八字戊子日元相配柱中水木才官之格傷官助才之論只嫌身弱減吾科第成名主人生於右族長於高門椿萱有倚准双老天边鴻鴈各飛鳴其為人也丰姿清秀天性聰明秖秖稍覓件件不精風月是友消洒客情行藏果斷天性老誠水光浮座盃盤查花氣侵人咲語馨欲為商賈思暮功名時來自有淵淵福運至还教路路通一日貴人相指引也應機會顯光榮不當區力終為隱跡人此則擊石生烟之命允幃秋夜添新蚤子嗣金風



孝且忠運行庚寅上人庇下未斷平生己丑運中幾欲思高暮遠番成勇雪裁氷戊子運中蔵器待時時必達時來祿馬旺前程當是時也素耗还生丁亥運中耿耿声名重滔滔福祿增片時風雨雨過山青丙戌運中威權布德声名重祿進才添雨露均乙酉運中晩年閑快樂甲申運中花落月沉

辛未年　辛卯月　甲午日　戊辰時

此八字甲木配合土金官印之格遇斯象者本顕功名只緣生逢背合事不十全其為人也随時変機見善則遷堂上椿萱晩秀天边鴻鴈行聯福布江山外名聞湖海間貴人提挈去福禄自闥闠運行初庚寅雙親庇下春苑春山巳丑運中爆竹声催殘臈去折梅香引早春還戊子運中天上三陽泰人間五福全丁亥運中雖則家居有慶幾多人事迍邅丙戌運中當此之際擲紫飛緋福氣勝於春氣財源湧似湖泉乙酉運中冲擊之所一煖一寒甲申運中佳城欝欝名旐翻翻



辛未年　辛卯月　辛卯日　辛卯時

此八字辛卯日相配柱中旺木財旺生官之格人生得此生於右族長於仁門椿父先歸萱後別天邊鴻鴈各行鳴其為人也丰姿清秀天性乖能雖無深計較稍有淡聰明重成新事業再整舊門庭得意江山詩句絶忘情日月酒杯深自有順天之慶豈無福地之深親貴客近高人是非莫問門前客得失須憑塞上翁時至自然財禄旺運未福禄自駢臻此則旺易之命鴛幃有犯須增續子嗣秋未孝義深運行初庚寅上人庇下未斷平生已丑運中世事宛如新折柳人情薄似半開英當此之際重重風雪過又是斷絃聲戊子運中爆竹聲催殘臘盡折梅香送早春逢丁亥運中福禄江山外名聞湖海中丙戌運中財源旺足家業全豊乙酉運中天上三陽泰人間五福臻甲申運中晩年快樂一枕亚峯

辛未年　辛卯月　辛未日　辛卯時

此八字辛金相配柱中旺木才旺生官之格才盛
生官終身有慶比肩太盛福力有尉女人得此
姿容清雅髮超群有衎食衣之懊惱治家立業
之材能雖非正聘亦不言奔磨穿鉄硯非吾事
綉折金針却有功時至自添福禄運來方長精
神此則平常之命良人子嗣生成跻灶人運行初壬
辰上人庇下何慮平生癸巳運中青帰㭗葉腊初変
紅入桃花燰来匀甲午運中三陽回宇宙一氣轉鴻
濛丙申運中天上三陽泰人間五福均丁酉運中冲
撃如月入雲戊戌運中楚臺雲漢空留夢上苑
香消不返魂



辛未年　辛卯月　辛卯日　辛卯時

此八字辛卯之日身坐偏才之格兩干不襍之論
遇斯命者生於良族長於高居椿父早帰萱後
別天邊鴻鴈有同飛其為人也丰姿清秀氣岸
高奇般般好事件件粗知自有順天之慶豈無
福地之特盈沼芰荷香滿院滿園花木色芳菲
成四時佳趣立萬古根基莫貪名與利不必習
詩書五湖四海生涯好萬水千山福禄齊才源
富足家業盈餘此則穩厚之命鴛幃有碍兩強
匹配始齊眉子嗣有成緑緑班衣供曉節運行
初庚寅上人庇下椿樹有虧己丑運中雪晴天
未燰未是賞花特戊午運中始覔陽和滿目遂
愁人事趂趄丁亥運中小池雨過添新緑深谷
春来發舊枝丙戌運中威權有布人欽服才帛
興隆福禄齊乙酉運中延賔翫酌詩酒琴碁甲
申運中帰去也

辛未年　辛卯月　已卯日　壬申時

此八字巳土相配柱中金木傷官制杀之格喜逢時值長生主人生於豐潤之族長於富足之居嚴慈有倚棠棣芳菲手姿平淡天性操持享見成事業承遺蔭根基花盈上苑果盈圃稻滿平疇水滿池笙歌沸処多行樂罗綺叢中夜夢㷌雖不逮侯封爵自然才帛盈余此則穩足之命鴛幃全正副子嗣秀枝枝運行初庚寅上人庇下何是何非巳丑運中如花向日自笋穿離戊子運中雖則行歲有慶也應人事趑趄丁亥運中錦銹花開家富貴一番風木使人悲丙戌運中簾捲香風生百福軒開化日禄元齊乙酉運中延賓玩物詩酒琴棊甲申運中人生從此別無復見形儀



辛未年　辛卯月　乙亥日　壬午時

此八字乙木相配柱中之命身旺逢杀之格女人得此生於仁門配於右族椿親先别萱存挽天邊鴻鴈各飛鳴姿容清秀天姓乖能待夫惟尽禮訓子揔成群雪為輕粉馮風傳霞作胭脂伏日匀雖然不作常封婦且喜平生福禄增此則旺足之命良人聘蒼頂年敵予嗣秋未孝且忠運行初壬辰上人庇下未斷平生癸巳運中春入園林花似錦橋橫銀漢水澄清當此之際微雨弄晴甲午運中淹濃才源旺滔滔福禄增乙未運中清雲散日雨過山青丙申運中天上三陽泰人間伍福增丁酉運中沖挈之所如月蔥云戊戌運中一帆清風

辛未年　辛卯月　癸酉日　戊午時

此八字癸水相配柱中旺木食神帶印之格
戊癸作合有功主人生於茂族長於華宗椿
萱昌遂双双耄鴻鴈奚能隊隊群行蔵果斷
作事華能麗句好為天下白高才俊似海東
青鼓抱清韻動石擊紫烟生君若有心於仕
路必然富貴顯其身此則囊中隱玉之命鶯
幃賢順桂子金英運行初庚寅春風駘蕩夏日炎
蒸己丑運中水府不敵珠怎覓豐城不掘劍無明
戊子運中才權而秉美福禄以駢臻丁亥運中富
之以潤其屋名之以顯其身丙戌運中富貴榮華
宜快樂天邊洒雪使人驚乙酉運中冲擊之所如
履薄氷甲申運中歸去也



辛未年　辛卯月　辛未日　丁酉時

此八字辛金相配柱中木火才殺之格人生得此
生於右族長於高門椿萱有倚鴻鴈分群半姿清
秀天性平能善決善斷多見多聞世事添新慶根
源勝舊風笋因落籜方成竹魚為奔波始化龍君
若有心於仕路果然禄馬旺前程此則淘沙見金
之命鶯幃正副子嗣春英運行初庚寅上人庇下
未斷升沉己丑運中雲籠皓月水泛浮萍戊子運
中此際微知光景好才權秉美福駢臻當此之際
晦耗還生丁亥運中聲名耿耿氣宇英英丙戌運
中一番風雪初晴後從此淊滔雨露深乙酉運中
萬象光華沾沛澤四時佳趣樂昇平甲申運中歸
去也

辛未年　辛卯月　乙酉日　丁亥時

此八字乙酉專權之日偏官之格喜逢建身殭遇斯命者生於右族長於華堂金木椿萱双暁庇天邊鴻鴈有飛翔其為人也丰姿清秀天性果別學問三冬足群書萬卷藏終是功名之客豈為田舍之郎咲顏登試院唾手赴科場一朝馬上衣冠別此則男兒當自強清映梅窓薫玉雪寒生栢府冷秋霜此則榮貴之命鴛幃㑹二歲子嗣長珠光運行初庚寅上人庇下摘句尋章已丑運中十年寒下業一舉姓名揚戊子運中踏過禹門三級浪繡



衣花帶御爐香丁亥運中千里霜威金谷重三秋鳳色繡衣涼當此之際雪掩門墻丙戌運中雪晴閶闔開黃道金紫煌煌照省堂乙酉運中金甌拜令還風捲巖浪悠悠離下落癸未運中一枕黃粱

辛未年　辛卯月　丁丑日　己酉時

此八字丁丑日元相配柱中旺木印綬之格印綬者上格也只嫌才星在柱減我功名主人生於良族長於名門椿萱有倚先虧母天邊鴻鴈陣行分其為人也丰姿清秀天性聰明有理白分青之智截長補短之能祖業添新慶財源晚積存得意江山詩句健忘情日月酒盃深花無桃李非春色人有笙歌是太平雖不建侯封爵自然鄉黨推尊此則穩盛之命鴛幃火命須年小子嗣先虧後有盈運行初庚寅上人庇下淡淡春雲己丑運中雪晴



天未暖行樂未如心戊子運中有得有失有喜有驚丁亥運中嚴霜積雪都經過從此財源始有增丙戌運中威權有布人欽服財帛與陰福祿增乙酉運中交朋滿座美酒盈樽甲申運中享子孫之福癸未運中夢杳杳佳城

辛未年　辛卯月　辛卯月　庚寅時

此八字辛丑日元相配桂中木火才官之格才盛生官終身有慶遇斯命者生於良族長於名門椿萱有倚唯双毫天邊鴻鴈各搏風其為人也丰姿清秀天性聰明知高下識重輕欺霜抵雪理白分清謀動君子威伏小人終是功名之客豈為田舍之翁不貫十年苦學也應九載成名一朝機會至自得便崢嶸此則榮貴之命鴛幃有犯須年敵子嗣秋來朶朶榮運行初庚寅上人庇下未斷平生巳丑運中藏器待時時必逢時來遇貴入公門戊子運中雨晴雲路遠跨馬入神京丁亥運中榮沾新雨宴光耀旧門庭丙戌運中雲消霧散天如洗蓮幕榮陞雨露新乙酉運中耿耿声名重滔滔禄位陞甲申運中春光去也花落月沉



辛未年　辛卯月　癸未日　壬戌時

此八字癸水天元配乎卯木食神之格正謂食神生旺勝似財官人生得此丰姿英秀天性聰明一對椿萱先别毋幾枝棠棣独芳榮聞詩禮博古通今韻清韻動石擊紫烟生筊因落簪方成竹莫為奔波始化龍爲心仕路名終顯也教光耀舊門庭此則擊石生烟之命鴛幃玉潤桂子氷清運行初庚寅上人庇下未斷平生巳丑運中歆遂班超投筆志須樓董子下帷功戊子運中時來風送滕王閣何須心下太匆匆丁亥運中声名耿耿氣宇英英丙戌運中仁風千里盛雨露手加陞乙酉運中冲擊之所如履薄氷甲申運中黄梁未熟清夢先行

辛未年　辛卯月　乙酉日　丁丑時

此八字乙酉專權之日相配柱中金火傷官制殺之格木在春生處世安然必壽主人生於右族長於名門水火椿萱歲長天邊鴻鴈各行鳴其為人也半姿清秀天性聰明般般稍覧件件不精親賢近貴理白分清謀動君子威伏小人行藏果斷作事老誠祖業添新慶根原勝旧風莫向江湖淹歲月好来仕路覔功名笋園落籜方成竹魚為奔波如化龍君若有心於仕路也應光耀旧門庭不費區區力終為隱跡人此則擊石生烟之命鴛幃有犯須年小子嗣秋来朶朶榮運行初庚寅運中淡淡青雲己丑運中世事究如春夢人情薄似秋雲戊子運中雖則才源旺足幾多人事虧盈丁亥運中天上三陽泰人間五福增片時風雨過山青丙戌運中雪晴雲散天如洗從此才源倍有增乙酉運中冲擊土鄉还發福須史風雨尚愁人甲申運中夕陽有限逝水無声



辛未年　辛卯月　己卯日　甲戌時

此八字己卯專權之日相配柱中旺木偏官之格食神制殺有功遇斯命者生於温潤之族長於迁變之門椿父先歸萱後別天邊鴻鴈各西東其為人也半姿清淡天性老誠頗知禮義稍識古今有近貴親賢之德應上和下之能東嶺栽松西嶺秀南園種竹北園青六親分薄骨肉緣輕花無桃李非春色人有笙歌是太平時来名利有運至福財興莫道枯枝難結果東君留意更殷勤此則旺足之命鴛幃有犯須年敵子嗣秋来朶朶榮運行初辛卯庚寅上人庇下未斷平生己丑運中稅地栽花多艷麗移桃接李色鮮明戊子運中雖則行藏有慶幾多人事虧盈丁亥運中財名兩旺多如意須史風雨不為驚丙戌運中富之以潤其屋德之以潤其身乙酉運中有名閑富貴無事樂平生甲申運中晚年子貴多懽樂癸未運中一枕胡為梦不醒

辛未年　辛卯月　丙戌日　戊戌時

此八字為火相配柱中旺木印綬之格傷官帶印之論女人得此生於良族配於殘婚姿容清秀鬢兒超群有肝食宵衣之懊悒治家立業之材能風送芰荷香滿院日匀花影發新紅處事無偏無常治家克儉克勤財源旺足福祿駢臻雖然不作榮封婦自然配舊也精神此則秀旺之命良人得配豪門反子嗣先虧後有盈運行初壬辰上人庇下化日陽春癸巳運中匹配名門友花從錦上增甲午運中爆竹声催殘臘盡折梅香引早春逢乙未



運中羅綺臨風舞弥羞百味新丙申運中夫賢子秀樂意忘情丁酉運中沖擊之數如月入雲戊戌運中花已落月尤沉

辛未年　辛卯月　乙酉日　甲申時

此八字乙酉專權之日相配柱中庚辛之金偏官之格乙庚作合有功人生得此生於古族長於名門萱母早歸椿後別天邊鴻雁各行群其為人也丰姿清秀天性聰明敏般般稍覺件件不精風月處友滿酒客情雖不成名利生平近貴人祖業添新慶根原勝舊風福有江山外名聞湖海中水光浮座盃盤瑩花氣侵人咲語馨詔恩慈悲為好欣嘆雖不是侯封爵自然祿享非尊此則穩享之命鴛鴦同偶須年載子嗣秋



來始有成運行初庚寅上人庇下未斷平生己丑運中風帶雲來香亮泠鳥啼花落始為春戊子運中雖則行藏有慶还愁灯火相侵丁亥運中看意穩花花不發無心插柳柳成陰須史風雨雨過山青丙戌運中才原旺足家庭好还愁人事有虧盈乙酉運中遊賞玩物會友鬧樽酒穿之中如履薄氷甲申運中晚年樂快樂癸亥運中一枕入巫峯

辛未年　辛卯月　甲戌日　乙丑時

此八字甲戌日之相配柱中才官之格喜逢時值食神只嫌沖破臧戰功名主人生於右族長於名門萱母先帰椿耐晚天邊鴻雁各行鳴其為人也丰姿清秀天性乖能知為誠下理得分清親賢近貴自是自能祖業添彩慶才源勝旧風閣處多走吟處不行萬里無雲天一色三秋好景月長明施恩惹怨有德成嗔但嫌一生多發福何必天邊沐寵榮此則豊潤之命兒犃有犯重、續子女秋来孫、戌運行庚寅上人庇下未斷平生己丑運中雪晴天未煖行樂未如心戊子運中雖則行藏而有慶丕忌閑非素耗生丁亥運中着意種花花不發無心插柳、成陰尚當此之時風雪滿庭丙戌運中才如春水滔滔長福似秋幪皎皎風明一番風雨過山青乙酉運中門媚壯觀福祿駢臻甲申運中晚年快樂癸未運中春夢杳杳一去难成



辛未年　辛卯月　辛未日　甲午時

此八字辛金相配柱中木火才杀之格人心得此生於藝苑長於柳營水火椿萱雙晚茂天邊鴻雁不同群精神烱烱智慧明明有近貴親賢之德應上和下之能祖業添新立財源厚積存笄因落籜方成竹奐為奔波始化龍一日風雲相際會貴人提挈也光榮此則勝祖強宗之命鴛犃金命須年少子嗣生成俊傑人運行初庚寅上人庇下淡淡青雲己丑運中雲籠皓月水泛浮萍戊子運中漸漸精神奕看看氣象新丁亥運中威權有布人欽伏才帛興隆福綠增丙戌運中一番風雪過依旧瑞祥生乙酉運中富貴荣華當此際綠楊門外馬嘶輕甲申運中安閑晚景癸未逆中花落月沉

辛未年　辛卯月　辛未日　辛卯時

此八字辛未日相配住中木火才旺生官之格兩
干不雜之論主人生於良族長於仁門萱母先歸
椿後別天邊鴻雁各分飛其為人也丰姿清秀天
性聰明斷高理直处事公平般般稍習件件不精
風月处交潇洒容情自有傾天之慶豈無福地之
深祖業添新慶根源勝舊風不以功名為念豈将
冠冕磨礱消閑棊一局遣興酒三中時至自然才
祿旺何須跨馬入青雲此則穩厚之命鸞幃火命
須年敵子嗣森枝有挺荣運行庚寅上人庇下未
斷平生己丑運中世事宛如春夢人情薄似秋云
戊子運中古柳金風常帶雪寒岩向月始知春丁
亥運中雖則才源旺足幾多人事亏盈丙戌運中
福若泉源湧才如春氣生當此之際素耗还生乙
酉運中沖擊之际如履薄冰甲申運中花落月
冘沉



辛未年　辛卯月　乙未日　辛巳時

此八字乙未之日相配柱中金火傷官制殺之格
女人得此生於右族配於名門萱母先歸椿耐
晚天边鴻雁各行鳴其為人也姿顏清雅髮皃
精神翁姑、不倚妯娌尚情輕雲收峯岳千山
秀水到湘江一樣清雖觸雖犯協喜協嗔此則
穩厚之命良人同属如魚水子嗣荣門晚節馨
運行初壬辰上人庇下毓秀閨門癸巳運中紅葉
溝中傳覓意會緣紅葉是良姻甲午運中乍晴
乍晴尚客景或寒或暖困人春乙未運中精神
又憔悴憔悴又精神丙申運中雨過山青丁
酉運中夫賢子秀樂意忘情戊戌運中子孫
之慶己亥運中蓼杳、之佳城

辛未年　辛卯月　戊辰日　庚申時

此八字戊辰日德之辰相配柱中旺木正官之格只嫌傷在柱疵我光榮主人生於右族長於名門萱毋先帰椿耐晚天边鴻鴈各行嗚其為人也丰姿清秀天性聡明有理白分清之志應上和下之能曰福曰栄自有順天之慶豈無福地之深萬里無雲天一色三秋好景月長明不以功名為念豈將冠冕磨礱此則穩厚之命然幃闈羈如魚水子嗣生戌貴显入運行初庚寅上入庇下未断平生巳丑運中未覩桃李紅、色且喜湖光淡、晴戊



子運中正是梅青月白还愁人事虧盈丁亥運中嚴霜積雪都経過鳥啼花落始知春丙戌運中才源旺足声势豪洪乙酉運中粟陳貫朽行藏好任他白髮鬓边生甲申運中晚年快樂癸未運中花落月沉

辛未年　辛卯月　癸未日　丁巳時

此八字癸未日尤相配柱中木火食神助才之格人生得此生於右族長於名門椿萱有耄惟双耄天边鴻鴈各行嗚其為人也丰姿清秀天性聡明腈罗今古事李識聖賢心太山北斗千年在和氣春風四序生終是功名客豈爲田舍翁三級浪中龍变化九霄雲外鳳飛騰一從姓字戰位掌權衡此則榮貴之命鴛幃金玉閨子嗣穠衣新運行初庚寅上人庇下未斷平生巳丑運中何事不知今日



若時来有日上神京戊子運中到此始知文李好長安道上馬蹄輕丁亥運中驛中中晚日催行沾江上春風促去程丙戌運中三度君恩喜一番風木驚乙酉運中耿耿声名重滔滔祿位陞甲申運中晚年朗尖樂癸未運中一枕入巫峯

辛未年　辛卯月　甲戌日　丙寅時

此八字木在春生仁壽之格食神在格官顯助用爲良日祿帰時無破無碍主人生於右族長於高貴土合椿萱同屬茂天边鳫鳫少聯行其爲人也丰姿清秀性格異常不貪名利豈習文章多見成事業成遺蔭田庄楼臺疊、生涯富財帛盈囊又積倉門迎珠履三千客屛列金釵十二行此則富足之命鴛幃有碍須偏正子嗣金風孝義昌運行初庚寅上人庇下紹襲迎祥己丑運中踈虞掩月未見其光戊子運中正是梅青月白還愁風捲滄浪丁亥運中財源富足家園廣此際還愁雪滿墻丙戌運中到此始知時運好東西南畝置田産乙酉運中冲犇之厮一度灾殃甲申運中安閑晩景會友流觴癸未運中帰去也





辛未年　辛卯月　丙寅日　甲午時

此八字丙寅長生之日相配柱中旺木印綬之格印綬者上格也主人生於右族長於名門椿萱有倚先虧父天邊鳴鴈各行鳴其為人也丰姿清雅天性聰明般般稍覧件件不精風月處支消洒容精能観氣色知休咎善廣刑容辨吉凶豈無高仕敬待有貴人欽月掛碧天多皎潔名揚湖海有光荣田園桑柘茂畝畝稻梁馨時来自有滔滔福運至还逢路路通一朝但得風雲便九載功名達帝家不費區區力終為術俊人此則断石生烟之命鴛幃有犯須招副子嗣秋来朶朶成運行初庚寅上人庇下未断平生己丑運中雪晴天未煖行樂未如心戊子運中嚴雪積雪都經過從此才源仕路通須史進退頃刻因循丁亥運中幾載窓前甘苦守一朝天府沐皇恩丙戌運中思沾雨露滋潤黎民乙酉運中子貴重荣贈甲申運中春帰花落

辛未年　辛卯月　庚午日　己卯時

此八字庚午貴人之日才旺生官之格女人得此生於茂族配于高門姿容豐朗髮皃精神椿萱晚茂棠棣聯英有針綴之巧立業之能深明閨壼理識古今情雲收華岳千山秀水到湘江一樣清錦綉花開春富貴琅玕竹報日昇平此則穩旺之命良人得配名門女子嗣生成蹊灶人運行初壬辰閨門之內樂字昇平癸巳運中皆配名門交花徒錦上增甲午運中片雲蔽日雨過山青乙未運中青歸柳葉精初变紅入桃花煖始旬丙申運中瀼瀼才源旺滔滔福禄增丁酉運中一度愁心劉耆雪沙禽尤假报昇平戊戌運中花巳謝月尤深





辛未年　辛卯月　甲戌日　戊辰時

此八字甲戌日元相配柱中金土才官之格女人得此生於良族長配仁門椿親先别萱存晚天邊鴻鴈各行鳴外家退敗夫孝興隆其為人也姿容清秀髮皃精神有針綴之巧立業之勤一苑杏花桃鋪錦綉滿山松柏映帶昇滔滔無阻滞步步助夫門玉産崑崗藏瑞色茵生楚澤散清馨克勤而克儉易喜而易嗔若非二次苍烛天生定配舊婚此則旺益之命良人金命殘婚容子嗣秋来旺宅門運行初壬辰上人庇下未斷平生癸巳運中紅葉溝中傳寄意赤城月下結良姻甲午運中雖則夫門多快樂幾多人事尚亏盈過此乙未運中正是太平光景还愁花放尚風生丙申運中万疊好山雲乍歛一輪明月雨初晴丁酉運中濟濟裙叙徇日輝輝罗綺臨風酉字之中如履薄氷戊戌運中春光去也苍落月沉

辛未年　辛卯月　辛未日　庚寅時

此八字辛金相配柱中旺木財官之格財盛生官終身有慶遇斯命者生於右族長於仁門火水椿萱榮倚天邊鴻鴈飛鳴其為人也丰姿清秀天性聰明斷曲理直處事公平高人起敬貴客相欽門田疇千古計庭前花木四時春祖業增新慶根基勝舊風平生財祿旺何用慕功名此則發福之命鴛幃宜正副子嗣有光崇運行初庚寅上人底下天朗氣清己丑運中如日初出似月方升戊子運中爆竹聲催殘臘去折梅香引早春蓬丁亥運中天上三陽泰人間五福增丙戌運中財帛盈豐人事廣也愁飛絮襲人衣乙酉運中沖擊之所如月入雲甲申運中安閑晚景癸未運中花落春歸



辛未年　辛卯月　壬辰日　甲辰時

此八字壬辰魁罡之日傷官制殺之格有壬騎龍背之意人生得此生於宦族長於名門椿萱崇且壽鴻鴈各飛騰其為人也丰姿平淡天性聰明有博古通今之智截長補短之能學問有成不負寸陰之惜英材敏捷豈舉題柱之功不特魏珠能[illegible]乘還應趙璧價連城一日聲名遍天下澌城桃[illegible]咲陽春此則晚榮之命鴛幃配合須丰長子嗣[illegible]門有顯英運行初庚寅上人底下未斷平安己丑運中螢窗宜萬志他日九霄沖戊子運中報道是龍還不信果然奪得錦標新丁亥運中寒拂紫衣催驛騎光生玉節下雲層丙戌運中一番風雨過祿位再加陞乙酉運中權高積福慎則無驚甲申運中青春歸去也花落水汪汪

辛未年　辛卯月　戊辰日　辛酉時

此八字戊辰日德之辰相配柱中旺木正官之格傷官在柱事不十全女人得此生於右族長於名門椿萱棠棣霜晚日妯娌翁姑分尚輕其為人也姿容清秀髮貌超群有針線之巧立業之勤一洗杏桃鋪錦綉滿山松栢映蟬昇萬里無雲天一色三秋好景月長明难觸难犯易喜易嗔若非二次明花燭天定生来配舊婚晚年光霽景福禄愈駢臻此則穩厚之命良人重配残婚客子嗣生成旺宅門運行初壬辰上人庇下未斷平生癸巳運中帳幃結綰鴛鴦帶堂上重開孔雀屛甲午運中雖則夫門多快樂還愁花放尚風生乙未運中隱隱輕雷抽碧笋微微細雨潤紅英未字之中如月入雲丙申運中不用高燒銀燭月明添倍精神丁酉運中晚年晚快樂風雨片時生戊戌運中春光去也一枕清風



辛未年　辛卯月　乙亥日　壬午時

此八字乙亥日元相配柱中金水㕘生印綬之格木在春生處事安然必壽遇斯命者生於喬木長於名門椿父先歸萱耐脫天邊鴻鴈有聯鳴其為人也丰姿清秀天性聰明源流三峽誰能及筆力縱横詩與論衣冠濟濟人中傑知氣怡怡席上珍終是功名之客豈為田舍之翁鵬路高搏知健翼龍門深躍是修鱗一從傳姓字秉笏拜明君此則榮貴之命鸞幃有配須招副子嗣生来有継榮運行初庚寅上人庇下未斷平生風雪未晴己丑運中欲遂平生志潛心對短檠戊子運中雖然未遂青雲路也應天禄享榮身丁亥運中時来風送滕王閣頃刻高搏萬里程丙戌運中三度君恩喜一番風木驚甲申運中佇看官封三級酌然禄享千鍾甲申運中榮回故里子貴家榮癸未運中帰去也

辛未年　辛卯月　甲戌日
此八字甲戌日元相配柱中金火傷[illegible][illegible][illegible][illegible]陽
刃特令藏我功名人生得此生於右族長於名門椿
萱双晚茂棠棣有數荣其為人也其姿清秀天性
乖能頗知礼義稍識古今有近貴親賢之德應
上和下之能祖業添慶根原勝旧風福布江山外名
聞湖海中時至寸源富足運来福禄無窮此則豐
潤之命鴛幃重合叠子嗣晚光荣運行初庚寅上
人庇下天朗氣清戊子運中乍雨乍晴留客景不寒
不煖困人眷乙未運中既濟尤防未濟得卿尤應
失卿丙戌年中到此始知時運好萬象光華百
事通乙酉運中門楣壯觀第宅曾新酉字之中
如月入雲甲辰運中晚年閑快樂一夢入巫峯



辛未年　辛卯月　庚辰日　乙酉時
此八字庚辰日相配柱中之木財旺生官之格乙
庚作合有功人生得此丰姿洒落天情剛明椿萱
堂上双棠贈鴻鴈天邊各奮鳴學問三冬足詩書
萬卷精一舉可冲天之势片言有折獄之能禹浪
三層連躍過荣沾寵渥肅威聲此則顯荣之命鴛
幃合正副桂子有承荣運行初庚寅上人庇下待
禮趨庭己丑運中欲遂平生志潜心對短檠戊子
運中禹浪連三躍衣冠拜鳳廷丁亥運中一番風
雪過禄位又階陞丙戌運中戦列士夫金紫貴山
河十郡仰威稜乙酉運中大才大用威振邊城甲
申運中黄花緑酒癸未運中一夢难醒

辛未年　辛卯月　丙午日　丁酉時

此八字丙午日刃之辰印綬之格人生得此豈不為榮焉得不貴主人生於望族長於良家椿親先別萱存晚鴻雁天边各一涯手姿清秀性格驕華應聘定須領紫誥節趋不待賜黃麻一日風雲相際會金紫榮看次第加此則榮貴之命鴛幃春麗桂子秋葩運行初庚寅上人庇下安樂何如己丑運中夜宴挑燈明翠幙曉窗滴露點硃砂、戊子運中聲名從此顯他日照柔麻丁亥運中重金重紫名振迩遐丙戌運中十群十　河吾戰掌未許東篱



賞寒花乙酉運中榮回故里甲申運中仙魄乘槎

辛未年　辛卯月　壬辰日　丁未時

此八字壬辰日相配柱中金木傷官用印之格人生得此本顯功名只嫌才印相混喊于福力椿親早別萱重姓鴻雁天邊不共鳴手姿俊秀天性聰明學識粗通今古事智謀能合聖賢英才囊宜自積根業必翻更起地栽花艷麗移桃接杏芳榮此則繼祖成家之命鴛幃火命須年少桂子庭前簇錦英運行初庚寅幼承上庇風雷嚴凝己丑運中忻恋花多艷花貪蝶有情戊子運中踈踈風浪過日日貨財生丁亥運中世事儼如新折柳人情渾



似半開英丙戌運中交四方之豪傑旺兩倍之財名乙酉運中老當益壯子孝孫榮甲申運中依然昌榮癸未運中一梦准醒

辛未年　辛卯月　戊子日　己未時

此八字戊子日相配柱中之木正官之格正官者貴氣之宿也人生得此仕路馳聲椿萱榮且耄鴻鴈有分情半姿懷慨天性剛明理貫古今之學心明賢聖之經擎開水府珠生彩掘出豐城劍有聲禹浪三層都躍過榮沾寵渥虎風生此則榮肅之命鴛幃有碍須偏正柱子庭前吐錦英運行初庚寅幼承上庇詩禮趨庭己丑運中讀殘官舍月行樂曉天星戊子運中傳臚後威飛郡縣驚丁亥運中一番風雪過金紫大夫榮丙戌運中權衡千萬里風浪兩三層乙酉運中大才大用威振邊城甲中運中黃花祿酒癸未運中一夢難醒



辛未年　辛卯月　乙亥日　丙戌時

此八字乙木配合辛金偏官之格傷官作合有功主人生於右族長於華宗一對椿萱先別毋兩行鴻鴈共排空半姿濟濟和氣雍雍終是功名客宦爲田舍翁一朝行看風雲便蛇蟒須臾作化龍此則顯顯之命鴛幃正副子嗣叢叢運行初庚寅春風習化日融融己丑運中有志登蟾窟須加繼晷功戊子運中長安花夾道相暎彩旗紅丁亥運中布輝輝之令望揚凜凜之威風丙戌運中嵬嵬祿位承恩重點點甘泉下九重乙酉運中雖處金魚貴還愁風浪西甲申運中一夕不來都是夢落花流水各西東

辛未年　辛卯月　癸未日　戊午時

此八字癸未日相配柱中木火食神肋才之格人生得此多機变善操持般般進夆件件粗知祖業重新整才囊自積齊堂上椿萱双皓首天边鴻鴈有前飛但願市廛生計廣自然悦鄧旺门閭此則守當之命篤情配還須事火桂子庭前三兩枝運行初庚寅然崇無辱庇下安舒己丑運中行藏致便有人交敍何必窓前苦讀書戊子運中才源来便旺旺處自傷悲丁亥運中雪晴春信轉物色總新鮮丙戌運中四海英雄交敍一番風浪驚飛乙酉運中老當益壯甲申運中　歸去来兮



辛未年　辛卯月　癸酉日　己未時

此八字癸酉日相配柱中土木剎殺之格人生得此福享清安擒一先帰宣耐悦高行天際各分飛丰姿清俊天性能爲足跡如来之地身安冷淡之居不耕而食不蚕而衣英雄敬仰神通大廣服而降龍德望弥遠行初此則贒僧之命運行初庚寅斷雲迷古刹寒月浸平池己丑運中苦空歸法性才祿自相隨戊子運中到此英雄交敍紛紛才帛生肥丁亥運中一番風浪過金玉積多餘丙戌運中義林尊主席德行服闍黎乙酉運中老當益壯樂享雍熙甲申運中容顏奇妙癸未運中當中入物悧

辛未年　辛卯月　甲申日　己巳時

此造甲申日配柱中金火殺刄之格亦有金神之
意人生得此性顯公堂椿親後别萱母先歸鴻雁
天邊有各翔手姿英雅天性果剛筆下能分枉直
胷中稍識文章貴人提挈登公府定馬登天沭寵
光此則顯身之命篤幃有犯須招副桂子秋来吐
異香運行初庚寅上人庇下蘆絮悲傷己丑運中
便向公門奮志何須苦守書幃戊子運中考最未
成生進退徐徐沐歷守沐恩光丁亥運中門闌加
厭威令使揮揚丙戌運中禄元重顯捐化日照河
陽乙酉運中再遷禄位便擬還鄉甲申運中榮回
正享悠悠樂杜宇無聲叫夕陽



辛未年　辛卯月　戊子日　乙卯時

此八字戊子日相配柱中之木正官之格惜乎傷
官在柱減爵福力椿親耐晩萱先別鴻雁天邊不
共翔手姿英俊天性明良般般好學件件平常祖
業重磨琢才源漸積蓄但願市塵生意好自然湖
湖姓名香你看未晩節家業愈軒昂此則守成之
命鴛幃配合須年少桂子秋来朶朶芳運行初庚
寅上人庇下樂处經霜己丑運中身衣芦花禦寒
未只自當戊子運中家業有成人事廣旺中尚有
事爭張丁亥運中梨雨初晴後才源積蒲囊丙戌
運中重興新事業豪傑擁門墻乙酉運中冲擊之
所月被雲囊甲申到癸未運中歸去也

辛未年　辛卯月　癸未日　丁巳時

此造辛未年為之路傍土命數配八字共演一千一百八十零五數得雷奮地中之格女人得此象者姿容秀異體貌精神生於敗絕之宅長配顯達之居老邁翁姑先後別庭中妯娌我香馨楊柳無風枝婀娜梅花有月色精神性急儼如風捲浪女然便似月離雲果有三從倫賢能四德貞掌家有道歷事聰明侍夫有禮訓子規成初歲中年災危險暮年榮子顯夫身必是封淑女命良人顯配須年長子嗣徐鄉晚有英初運壬辰毓秀閨門樂諧



學刺銀針行癸巳運契合翠鴦成好夢其中災素返憂迍行甲午運然則良人名顯耀服耗危憂保祐身行乙未運萬紫千紅花及景四時珍寶樂升平行丙申運橐砧四遠人欽服出入使女亂紛紛行丁酉運子顯朝廷爵愈老贈康寧行戊戌運花已落月尤沉

辛未年　辛卯月　庚午日　辛巳時

此造辛未年為之路傍土命數配八字共演一千一百二十零七數得月白風清之格女人值此數者姿顏穩重言語輕清生於平淡之室長配有名之門鶴髮翁姑前後殯妯娌行中挺出群萬里無雲天一色三秋好景月長明花無桃李非春色大有笙歌是太平三從有倫閨門王四德無偏女內珍難觸難犯掌家之勤初運淹淹中災險相夫顯子晚封身必是榮身女命良人年長英豪友子嗣生未富與榮初運庚寅兩餘山路滑未許賞花春



行己丑運結髮永為天地遠災險憂未仔細行戊子運助起良人才祿顯仍見崎嶇素耗侵行丁亥運驅奴使婢帶玉簪金行丙戌運嚴霜俱消盡錦綉四時新行乙酉運得子攀龍貴官誥贈門庭行甲申運不管堂前事一夢入佳城

辛未年　辛卯月　辛卯日　庚寅時

此八字辛金配乎柱中之木財旺生官之格人生得此仕路聲揚椿萱榮養难全萲棠棣庭前有共芳手姿俊秀天性果剛筆底詞源三峽遠胸中李業五車藏禹浪連三跳衣冠拜袞章此則顯貴之命鴛幃招賢尤列副桂蘭還擬發天香運行初庚寅幼年之間冬暖夏凉己丑運中尋章摘句入室升堂戊子運中執卷幾番嘆息未應便達科場丁亥運中到此風雲相際會果然三跳上天堂丙戌運中聲振京華風雪過禄元連擢拜金章乙酉運



中仁風揚萬里未擬便還鄉甲申運中黃花綠酒癸未運中夢度石洪

辛未年　辛卯月　乙未日　己卯時

此八字乙木相配柱中重重辛金偏官之格喜木在春生處世安然必壽人生逢此手姿豪傑天性剛能武足以應變文足以備身其為人也生於劍戟之門長於名望之庭雙息雖並鸞鴻鴈提飛騰學問聰明能熟韜畧知變化英材特達腰懸拜劍識雌雄腹隱黃公法心懷呂望書初限中年多駁雜晚年金帶不非輕此則貴男之命鴛幃宜敵子出麒麟運行初庚寅韜光之下有晦無侵己丑運中自從沛澤恩沾後突難官非破又憂戊子運中



威權有布三軍伏官非突厄耗憂驚丁亥運中嚴霜消盡耿耿清名丙戌運中皇恩陞加禄金紫有權能乙酉運中英雄付與兒曹雪且約東籬飲數杯堆金積玉快樂豐盈甲申運中如履薄冰月又兩況

辛未年　辛卯月　辛未日　辛卯時

此八字辛金相配柱中木局財旺生官之格天元一炁最為奇人生得此宜乎仕路榮登主人生於文望之族長於詩禮之家丰姿英俊性格奢華堂上椿萱榮且壽庭前棠棣有聯範學識通古今詩書覽五車應聘定須須紫詔節趨不待宴瓊林一從姓譽顯祿位數榮加此則榮顯之命篤幃金玉重重麗桂子森森吐錦霞運行初庚寅光庇之下雨洒名花己丑運中尋章摘句未擬秉槎戊子運中風雲際會騰達帝王家丁亥運中仁風揚海國化雨潤桑麻丙戌運中一番風雪霜金紫看榮加乙酉運中冲擊之所皓月雲遮甲寅運中悠悠籬下癸未運中命掩黃沙




辛未　辛卯　丙申　丙申

此八字丙火生於卯月印綬之格印綬者上格也生於岳岳名門長於潭潭帥閫椿父榮華萱別早西風鴈字有聯行其為人也多識見有紀綱深知韜畧淺習文章號令肅風霜之勢旌旗蔽日月之光頭角昂然聳疆場令望彰此則武帥之命篤幃賢慎宜偏正子嗣斑衣孝義昌運行初庚寅上人光庇未論災祥己丑運中登臨尚值踈踈雨悶倚闌干憶洛陽戊子運中驀然聲價顯軍馬屬吾降丁亥運中不是風寒徹骨馬能祿秩加昌丙戌運中總兵麾下尊名德曰老精神雨露長乙酉運中英雄傳與子籬下飲壺觴甲申運中三盃酹酒一夢黃梁

辛未年　辛卯月　癸巳日　丙辰時

此八字癸巳日相配柱中木火食神生才之格人生得此本顯功名只嫌身弱用之不貴而富椿萱皓首難全奉鴻鴈天邊各奮鳴手姿穩厚性格聰明般般都好學件件不全精祖業難依苍財囊自積成但願貴人相處樂何須天府沐恩榮此則自旺之命駕幃遲配須年少桂子秋來朵朵馨運行初庚寅幼承上庇詩禮趨庭己丑運中無心讀書史有志侍賢英戊子運中踈踈煙浪過財業又重興丁亥運中桑麻遍野田園潤才帛盈囊氣象馨丙戌運中片雲能發千山雨雨過千山色愈青乙酉運中老當發旺甲申運中一夢難醒



辛未　辛卯　癸酉　癸亥

此八字癸酉日相配柱中金木傷官用印之格人生得此仕路声揚椿萱皓首難全奉鴻鴈天邊各奮翔學問三冬足詩書萬卷藏擊闈珠永府生彩握出豐城劍有光姓字傳揚後威声散四方此則貴顯之命駕幃全正副桂子發天香運行初庚寅幼承上庇冬暖夏涼己丑運中尋章摘句入室升堂戊子運中執卷幾回探月時來一旦名揚丁亥運中宴苑沾恩寵衣冠拜袞章丙戌運中雪精加祿位千里大夫行乙酉運中秉持重柄未擬还御

甲申運中落日青山外猿啼人斷腸

辛未　辛卯　辛酉　庚寅

此八字辛酉日相配柱中之木財旺生官之格人生得此本嫌功名只嫌比肩太多不尊不貴椿萱分皓首棠棣不同芳丰姿穩重性格明良稍有賢良之志粗知禮義之方不向仕途求聞達却來湖海歷風霜時來逢貴助財旺喜非常此財自旺之命鸞幃早火方諧老桂子秋來有發香運行初庚寅幼承上庇何談炎涼己丑運中有心生貨利無志讀文章戊子運中志欲攀龍附鳳身還履雲經霜丁亥運中遇貴提携方壯觀果然人事提軒昂丙戌運中英雄惟贈劍三尺豪傑相逢酒一觴乙酉運中一番風浪過金玉滿華堂甲申運中落日青山外猶啼人斷腸



辛未年　辛卯月　癸巳日　癸丑時

此八字癸巳日相配格中木局食神助才之格兩干不雜最為高其為人也丰姿魁厚天性英豪椿萱耐悅棠迯贈鴻鴈風清奮沖九霄源流三峽誰能及筆掃千軍世所超霹靂一聲天地振果然飛奮路靈鰲此則高貴之命鴛幃全正副桂子吐英標運行初庚寅庇佑之下其樂陶陶己丑運中芸窓勞苦志探月便騰蛟戊子運中錫宴沾恩渥威風播迯遥丁亥運中雪霽山河開壯麗祿元高擢跨金貂丙戌運中肅氣奔飛鸞郡縣皇恩徵推佐天朝乙酉運中大器成瑚璉胡為作斗筲甲申運中悠悠処樂癸未運中夢去無聊

辛未　辛卯　辛巳　丁酉

此八字辛巳之日身坐長生時上偏官之格值此象者堂上椿萱耐晚天邉鴻雁行聯其為人也不慈不勇能語能言相投君子意時播貴人權曰福曰榮自有順天之日常安常樂豈無福地之緣但願江湖有生意何期騎馬長安此則穩足之命鴛幃金命宜年少子嗣斑衣晚發妍運行初庚寅不晴不雨或煖或寒己丑運中梅梢忽報春消息始覺陽回宇宙間戊子運中財源豐阜客旅闤闠丁亥運中開裏生叢雜依然福慶全丙戌運中軒開化日增光彩簾捲香風進祿元乙酉運中沖擊之所駁雜一番甲申運中華堂享福戲舞斑斕癸未運中歸去也



辛未　辛卯　甲午　庚午

此八字甲午日相配柱中之金偏官之格喜逢羊刃守提綱女人得此儀容秀爽天性明良椿萱棠棣難依耄妯娌翁姑侍不常立業掌家有道相夫教子有方心靜似月明霄漢性急如風捲滄浪晚年光霽景子顯福榮昌此則旺夫榮子之命良人金命須年長挂子秋来吐異香運行初壬辰上人庇下何論炎涼癸巳運中杏艷桃還娟鶯歌鳳亦翔甲午運中辣々風雪過喜慶自洋々乙未運中不獨夫門財旺尚祈人事光揚丙申運中羅綺千般色珠蓋百味香丁酉運中老當益壯宴生華堂戊戌運中悠々處樂己亥運中鏡掩晨光

辛未　辛卯　庚寅　甲申

此八字庚金相配卯未之木財官之格日祿歸時之助主人生於喬木長於名家椿萱挺榮色棠棣有奇葩天資而明敏性格以奢華筆底流三峽胸中覽五車驪珠照魏光難掩雷劍藏豐氣莫遮風雲相濟會附鳳拜恩嘉此則榮英之命駕憐春色覆桂子瑩無瑕運行初庚寅上人榮蔭不論身佳巳丑運中欲伸男子志滴露點珠砂戊子運中龍門變化三春燬鵰路高搏万里賒丁亥運中嚴令陰奸惡清名播通遐丙戌運中衣冠正在風光處人事何如亂若麻乙酉運中皇恩有感金紫榮加甲申運中光陰如撚指仙魄去乘槎



辛未年　辛卯月　丙申日　壬辰時

此八字丙申日相配柱中水木敍印之格女人得此內莊外肅性善清溫生於善順之族適於孝行之門椿萱蒼疾壽鴻鴈各西飛翁姑得倚妯娌無從有立業掌家之道針線刺繡之功佇看來晚節財祿旺重重此則旺夫益子之命良人同屬雙諧老桂子庭前吐錦芳運行初壬辰上人庇下蔭月光風癸巳運中藍田種玉綉幙牽紅甲午運中裙釵雖濟濟人事悶心胷乙未運中一番風雪過財旺喜融融丙申運中家業豊昌行樂順東風吹雪洒晴空丁亥運中孫賢子秀快樂無窮戊戌到巳亥運中歸去也

辛未　辛卯　丁巳　己酉

此八字丁巳日相配柱中金木棄印就才之格人生得此丰姿英偉天性英揚椿萱榮養難双耄鴻鴈天邊後有翔研窮黄石畧博聖賢韋山倚秋空鳴劍戟旗穿曉日列封彊㢘卒紛紛威敬仰一方天下仰權衡此則文武之命鴛幃有得須偏正桂子秋來朶朶香運行初庚寅榮庇之下其樂何當己丑運中詩書勞苦志氣勢便膺揚戊子運中威振一方沾寵渥崎嶇歷過勢軒昂丁亥運中揔持重柄勢壓邊彊丙戌運中萬馬不嘶聽號令旺中阻節幸無傷乙酉運中老當益壯籬下壹醪甲申運中落日青山外猿啼人斷腸



辛未年　辛卯月　癸酉日　甲寅時

此八字癸酉日配乎金木傷官用印之格人生得此不懃不勇多智多機椿萱年耄雅雙養鴻鴈天邊有各飛散、好李伴、粗知十斷九連戚事業三翻四覆旺家資雖不干名求聞達也須威勢服黔黎此則富實之命鴛幃須正副桂子舞斑衣運行初庚寅幼年之景有何是非己丑運中蹺、風雪過日、旺家資戊子運中便有貴人交敬何愁憂耗災非丁亥運中而過萬山呈秀麗春來百卉聞芳菲丙戌運中貨利生成十倍災非生在一時乙酉運中冲擊之所倍有光輝甲申運中依然發旺癸未運中帰去來兮

辛未　辛卯　丁卯　庚子

此八字丁卯月配辛柱中水木殺印之格人生得此仕路聲揚椿萱榮贈唯金盞鴻鴈西風有各翔丰姿洒落天性果剛理窮今古事學貫聖賢章定是功名之客豈為田舍之郎禹浪三層都躍過榮沾寵渥侍明君此則崇顯之命兆韡全正副桂子有承芳運行初庚寅幼承尊庇摘句尋章己丑運中禹浪連三躍衣冠拜袞章丙戌運中一番風雪過職大夫行乙酉運中重金查紫萬里權衡甲申運中崇回故里癸未運中夢入仙鄉



辛未　辛卯　丙子　乙亥

此八字丙子日相配亥卯未木局殺印之格人生得此多機多智不柔不剛椿萱堂上双年鴻鴈天邊有共翔稍識古今之學粗知禮義之方祖業添新慶才源自積藏但願才名狂湖海自然客旅擁門墻此則富貴之命鶯帳連珠高一載桂蘭还擬發清香運行初庚寅不榮不辱庇下安康己丑運中行藏竟瀟洒才帛旋盈囊戊子運中洛陽三月花如錦又被顛風掃一場丁亥運中才源滾滾氣勢洋洋丙戌運中英雄交敬厚風雪不為傷乙酉運中晚年發旺金玉滿堂甲申到癸未運中歸去也

辛未　辛卯　壬申　壬寅

此八字壬申日相配柱中金木偏官用印之格丙干不雜秀氣挺然椿萱含晚翠棠棣有聯英丰姿磊落天性剛明理窮今古事學貫聖賢經一拳可沖天之勢片言有折獄之能禹浪三層連躍過崇沾寵渥虎風生此則榮華之命鴛幃金命須年少桂子飄香有繼榮運行初庚寅庇佑之下月白風清己丑運中讀殘官舍月行落泮林星戊子運中到此風雲際會瓊林宴上高登丁亥運中威風驚郡縣雪霽耽連陞丙戌運中十郡山河開戰掌九重恩命又榮徵乙酉運中伏鉞安邊戍恩波疊疊榮甲申運中榮回故里癸未運中夢入蓬瀛



辛未　辛卯　乙亥　己卯

此八字乙亥日相配柱中之金偏官之格人生得此顯武揚姓椿親顯勇萱歸晚鴻鴈天邊後有鳴丰姿洒落天性剛明粗知韜畧法學貫聖賢經旗穿曉日烟霞雜山倚秋空劍戟明一從沾寵渥万馬仰威声此則武帥之命鴛幃全正副桂子有芳榮運行初庚寅上人庇下詩禮趨庭己丑運中欲遂平生志潛心讀武經戊子運中威稜振作才名壯些少風波不致驚丁亥運中一番風雪過威振令还行丙戌運中總持重柄肅氣飛騰乙酉運中大才大用威振邊城甲申到癸未運中歸去也

辛未　辛卯　丁丑　庚戌

此八字丁丑日相配柱中之金才弃即就才之格女人得此姿容嬌麗躰態輕盈生於艷室歸配豪英父母難倚老妯娌不知名一死杏挑星起滿山花木挺色鮮明自身一團和氣豈教困阨良能佇看來晚節財福自天生此則嬌麗女命良人豪俊子嗣賢英初運壬辰花紅柳綠竹翠松青癸巳運中但願一身光彩不妨人事相榮甲午運中雨花生錦綉風竹動青聲乙未運中到此始能光霽枯欲濟濟英豪丙申運中雨過山方秀雲開月始明丁酉運中冲擊之所花放風生戊戌運中人生從此別



辛未年　辛卯月　癸巳日　壬子時

此八字癸巳日相配柱中金木傷官用印之格喜逢日祿以歸時稟得五行之秀人生得此本顯科名只嫌運入背鄉福居闊地椿萱有倚難温清鴻鴈分飛各一方半姿洒落性格果剛學識聰明難應試玄風丞樓擬榮昌佇看列仙尊德望香雲繚繞護玄堂此則清安之命運行初庚寅身奮列仙遊館才深旺處和張己丑運中才囊充实行藏順善信皈依法令揚戊子運中主席名山人事廣風波些少不為傷丁亥運中夜深玄鶴舞春暖紫芝香丙戌運中淡淡安享日日軒昂乙酉運中依然享用甲申運中夢入仙鄉

辛未年　辛卯月　辛未日　已亥時

此八字辛未日相配柱中之木財旺生官之格正謂財盛生官終身有慶值斯象者仕路榮登椿萱堂上雖全耄鴻鴈天邊有各騰丰姿洒落天性剛明理貫古今之學心明賢聖之經攀開水府珠生彩掘出豊城劍有聲一從姓字登黄甲榮沐恩光顯政聲此則榮貴之命鴛幃配合雙諧老桂子秋來三四英運行初庚寅幼年之景快樂昇平已丑運中欲遂平生志潛心對短檠戊子運中騰身登月殿舉足上天庭丁亥運中錫宴沾恩寵班聯粉



署榮丙戌運中一番風雪過禄位大夫陞乙酉運中重金重紫未鮮簪纓甲申運中榮田慶樂癸未運中一夢難醒

辛未年　辛卯月　甲戌日　已巳時

此八字甲戌日相配柱中金土財官之格亦有金神之意女人得此儀容清朗性格仁慈椿萱棠棣難同耄妯娌翁姑却少齊掌家存禮節歷事有精微勒勤每效和熊膽遺訓尤能断織機佇看未脱節沛澤潤霞衣此則榮贈女命良人皓首先歸去桂子庭前有出奇運行初壬辰庇佑之下毓秀香閨癸巳運中匹配成佳偶鸞歌鳳亦儀甲申運中但知家業雍雍旺豈料風輕柳絮飛乙未運中囊虛休嘆息風雪不為悲乙未運中裙釵加壯麗愈輝輝丙申運中不能精神清爽尚析第宅豐腴丁酉運中子顕身榮樂風霜一但欺戊戌運中沛澤榮加行樂順月穿閨閣夜凄凄已亥到庚子運中歸去也

辛未　辛卯　戊子　癸亥

此八字戊子日相配柱中之木財旺生官之格人生得此半姿英傑天性聰明捹親耐晚萱歸早鴻鴈天邊有各鳴識達古今之事辯分時務之情祖業難相倚財囊自積成但願蒹葭倚玉杏林貨利豐盈此則冨厚之命鴛幃天賛須年長桂子庭前三四英運行初庚寅幼年快樂蘆絮悲生已丑運中財源來愈旺財喜自天生戊子運中大象光華逢貴助時來遇貴顯崢嶸丁亥運中英雄來復往車馬自喧争丙戌運中水晶簾捲杯盤瑩玳瑁筵開錦綉明乙酉運中晚年冨樂甲申運中花落月傾



辛未年　辛卯月　甲戌日　甲子時

此八字甲戌日相配柱中金水官印之格人生得比嚴毅資禀慷慨行蔵椿萱親耐晚萱先別鳴鴈天邊少共翔稍識古今之最粗知礼義之方祖業加新慶才華厚積蔵但願江湖生計廣何須跨馬上朝堂此則冨足之命鴛幃魚水會子嗣桂蘭香運行初庚寅上人庇下一慶風霜已丑運中身衣芦花絮寒來只自當戊子運中才名榮旺人交敬樂慶須防一慶忙丁亥運中財源滾滾氣勢洋洋丙戌運中成四時之大業立萬古之門墻乙酉運中安閑晚節一度悲傷甲申運中歸去也

辛未年　辛卯月　癸未日　戊午時

此八字癸未日配予柱中木火食神生才之格人生得此多機変善操持般般好學件件粗知椿萱堂上先戲父鴻鷹天邊有各飛祖業重新慶才囊自積齊佇看來晚節財旺勢輝輝此則富厚之命鴛幃配合須年少桂子庭前三四枝運行初庚辰寅幼年之景風雪相欺己丑運中恰似洛陽三月景牡丹開處柳花飛戊子運中財源來旺處人事有趑趄丁亥運中僕馬從容樂風霜一度悲丙戌運中交四方之豪傑整一族之門閭乙酉運中老當益壯甲申運中歸去來兮



辛未　辛卯　丙申　戊子

此八字丙申日相配柱中水木官印之格女人得此姿容嬌麗性格欠温椿萱分半道妯娌不同群針緻刺綉機功掌家立業辛勤初運中和平養福晚年麗色满鈫裙雖非正聘亦不言奔此則安和女命良人配合須年長桂子森森發晚蓁運行初壬戌春萱庇下樂守家門癸已運中佇蔵惟欠利人事暗傷神甲午運中百味琭羞列席千般錦綉纏身乙未運中助夫門之財業生自己之亶迍丙申運中福元有進家業齊新丁酉運中晚年光霽福享兒孫戊戌運中歸去来兮

辛未年　辛卯月　壬午日　辛丑時

此八字壬午日配乎柱中金木傷官用印之格人生得此丰姿洒落天性仁慈椿萱半過相虧奉鴻鴈天邊有各飛般般都好學件件只粗知祖業添新慶財囊自積肥但願門迎珠履客何須身到鳳凰池此則穩富之命鴛幃配合燮諧老桂子金風舞綵衣運行初庚寅幼承上庇有何是非乙丑運中詩書心力倦湖海便名馳戊子運中霧冷乾坤濕依然化日舒丁亥運中貨利交通千里災非生在一時丙戌運中家業多饒潤風霜一度悲乙酉運中老當發旺甲申運中歸去來兮



辛未年　辛卯月　丙子日　戊戌時

此八字丙火日元相配卯未之木印綬之格印綬者上格也人生得此豈不成名一對椿萱較晚翠森枝棠棣發春馨其為人也天資明敏志行忠誠學問三冬足詩書萬卷精驪珠照耀光難掩勇劍藏豐氣自騰飛黃騰踏去名德四方馨此則顯親揚名之命鴛幃木命須年長子嗣枝枝雨露新運行初庚寅只宜庇下未稱登臨己丑運中理窮今古事心寫短長禁戊子運中報道是龍不信果然頭角峥嶸丁亥運中威風凜冽政令澄清丙戌運中西風洒雪曾懷恨雪霽榮看金紫陛乙酉運中有才當大用未許返鄉城甲申運中樂閑田里癸未運中一夢蓬瀛

辛未年　辛卯月　癸未日　己未時

此八字癸未日配干柱中之土時上偏官之格人生得此仕路聲揚椿萱榮難全養鴻鴈天邊各奮翔手姿洒落天性果剛學識窮通書史筆鋒能理窓機會來時勞案牘天官考最沐恩光此則榮貴之命鴛幃諧老須招副桂子庭前吐錦芳運行初庚寅上人庇下何論炎涼己丑運中時來逢貴職揮筆向公堂戊子運中驥足飛騰天路悠悠顯望恩光丁亥運中一番風雪過化日引春陽丙戌運中仁風揚百里湖浪又驚狂乙酉運中再加祿位未擬還鄉甲申到癸未運中歸去也



辛未年　辛卯月　壬午日　辛亥時

此八字壬午日配干柱中金木傷官用印之格人生得此仕路聲揚椿萱榮養難全鴻鴈天邊有各翔手姿英俊天性果剛學識窮通書史筆鋒能理憲章時來假得吹噓力足馬登天沐寵光此則顯榮之命鴛幃早少雙偕老桂子庭前兩挺芳運行初庚寅上人庇下冬暖夏涼乙丑運中尋章摘句入室升堂戊子運中到此時逢機會果然名振威揚丁亥運中財帛來當風雪過都門聊寓沐恩光丙戌運中政化東西洽仁風遠近揚乙酉運中祿元顯擬未擬還鄉甲申運中悠悠處樂癸未運中夢熟黃粱

子平遺書　四二

辛未年　壬辰月　丙寅日　辛卯時

此八字丙寅長生之日食神制殺之格財印太重減我功名主人生於平順之族長於温厚之門椿萱双晚茂棠棣不聯英丰姿清秀天性乖能知高識下識重識輕過火黄金重長價離雲皓月倍清明幾欲攀龍附鳳何期進退逡巡江湖有意公卿小廟廊無心宇宙輕此則穩足之命鴛幃春麗子嗣秋成運行初辛卯莫道儒冠悞芸窓患不勤庚寅運中自有順天之慶豈無福地之深己丑運中福布江山春秀麗名聞湖海豈無榮戊子運中一番風雪過依舊祿尤增丁亥運中萬象光華沾沛澤四時佳趣樂鼎平丙戌運中慕年安享乙酉運中春夢無憑



辛未年　壬辰月　丁未日　庚子時

此八字丁未陽刃之日相配桂中水土禠氣才奈之格人生得此生於右族長於名門椿萱榮贈雖雙耄天邊鴻鴈各行鳴其為人也丰姿清秀天性聰明學問有成錦繡胸藏賢聖學英材敏捷珠璣口吐武文風驪珠照魏難擒雷劍生豐氣自克終是功名之客豈為田舍之翁一日升名遍天下滿城桃李笑陽春佇看官封三級酌然祿享千鍾此則榮貴之命鴛幃金玉潤子嗣彩衣新運行初辛卯上人底下未断平生庚寅運中欲向雲中舉足須從燈下留心己丑運中莫言此運多淹滯時來頃刻躍潛鱗戊子運中自沐天逍寵仁風四海清丁亥運中一番風雪初晴後從此滔滔福倍陞丙戌運中正欲忠君輔國未應解組思尊乙酉運中榮歸故里美酒盈樽甲申運中一夕不來都是夢落花流水各西東

子平遺書

辛未年　壬辰月　庚戌日　丁丑時

此八字庚戌日元相配柱中水火傷官帶印之格得斯命者生於右族長於名門椿萱有倚先爵父天邊鴻鴈有行鳴其為人也丰姿清秀天性多能般般都好覽件件不全精有近貴親賢之德應上和下之能祖業添新變財源勝舊宗不以功名為念豈將冠冕磨龍君是非莫管門前客得失須憑塞上翁施恩惹怨布德成嗔時來財祿旺運至福無窮此則穩身之命鴛幃有犯須招副子嗣秋來朶朶榮運行初辛卯上人庇下未斷平生庚寅運中風帶雪來應覺冷鳥啼花落始知春巳丑運中雖則行藏有慶幾多人事爵盈戊子運中財源旺處家居好風雪飛來尚惱人丁亥運中有意種花花不發無心栽柳柳成陰當是特也風雨還侵丙戌運中門楣壯觀第宅贈新乙酉運中晚年快樂甲申運中一枕清風



子平遺書

辛未年　壬辰月　壬寅日　壬寅時

此八字壬寅趨艮之日相配柱中火土雜氣才官之格人生得此生於右族長於空門椿萱不相守鳴鴈一各行鳴其為人也丰姿清秀天性者誠多脩善事廣誦佛經自有順天之慶豈無福地之深豈無高客敬時有貴人欽四柱無情難入春園折柳運行皆地好来楚荊持鍾金經三玄詩壇瑞宝樹千花佛界春停看容顏奇妙名山列席居尊此則清顯之命鴛幃昼餅子嗣是徒孫運行初辛卯上人庇下淡淡青雲庚寅運中棄俗殷勤投蓋地花嚴妙法在其中巳丑運中人道山門清淨幾多人事爵盈戊子運中寂寞苦空僧世界清虛冷淡佛家風丁亥運中立塵名山之上行藏世事如心丙戌運中生涯是經卷活計繼栢松乙酉運中徒孫滿目甲申運中萬事成空

辛未年　壬辰月　乙卯日　丙子時

此八字乙卯專祿之日相配柱中金水雜氣殺印
之格主人生於右族長於高堂椿父先歸萱李晚
天邊鴻鴈各飛行其為人也丰姿清秀天性機関
知高識下近貴親賢不慈不勇可方可圓重成新
事業再整舊田園旭日桑麻茂盛薰風禾黍連阡
飛詔任他來比鬪草玄終不出南山財源有分生
涯好官貴無緣甞不貪但願一生財祿旺果然富
足盛為官此則穩孚之命鸞幃有犯重整新絃子
嗣有成班衣孝感運行初辛卯上人庇下春花青
山庚寅運中雪晴天未燦行樂尚迯遭己丑運中
寒向寒中尽春從柳上還戊子運中財源旺足福
祿喧填當此之際柳絮飄綿丁亥運中韶華萬里
美景一聯丙戌運中屛列金釵行十二珠履客三
千乙酉運中得過且過得閑且閑甲申運中春光
去也花落月殘



辛未年　壬辰月　甲辰日　壬申時

此八字甲木相配柱中金水襍氣杀之格人此得
此生於宦族長於名門椿萱榮倚鴻鴈聯声其為
人也精神烱烱智慧明明黃卷能傳業青雲早致
身北海蛟擴辭然而出頭角南山豹变槃然而露
文美一從揚姓字象笏拜金門此則繼業之命鸞
幃連理合子嗣桂蘭馨運行初辛卯上人庇下未
斷況庚寅運中明窓淨几暮史朝經己丑運中到
此始知文章好長安道上馬蹄輕戊子運中名聞
遠近澤潤軍民丁亥運中衣冠雖壯麗还愁風木
驚丙戌運中抑揚勇見歸効渊明乙酉運中悠然
籬下甲申運中一道赴音

辛未年　壬辰月　乙丑日　壬午時
此八字乙丑日元相配柱中金水雜氣歸印之格喜逢天月德相扶主人生於右族長於名門椿父先歸萱財茂天邊鴻雁各行飛其為人也丰姿清楚天性操持斷高理直不勇不慈行藏果斷作事三思重成新事業再整舊門庭五湖生計好四海祿元增羅綺飄香風蕩蕩壺觴列座草萋萋但願一生才祿旺何須躍馬入雲衢此則豐盛之命篤憚有犯須相躭子嗣秋來有幾枝運行初辛卯上人庇下未斷高低庚寅運中曉風吹雨過番作六花飛己丑運中乍雨乍晴留客景或寒或暖困人時戊子運中嚴霜積雪都經過從此陽回萬物齊丁亥運中成四時佳趣立萬古根基丙戌運中乃倉乃積于箱于筥乙酉運中夕陽有限逝水無迴



辛未年　壬辰月　壬寅日　辛亥時
此八字壬寅趨艮之日相配柱中水火祿氣財官之格傷官制殺有功女人得此生於右族長於仁門椿萱有倚難雙老天邊鴻雁各行鳴其為人也姿容清秀髮貌超群勝知針線之功有代夫立業之能云收華岳千山秀水到湘江一樣清心清似月明云漢性急如風捲殘云克勤而更儉易喜易嗔雖不鳳毡帖服也必金谷豐盈此則豐旺之命良人同屬須平躭子嗣秋香有挺榮運行初癸巳上人庇下毓秀蘭門甲午運中蘭房生氣象華麗配良姻乙未運中雖則夫門多快樂已番人事尚虧盈丙申運中正是太平光霽景須史風雨尚愁人丁酉運中錦秀花開春富貴琅玕竹根日升平須刻風雪雨後山青戊戌運中晚年子秀榮贈門庭己亥運中人生万古知用黃楳一枕了平生

辛未年　壬辰月　戊申日　壬戌時

此八字戊申長生之日相配柱中金水傷官助才之格氣數稟重濁減吾貴氣生人生於良族長於名門椿父早歸萱耐晚天邊鴻雁有隨鳴其為人也丰姿清雅天性老誠李問不親顏業胸中稍有威權豈無高士欽時有貴人欽祖基宜再整事業必重新萬里無雲天一色三秋好景月長明施恩惹怨布德成嗔無處畫傳詩句客有朋來自遠方親但願一生才祿旺何必天邊沐寵帶此則穩學之命鸞幃有犯須年長子嗣森枝桑桑成運行初辛卯上人底下未斷平生庚寅運中雪晴天未暖行樂不如心己卯運中乍雨乍晴留客景或寒或暖困人春戊子運中着意種花花不發無心插柳柳成陰當此之際素耗相侵丁亥運中成四時佳趣立万古門庭丙戌運中晚年閑快樂會友以開樽乙酉運中子子孫孫甲申運中花已落鳥無音



辛未年　壬辰月　甲辰日　甲戌時

此八字雜氣財官之格只嫌四柱沖刑減亏福氣椿父先歸萱耐晚西風鴻雁各分群其為人也有卑微之計較淺近之聰明难觸难犯易喜易嗔穿平地生荷葉笋過東家作竹林初運平常中限好脫年愈見瑞祥生此則不富不貧之命鸞幃年少成婚配子嗣班衣兩果成運行初辛卯細雨濕衣看不見閑花落地听無声庚寅運中花逢春景月出雲屏己丑運中人情似紙張張薄世事如棋局局新戊子運中洛陽三月花如錦一陣狂風落片紅丁亥運中片時多壯觀方許樂從容丙戌運中香蒐杳杳落日沉沉

辛未年　壬辰月　辛丑日　辛卯時

此八字辛丑日元相配柱中水木傷官助才之格人生得此椿萱有倚先帰父而鳳鴻鴈各分行其爲人也丰姿清秀天性明良風月之度慷慨行藏祖基重整頓事業再軒昂頗識聖賢之道粗知礼義之方江湖播姓字閭里有光揚英雄惟贈劍三豪傑相逢酒一觴錦傭花開家富貴琅玕日竹根日平康雖然不是青雲客自然金谷足盈囊此則穩傑之禽鴛幃雨散霜添鬢子嗣秋来有顯揚運行初辛卯上人庇下未斷炎凉庚寅隱隱輕雷抽笋微微细雨洒垂楊己丑運中才帛有来有往人情或抑或揚戊子運中但願才源旺足何愁風捲滄浪丁亥運中不是一番寒徹骨焉得梅花撲鼻香丙戌運中貴朽粟陳人罕羨且愁風雪一番来乙酉運中延賓玩物會友開觴甲申運中春宵一去無消息花落黄昏竟渺茫



辛未年　壬辰月　辛酉日　戊子時

此八字辛酉專禄之日相配柱中水木傷官助来之格主人生於古族長於高名椿萱雙晚别鴻鴈各行飛其爲人也丰姿清秀天性操持般般稍覧件件頗知行藏果斷作事三思親賢近貴不勇不慈豈無高仕敬明有貴人携祖業添新慶根原異舊時和氣人中風蕩蕩壹觴列坐草萋萋五湖四海生涯好萬水千山福禄齊但願一生才旺足何須跨馬入雲衢此則豊饒之命鴛幃有犯須招副子嗣金風秀幾枝運行初辛卯上人庇下有何是非庚寅運中不爲惜花春起早才應愛月夜眠遲己丑運中莫作千年調還生一度悲戊子運中嚴霜積雪都経過從此才源福禄齊丁亥運中不独才源富足尚才人事咨趄丙戌運中歳寒松柏暮景桑榆乙酉運中人生從此别無復見形儀

辛未年　壬辰月　丁未日　戊申時

此八字丁未陰丹之日相配柱中金木雜氣才官之格喜逢天月德相扶女人得此生於右族長配高門椿萱難並耋鴻鴈不同群其為人也姿容清雅髮兒精神有眠食衣璽之㭊治家立業之能雲杈華岳千山秀水到江湖一樣清有遺訓斷機之志助夫九膝之能滔滔無限淺歲歲旺夫門難觸難犯易喜易嗔悦年光霽景福祿享無窮此則益旺之命鴛幃木命須年長子嗣秋來旺足門運行癸丑上人庇下繳秀閨門甲子運中契合翠鸞成好事常將紅葉作良媒乙未運中雖則夫門重續别成翻人事尚虧盈丙申運中萬疊好山雲下領一播明月雨初晴丁酉運中羅綺千般色弥着尚味新戊戌運中彩中生彩色紅上贈紅英己亥運中子貴夫賢家業旺庚子運中春已去鳥無聲



辛未年　壬辰月　庚申日　癸未時

此八字庚申日相配柱中水土傷官用印之格人生得此多機多智不柔不剛椿萱雙脫脫鴻鴈有聯翔學識聰明不向仕途求聞達智謀宏遠却来湖海歷風霜交貴親賢生貨利果然脫節勢軒昂此則富實之命鴛幃配合須年並柱子秋来有異香運行初辛卯上人庇下快樂何當庚寅運中便有才源来旺何須苦習文章己丑運中行樂多光霽風波幸不妨戊子運中一番風雪過日日會賢良丁亥運中粟陳貫朽金玉滿堂丙戌運中依然昌乙酉運中夢入仙鄉

辛未年　壬辰月　戊戌日　壬子時

此八字戊戌魁罡之日携氣才官之格女人得此生於右族配於仁門姿容清秀髮兒超群有針線之巧立業之能勝丈夫之氣槩有男子之聰明每懷丸膽意時抱惺憐心雪為輕粉憑風傳霞作胭脂仗日旬壽如山峙常蒼茂栢若秋蟾皎皎明此則旺足之命良人皓首方分別子嗣枝頭二果成運行初癸巳上人庇下毓秀閨門甲午運中路入桃源花爛熳橋撗銀漢水澄清乙未運中雨晴山色翠雲散月當丙申運中須臾風浪辛不成凶丁酉運中雖則行藏有慶还愁微雨弄晴戊戌運中得失相半憂喜並行己亥運中幾變樂中有悶數番淨裏憂生庚子運中正好倚樓礼皓月無端又被黑雲生若还有陰隲辛丑運方終



辛未年　壬辰月　戊午日　庚申時

此八字戊午日刃之辰相配柱中金水傷官助才之格亦有合祿之意主人生於右族長於名門椿父先歸萱晚別天邊鴻鴈各行鳴其為人也丰姿清秀天性聰明胸羅今古事學識聖賢心太山北斗千年在和氣春風四座傾終是功名之客豈為田舍之翁三汲浪中難變化九年場上却馳名佇看頭角聳光耀舊門庭此則榮貴之命鶯憐火命須年小子嗣生成貴顯人運行初辛卯上人庇下未斷平生庚寅運中莫道儒冠悞螢窓恚不勤己丑運中蟾窟未能高折桂公門穩步可棲身戊子運中跨馬起程登上國始知冠冕顯榮身丁亥運中皇恩重有感德譽惠黎民丙戌運耿耿聲名重滔滔祿位陞乙酉運中子貴閑田里東籬樂酒鍾甲申運中花落水流春已去蘭摧玉折恨何明

辛未年　壬辰月　辛酉日　壬辰時

此八字辛酉專祿之辰傷官之格人生得此生於右族長於高門金土嚴慈雙有倚天邊鴻鴈不聯群丰姿清秀天性乖能頗知今古事稍識聖賢經萬里韶華樞布江山生秀麗一聯美景名聞湖海豈無榮但願金玉重重富何須騎馬到都門此則穩足之命駕帷正副方偕老子嗣生成俊俏人運行初辛卯上人庇下化日陽春庚寅運中蝴蝶夢中家萬里子規枝上月三更己丑運中到此始知時運好財源滾滾旺門庭戊子運中一番風雪過萬象漸回春丁亥運中富貴榮華宜快樂何愁風雨濕衣襟丙戌運中有茶留客有酒盈鍾乙酉運中安樂脫景甲申運中一枕難醒



辛未年　壬辰月　辛亥日　戊子時

此八字辛亥之日相配柱中旺水傷官帶印之格女人得此生於右族長配高門椿萱雖並老鴻鴈不同群其為人也丰姿清秀髮貌精神有針綴之巧立業之勤一苑杏桃鋪錦繡滿山松栢映帷屏萬里無雲天一色三秋好景月長明相夫應有道訓子穩成群玉產崑崙蔵縕色蘭生楚澤散清馨性急寒潭月心安古井水雖不夙冠帔服自然福祿無窮此則穩厚之命良人金命須年長子嗣秋來旺宅門運行初癸巳幽閑繡閣毓秀閨門甲午運中詠桃夭之化洽魚水之情乙未運中精神又樵梓樵梓又精神丙申運中萬疊好山雲乍斂一樓明月雨初晴丁酉運中福若泉源湧財如春氣生戊戌運中夫賢子秀樂意忘情己亥運中花落水流春已失蘭頹玉折恨何明

辛未年　壬辰月　乙丑日　丁亥時

此八字乙丑日元相配金水雜氣殺印之格女人得此生於右族長於高堂一對椿萱先別父天邊鴻鴈失群翔其爲人也姿容清楚性格紀綱順則水清月白爬之浪湧風狂花展春風鋪錦綉月離海嶠散光明助夫旺子福祿汪洋晚年光霽景夫貴子榮昌金珠浩浩其樂何當此則榮益之命良人年長榮身容子嗣秋來有显揚運行初癸巳上人庇下毓秀洞房甲午運中一旦天緣至相邀傳粉郎乙未運中行藏有慶安晦並彰丙申運中正歆尋芳玩景須臾烟鏝洛陽丁酉運中夫榮子貴身安樂倍覔韶華絕勝常當此之際还有悠揚戊戌運中歲寒松色秀秋老菊猶香己亥運中子榮重显煥庚子運中一枕入黄梁



辛未年　壬辰月　戊申日　甲寅時

此八字戊申長生日相配柱中金木食神制殺之格女人得此生於右族配於殘婚何爲伯母何爲嬸何是婆娑何是翁其爲人也姿容清秀髮貌精神有肝食宵衣之慎惱治家立業之材能雖非正聘亦不言奔有遺訓斷機之智相夫教子之能萬里無雲天一色三秋好景月長明克勤而克儉易喜而易嗔晚年光霽景衣祿愈駢臻此則正不足偏有餘之命良人得不能婚客子嗣秋來朵朵榮運行初癸巳上人庇下未斷平生甲午運中紅葉濤中傳蜜意赤繩月下結良姻乙未運中淡淡梨花月翩翩柳絮風丙申運中天上三陽泰人間五福增丁酉運中孤駕虎威而獲福蛇居龍穴逞精神戊戌運中福如泉源湧財如春氣生己亥運中春光歸去一道訃音

辛未年　壬辰月　甲子日　丁卯時
此八字甲子日元相配柱中金水雜氣官印之格
人生得此生於右族長於名門連珠父母萱年長
天邊鴻鴈各行鳴其為人也丰姿清秀天性聰明
般般稍覽件件不精有理白分清之志絕長補短
之能行藏果斷作事老誠終是功名客豈為田舍
翁三級浪中難變化九年場上却馳名一朝遇貴
逢機會高提刀筆入公門晚年光霽景德澤惠軍
民此則榮貴之命鶯幃有犯須年敵子嗣秋來桑
桑成運行初辛卯上人庇下未斷升沉庚寅運中
藏器待時時必達特來遇貴入公門己丑運中勞
形按牘天光霽雨晴跨馬入神京戊子運中雪晴
雲散天如洗頭角崢嶸未顯榮丁亥運中皇恩重
有感德澤惠黎民丙戌運中悅年閑故里乙酉運
中一枕了平生



辛未年　壬辰月　丁巳日　辛亥時
此八字丁巳日元相配柱中金水雜氣財官之格
人生得此生於右族長於高門萱母先歸椿耐悅
鴈行天際各飛鳴其為人也丰姿清秀天性聡明
世事頗能將就般般學欠精通萬里無雲天一色
三秋好景月長明行藏果斷作事老誠祖業須重
立根源勝舊風欲為商賈思慕功名田園桑柘茂
湖海祿元豐筍因落籜方成竹魚為奔波始化龍
君若有心於貨利也應光耀舊門庭不費區區力
終為隱跡人此則旺足之命鶯幃有犯須年敵子
嗣秋來有挺榮運行初辛卯上人庇下未斷平生
庚寅運中雪晴天未煖行樂未如心己丑運中藏
器待時時必達時來遇貴旺前程須臾風雨頃刻
逡巡戊子運中財權東美當斯際還愁風雪片時
生丁亥運中威權有布人欽服財帛興隆福祿增
當此之際尚有虧盈丙戌運中貨若瓊瑤之蘊名
如蘭蕙之馨乙亥運中春光去也花落月沉

辛未年 壬辰月 壬寅日 乙巳時

此八字壬寅趨艮之日相配柱中火土雜氣才殺之格女人得此生於右族長於名門椿父先歸萱母晚天邊鴻鴈各行鳴其為人也姿容清秀髮貌超群有針緻之巧立業之勤雪為輕粉憑風傳霞作胭脂仗日匀有遺訓斷機之畧相夫教子之能滔滔無阻滯步步助夫門揚梛無風枝嫋娜梅花有月益精神克勤而克儉易喜而易嗔才源旺足平生好何須帔服受棠封此則發福之命良人火命須年長子嗣枝枝孝義深運行初癸巳上人庇下未斷平生甲午運中青歸椰葉晴初變紅入桃花臉來匀乙未運中須臾風捲浪頃刻月離雲丙申運中萬疊好山雲乍歛一樓明月雨初晴丁酉運中羅綺千般色珍羞百味新戊戌運中一輪秋夜月萬里倍清明己亥運中粧樓人去臺鏡掩晨明



辛未年 壬辰月 戊申日 壬戌時

此八字戊申長生之日相配柱中金水傷官助才之格人生得此生於右族長於高門椿萱不逮祿養鴻鴈有各行群其為人也丰姿清俊天性聰明季問不親顏孟筆鋒稍有威稜親君子近高人寄長名園過旧竹花開上苑勝先春終是功名之客豈為田舍乜翁三級浪中堆变化九年場上卻馳名佇看頭角聳晚節福元豊此則榮貴之命鸞幃有配宜添寵子嗣秋來有顯榮運行初辛卯上人庇下未斷平生庚寅運中風帶雪來應覓冷鳥啼花落始知春巳丑運中無絲竹之亂耳有案牘之勞形須臾耆耗頃刻逡巡戊子運中跨馬起程登上国始知冠冕可榮身須臾風雪雨過山青丁亥運中幾年困守家門內一旦蒙除治庶民丙戌運中蓮幕位廷祿顯銀章紫綬光榮乙酉運中子榮重贈甲申運中一夢難醒

辛未年　壬辰月　壬子日　癸卯時

此八字壬子日月之辰偏官之格之格傷官制伏為良正謂五行遇月支偏官歲時中亦宜制伏主人椿萱有倚鴻雁聯飛其為人也能機变識安危見善則持於己當仁不讓於師詩礼古今宜習玩干戈弓馬操持蔻盈苑果盈圃稲滿平疇水滿池須不文場鏖戰也應光显門閭此則穩榮之命鴛幃春麗桂子秋枝運行初辛卯只宜脩禊安樂何知庚寅運中門楣多壯觀帰澤加濡己丑運中正是梅青開月白何愁弟宅不光輝戊子運中成四時之佳趣立萬古之根基丁亥運中興遺不過三鑄酒消開惟有一盤碁丙戌運中庭前竹長平安日檻外花門富貴時乙酉運中晚景優游樂甲申運門前杜宇啼



辛未年　壬辰月　壬寅日　戊申時

此八字壬寅長之日相配柱中金土雜氣杀印之格杀印相生功名顕達主人生於右族長於名門火命椿萱萱歲長天邊鴻鴈各行鳴其為人也丰姿清秀天性聡明胸羅今古事李識聖賢心驪珠照魏光難掩雷劍生風氣自充太山北斗千年在和氣春風四座傾終是功名客豈為田舍翁雲程坦坦登天府夲足悠悠名利成一朝騰踏飛黃去濟濟衣冠拜九重此則崇貴之命鴛幃連珠低一載子嗣生成貴顕人運行初乙卯上人庇下未斷平生庚寅運中欲向雲中夲足須從灯下留心己丑運中欲速不達揚帆待風戊子運中時來風送滕王閣須刻高摶萬里程丁亥運中黎民賦父母政化洽西東當此之際風雪滿庭丙戌運中江山迎五馬花柳拂双旌乙酉運中晚年閑啟里會友以開樽甲申運中春光去也花落月沉

辛未年　壬辰月　戊戌日　戊午時

此八字戊戌魁罡之日相配柱中水木雜氣財官之格傷官助財之論主人生於右族長於名門椿萱有倚難雙耄天邊鴻鴈各行群其為人也丰姿清秀天性聰明世事都好覧般般學欠精水光浮座盃盤瑩花氣侵人笑語謦謀動君子威伏小人笪長名園過舊竹花開上苑勝先春終是功名之客豈為田舍之翁不費十年苦學定應三載成名佇看頭角聳光耀滿門庭晩年光霽景疊疊戩階陞此則榮貴之命驚幨有犯須招副子嗣森枝有



挺榮運行初辛卯上人庇下祿祿平生庚寅運中隱隱輕雷抽碧笋微微細雨潤紅英己丑運中雪晴雲散好遇貴入公門戊子運中幾番從事公門内時未天府沐皇恩丁亥運中有材堪嘆任卑職却與豪家促去程須史素耗兩過重陞丙戌運中百萬粮儲吾戩掌除奸捉惡又加陞乙酉運中佐政琴堂民悅服何期解祖田籬甲申運中子貴光家宅春歸鳥不鳴

辛未年　壬辰月　壬寅日　戊申時

此八字壬寅魁良之日相配柱中金土雜氣煞印之格人生得此生於右族長於高門椿萱有倚先虧父天邊鴻鴈不同群其為人也丰姿清秀天性聰明般般稍覧件件不精謀動君子威伏小人祖業添新慶根源勝舊風福布江山外名聞湖海中兩都秋色皆喬木耆舊風流有幾人朝中無姓字閭里有聲名花無桃李非春色人有笙歌是太平田園有意公卿小廊庙無心宇宙輕施恩惹怨布德成嗔雖然不是金鞍客也應鄉黨衆推尊此則



發福之命驚幨有犯須招副子嗣秋來朶朶榮運行初辛卯上人庇下未斷平生庚寅運中世事宛如春夢人情薄似秋雲己丑運中雖則行藏有慶還愁風雪相侵戊子運中財源旺足家居好尚有閑非素耗生丁亥運中成四時佳趣立萬古門庭片時風雪雨過山青丙戌運中簾捲香風生百福軒開化日祿源增乙酉運中晩年閑伏樂會友以閑摶甲申運中夕陽有限春夢春夢無憑

辛未年　壬辰月　庚申日　丙子時

此八字庚申專禄之日相配柱中火水傷官制剎之格人生得此丰姿魁偉骵皃清奇上和下睦之德截常補短之能其為人也生於仁族長於名庭雙恩有慶難並鶱鴻鴈行中我顯鳴祖業宜增整財源有積成學問聰明富貴必從天上降英材出類財禄必向遠方尋非獨家門豪勢廣四海馳名達士欽觀花亂酒性不伏人一朝貴人来扶起積玉堆金子顯身此則勝祖之命鴛幃有犯宜敵配桂子遲来出顯英運行初辛夘上人之下學禮趄庭庚寅運中自有高人来提舉宊官破素又来尋己丑運中禄如春水滔滔漲仍見崎嶇憂耗侵戊子運中四方賢貴来尊敬徽徽梨雨到門庭丁亥運中門迎車馬客往來無白丁丙戌運中子顯朝綱快樂仙人乙酉運中三杯别酒一夢西沉



辛未年　壬辰月　壬寅日　丙午時

此八字壬寅趨艮之辰禩氣財官之格人生得此生於右族長於宦門椿親儒貴萱先别天邊鴻雁各脩飛其為人也丰姿清秀天性聰明學問頗知今古筆鋒稍有威稜萬象光華沾沛澤四時佳趣瑞祥生擊開水府珠生彩掘出豊城劍自明笋因落籜方成竹魚為奔波始化龍君若有心於仕路貴人一薦禄无豊此則淘河見金之命允幃得配名門女子嗣生成貴显人運行初辛夘上人帯庇未斷平生庚寅運中莫道儒冠悮螢牎患不勤梨花舞雪雨過山青己丑運中倦讀遊湖海行藏未順情戊子運中問名則名显達問利則利豊盈花子生香潤屋潤身丁亥運中威權有布人欽服財帛興隆第宅盈當此之際一番風雪丙戌運中逕賓玩物會友開樽乙酉運中冠纓同解引鶴徐行甲申運中歸去也

辛未年　壬辰月　丁酉日　乙巳時

此八字丁酉日貴之辰相配柱中金水雜氣才官之格只嫌身弱運行背地事不十全主人生於右族長於仁門椿萱全命連珠厲天邊鴻鴈各行鳴其為人也丰姿清秀天性乖能頗知礼義稍識古今有近貴親賢之德應上和下之能雖成新事業難守舊門庭有心於貨利無意慕功名是非莫管門前客得失須憑塞上翁拙於自己巧於他人但願時來財祿旺何須天府沐皇恩此則穩厚之命鸞幃連珠須配小子嗣秋來朵朵成運行初辛卯上人庇下未斷平生庚寅運中或寒或煖乍雨乍晴己丑運中精神又樵悴樵悴又精神戊子運中才源旺足家居好尚有災非素耗生丁亥運中天上三陽泰人間五福臻當此之際風雨還生丙戌運中晚年閒快樂會友以開樽乙酉運中無恩無慮甲申運中夢入巫峯



辛未年　壬辰月　丙午日　己亥時

此八字丙午日刃之辰雜氣才殺之格人生得此生於宦族長於名門椿親清貴萱先別庭前棠棣留英其為人也丰資清秀性昏沉過火黃金重長價離雲皎月倍清明知習書史稍覽古今鑿山終有路掘井必泉通笋曰落籜方成竹魚為奔波始化龍一朝但得風雲便乘勢金臺拜聖明此則榮貴之命鸞幃金玉瀏子嗣襁衣新運行初辛卯上人庇下未斷平生庚寅運中欲遂平生志須加繼晷功己丑運中雖有凌雲志焉能顯姓名戊子運中到此始知文學好長安道上馬蹄輕丁亥運中仁門揚遠近政化洽西東當此之際風雪盈庭丙戌運中猛虎渡河民快樂飛麟入境歲豐登乙酉運中荣田籬下樂甲申運中一枕了平生

辛未年　壬辰月　乙卯日　丁丑時

此八字乙卯專祿之日配乎柱中金水襍氣殺印之格喜逢天月二德相扶主人生於右族長於名門椿父早歸萱耐晚天遥鴻雁有行鳴其為人也丰姿清秀天性聰明知禮義識古今豈無高仕敬時有貴人欽出土黃金顯十分之貴色離雲皎月布萬里之清明重成親事業再整舊門庭有心於貨利無意慕功名每事恩中惹怨多因布德成嗔一朝時運至才祿愈豐盈此則穩厚之命鴛幃火命須年敵子嗣枝頭晚秀東運行初辛卯上人



矺下風雪瀟空庚寅運中娟娟雲裹月灼灼蘂中英己丑運中得中有失晦後还明戊子運中才源滾滾家居好須史素耗尚愁人丁亥運中萬里烟雲收歛一樓明月光明當是時也臨耗还生丙戌運中梅須遜雪三分白雪亦輸一段馨戊字之中花放風生乙酉運中悅年子貴榮家世甲申運中一枕黃粱永不醒

辛未年　癸巳月　乙亥日　甲申時

此八字乙亥日相配柱中金土傷官劫殺之格天
生得此仕路声揚椿萱含脫翠棠棣有奇香丰姿
洒落天性剛明李問三冬足詩書萬卷藏一朝騰
踏飛黃去此是男兒當自強此則顯榮之命鴛幃
配合須偏正桂子秋來吐異香運行初壬辰上人
庇下摘句尋章辛卯運中詩書窮万卷仕路未明
揚庚寅運中禹門三躍浪沾恩拜聖王己丑運中
一番風雪過職列大夫行戊子運中猛虎渡河民
快樂飛蝗過境歲當昌丁亥運中秉持重柄丙戌
運中夢入南柯



辛未年　癸巳月　己卯日　辛未時

此八字己土相配柱中木火杀印兼全之格經云
杀印相生功名顯達人生值此註人丰姿俊俏性
格能為懷百變之權謀樂君子之風月其為人也
生於良善之俗長於故舊之庭椿庭有慶終难養
一聯飛雁我騰身祖基縱有還加整財帛声名鬧
裡尋學問博知須近貴行逵倜儻逵相欽黃金過
火添增價白璧離塵色更新衣冠華麗难習文章
性不受觸心不藏機早歲淹、中景好中景享福
善豈登一朝雲霧齊相合麻衣換得祿衣新此則
結秀之命駕幃兩破方無剋子嗣先难後必興運
行初壬辰應下之福其樂何如辛卯何如運中雖
有貴人相指引其中官耗晦憂逐常加仔細必見
昇騰庚寅運中威名有布權耀顯財源進退破官
侵己丑運中富貴之中加富貴榮華之上更榮華
戊子運中万象光華沾沛澤四時佳趣樂豈登其
中無阻風雪盈庭丁亥運中家藏金玉重、富住
未皆富貴丙戌運中子名朝帝闕食祿滿門庭
乙酉運中三杯別酒一夢西行

辛未年　癸巳月　己巳日　戊辰時

此八字己巳之日相配柱中旺火印綬之格女人得此生於右族長於名門椿萱雙晚茂鴻雁各行鳴其爲人也姿容窈窕髮鬢精神翁姑有倚妯娌情輕鳳送芰荷香满院日匀花簪發新紅衣冠濟濟三從俗家業昂昂四德新錦綉花開家冨貴琅玕竹振日升平憂禍自能辭肉味愛琴塵觧辦絃聲滔滔無阻滯步步助夫門難觸難犯易喜易嗔雖不鳳冠幔服自然財禄豊盈此則穩厚之命良人建珠高一載子嗣秋来朶朶榮運行初甲午上



人庇下針絽懃懃乙未運中春歸柳葉晴初変紅入桃花煖來匀丙申運中萬疊好山雲乍斂一樓明月雨初晴丁酉運中須叓風雨過萬物布陽春戊戌運中羅綺千般色裙釵化日明己亥運中錦囊玉軸多金積翠袖金釵日日春庚子運中樧綿閑扂景明月照黃昏

辛未年　癸巳月　甲午日　甲戌時

此八字甲午日元相配柱中傷官助才之格人生得此生於右族長於仁門椿父先帰萱後別天邊鴻雁各行鳴其為人也丰姿清秀天性老誠頗知礼義稍識古今有近貴賢親之德應上和下睦之能祖業添新慶根源勝旧風有心於貨利無意望功名花無桃李非春色人有笙歌是太平施恩惹怨布德成嗔但願一生才源旺何須秉笏去朝君此則豊厚之命外帰有化須年長子嗣秋来朶朶馨運行初壬辰上人庇下淡淡春風辛卯運中雪



晴雲未煖行樂未如心庚寅運中世情濃又淡淡處又还濃須叓風雨過雨山青己丑運中才源旺足家居好片時風雨片時晴戊子運中戍四時佳趣立萬古門庭當是時也頃刻迯巡丁亥運中才權秉美福禄駢臻丙戌運中晚年開快楽乙酉運中一夢入佳域

辛未年　癸巳月　辛卯日　甲午時

此八字辛金配手柱中之大偏官之格人生得此刀筆成名椿萱皓首相弓奉鴻鴈天邊有各鳴手資西落天性聰明理貫古今之學筆分枉直之情機會來時逢貴助劳形案牘沐恩崇此則貴榮之命鴦幃全正副桂子有承崇運行初壬辰上人庇下詩礼趨庭辛卯運中貴人相薦引揮筆入公庭庚寅運中疋馬登天路沾恩氣游容已丑運中政化東西洽仁恩遠近清戊子運中一番風雪過百里仰威聲丁亥運中再加祿位丙戌運中夢入蓬瀛



辛未年　癸巳月　丁丑日　癸卯時

此八字丁丑日配合柱中之水偏官之格人生得此平姿英俊天性英豪堂上双親先别母天邊鴻鴈我飛高學貫聖經賢傳心明豹畧龍韜旌旗日煖龍蛇動宮殿風微燕雀高三跳禹溝沾寵渥威飛營苑虎風號此則威武之命鴦幃正副双諧老桂子金風長嫩梢運行初壬辰上人庇下快樂陶陶辛卯運中弓矢斯張書倦讀無端風雪又飄飄庚寅運中才源來益旺名勢又揚高已丑運中汗馬有功加祿位威權遥布德弥高戊子運中踈踈烟浪過威令似蕭曹丁亥運中老當益壯便解金貂丙戌到乙酉歸去也

辛未年　癸巳月　壬辰日　乙巳時

此八字壬辰魁罡之日相配柱中之火財旺生官之格正謂財盛生官終身有慶值斯象者豈得不榮椿萱榮壽分年耄鴻鴈天邊有各騰丰姿清俊天性聰明有貫古通今之學扶危濟急之能時來自有風雲會驥足飛揚沐寵榮此則榮貴之命鴛幃配合須年少桂子庭前吐俊英運行初壬辰幼承上庇詩禮趨庭辛卯運中詩書雖勉力畫虎未能成庚寅運中到此始知文學好長安道上馬蹄輕己丑運中一番風雪過祿位愈崢嶸戊子運中祿元階進風浪無驚丁亥運中榮田處樂丙戌運中一夢難醒



辛未年　癸巳月　辛巳日　辛卯時

此八字辛巳之日身坐長生相配柱中之火正官之格本顯功名只嫌運入背鄉難全名利一對椿萱昌晚節兩行鴻鴈逐雲飛其為人也行藏果决操幹能為豈無高士敬自有貴人携遊山翫水攜詩軸對月臨風把酒巵財源豐阜世業豐餘此則穩實之命鴛幃得合須年小子嗣金風秀幾枝運行初壬辰只宜庇下安樂何如辛卯運中爭奈春寒風料峭也知心急馬行遲庚寅運中臘梅英褭芳春早爆竹聲中一歲除己丑運中行藏雖有慶動止一番危戊子運中化日林花灼灼春風堤柳依依丁亥運中沖擊之鄉曾有阻須臾雲散月光輝丙戌運中一樽春酒真堪樂萬疊青山足可娛乙酉運中一枕香魂歸不得夕陽原上草萋萋

辛未年　癸巳月　己卯日　壬申時

此八字己卯日相配柱中之火印綬之格印綬者上格也人生得此行藏綢㥜動靜方圓椿親榮壽萱同悅鴻鴈天邊有各行梢有賢良之德粗知礼義之方祖業重整頓才帛自盈藏但願才旨旺湖海何須天府沭恩光此則富旺之命鴛幃配合須年少桂子秋來三兩芳運行初壬辰庇佑之下冬煖夏涼辛卯運中才源來便旺何必守書窓庚寅運中人事光華行樂順一番風雪不為傷己丑運中戍四時之佳趣交諸処之賢良戊子運中行藏而美暢歡一觴丁亥運中老來發福丙戌運中麥度黃梁



辛未年　癸巳月　己巳日　甲子時

此八字己土日元相配木火官印之格堂上椿萱秀庭前棠棣繁其為人也多聞多見可樂可嘉驥珠驪魏終難掩雷劍生豐莫遠衣冠昌樂業喬木挺槿杼飛黃騰踏去秉笏拜皇家此則榮達之命鴛幃金命須年少子嗣班衣祿有加運行初壬辰只宜庇下來必巴巴辛卯運中篤志明窓淨几書声揚溢雲霞庚寅運中此時方道男兒志穩步蟾宮折桂花己丑運中威名凜凜傳諸境祿位嵬嵬足可誇戊子運中正是權衡光露影染花庭院恨披麻丁亥運中朝親龍袞日拜皇華丙戌運中花落春光短高乘憐望車

辛未年 癸巳月 己丑日 丙寅時

此八字己丑日相配柱中之火印綬之格人生得此仕路馳聲椿親榮耐晩棠棣有聯榮丰姿洒落天性聰明理貫古今之學心明賢聖之經擊開水府珠生彩掘出豊城劍有聲姓字傳揚沾寵渥祿元階進大夫榮此則榮貴之命鶯啼年少乜招副桂子秋來有題英運行初壬辰上人庇下詩禮趨庭辛卯運中詩書雖有志仕路未升騰庚寅運中執卷幾回探月時來一旦揚名己丑運中榮沾新寵擊應聽絃鳴戊子運中一番風雲遍千里大夫榮丁亥運中再加祿 位未解簪纓丙戌運中榮回故里乙酉運中一枕 難醒



辛未年 癸巳月 庚午日 戊寅時

此八字庚午日配乎柱中旺火偏官之格人生得此本顯科名只嫌運入財鄉薪揚閭里椿萱偕首難全奉鴻鴈天邊有共鳴丰姿洒落天性聰明李識粗知今古智謀触合賢英祖業增華聚財囊旋積成但願卿邦尊德望何須天府沐恩榮此則富豪之命鶯啼有碍須添寵桂子秋來吐錦英運行初壬辰上人庇下月白風清辛卯運中志思登仕路也讀聖賢經庚寅運中樂中生出悶只勢自光榮己丑運中不獨威權有布尚祈倉廩豊盈戊子運中交四方豪傑置一族門庭丁亥運中老當發旺子顕身榮丙戌運中悠悠娛樂乙酉運中一夢難醒

辛未年　癸巳月　壬辰日　乙巳時

此八字壬辰魁罡之日相配柱中之火才旺生官之格正謂才盛生官終身有慶女人得此儀容朗朗智慧明明椿萱棠棣齊年耋妯娌翁姑緣尚軽相夫全礼道歷事僉勤精雲開華岳千山秀水到瀟湘一樣清晚年羅綺麗日日樂昇平此則旺家女命良人養配須年長桂子花開果有成運行初甲午閨門之内月白風清乙未運中世緣天有定何必語惺惺丙申運中家業豐昌行樂順風波些少不為驚丁酉運中雨過山方秀雲開天始青戊戌運中半溼半乾花上露不移不動水中星己亥運中精神加彩色晚節福崢嶸庚子運中閨空人去也機杼寂無声



辛未年　癸巳月　甲戌日　癸酉時

此八字金神之格喜火神制伏為良值斯象者生於喬木長於高堂椿親多俊傑鴻鴈逐雲翔衣冠濟濟氣崢昂昂高謀遠見機関别懷慨情懷世業長出土黃金生彩色離雲皎月帶清光一朝頭角嶄然露沛澤崇門繼祖芳此則承芳之命鴛帳名門賢淑女桂蘭藹藹有餘香運行初壬辰上人庇下未論災祥辛卯運中志留劃席功名大心在攻書事業昌庚寅運中家聲會報金泥怗雙燕翩翩日下翔己丑運中威風凛肅朗縣奔忙戊子運中雖則衣冠多壯觀恐有崇中福不昌丁亥運中權勢炙人真顯煥滿門佳氣瑞祥生丙戌運中正宜安享夢入仙鄉

辛未　癸巳　癸丑　癸亥

此八字天元癸水作黨地支拱禄拱貴值此格者遲遲無語立東風百機千謀未有功須待鼠雞肥事業便於兔上立家風江頭去雁声遠楹畔芳花朶朶紅欲快平生身後事南柯名利夢魂中運行初新月揚輝祖基祖業有倚運行中万事蹉跎貴人提挈深藉幈幪運行戊子填實凶過此重重陰險過再回陽氣適軋乾運行丁亥丙戌夢重翠禽啼不覺落花流水各西東



辛未年　癸巳月　乙酉日　甲申時

此八字乙酉日相配拄中之金火傷官合杀之格人生得此多機多变不柔不剛椿父先帰萱耐脱羈行天際兩同翔稍有賢良之志粗知礼義之方祖基重整琢才帛自豊蔵但願市廛生計廣何須天府沐恩光此則富守足命鴛幃火命須年火桂子孫森吐錦芳運行初壬辰幼年之景庇下安祥辛卯運中倦讀生才利風霜恼一塲庚寅運中春色滿園紅紫騳行蔵何事有悲傷己丑運中才源未旺廣豪傑樂壷觴戊子運中家業豊饒人事廣一番風浪幸無妨丁亥運中滔滔享用丙戌運中夢入仙鄉

辛未年　癸巳月　辛卯日　戊戌時

此八字辛卯日配柱中之火正官之格人生得此显武揚声椿親显勇萱同耄鴻鴈天边有各鳴丰姿洒落天性聰明理窮韜畧法夲貫聖賢経旗穿曉日烟霞雜山倚秋空劍戟明三𨁂御溝沾寵渥紛紛士辛仰威声此則武威之命鴛幃馬属須年長桂子花開果後業運行初壬辰上人庇下詩礼趨庭辛卯運中聞鷄来渭水走馬向金陵庚寅運中足馬登天路沾恩便有声已丑運中風生紫塞秋横劍月落黄河夜度兵戊子運中再加禄位金紫峥嵘丁亥運中执持重柄丙寅運中一梦难醒



辛未　癸巳　丙申　己亥

此八字丙申日相配柱中之水去官留殺之格丙辛作合鎮掌威權椿親顯貴歸山早鴻鴈天邉後有從丰姿慷慨天性剛忠學識窮通書史智謀能熟刀弓一舉有冲天之志片言有折獄之雄一從沾寵渥令布肅清風此則威雄之命鴛幃金玉質子嗣桂蘭叢運行初壬辰上人庇下一陣風霜辛卯運中威聲從此振仗鉞恃英雄庚寅運中万馬不嘶聽號令諸蕃無事樂從容已丑運中劍掛碧天星斗冷姓名金榜棟梁洪戊子運中一番風浪急傍岸事無過丁亥運中老當益壯丙戌運中夢入巫峯

辛未年　癸巳月　戊寅日　壬子時

此八字戊寅日相配柱中水火棄印就財之格人生得此年姿英雅處用多機椿萱半道難全奉鴻鴈天邊有共飛般般好學件件粗知祖業重新慶財囊自積齊但頭市壓生計廣何須天府掛朱衣此則富貴之命鸞幃配合須年少桂子全風舞綵衣運行初壬辰庇佑之下有何是非辛卯運中財源來便旺何慮雪輕飛庚寅運中世事儼如雲裏月人情渾似雪中梅己丑運中家業豐昌人事廣財源滚滚旺門閭戊子運中樂中生出閙閧過旺家資丁亥運中冲擊之鄉生跋踄徐徐歷過有威儀丙戌運中悠悠慶樂乙酉運中歸去來也



辛未　癸巳　癸未　壬子

此八字日相配柱中金木殺印之格喜逢日祿以偏時女人得此姿容非漢歷事勤劬椿萱分半道妯娌不相知一苑杏花鋪錦綉滿山松柏映屏幃初運中和中有福晚年樂守自怡怡此則守常女命良人配合須年長子嗣秋風朶朶奇運行初庚子不榮不辱庇下安舒辛丑運中匹配成惟慶鸞影鳳亦儀壬寅運中雖則才源有進防一度傷悲癸卯運中滔滔臻福慶步步旺家貲甲辰運中一番風雪過紅紫開芳菲乙巳運中安閒晚景風急花飛丙午運中一別人何處小空猿自啼

辛未年　癸巳月　丁丑日　甲辰時

此八字月上偏官之格傷官制殺太過禍力有虧椿萱少倚鴻雁分飛姿顏清穩性格能為衣不足食有餘窓外薰前聽指揮若為正室傷夫主只好豪門作次妻此則平常之命良人榮耀桂子芬芳運行初甲午風輕雲淡燕語鶯啼丁未運中漸覺春光明媚又逢風雨霏微丙申丁酉運中一驄二運多光彩喜慶增添樂自如戊戌己亥運中有子克家吾快樂此時光景甚希奇庚子運中夕陽有限逝水無迴



辛未年　癸巳月　癸酉日　戊午時

此八字財旺生官之格喜得印綬生身五行清正值此象者發越光輝堂上椿萱俱白首天邊鴻鴈有聯飛其為人也有方圓之道知古今之書自有風雲濟會日豈無雨露沐恩時昂然頭角賁甘霖四方施此則脫白掛綠之命鴛幃合連理子嗣長芳枝運行初壬辰不榮不辱無是無非辛卯運中篤學居顏巷潛心下董幃庚寅運中報道是龍還不信果然變化見雲衢己丑運中舒長化日桑麻茂馳蕩仁風雨露濡戊子運中旺中生進退顯豪有崎嶇丁亥運中樂閑田里丙戌運中歸去來兮

辛未年　癸巳月　丙申日　己亥時

此八字丙申日相配柱中金水才官之格人生得此年姿清致天性聰明椿萱堂上雙諧老鴻鴈天邊不共鳴粗知今古事淺識聖賢經不向仕途騰踏却來湖海經行但須市廛生計廣何須天府沐恩榮此則穩當之命篤愇兢後重年少桂子秋來三四英運行到壬辰庇佑之下樂守清平辛卯運中行藏才利旺風雪一番生庚寅運中萬象回春生意廣樂中尚有暗悲生己丑運中滔滔旺家業日日會賢英戊子運中雨過山光霽雲開月色明

丁亥運中志當益壯丙戌運中夢入蓬瀛



辛未年　癸巳月　丁卯日　辛亥時

此八字丁卯日元相配柱中水木杀生印綬之格杀印相生功名顯達主人生於右族長於高門萱毋先歸椿耐晚天邊鴻鴈各行鳴其為人也丰姿清秀天性聰明鮮鮮稍覺件件不精有抵雪欺霜之智截長補短之能筆長名園過舊竹花開上苑勝先春終是功名客豈為田舍翁三級浪中難变化九年場上却馳名停看頭角嶄光耀舊門庭此則榮貴之命篤愇有犯須年小子駉秋來旺宅門運行初壬辰上人庇下未斷平生辛卯運中雪晴

機會好遇貴始成名庚寅運中勞形案牘多光霽禦番雨過始騰身己丑運中雖則榮沾雨露還宜肴祭家門戊子運中皇恩重有感德澤惠軍民丁亥運中正宜加爵祿何事便辭榮丙戌運中子貴光家道胡為夢不醒

辛未年　癸巳月　甲午日　丙寅時

此八字甲木相配柱中火土傷官助才之格喜逢日祿以帰時遇斷命者生於右族長於高門椿萱水命連珠屬天還鴻鴈占先鳴其為人也丰姿清秀天性聰明善決善斷多見多聞機謀敏復舉用人欽衣冠濟濟人中表和氣怡怡席上珎驪珠終照䰟雷劍豈終藏一日貴人相指引也應祿馬旺前程此則穩榮之命篤幃有犯須全命子嗣生成貴顯人運行初壬辰上人庇下月白風清辛卯運中敦榻原有顫石擊索烟生庚寅運中威權有布人欽伏才帛興隆雨露均巳丑運中一番風雷初晴後從此滔滔福祿增戊子運中價若瓊瑤韞名如蘭蕙馨丁亥運中榮中生阻節何不早思尊丙戌運中春光去也一枕巫峯





辛未年　癸巳月　甲午日　戊辰時

此八字甲午日元相配柱中金火傷官助才之格女人得此生於右族長配高門椿萱雅並鸞鴻鴈各行鳴其為人也丰姿清秀髮兒精神雖是女流之輩遇如男子材能一施杏桃鋪錦綉滿山松栢映幃屏春入水先成嫩綠日匀花蕚發新紅滔滔無阻滯步步助夫門楊柳無風枝婀娜梅花有月倍精神克儉克勤易喜易嗔雖不鳳冠帔服晚年也受榮封可惜青春年少女卻將玉体配殘婚此則穩厚之命良人木命須年長子嗣生成貴顯人運行初甲午上人庇下未斷外沉乙未運中路入桃源花爛熳折梅香引水澄清丙申運中雖則行藏有度幾多人事嗣盈丁酉運中天上三陽泰人間五福增戊戌運中羅綺千般色珎羞百味新己亥運中子貴治榮贈庚子運中春去鳥不吟

辛未年　癸巳月　壬午日　甲辰時

此八字六壬生臨午位号曰祿馬同鄉才殺之格人生得此生於布族長於名門椿萱双脫鴻鴈各行鳴其為人也丰姿清秀天性聰明享問有成袖裏虹霓沖霄色英材敏捷筆端風雨驚雲程驪珠照䙃光难掩雷劍生風氣自充定向月中攀桂子但從天上領陽春萬里扶搖驚腾蛰一声霹靂躍潜鱗長安人蒲路争看錦衣人瑤池鞭静朝南極玉夜鍾伸拱北宸此則榮貴之命允幃金玉潤子嗣祿衣新運行初壬辰上



人庇下未断平生辛卯運中十年窓下業黃卷与青灯庚寅運中不員寸陰之惜豈喜題柱之功已丑運中躍過三層浪衣冠拜聖明戊子運中寒拂紫衣催驛驥光生玉節下雲層丁亥運中威權八表声名重何事思尊返故城丙戌運中花落水流春已去蘭催玉折恨何明

辛未年　癸巳月　丙戌日　壬辰時

此八字丙戌日元相配柱中水土傷官助殺之格官殺混雜得制為良主人生於右族長於名門萱毋先帰萱後別天邊鴻鴈各行鳴其為人也丰姿清秀天性聰明有博古通今之志窮書覧史之能行藏竟消洒笑傲任枯榮高謀遠見機関別慷慨春風一妙人終是功名之客豈為田舍之翁一朝但得良機會九天雨露沐皇恩此則榮貴之命驚幃有犯須招副子嗣秋来朵朵榮運行初壬辰上人庇下未断平生辛卯運中雪晴天未暖芹泮有



書聲庚寅運中幾欲思高舂遠畨戌前雪栽氷已丑運中到此始知文李好時来機會便沾恩戊子運中一從沐得天邊寵便將德澤惠黎民丁亥運中一天膏雨随車至千里仁風逐扇生丙戌運中榮回故里會友開樽乙酉運中夕陽有限春多無邊

辛未年　癸巳月　戊寅日　己未時

此八字戊寅專權之日相配柱中木火殺生印綬之格女人得此生於右族配於高門椿萱双晚别鴻鴈各行鳴其為人也年姿清秀髮皃精神有針綫之巧立業之勤雲收華岳千山秀水到湘江一様清有遺訓斷機之志相夫教子之能玉產崑崗蔵蘊色蘭生楚澤散清馨滔滔無阻滯步步助夫門難鶻難犯易喜易嗔雖不鳳冠帔服自然金谷盈豐可惜青春年少子却将玉体配殘婚此則穩旺之命良人得配殘婚客子嗣生成貴顯人運行初甲午上人庇下毓秀閨門乙未運中契合翠鸞成好夢奮緣紅樂是良姻須史風雨雨過山青丙申運中雖則夫門多快樂幾多人事尚亏盈丁酉運中羅綺千般色裙釵化日明戊戌運中子秀夫賢家業旺还愁風雨片時生己亥運中彩中加彩色紅上贈紅英庚子運中夕陽有限逝水無声

辛未年　丙申月　戊辰日

此八字戊辰日德之辰相配柱中[illegible]之
格才旺生官官能生印得其所武主人生於右族長
於名門椿萱有倚鴻鴈分鳴其為人也丰姿清秀天
性聰明胸藏今古事多識聖賢心太山北斗千年在
和氣春風四海聞終是功名功豈為田舍翁鵬路高
搏知便翼禹門深躍見羽鱗一江姓字傳揚後万里
声名不可言此則荣貴之命鴛幃有犯須招副子嗣
荣門後喜新運行初乙未上人庇下未斷平生甲午
運中歎向雲中多足須當灯下留心癸巳運中世事



不知今日苦時来頃刻便風和壬辰運中禹浪三層
平躍過衣冠濟濟拜明君辛卯運中三冬今是用人
貴風禾驚庚寅運中信香官加二品酌然祿享千鍾
已丑運中天邊去流跡時下有声名戊子運中天循
有限青壺無憑

辛未年　丙申月　乙卯日　辛巳時

此八字乙卯專祿之辰偏官之格人生得此生於文
望之族長於清白之居椿萱双脫茂棠棣孝枝枝丰
姿清秀天性操持舌底爛翻千尺浪胸中怕塞五車
書衣冠棠令望雨露沐恩帰此則榮貴之命鴛幃春
麗子嗣枝枝運行初乙未上人庇下無慮無恩甲午
運中趨庭學礼負笈從師癸巳運中斯時未遂凌雲
志且向窓前困幾時壬辰運中騰身離泮水奉足上
雲衢辛卯運中居恩三慶喜風木一番悲庚寅運中
一天膏雨隨車至千里仁風逐扇揮己丑運中故国



風景好戊子運中春殘鳥不啼

辛未年　丙申月　戊午日　庚申時

此八字戊午日刃之辰食神重犯傷官之格傷官傷尽為良女人得此生於仁門配於右族姿容雅麗髮鬒異常有尉綴之巧立業之良風送浮雲歸古洞雨花萼發新粧此則平穩之命良人有碍須重續子嗣生成俊俏即運行初丁酉上人庇下未斷炎涼戊戌運中竹惹花蝴蝶花貪竹鳳凰己亥運中滾滾才源旺滔滔福祿昌庚子運中春草春江相娟綠新鶯新柳競爭黃辛丑運中雖則行藏有憂还愁風捲滄浪壬寅運中暮年安享癸卯運中一夢黃粱



辛未年　丙申月　乙卯日　壬午時

此八字乙卯專祿之日相配柱中金火傷官之格人生得此生於右族長於名門椿萱早遇先虧父夭還鴻雁各行焉其為人也年姿清秀天性聰明自能自足多學火成春風飛李韶華景夏日蓮花映水紅祖業添新慶根原勝舊風市塵生涯廣閭里姓名聞不須上國求名利才祿豐盈樂此生此則淘沙見金之命鴛幃重餘陪子嗣有光榮運行乙未上人庇下未斷平生甲午運中暴雲不雨天光巧江潤無風浪目生當此之際風雪滿庭癸巳運中雄陽三月花如錦誰料陰晴未遇春壬辰運中才源不患而增進又有謀為事未容辛卯運中且將詩礼樂心事起料風波潔潔生庚寅運中才椎安美樓閣変雲己丑運中英道人生無事日也隨蝴蝶夢佳城

辛未年　丙申月　甲辰日　甲子時

此八字甲木日元相配柱中金水殺生印綬之格人生得此生於大廈長於高堂椿萱土木雙雙晚天邊鴻鴈各翺翔其為人也丰姿清秀禮樂鏗鏘聰明書藝遠倜儻世情長祖業添新慶財源厚積藏萬里無雲天一色三秋好景月長光驪珠照魏光難掩雷劍生豐氣莫藏遇水造橋名必振逢山開路德方揚不費區區力為能得顯揚有心於仕路光耀舊門墻此則擊石生烟之命鴛幃會合連珠配子嗣榮門晚節昌運行初乙未上人庇下未斷炎涼甲午運中十年洋水如春夢千里江湖姓字揚癸巳運中不是一番寒徹骨焉得孩兒噴鼻香壬辰運中閒利還豐顯求名名自揚辛卯運中威權有布入欽服財帛興隆雨露昌當此之際鶯握門墻庚寅運中晚年多快樂會友以流觴己丑運中春光去也一枕黃粱





辛未年　丙申月　丙午日　丁酉時

此八字丙午日月之辰相配柱中旺金財殺之格人生得此生於右族長於名門椿萱亡皓首鴻鴈各行鳴其為人也丰姿清秀天性老成頗知礼義稍識古今風月迎友瀟洒容情祖業添新舊根源勝舊風月掛碧天多彼契名揚湖海有光榮消閑基一局遣興酒三鍾田園桑柘茂試亂稱梁馨逢危有救遇難無凶但願一生財祿旺何須跨馬入青雲此則商賈生財之命鴛幃金命須年敵子嗣秋來旺宅門運行初乙未上人庇下未斷平生甲午運中雲籠皎月水泛浮萍癸巳運中乍雨乍晴留客景或寒或煖困人天壬辰運中財源旺足家居好尚有須臾耗生辛卯運中戊四特佳趣立萬古門庭庚寅運中松尚茂栢尤青己丑運中晚年閑快樂戊子運中一枕入巫風

辛未年　丙申月　壬寅日　庚戌時

此八字壬寅趋艮之日相配柱中旺金印綬之格印綬者上格也主人生於右族長於富門萱母先歸椿耐晚天邊鴻雁各行寫其為人也丰姿清秀天性豪洪風月處交消酒客情旧事頗能將就般般承欠精通祖業添新慶才源厚積存琴樽風月閑生計金玉松筠舊歲寒朝中無姓字湖海有声名消遣基一向消酒三鍾花無桃李非春色人有笙歌是太平雖不建侯封爵貴有去有來也先榮此則富貴之命鴛幃金命須年敵子嗣秋來有



挺榮運行初乙未幼年之下未斷平生甲午運中青帘拂葉情初變紅入桃花綫未匀癸巳運中雖則財旺是迷愁素耗重重壬辰運中雲開山聳翠雨過竹重青須更風雨兩過山青辛卯運中庭前竹根平安日檻外花開富貴春黎花剪雪不損情神庚寅運中當此之際何處逍遙已丑運中晚年開快樂戊子運中一枕入巫峯

辛未年　丙申月　庚子日　丁丑時

此八字庚子日合殺留官之格喜逢祿身強主人生於良族長於仁門椿萱有倚喪双老天邊鴻雁各翱翔其為人也丰姿磊落天性果剛不慈不勇可圓可方祖業須重立才原積有藏承問不孫君子敬生平常覆貴人鄉萬象光華沾沛澤四時佳趣有倘徉不須問覓功名路但祈才帛足盈囊此則貴福之命鴛幃重合登于嗣脈門墻運行初乙未上人庇下其樂何當甲子運中登臨甫浮賞翫春光癸巳運中近水樓臺先得月向陽花



木早芬芳壬辰運中滾滾才源旺滔滔弟宅昌辛卯運中一番雨雪初晴後從此春光入畫堂庚寅運中片雲能發千山雨雨過千山似錦粧已丑運中春殘花落盡衰草自茫茫

辛未年　丙申月　癸亥日　甲寅時

此八字癸亥日元相配柱中旺金印綬之格刑合之意只嫌冲破蔵我功名主人生於豪室長於名門椿萱有倚难双老天边鴻鴈各行鳴其為人也手姿清秀天性乖能雖無深計較頗有淡聰明曰福曰榮自有順天之慶常安常樂豈無福地之深祖業添新慶根原勝旧風遊山翫水携詩巻對月觀花把酒斟雖不成名利生平近貴人好意番成惡真心換得嗔但欲才源富足不以禄位存心此則穏厚之命鴛幃燭夜添新丞子嗣秋来有挺榮

運行初乙未上人庇下未断平生甲午運中雪晴天未暖行樂未如心癸巳運中雖則行蔵有慶發多人事獻盈壬辰運中才源浩浩家居好尚有灾非素耗生辛卯運中天上三陽太人間五福増須史風雨雨過山青庚寅運中庭前竹報平安日檻外花開冨貴春寅字之中花放風生己丑運中夕陽有限春夢無憑



辛未年　丙申月　己未時　己巳時

此八字己未陰刃之日相配柱中金木傷官制杀之格女人得此生於右族長於名門椿萱双晩茂鴻鴈獨飛騰其為人也姿容闓朗髮皃超群有針綫之巧立業之勤凤送芰荷香满院日匀花蕚發新粧相夫應有道訓子撼成群楊柳無凤枝婀娜梅花有月蕚精神难觸难犯易喜易嗔夫榮何足羡子貴又光榮此則榮貴之命良人木命榮華客子嗣生成貴顯人運行初丁酉上人庇下毓秀閨門戊戌運中契合翠鸞成好夢夤緣紅葉是良姻己亥運中雖則夫門多快樂幾番微雨幾番晴庚子運中福享無穷當此際片時凤雨片時驚辛丑運中羅綺千般色珍羞百味新當此際花放凤生舞雪满空壬寅運中子貴夫榮多快樂癸卯運中臺鏡捲沉沉

辛未年　丙申月　壬戌日　庚戌特

此八字壬戌日德之辰杀官而印之格遇斯命者椿萱有倚棠棣聯英其爲人也精神烱烱智謀心德德豈是池中物尤来席上珍驪珠照親光难擒雷劍藏豐氣自生瓊林羅不柰高宴禄位榮看次第陞此則利名之命允幃春色麗子嗣桂蘭馨運行初上人庇下化日陽春甲午運中都遂平生志宜加繼畧功癸巳運中機會未時逢貴而高人揆埋入青雲壬辰運中一番風雪過依舊沐深恩辛卯運中仁風揚遠近化雨潤　双旌庚寅運中印行死絶如履薄氷己丑運中帰去也



辛未年　丙申月　甲子日　辛未時

此八字甲木配合柱中旺金偏官之格露官藏杀運行背方減慶福力主人生於名望之族長於遊宦之居椿樹沾恩萱克儉庭前棠棣各數桒手姿清秀天性老誠有博古通之智應上和下之能瀟洒之志氣慷慨之情懷機會自從天上降定教富貴逐春来此則名利之命鴛幃得合須添寵桂子森枝向日開運行初乙未上人庇下文章旋蹇詩禮謾安排甲午運中歆違不逢宜待時来癸巳運中倘得風雲而際會高人薦舉上金臺壬辰運中人生正在風光處只恐門前雪作堆辛卯運中始知春晝永方竟月揚輝庚寅運中蒲世功名身外事不如籬下樂悠情己丑運中清風不用一錢買玉山自倒豈人推

辛未年　丙申月　丙午日　辛卯時

此八字丙午日身之辰相配柱中旺金才旺生官之格人生得此生於右族長於仁門椿父先歸萱耐晚天边鴻雁各行鳴其為人也丰姿清秀天性老識知高下識重輕有近貴親賢之德應上和下之能芦長名園過旧竹花間上苑勝先春終是功名之客豈為田舍之翁三級浪中龍变化九年場上好門栄但看頭角聳先耀旧門庭此則栄貴之命允怖重合子嗣光栄運行初乙未幼年之下未斷平生甲午運中行蔵待時時必達時未遇貴入公門癸巳運中骨刑宴牘多无霽幾度趄趄来順情壬辰運中春際政權簪烏帽还旁困惣當旧門庭辛卯運中皇恩有感重光显道幕声名似水清當此之際風雲無驚庚寅運中正宜寉政未許辞栄己丑運中無慮尽傳詩礼樂有朋来自遠方親戊子運中一枕平生



辛未年　丙申月　癸卯日　壬子時

此八字癸卯日貴之辰印綬之格運行皆地碓顯功名主人生於文望之族富足之門萱非正腭椿豪傑庭前棠棣有数栄萬里韶光名利必從天上降一聯景美才源自向閑中生貴人攀挈去禄馬旺前程此則栄傑之命允幃挨族桂子英英運行初乙未上人庇下化日熙春甲午運中春風播爽微雨弄晴癸巳運中声名耿耿氣宇英英壬辰運中人生正在光華景頃刻之中風浪生辛卯運中才權俱美名德俱新庚寅運中高朋滿座美酒盈樽辛丑運中花落水流春已失蘭摧玉折恨何明

辛未年　丙申月　戊午日　戊午時

此八字戊午日丑之辰相配柱中旺金傷官之格人生得此生於右俗長於名門萱親先別還抬繼椿父蒼年晚送程天邊鴻鴈各不同群其為人也丰姿清秀天性聰明錦綉胸藏賢聖學珠璣口吐武文風驪珠照耀光難掩雷劍生豐氣自充終是功名之客豈為田舍之翁北海蛟龍出頭角南山豹變氏手新一從姓字傳揚後直上金鑾輔聖明此則榮貴之命鶯燁燭夜添新蠶子嗣秋來朶朶榮運行初丁未上人庇下風雪初晴甲午運中十年窗下業未許遂功名癸巳運中莫愁雪阻藍關道時來頃刻躍潛鱗壬辰運中衣惹御爐沾瑞氣筆宣皇澤洒春霖辛卯運中西風吹過天邊雪君恩三次再加陞庚寅運中明時柱石盛世股肱己丑運中春光去也花落月沉



辛未年　丙申月　癸亥日　丙辰時

此八字癸亥日元相配柱中金土殺生印綬之格殺印相生功名顯達主人生於右族長於仁門堂上椿萱連珠屬天邊鴻鴈各摶風其為人也丰姿清秀天性老誠世事頗能將就般般學欠精通有近貴親賢之德應上和下之能筍長名園過旧竹花開上苑勝先春終是功名之客豈為田舍之翁不費十年苦學定應九載成名佇看頭角聳光耀旧門庭此則榮貴之命此怖水命須年小子嗣秋來有嫒榮運行初乙未幼年之下雲月朦朧甲午運中欲速不達揚帆待風癸巳運中時來逢貴助揮筆入公門須吏風雨雨過山青壬辰運中雪晴雲散天如洗跨馬天門沐寵榮辛卯運中幾年看癸家門内一旦天邊再顯榮庚寅運中黎民皈父母何事便辭榮己丑運中晚年歸故里一枕入巫峯

辛未年　丙申月　壬寅日　辛卯時

此八字壬寅絶艮之日相配柱中金土官印之格寅申冲破賊吾所學成名主人生於右族長於名門稽蓋有倚先亡父天邊鴻鴈各持風其為人也丰姿清雅天性聰明般般精覧件件欠精謀動君子威服小人行藏果断作事老誠筝長名園過舊竹花開工苑勝新紅薄有酒消閑日月若無心緒學功名時来自有滔滔福運至還教百事通君若有心施仕澤也想福禄旺家門不負區馳力終隱跡人此則穗孚之命鴛幃有杞須重贈子嗣秋来



有顕榮運行初乙未上人庇下未断平生甲午運中吹柳金風常帶雨寒岩明月始知春癸巳運中幾欲登榮寶殿皆成捉月捕風壬辰運中近賓玩物會友開樽須叟風雪頃刻灾驚辛卯運中問名則名顕達問利則利豊盈庚寅運中庭前竹根平安日檻外花開富貴春己丑運中子貴孫榮多快樂一枕黄梁夢不醒

辛未年　丙申月　丁未日　庚戌時

此八字丁日陰刃之辰財旺生官之格女人得此福足以庇乎身父母堂前双老壽稍姑泉下早亡身姿顏而秀麗髮皃以精神其為人也行貞德茂其為性也和氣帰香軒開化日千祥集蕭捲香風百福臻秀氣所鍾錦囊玉軸福中福聲神天相翼挿金釵人止人此則發身旺榮之命良人木命宜年長桂子枝頭品果新運行初丁酉閨門之内姆訓勞神戊戌運中如花開上苑似月離層雲己亥運中正值帰和之美景豈然屈指未能神庚子運



中麗日朗明綉閣香風飄襲羅裙辛丑運中家門而饒裕行樂始如心壬寅運中冲擊之卿生進退須叟風静息烟塵癸卯運中子孫昌盛和氣満門甲辰運中慾燕成大夢荒草夕幽墳

辛未年 丙申月 乙巳日 己卯時

此八字乙巳日元相配旺金合殺留官之格人生得此生於良族長於仁門土木椿萱双雅茂天邊鴻鴈有行鳴其為人也丰姿清秀天性聰明胸羅今古事學識聖賢心麗句好為天下白高材俊仕海東青足履三千皆後李播風九萬郎前程奮身辞白屋平步入青雲折桂場中誇好手摽名鴈塔抱聲名一從姓字登黄甲人似神仙馬似龍明時柱石盛世股肱此則榮貴之命鸞幃烛夜添新邑子嗣榮門朶朶馨運行初乙未上人庇下天朗風清甲午運中雖魁終無悶何愁不顯名癸巳運中鵬路高搏知建翼龍門深躍見修鱗壬辰運中獄訴斥言民訟息九天雨露再加陞辛卯運中西風吹過天邊雪紫綬金章禄位陞庚寅運中權高墳福慎則無驚己丑運中故里松筠三徑足倘来軒免臺邑春戊子運中夕陽有限春夢無憑





辛未年 丙申月 戊午日 壬子時

此八字戊午日刃之辰傷官助才之格人生得此多智慧善操持丰姿清秀性格能為心不受觸性不藏機月離海嶠山山秀春日園林處處花盈上苑果盈園稻滿平疇水滿池莫思仕路登雲險但願家園樂有餘此則穩足之命鸞幃賢淑桂子秋枝運行初乙未斥雲蔽日景色昏迷甲午運中秋水為容玉為骨芙蓉為面柳如眉癸巳運中朔週迴之大厦置連畝之蓄禽壬辰運中萬里無雲天一色三秋好景月揚輝辛卯運中一番風雪令人悶雪霽陽和滿太虛庚寅運中桑榆暮景己丑運中歸去来兮

辛未年　丙申月　癸卯日　乙卯時

此八字癸卯日貴之辰相配柱中金木傷官用印之格人生得此丰姿穩俊操幹能為堂上椿萱先别父天边鴻鴈各東西般般好學件件粗知十斷九連成大業三番四覆旺家貲但願江湖尊德望何須身到鳳凰池此則富貴之命鴛幃配合双同壽桂子庭前舞彩衣運行初乙未風和日麗燕語鶯啼甲午運中恰似落陽三月景牡丹開处柳花飛癸巳運中到此才源来滚滚風霜些少不成悲壬辰運中文四方之豪傑整一簇之門閭辛卯運中不獨金珠灩目尚祈倉廩豐肥庚寅運中晚年康泰暮景桑榆己丑運中到戊子帰去也



辛未年　丙申月　戊申日　癸丑時

此八字戊申長生之日相配柱中金水傷官助財之格人生得此生於文族長於宦門金木嚴慈荣晚贈天邊鴻鴈有森鳴其為人也丰姿清秀天性聰明學問知先覺群書貫一經太山北斗千年在和氣春風四座傾豈是池中物尤來席上珎萬里扶揺鶯曉整一聲霹靂躍潜鱗一從姓字傳揚後九天雨露沐皇恩此則榮貴之命鴛幃有杞須抬到子嗣秋來朶朶荣運行初乙未上人庇下霽月光風甲午運中欲向雲中舉足須從燈下留心癸巳運中執卷幾回空探月騰身時至奮鵬程壬辰運中秋幃摶去鳳春榜列英雄梨花舞雪雨過山青辛卯運中驛中曉日催行爵江上春風促去程當是時也風雪滿空庚寅運中重金重紫布德施仁己丑運中有封贋大用何事便辞榮戊子運中帰去也

辛未年　丙申月　癸亥日　丁巳時

此八字癸水天元相配柱中旺金印綬之格女人得此治家有理處事多機金火椿萱晚茂天邊鴻鴈高飛姿容清爽髮皃不低勝丈夫之氣槩有男子之操持盈沼芰荷馥郁滿園花木芳菲才源滾滾家居好福祿闌闠喜慶余此則助夫益子之命良人得配名門交桂子荣門孝義香運行初丁酉上人庇下明媚之時戊戌運中共結絲羅山海固永諧琴瑟地天齊己亥運中玉樹凌雲鬢蕭蔟有所依庚子運中片雲散日不損容儀辛丑運中雨過园桃簇錦風和堤柳垂絲壬寅冲繫之所月入雲衢癸卯運中安閑晚景甲辰運中歸歟歸歟



辛未年　丙申月　乙卯日　辛巳時

此八字乙卯專祿之日相配柱中旺合傷官之格傷官制殺有功人生得此生於右族長於名門萱母先歸椿耐晚天邊鴻鴈各行鳴其為人也平姿清秀日月戲盈般般都好理件件不會精日福日荣自有順天之慶常安常樂豈無福地之深祖業添新慶根源勝舊風五湖生計好四海祿元增進山玩水攜詩卷對月翫花把酒斟好意當成恩真心換得嘆雖然不是金鱗客也應祿福愈駢臻此則穩厚之命鴛幃水命酒年小子嗣生成朵朵荣運行初巳未上人之庇未斷平生甲午運雪晴天未暖行業未如心癸巳運中精神又憔悴憔悴又精神壬辰運中雖則行藏有慶还愁素耗相侵辛卯運中才旺雖富足風雪不愁人庚寅運中門楣壯觀祿福豐盈寅字之中如月入雲己丑運中無思無慮戊子運中一枕難醒

辛未年　丙申月　癸亥日　壬子時

此八字癸水日元相配柱中旺金印綬之格喜逢日禄以帰時人生得此生於右族長於高門豈親先别還招継椿父蒼年促去程其為人也手姿清秀天性聰明窮今覧古李足三冬終是功名之客豈為田舍之人一朝揚姓字秉笏拜金門此則栄貴之命鴛幃全正副子嗣桂蘭馨運行初乙未上人庇下詩礼趋庭甲午運中十年窓下業時至便升騰癸巳運中聲名從此显汨没一朝伸壬辰運中耿耿聲名舊滔滔雨露均辛卯運中衣光正在風光處只恐天邊雪滿庭庚寅運中一天膏雨随車至千里仁風逐扇生己丑運中山河帰舊国晋斋換離宮戊子運中冲摯之所擢重生驚丁亥運中栄回故里丙戌運中一夢巫峯



辛未年　丙申月　辛酉日　丙申時

此八字辛酉專禄之日正官之格兩干不雜之論主人生於右族長於名門椿萱栄倚难及耄天边鴻雁各行鳴其為人也精神烱烱翰墨騰騰李闘異常定擬得名得禄英材敏捷豈教南畝躬耕一日但得風雲便秉笏金臺拜聖明此則栄顕之命鴛幃宜有贈子嗣長春英運行初乙未運中上人庇下詩礼趋庭甲午運中款向雲中牵足須凢灯下留心癸巳運中丈夫當奮凌雲志動地雷声起困龍壬辰運中驛中飛日催行站江上春風促去程辛卯運中才旺生官官愈顕福顕臨照職加陞當此之際舞雪漫空庚寅運中錦衣肥馬重重貴天上恩波浩浩新己丑運中春光去也一枕了平生

辛未年　丙申月　癸卯日　癸亥時

此八字癸卯日辰印綬之格印綬者上格也人生得此椿萱双皓首鴻鴈有聯行年姿清秀性格果剛般般都要覽件件只平常祖業光華麗財豪厚積成不必誇鞍韉登上國但祈才第是盈箱此則富益之命鴛幃玉潤子嗣秋芳運行乙未上人底下快樂何當甲午運中登臨雨濘未許尋芳癸巳運中田園桑柘茂畝畝稻梁香壬辰運中一番風雪過第宅僉軒昂辛卯運中財權交顯人事悠揚庚寅運中沖擊之時樂處生殃己丑運中春光去也流水湯湯



辛未年　丙申月　癸卯日　壬戌時

此八字癸卯日貴之辰官印之格時墓之論人生得此木命椿萱双晚茂天边鴻鴈有前鳴其為人也年姿清秀天性聰明錦綉胞藏賢聖季珠璣口吐武文風豈是池中物尤來席上珍一日声名遍天下满城桃李笑陽春此則英顯之命鴛幃燭夜添新丞子嗣金風有顯榮運行初乙未上人庇下未新平生甲午運中欲遂平生志宜加灯火功癸巳運中声名從此显雲路任飛騰壬辰運中令重奸邪伏威嚴見膽驚辛卯運中一番風雪過金紫戚加陞庚寅運中正宜秉笏匡朝野未許韓榮故里中己丑運中帰去也

辛未年　丙申月　丙午日　甲午時

此八字丙午日刃之辰相配柱中金土傷官
助才之格人生得此生於右族長於名門椿
萱双挽茂棠棣各數榮其為人也丰姿清秀
天性聪明知高下識重輕過火黄金重長價
離雲皎月倍清明重成新事業再整旧門庭
雖不成名利生平近貴人萬里無雲天一色
三秋好景月長明有心於貸利無意慕功名
得意江山詩句絕忘情日月酒杯深才源自
旺足中景有災迭此則發福之命外帏有犯
須年小子嗣秋来桑暑馨運行初乙未上人
庇下未斷平生甲午運中世事宛如春梦人
情薄似秋雲當此之際花被風生癸巳運中
三月雨不禁花嬌尤忌五更風才旺源足何慮兮
盈壬辰運中天上三陽泰人間五福臻辛卯
運中旺中尚有盈頭雪霽霽依然萬事亨庚
寅運中晚年快樂會友開樽癸丑運中帰去
也



辛未年　丙申月　丁卯日　辛丑時

此八字丁未日元相配柱中金水才官之格才感
生官終身有慶遇斯命者生於右族長於名門椿
父先帰萱後别天邊鴻雁不同群其為人也丰姿
姿清秀天性聪明般般稍覧件件不精有近貴親
賢之德應上和下之能祖業添新變根原勝舊風
五兩生計好四海福元增花無恙李飛春色人有
笙歌是泰平好意蓄成悪真心換得嗔雖不建侯封
爵自然潤屋潤身此則穩益之命鴛帏有犯須招
硬子嗣金風孝且忠運行初乙未上人庇下未斷
平生甲午運中幾欲恩高基遠蓄成剪雪裁冰癸
巳運中世事有增有減才源或廢或興須史風雨
頃刻逸忙壬辰運中才源富足家門旺旺中尚有
事虧盈辛卯運中山前山後皆明月江北江總是
春當是時也一番進退庚寅運中無慮尽傳詩礼
樂有朋来自遠方親己丑運中子貴沾榮贈戊子
運中春帰鳥不

辛未年　丙申月　乙丑日　丁亥時

此八乙丑之日相配柱中金火傷官制殺之格人生得此生於右族長於官門椿萱榮貴萱年長天邊鴻鴈各搏風其為人也丰姿清秀天性聰明胸包今古事學識聖賢心太山北斗千年在和氣春風四座傾終是功名之客豈為田舍之翁龍門变化三春浪鵬路逍遙萬里程一從姓字傳揚後濟濟衣冠拜九重此則継榮之命鴛幃有犯須年敵子嗣生成朵朵榮運行初乙未上人庇下未斷平生甲午運中不負寸陰之惜豈華題柱之功癸巳運中時來風送滕王閣頃刻高搏萬里程壬辰運中躍過禹門三級浪聰班署職加陞辛夘運中西風吹過天邊雪金紫煌煌雨露陞庚寅運中有材應大用何事便解榮己丑運中人生從此別香夢返風塵



辛未年　丙申月　丁卯日　辛亥時

此八字丁卯日元相配柱中金水財官之格財感生官終身有慶遇斯命者生於右族長於名家椿父先歸萱耐晚西風鴻鴈各天涯其為人也丰姿清秀性格驕奢岺問三冬足詩書覽五車膺醇豈須頒紫詔鄭趙不傳賜黃麻五府衣冠冒突葺百年喬木挺搓枒此則榮貴之命鴛幃宜有碍子嗣長芳施運行初乙未上人庇下安樂何加甲午運中夜案挑灯明翠幕晚窓清露点香砂癸巳運中玉殿承恩重金堦拜命加壬辰運中名聞萬里声振迁迁　辛卯運中雖則職迁金紫還愁三載披麻庚寅運中春光夬志終時序黃卷留心往歲華己丑運中春光去也命捲黃沙

辛未年　丙申月　丙寅日　壬辰時

此八字丙寅長生之日相配中水木殺生印綬之格人生得此生於右族長於名門椿萱晚榮贈榮棣各敷榮丰姿清秀精神炯炯智惠明明五車書簡三冬雨九對雲鵬有舊身一朝但声名遍官封三汲祿酒千鍾此則貴之命鸞幃重配令子嗣桂蘭馨運行初乙未運中上人庇下詩礼趨庭甲午運中十年窗下無人問一舉名成天下知癸巳運中鷹塔題名後朝班立縉紳壬辰運中威飛氣浪怒令重虎風生辛卯運中一番風雲晴初变金紫煌煌雨露澄庚寅運中正宜安享已丑運中晚年難下樂戊子運中一枕風流



辛未年　丙申月　丙寅日　戊子時

此八字丙寅長生之日相配柱中金水才官之格人生得此生於右族長於宦門椿萱榮曉茂鴻鴈各飛騰其為人也丰姿清秀天性聰明千古文章逞榮耀一天星斗煥心胸玉產崑崙蘊色蘭生楚澤播清馨終是登庸之客豈為田舍之翁碧落九重騰鷺騄赤霄萬里奮鵬程一從姓字溥臚後九載天門沐聖恩此則榮耀之命鴛幃金玉潤子嗣桂蘭榮運行初乙未上人庇下詩礼趨庭甲午運中不負寸陰之習豈辜題柱之功癸巳運中三登科甲足步青雲處事但憑三尺法理刑渾似一團春壬辰運中皇恩重有感金紫職迁榮辛卯運中重紫重金當是景何愁風雪滿門庭庚寅運中赤心扶日月素志展經綸已丑運中約梅同醉引鶴徐行戊子運中歸去也

辛未年　丙申月　壬辰日　庚子時

此八字壬辰魁罡之日印綬之格人生得此豈不為良主人生於盛族長於高堂椿萱先別父鴻鴈各翱翔其為人也精神烱烱智恵明良稍有賢良之智粗知礼義之方遊山觀水提詩卷對月觀花把酒觴雖不輕裘肥馬貴自然声势壓鄉邦此則福壽之命篤帏有毡尢偏正桂子栄門孝義昌運行初乙未上人庇下詒襲迎祥甲午運中不窮書史暫歷風霜癸巳運中雖則行蔵有慶还愁世事乖張壬辰運中數點兩餘兩一番寒食寒辛卯運中得過且過得樂且樂庚寅運中子秀孫賢家業旺喧喧車馬集門墻巳丑運中無思無慮樂享華堂戊子運中消閑棊一局遣興酒三觴丁亥運中訃音一播夢遶泉鄉



辛未年　丙申月　癸卯日　戊午時

此八日癸卯日貴之辰相配拄中金土官印之格有官有印無破作廊廟之材主人生於右族長族髙門椿萱同白首鴻鴈各行鳴其為人也丰姿清秀天情聰明筆底倒流三學遠胸中學業一天星珪璋自是清朝器律呂偏諧絕世音終是功名之客豈為田舍之翁足履三千皆高學摶風九万即瑶池听鞭靜柔芳拜明君此則栄貴之命篤幃重合耄子嗣晚光栄運行初乙未運中上人庇下未斷平生甲午運中欲向雲中舉足須從灯下留心癸巳運中执卷幾回空嘆月時来頃刻躍潛鱗壬辰運中即署官丞何足羨丈夫戚位貴重陞辛卯運中戚遷金紫身栄貴風雲飛来信嘐情庚寅運中正宜享爵匡朝頒何事辞栄故里中己丑運中歸去也

辛未年　丙申月　癸卯日　乙卯時

此八字癸卯日貴之辰配乎柱中金土投生印綬之格女人得此生於右族配於高堂姿容清秀髮貌異常有針線之巧立業之良相夫應有道訓子總成行風送芰荷香滿院日匀花蕚發新粧心靜似月明雲漢性急如風捲滄浪錦綉花開家富貴琅玕竹報日安康晚年光霽景子貴贈霞棠此則益命良人有犯須年小子嗣秋來朶朶香運行初丁酉上人庇下毓秀閨房戊戌運中竹戀花蝴蝶花貪竹鳳凰己亥運中水向石邊流出冷風從花底過來香庚子運中正是梅青月白還愁風捲滄浪辛丑運中不獨家門興旺尚祈福祿汪洋壬寅運中子箴于笥乃積乃倉癸卯運中子貴夫賢家業旺甲辰運中訃音一播奠椒漿



辛未年　丙申月　癸卯日　癸亥時

此八字癸卯日貴之辰相配柱中傷官帶印之格人生得此稟乎氣數輕清宜乎仕路榮登主人生於右族長於名門椿萱不逮双棠贈天边鴻鴈各行鳴其為人也丰姿清秀天性聰明源流三峽誰能及筆掃千軍駢與倫衣冠濟濟人中傑和氣怡怡席上珎終是功名客豈為田舍翁鰲逐玉蟾攀桂去馬隨青帝踏花行一日風雲相際會九五天門沭寵榮此則榮貴之命鴛幃有犯須年敵子嗣金風孝且忠運行初乙未上人庇下未斷平生甲午運中雪案須留苦志天階未許榮登癸巳運中挽卷幾回空探月時來他日始升騰壬辰運中莫愁雪阻関関道摶風萬里即前程辛卯運中令重奸邪伏威嚴兇膽驚梨花舞雪金紫重陞庚寅運中重紫重金當是景權高尚有一番驚己丑運中晚年閑故里戊子運中一枕入巫峯

辛未年　丙申月　乙夘日　丁丑時
此八字乙夘專禄之日正官之格丙辛作合有功
人生得此生於茂族長於華家常以時人不如已
每道世間之事不如心金水椿萱曉茂天边鴻鴈
聯群手姿瀟洒天性光誠胸藏今古事李識聖賢
心龍門变化三春浪鵬路逍遥萬里程一從揚姓
字咫尺至腰金此則崇貴之命鴛幃連理子秀还
馨運行初乙未上人庇下未断平生甲午運中欲
跨騰雲驥恩囊照露螢癸巳運中霹靂一声雷霧
合禹門躍過浪三層壬辰運中耿耿声名振顯紛



紛瑞雪飄空辛夘運中重金重紫倍振權衡庚寅
運中紫詔頻番任用未許懸車故里中已丑運中
夕陽有限春夢無憑

辛未年　丙申月　丙午日　戊戌時
此八字丙午日刃之辰柱中旺金財救之格人生得
此生於右族長於名門椿萱中道先歸父天邉鴻鴈
有財能其為人也丰姿清雅性格光輝行藏果断
作事英才須登君子域時造貴卿生出土黄金顯十
分之貴色離雲皓月倍萬里之清明高人相敬貴客
相攀五湖風月好四景採元昌逢凶有救遇难無妨不
是綺羅基錦容也應卿黨姓名揚此則旺足之命
鴛幃有配須相配子嗣金風孝且昌運行初乙未
運中上人庇下未断灾祥甲午運中隐隐輕雷



抽碧芦微微春雪洒金樽癸巳運中風雪初晴
後人情事尚悠壬辰運中陽田畫求氣轉華堂
當此之當際素耗又還生辛未運中財旺福興
家事業一番風雪不成傷庚午運中于箧于囊
乃積乃倉當此風捲滄浪已丑運中愁從竹葉
偷中没老向凌花鏡裏生戊子運中春光去也

辛未年　丁酉月　癸巳日　[illegible]
此八字癸巳日相配柱中金土煞[illegible]格[illegible]博
此年姿英偉天性聰明言不妄發事不胡行椿萱
堂上双年耄鳴鴈天边不共鳥理窮今古事李識
聖賢經終是内名之客豈為避世之能一朝馬上
衣冠别不負男兒千載情此則顯貴之命鴛幃遅
配須年少桂子秋来朶朶榮運行初丙申草飄陋
巷眷史朝經乙未運中劲庭衢之鑿壁慕車胤之
囊營甲午運中霹靂一聲雲霧合果然躍過浪三
層癸巳運中一番風雪過職列大夫榮壬辰運中
重金重紫萬里威稜辛卯運中未許閒田里逑膺
不次陞庚寅運中榮回故里高入蓬風



辛未年　丁酉月　丁卯日　戊申時
此八字丁卯日相配柱中之金財旺生官之格人
生得此仕路光華椿萱双耐晚棠棣有聯葩羊姿
高古性格英華學業窮千古詩書覽五應聰定須
須紫詔節趋不待賜黃麻時来採得風雲便駟馬
高乘到帝家此則榮身之命鴛幃全正副桂子有
英芽運行初丙申幼承尊庇安享無加乙未運中
詩書窮萬卷探月未光華甲午運中遇貴吹噓馳
驛馬雲程萬里不為賒癸巳運中一從沾寵渥化
日照桑榆麻壬辰運中風霜都歷過祿位又榮加
辛卯運中老當益壯未擬還家庚寅運中懸車解
組己丑運中命掩黃沙

辛未年　丁酉月　辛巳日　甲午時

此八字辛金配合丙火偏官之格喜逢遠祿身強其爲人也智謀出衆學問異常有公平之志果斷之方椿萱雙皓首鴻鴈有聯行明珠生合浦良玉韞崑崗不須泮水勞神思也許雲霄姓字香此則出白之命鸞幃得合賢良女子嗣斑衣孝義昌運行初丙申雙親膝下何論安祥乙未運中不向江湖求貨利肯於窗下習文章甲午運中一朝機會至汨沒自伸揚癸巳運中聲名耿耿氣宇昂昂壬辰運中萬里春風行樂頌四方盛德自昭彰辛卯運中沖擊之所樂處悲生庚寅運中香魂杳杳流水洋洋



辛未年　丁酉月　庚寅日　乙酉時

此八字庚寅日相配柱中木火才官之格喜逢羊刃守提綱人生得此仕路榮登椿萱榮贈難全耄鴻鴈天邊有各鳴丰姿洒落天性剛明季問胸中廣詞源筆下精定擬揚名顯姓豈教草野躬耕禹浪三層運躍過榮沾寵渥肅威聲此則顯榮之命鸞幃有犯須偏正桂子金風朶朶馨運行初丙申上人庇下詩礼趨庭乙未運中欲遂平生志潛心對螢檠甲午運中一聲春霹靂躍過浪三層癸巳運中威風揚四海風雪一番生壬辰運中權衡千萬里風浪又虛驚辛卯運中大才大用威振邊城庚寅到己丑運中歸去也

辛未年　丁酉月　庚辰日　丙子時

此八字庚辰魁罡之日相配柱中水土傷官用印之格女人得此儀皃秀異天性聰明椿萱棠棣難相守姻娌翁姑兩處情有針綫之機能巧立業之良能性急如江濤奔壯心安似山月秋清一苑杏花鋪錦綉滿山松栢瞬幃屏河看来晚節羅綺飄層層此則穩秀女命良人魁後重居側桂子秋来三兩英運行初戊戌幼年之景便有歡情已亥運中鴛幃分折重交頭樂處須防暗恨生庚子運中裾釵濟濟羅綺層層辛丑運中樂中生悶悶過又昇平壬寅運中精神豁爽居臻福雲散秋空月白明癸卯運中冲擊之所樂處生驚甲辰運中落日青山外哀猿三兩声



辛未年　丁酉月　癸未日　癸亥時

此八字癸未日相配柱中旺金印綬之格印綬者上格也人生得此丰姿磊落志氣豪洪生於豐富之室長於詩禮之家椿萱不逮雙荣耄鴻鴈天邊各奮風學問三冬、足詩書萬卷通一朝騰踏飛黃去濟、衣冠拜衮龍此則榮耀之命鴛幃正副諧魚水桂子秋來長嫩叢運行初丙申上人庇下樂享從容乙未運中欲遂凌雲志宜加映雪功甲午運中一從姓字登黃甲人似神仙馬似龍癸巳運中雪晴開闔閭祿位再加封壬辰運中金紫重榮居要地一阻風浪幸無凶辛卯運中冲擊之所暫阻威雄庚寅運中悠、處樂己丑運中夢入巫峯

辛未年　丁酉月　辛卯日　丁酉時

此八字辛卯日遠殺生財逢冲必爲貧夭何足論也



辛未年　丁酉月　乙未日　壬午時

此八字乙未日相配柱中之金偏官之格專逢印綬以扶身人生得此年英傑天性剛忠椿親祟壽萱同耄鴻鷹天邊有奮雄學問三冬足詞源筆下通萬里扶搖騰彩鳳一聲霹靂躍潛龍榮沾新寵渥身跨五花驄此則顯耀之命鶺鴒金玉貿子嗣桂蘭發運行初丙申上人庇下詩礼從容乙未運中欲遂凌雲志須加映雪功甲午運中一聲霹靂風雲會躍過天門拜衮龍癸巳運中梨雨初消天似洗祿元階進大夫封壬辰運中重金重紫爾振威風辛卯運中佇看戢居廊廟灼然祿享千鍾庚寅運中春帰花落夢入巫峯

辛未年　丁酉月　甲申日　甲戌時

此八字甲申日相配柱中旺金偏官之格八生富貴兩全椿萱堂上双年耄鴻雁西風各一天半姿穩厚天性良質粗識古今之事能知湖海之源雖不登科及第宜教鑿井耕田佇看未晚節頭角嶄嶄然此則富貴之命鴛帳一根到老桂枝朶朶芳妍運行初丙申幼年之景快樂自然乙未運中詩書雖有志未凝便登天甲午運中時未才祿旺何慮事迍邅癸巳運中一番風雪過名勢蓋爽質壬辰運中樂中生出悶悶過福綿綿辛卯運中孫賢子秀頭角昂然庚寅運中悠悠處樂己丑運中夢入九泉



辛未年　丁酉月　戊子日　癸亥時

此八字戊子日相配柱中金水傷官助才之格人生得此半姿洒落操幹多方椿萱多皓首鴻雁有飛翔學識粗通書史智謀能動賢良祖業重更改才囊自積藏但願市塵生計廣自然湖海勢軒昂此則穩富之命鴛幃遲配須年少桂子秋來朶〻芳運行初丙申庇佑之下其樂倘佯乙未運中便擬生才覓利何能熟味文章甲午運中行藏人敬仰何慮事乖張癸巳運中一番風雨過金玉滿華堂壬辰運中延賓覓物會友流觴辛卯運中晚年享用庚寅運中夢熟黃粱

子平遺書

辛未年 丁酉月 甲戌日 己巳時

此八字甲戌日元相配柱中金火傷官之格喜逢時值食神遇斯命者生於名族長於仁門椿親耐晚萱先别天邊鴻雁各搏風其為人也天性垂能知高下識重輕有抵雪欺霜之志截長補短之能祖業添新慶根源勝舊風月離海嶠山山秀春到園林處處英朝中無姓字囊底足珠㺯得意江山詩句謎適情日月酒盃深雖不遂侯封爵自然潤屋潤身此則穩旺之命鴛幃有犯須年小子嗣枝枝有秀榮運行初丙申幼年之下未斷昇沉乙未運中雪晴天未煖行樂未如心甲午運中落陽三月花如錦尚恐登舟舟未傳癸巳運中財祿不求而遂意須臾風雨未為凶壬辰運中戍四時佳趣立萬古門庭辛卯運中富潤屋德潤身庚寅運中晚年閑快樂己丑運中一枕入佳城

十二

子平遺書

辛未年 丁酉月 癸未日 丁巳時

此八字癸未之日相配柱中火土才官之格喜逢印綬生身遇斯命者主人生於良族配於嫁婚椿萱雖並耄鴻雁各行鳴其爲人也姿容清秀髮貌精神有針綫之巧立業之勤萬里無雲天一色三秋好景且重明風送芰荷香滿院日匀花影發新紅深明閨院理動識古今情心靜似月明霄漢性急似風捲殘雲非聘亦非奔福祿自天生此則正有見偏之命良人年長殘婚配子嗣榮門姓字馨運行初戍戍上人庇下未斷平生己亥運中紅葉溝中傳寄意赤繩月下結良姻庚子運中雨過自然山有色雲開千里月光明辛丑運中羅綺千般色珍羞百味新壬寅運中門楣壯觀樓閣增新癸卯運中享子孫之福慶甲辰運中夢杳杳之佳城

十三

辛未年　丁酉月　丙申日　戊子時

此八字丙辰之日相配柱中金水木才杀之格人生得此生於右族長於名門椿萱有倚奚双老鴻鴈天遐不共行其為人也丰姿清秀天性果剛聡明書藝遠倜倘世情長恒登君子域時屡貴人鄉東海驪珠能幾見豐城雪劍不終藏終是功名客豈為田舍郎不親於書史豈赴於科塲時来自有良機會九年從事沭恩光此則榮貴之命鴛幃正副方偕老子嗣秋成奪歸郎運行初丙申上人庇下未断炎凉乙未運中莫道前程無去路時来提筆上公堂甲午運中才名兩旺人交敬一番雨過上長安癸巳運中此際旦知特運好崢嶸頭角姓名揚壬辰運中皇恩有感重光顯從此聲名播四方辛卯運中此運雖然加爵祿不如籬下且帰閑庚寅運中黄梁未熟清夢先壮



辛未年　丁酉月　癸酉日　已未時

此八字癸酉日元相配柱中金土殺生印綬之格殺印相生功名顯達只嫌早歲逢神欠順主人生於右族長於名門萱毋先帰椿晩显天邉鴻鴈有行群其為人也丰姿清秀天性聡明世事頗能将就般般夆欠精通萬里韶華世事每從忙裏熬一聯美景功名还向鬧邉榮豈是池中物尤来席上珎一朝但得吹嘘力頭角峥嵘显利名此則光揚之命鴛幃重合晝子嗣晩光荣運行初丙申上人庇下未斷平生乙未運中風帶雪来應覔冷鳥啼花落始知春甲午運中引鶴不就益虎不成癸已運中貴人折桂別祿馬旺前程壬辰運中皇恩有感祿位光榮當此之際風雪辛卯運中黎民皎父毋政化洽西東庚寅運中帰去松筠三徑竹倘来軒冕一毫輕己丑運中帰去也

辛未年　丁酉月　丙戌日　戊子時

此八字財寸官之格財盛生官終身有慶遇斯命者生於右族長於仁門金介椿親有倚天边鴻鴈分群丰姿清秀天性老誠閒書覽史博古通今終是功名之客豈爲田舍之人一日風雲相際會九天雨露沐皇恩此則榮貴之命篤懦金玉潤子嗣襁衣新運行初丙申上人庇下未斷平生乙未運中不負寸陰之習豈輂題點之功甲午運中聲名從此顯舊役一朝伸癸巳運中仁風揚峰帳德化啓儒生壬辰運中一番風雪過将府肅威稜辛卯運中煌煌金紫疊疊光榮庚寅運中光陰如撚指一挑了平生



辛未年　丁酉月　癸未日　己未時

此八字癸未之日相配柱中金土殺生印綬之格女人得此生於宦族長配名門椿萱榮且壽鴻鴈各飛騰其爲人也姿容清秀髮貌精神有針黹之功立業之勤翁姑姑少倚妯娌尚然輕磨穿鉄硯非吾事綉折金針却有功財源進益福禄駢蕃中年有阻満晚節福無窮若存陰隲帶爽延齡此則孤尅之命良人本命須年長子嗣枝頭異菓榮運行戊戌上人庇下毓秀閨門乙亥運中匹配各多快樂何期得子反傷身訃音一報酧酒三樽

辛未年　丁酉月　壬辰日　甲辰時

此八字壬辰魁罡之日相配柱中旺金印綬之格女人得此姿容清秀天性果刚椿萱雙皓首妯娌各分行有立業掌家之道相夫教子之方錦綉花開春富貴琅玕竹報日安康佇看来晚節福氣享榮昌此則榮安之命良人配合連珠客桂子生戌奪錦即運行初戊戌上人庇下快樂何當己亥運中紅絲牽綉幕翠揮贈蹇粧庚子運中萬家光華家榮盛一番人事暗乖張辛丑運中樂中生出悶依旧自洋洋壬寅運中裙釵濟濟氣數昂昂癸運中晚年多快樂蘭桂自生香甲辰運中花落春去猿啼人斷腸



辛未年　丁酉月　甲申日　己巳時

此八字甲申專祿之日相配柱中旺金偏官之格女人得此生於右族長於名門翁姑先別妯娌尚情輕其為人也姿容清秀髮貌超群勝丈夫之氣槩有男子之才能為雲妝華岳千山秀水到湘江一樣清每懷九臈意時抱擇隣心楊擲無風枝鳥䰟梅花有倍精神難觸難犯易喜易嗔雖不鳳冠披自然祿福無窮此則豐潤之命良人火命須年長子嗣秋来旺室門運行初戊戌上人庇下未斷平生己亥運中雖則夫門多快樂須知風雨片時生庚子運中一路晚烟迷芳蘂半泓秋水浸美蓉辛丑運中是宜太平光霽景還愁花放尚風生壬寅運中齊齊裙釵烜日輝輝羅綺臨風癸卯運中夫賢子孝享樂無邊甲辰運中安閑晚景乙巳運中春夢無憑

辛未年　丁酉月　辛未日　癸巳時

此八字辛未日元相配柱中木火偏官之格人生得此生於右族長於仁門金命椿萱雙悅茂天遐鴻鳫各行鳴其為人也手姿儒雅天性老誠知高識下趨吉避凶機謀輾伏峯用人欽重成新事業再整舊門庭世事每從忙裏就財源自向鬧中生有心於貨利無意慕功名身將隱矣文何用人不知之味更真田園有意公卿小廊廟無心宇宙輕但顛粟陳貫朽任他身外無名此則穩享之命鴛幃有硬須招副子嗣榮門桑桑馨運行初丙申幼年之下穠祿平生乙未運中世事短如春夢人情薄似秋雲甲午運中乍雨乍晴留客景或寒或煖困人春癸巳運中雖則財源旺足還愁素耗相侵壬辰運中夜雨自添池水滿春風吹綻海棠紅辛卯運中財旺生官家業豐福星臨照喜非輕庚寅運中脫年快樂己丑運中一夢入蓬萊





辛未年　丁酉月　壬申日　己酉時

此八字壬申長生之日相配柱中金土官印之格人生得此生於溫潤之族長於遷變之門椿萱有倚成無倚鴻鳫聯群又失群其為人也手姿清秀天性老成知高下識重輕過火黃金重長價離雲皎月倍清明東嶺栽松西嶺秀南園種樹北園陰有心於貨利無意於功名時來自然才祿旺運至家業定增新此則穩享之命鴛幃有犯須招硬子嗣枝枝悅茂榮運行初丙申上人庇下未斷平生乙未運中春園雖雨過桃李未生英甲午運中乍雨乍晴留客景或寒或煖困人春癸巳運中雖則行藏有慶還愁人事虧盈壬辰運中才源滾滾家居好幾度趣超華不驚辛卯運中天上三陽泰人間五福增庚寅運中晚年快樂會友開樽己丑運中春光去也花落月沉

辛未年　丁酉月　丙子日　丙申時

此八字丙子日相配柱中金水才官之格才戢生官
終身有慶遇斯命者生於右族長於高門椿萱堂上
一期壽天邊鴻鴈有飛鳴其為人也丰姿清秀天性
聰明知高識下理白分清水光浮座盃盤瑩花氣侵
人咲語磬不以功名為念豈將冠冕磨礱田園將潤
樓閣凌雲笙歌沸處當行樂羅綺叢中幾醉醒但顧
推金積玉何須天府光榮此則富足之命鴛幃有紀
須招副子嗣生成貴顯人運行初丙午上人庇下灾
悔未譯乙巳運中隱隱輕雷抽碧笋微微細雨潤紅
英甲辰運中莫言此際多光彩尚有閑非素耗生癸
卯運中粟陳并貫朽才帛自然增壬寅運中富潤屋
德潤身梨花舞雪雨過山青辛丑運中引鶴徐行三
逕晚約梅同醉一壺春庚子運中門楣壯觀福祿無
虧己亥運中人生從此別無復見儀形



辛未年　丁酉月　辛未日　丙申時

此八字辛未日元相配柱中丙丁之火身旺逢殺
之格人生得此生於右族長於名門椿萱雙晚茂
棠棣各敷榮其為人也丰姿清秀禮樂縱横辭鋒
穎利類無筆力縱横若有神衣冠濟濟人中傑和
氣怡怡席上珎終是功名之客豈為田舍之翁蟄
遂玉蟾攀桂去馬隨青帝踏花行一從姓字傳揚
後直上金鑾輔聖明此則榮貴之命鴛幃春麗須
招硬子嗣秋来有挺榮運行丙申幼年之下未斷
平生乙未運十年窓下業黃卷與青燈甲午運中
紲塁終無閒何愁不顯名癸巳運中躍過禹門三
級浪秉笏趨朝拜聖明當此之際風雪瀟空壬辰
運中職近金鑾布德施仁辛卯運中有材應大用
未許便辞榮庚寅運中榮回故里美酒盈樽己丑
運春春光去也一枕难醒

辛未年　丁酉月　乙酉日　丙戌時

此八字乙酉專祿之日相配柱中金火爲官合宗之格人生得此生於良族長於仁門椿萱先別父鴻鴈各行鳴其為人也丰姿清淡天性老誠知高下識重輕頗知禮義稍識古今有近貴親賢之德應上和下之能重成新事業再整舊門庭是非莫管門前客得失須憑寨上翁不以功名為念豈将冠冕磨礱萬里清風行樂頌四時佳趣瑞祥生時未方壮觀運至祿元增晚年財業旺中景只平平此則穩富之命鴛帏有杞須招硬子嗣生成貴顯人運行初丙申上人庇下未斷平生乙未運中春晝水無敵空有浪綉花雖艷不聞馨甲午運中春園雖雨過桃李未生英癸巳運中財源滚滚家居好須叓風雨幸何驚壬辰運中夜雨日添池水滿春風吹綻海棠紅當此之際風雪雁癸卯運中如松含晚翠似菊吐金英壬寅運中桑於暮景辛丑運中花落月沉



辛未年　丁酉月　乙亥日　丁亥時

此八字乙木相配柱中旺金偏官之格喜食神制伏有功值斯象者椿萱双皓首鴻鴈有標奇其為人也丰姿清秀氣岸高奇北海蛟横頭角聳南山豹变瓜牙齊一日風雲相際會九天雨露沐恩帰此則榮顯之命鴛帏全正副子嗣秀秋枝運行初丙申上人庇下安樂何知乙未運中聞詩學礼頁教從師用午運中一声春霹靂從此姓名題癸巳運中耿耿声名重滔滔雨露儒壬辰運中一番風雪過金紫戢加冕辛卯運中權高損福慎則無益庚寅運中帰去也

辛未年　丁酉月　丙戌日　己丑時

此八字丙戌日相配柱中旺金傷官助才之格傷官者剛毅之物也主人生於右族長於名門堂上椿萱榮晚贈天邊鴻鴈各行鳴其為人也丰姿清秀天性聰明胸羅今古事奉識聖賢心麗句妙為天下白高材俊似海東青終是功名之客豈為田舍之翁三級浪中龍変化九霄雲外鳳飛騰瑤池鞭靜朝南極五夜鍾停拱北辰此則榮貴之命鶯幃有祀須招副子嗣金風孝且忠運行初丙申上人庇下未斷平生乙未運中詩書映雪觀史引灯甲午運中高攀丹桂登太學時来頃刻躍潛鱗癸巳運中自飲瓊林後朝班立縉紳壬辰運中職迁金紫貴三度聖恩濃辛卯運中重榮重金當是景愁看門外雪盈庭庚寅運中正宜待明主何事解簪纓己丑運中翩翩名號鬱鬱佳城



辛未年　丁酉月　乙亥日　丁亥時

此八字乙木相配柱中金水殺印兼全之格殺印相生功名顯達人生得此丰姿豪邁天性剛能高謀遠見機閑別慷慨襟懷學識深其為人也生於名族長於豐門雙恩難並耄鴻鴈我飛鳴學問有成蛟龍豈是池中物英材出類一旦升騰化作鱗衣冠從此望雨露沐深恩佇看天下馳名日那時勝祖顯宗顯此則顯達之命鶯幃有贈桂子香馨運行初丙申上人庇下不足談論乙未運中讀書怒力憂悔無伸甲午運中時來風送滕王閣官灾破素未離身癸巳運中祿如春水漲人民盡伏欽壬辰運中嚴霜消盡千里清聲辛卯運中每日朝帝闕權擢不非輕庚寅運中榮歸故里子顯朝廷己丑運中英雄歸去一夢西沉

辛未年　丁酉月　乙亥日　乙酉時

此八字乙木相配柱中金火食神制殺之格女人得此姿容清雅天性聰明有治家立業之道針緻紡績之能克勤而克儉易喜而易嗔般般琢立件件當心天青人意悅日麗景華新佇看夫貴子秀滿門佳氣氤氳此則益旺之命良人配旧方無尅子嗣生麟後有盈運行初戊戌上人庇下未斷平安己亥運中冰人叶吉青鳥傳音庚子運中淡淡梨花月翩翩柳絮風辛丑運中濟濟致冠冋日輝輝羅綺臨風壬寅運中幾度樂中有悶数番靜裏憂生癸卯運中冲繫之所頃刻風雲壬辰運中花已落月尤況



辛未年　丁酉月　庚辰日　戊寅時

此八字庚辰日德之辰相配柱中木火財威生官之格財威生官終身有顯人生得此丰姿磊落天性標奇高謀遠見機関别慷慨情懷學識深其為人也生於豪族長於名門燮恩顯耀分先别天違鴻鴈我飛騰學問有成蛟龍豈是池中物英材驥濶一旦升騰化作麟衣冠濟濟超金闕鍾皷齊齊振玉京佇看天下威權重那時禄位輔朝廷此則保顯之命駕帷有纪宜敵配柱子招来富與榮運行初丙申雨餘山路滑未是賞花春乙未運中然有凌雲志实非素耗逆甲午運中他日功勞從此顯官破危非素又臨癸巳運中禄如春水滔滔漲福似秋蟾皎皎明壬辰運中威名赫赫雪雨淋淋辛卯運中重重禄位子顯朝君庚寅運中回來故里一夢蓬瀛

辛未年　丁酉月　乙酉日　辛巳時

此八字乙酉專權之日偏官之格食神制殺得其所宜主人生於西室長於高居萱純正聘椿豪傑到頭終是父先歸庭前棠棣有葉根殊其為人也丰姿清秀天性乖能知今古習詩書是善則持於己當仁不讓於師終是功名之客豈教田里耕鋤不就三場運卻將刀筆施螢窗还肯留心志黃卷功名定有期晚年光寄景德濟惠黔黎此則崇貴之命鴛幃得合巹案齊眉子嗣有成班衣孝感運行初丙申上人庇下有何是非乙未運中蹔窗不能攀桂子卻揮刀筆向司曹一番風雨幸不成兇甲午運中斥特風雲过跨馬上仰纖癸巳運中皇恩有感頭角嶄光仁風揚遠近政化洽西東壬辰運中耿耿声名重滔滔雨露濡辛卯運中正宜蒞政未許懸車庚寅運中悠悠難下已丑運中帰去來兮





辛未年　丁酉月　丙子日　庚寅時

此八字丙子日元相配柱中金水才官之格才盛生官終身有慶主人生於右族長於高門萱母早歸还有繼椿親耐晚始歸程天邊鴻鴈有不同群其為人也丰姿清秀天性聰明頗知礼義精識古今有近貴賢親之德應上和下之能第長名園過舊竹花開上苑賜先春終是功名客豈為田舍翁三級浪中難變化九年場上卻馳名佇看頭角濟光耀旧門此則榮貴之命鴛幃連珠低一載子嗣秋來朵朵榮運行初丙申椿親庇下萱草凋零乙未運中世事宛如春夢人情薄似秋雲甲午運中貴人指引揮刀筆尚有趑趄未順情癸巳運中幾番駁雜都經過跨馬天邊沐寵榮壬辰運中雖則崢嶸頭角还愁風雪滿庭辛卯運中皇恩有感聲名昰哉載勞繁国課心庚寅運中晚年閑扶槳已丑運中一棹入巫峯

辛未年　丁酉月　戊戌日　己未時

此八字戊戌魁罡之日相配柱中旺金傷官之格人生得此生於良族長於高居尘木椿萱双晚茂天邊鴻鴈各行飛其為人也丰姿清秀氣岸高奇頗知礼義稍識詩書自有順天之慶豈無福地之深重成新事業再整舊門基門外生涯千古計江湖泛計勝堂時見善則持於己當仁不讓於師財源富足家業盈俞滿世功名身外事五湖風月樂多餘此則饒裕之命鴛幃連珠須配小乎嗣秋來有出奇運行初丙申運中上人庇下女玉在石人不則知乙未運中淡烟楊柳岸薄霧杏花堤甲午運中莫言前路多陰阻自有高人與裕迷癸巳運中梅梢或報春消息始覺陽和滿太虛壬辰運中財帛盈囊人事廣也愁飛絮襲衾裾辛卯運中春光去也花落月西



辛未年　丁酉月　戊寅日　丙辰時

此八字戊寅專權之日相配柱中金木傷官制煞之格喜逢印綬生身遇斯命者生於名門長於右族萱親先別迁招贈天邊鴻鴈各行鳴其為人也丰姿清秀天性老誠知高識下遠見機関慷慨情懷一妙人頗曉三分道理文章一竅不通自有順天之慶豈無福地之深朝中無姓字閭里有光榮春入園林香遍沉案之謌月離海嶠光揚湖海之中但頗一生財祿旺何須天府去承棠此則商賈生財之命鴛幃金命須年長乎嗣榮門晚勤馨運行初丙申上人庇下淡淡青雲乙未運中登臨還值雪賞翫又天陰甲午運中雖則遨遊湖海幾愁素耗相侵癸巳運中得中有失暗後還明壬辰運中財源雖富足風雪尚愁人辛卯運中福若泉源湧財如春氣生庚寅運中享子孫之福慶己丑運中夢杳杳之佳城

辛未年　丁酉月　壬辰日　庚子時

此八字壬辰魁罡之日相配柱中旺金印綬之格人生得此生於西室長於仁門椿親磊落豈歸副到頭終是父先行天邊鴻雁有不同群其為人也丰姿清秀天性聰明頗知禮義稍識古今有近貴親賢之德應上和下之能祖業添新慶根源勝舊風一生湖海上半世只經營花無桃李非春色人有笙歌是太平兩柳秋色皆喬木杳舊風流有幾人雖不建侯封爵自然財祿餘盈此則穩厚之命鴛幃有犯須年長子嗣秋



來朶朶成蓮行初丙申運中上人庇下天朗氣清乙未運中漸覺夜凉池雨過还愁花放晚風生甲午運中正是梅青月白幾多人事虧盈癸巳運中財源旺足家居好尚有閑非素耗生壬辰運中不獨財源富足尚祈聲勢豪横辛卯運中引鶺鴒徐行三徑晚約梅同醉一壺春庚寅運中春光去也一枕清風

辛未年　丁酉月　丙戌日　癸巳時

此八字丙戌日元相配柱中金水財官之格才盛生官終身有慶女人得此生於右族長配高門椿萱双晚茂棠棣各數榮其為人也姿容清秀髮鬒精神勝丈夫之氣槩有男子之才能萬里無雲天一色三秋好景月長明箕帚頻繁存礼節相夫教子蹈賢明滔滔無阻滞步步助夫門克勤而克儉易喜而易嗔錦繡花開家富貴琅玕竹報日昇平若非二次明花燭天定生來配舊婚此則穩益之命良人得配殘婚客子嗣森枝有挺榮運行初戊戌上人庇下毓秀閨門己亥運中青帰柳葉晴初變紅入桃花媛未匀庚子運中匹配名門交從花錦上增須臾風雨頃刻迍邅辛丑運中萬里烟雲收險一樓明月光明丑字之中片特風雨壬寅運中濟濟裙釵耀日輝輝羅綺臨風癸卯運中夫賢子貴樂意忘情甲辰運中粧樓人去也臺鏡掩晨明

辛未年　丁酉月　丙子日　丙申時

此八字才官之格運行背地不得成名而發福主人生於右族長於高門金火椿萱先别母天邊鴻鴈有飛騰其為人也手姿清秀天姓聰明多聞多見自是自能過火黃金重長價離雲皓月倍清明世事頗能將就般般夸欠精神門外生涯千古計庭前花木四時新田园有意公卿小廊庙無心宇宙輕雖不輕裘肥馬自然福祿駢臻此則發福之命篤悱有碍須添寵子嗣生成貴顯人運行初丙申上人庇下未斷平生乙未運中身衣芦花絮寒來只自禁甲午運中世情濃又淡淡處又還濃癸巳運中才源從此長行樂始從容壬辰運中天上三陽泰人間五福增辛卯運中堤柳已添新幹綠园梅不改舊時馨庚寅運中老當益壯樂意忘情己丑運中花落水流春已失蘭摧玉折恨何明



辛未年　丁酉月　乙未日　[illegible]時

此八字乙未日元相配柱中金局[illegible]官之格女人得此亦足以榮其身主人生於[illegible]族配於文房姿容嬌媚德性温良椿萱棠棣榮雙壽妯娌翁姑侍滿堂有針綫之機巧教子之資能佇看晚臻福慶輝輝羅綺盈箱此則榮益之命良人配合須年小子嗣秋來朵朵成運行初戊戌上人庇下冬煖夏凉己亥運中匹配成佳偶鸞歌鳳亦翔庚子運中夫門榮旺行藏樂一旦梨花舞夕陽辛丑運中錦綉千般色珍羞百味香壬寅運中財源滚滚和氣洋洋癸卯運中冲擊之所月被雲籠甲辰運中落日春山外西風各自揚

辛未年　丁酉月　甲戌日　乙亥時

此八字甲木日元相配柱中旺金正官之格喜逢六甲趁乾主人生於右族長於名門水火椿萱雙晚茂天邊鴻鴈各行鳴其為人也丰姿清秀天性聰明世事頗能將就般般學之精通祖業添新慶根源勝舊風窩里無雲天一色三秋好景月長明有心於貧利無意纂功名兩都秋色皆喬木蒼舊風流有幾人朝中無姓字囊底足珠珎田園有意公卿小廊廟無心宇宙軽回顧財源富足何須天府求榮此則發福之命鶯幃連珠高一載子嗣生成貴顯人運行初丙申上人庇下天朗氣清乙未運中如花向日似月離雲甲午運中世事有增有減財源或廢或興當此之際梨花舞雪癸巳運中雪晴雲散天如洗從此滔滔福祿增當是時也晦耗還生壬辰運中財源富足家業餘盈辛卯運中延賓玩物會友開樽庚寅運中晚年閑快樂己丑運中一枕入巫峯



辛未年　丁酉月　甲申日　甲戌時

此八字專祿之日相配柱中金大傷官制殺之格人生得此生於右族長於名門椿萱双晚茂鴻鴈各行鳴其為人也丰姿清秀天性聰明胸羅今古事學識聖賢心聽句妙於天下白髙材俊似海東青終是功名之客豈為田舍之翁鵬路高搏知從翼龍門深躍見修鱗一從揭姓字金紫職加陞此則榮貴之命鶯幃有兆須年小子嗣秋來朶朶榮運行初丙申上人庇下未斷平生乙未運中欲遂平生志須加燈大功甲午運中時来風送滕王閣頃刻高搏萬里程癸巳運中威飛乱浪急令重虎生生壬辰運中腰横金作帶符剖玉為麟當此之際風雪滿庭辛卯運中有才應大用未許便辞榮庚寅運中晚年解組回田里己丑運中一枕黃粱永不醒

子平遺書

辛未年　丁酉月　庚寅日　庚辰時

此八字庚辰日元相配柱中木火才官之格陽刃持令減我功名主人生於右族長於名門椿父先歸萱柰晚天邊鴻鴈不同鳴其為人也丰姿清秀天性聰明頗知禮義稍識古今高謀遠見機關別長明祖業添新慶根源勝舊風福布江山外名聞湖海中花無桃李非春色人有笙歌是太平但願財源富足何須天府求榮此則穩厚之命鴛幃火命須年小子嗣秋來桑桑榮運行初丙申上人庇下未斷平生乙未運中世事宛如春夢人情薄似秋雲甲午運中正是梅清月白還有微雨弄晴癸巳運中得中有失暗後還明壬辰運中天上三陽泰人間五福臻辛卯運中富之以潤其屋德之以顯其身庚寅運中晚年快樂己丑運中一桃清風



子平遺書

辛未年　丁酉月　甲申日　戊辰時

此八字甲申專權之日配于柱中旺金正官之格官殺混雜傷官制殺有功遇斯命者生於右族長於名門椿萱有倚先虧父鴻鴈天邊各奮騰其為人也丰姿清秀天性聰明般般稍覽件件不精有近貴親賢之德應上和下之能終是功名客豈為田舍翁律法久諳勞案牘功名須藉筆刀成佇看頭角聳德澤惠軍民此則榮貴之命鴛幃春麗須招硬子嗣生成貴顯人運行初丙申上人庇下未斷平生乙未運中貴人相指引揮筆両公廳甲午運中去除巾幘簪烏帽麻衣換得綠衣新癸巳運中皇恩重有感德澤惠黎民當此之際風雲滿庭壬辰運中耿耿聲名重滔滔雨露增辛卯運中正宜進改未許辭榮庚寅運中晚年閑快樂樽酒自怡情己丑運中花已落月又沉

辛未年　丁酉月　癸未日　癸亥時

此八字癸未之日相配柱中旺金印綬之格人生得此生於右族長於仁門合命椿萱雙晚茂天邊鴻雁各行鳴其爲人也丰姿清秀天性聰明有理白分青之智應上和下之能世事頗能將就般般學欠精通重成新事業再整舊門庭水光浮座盃盤瑩花氣侵人笑語聲欲爲商賈思慕功名得意江山詩句捷忘情日月酒盃深笋因落籜方成竹魚爲奔波始化龍君若有心於仕路也應光耀舊門庭不費區區力終爲發福人此則擊石生烟之



命鶯啼有犯須招晚子嗣秋来朵朵馨運行初丙申上人庇下未斷平生乙未運中娟娟雲裏月灼灼葉中英甲午運中寒向梅中晝春從柳上生須叓風雨雨過山青癸巳運中財名兩旺人歡羡尚有閑非素耗生壬辰運中桃李千谿錦江山一畫屏辛卯運中延賓玩物會友閑樽庚寅運中晚年閑快樂已丑運中一枕入巫峯

辛未年　丁酉月　庚辰日　丁亥時

此八字庚辰日德之辰羊刃逢官之格女人得此姿容清雅天性聰明治家有道處事克勤雖非正娉亦不言奔楊柳無風枝嫋娜梅花有月媚精神處世素無榮辱平生喜不富貧此則榮益之命良人配合須年長桂子秋来有挺榮運行初戊戌未分寒暑豈論虧盈己亥運中路入桃源花爛熳橋横銀漢水澄清當此之際微雨弄晴庚子運中不用高燒銀燭月明添倍精神辛丑運中錦綉花開春富貴琅玕竹報日升平壬寅運中片雲蔽日雨



過山青癸卯運中夫賢子秀甲辰運中一道訃音

子平遺書
八

辛未年　丁酉月　戊子日　丁巳時

此八字戊子之日相配柱中金水傷官劫財之格女人得此生於石族長配名門椿萱雙並冬鴻雁各飛騰其為人也姿容清雅髮貌豐常有針綴之巧立業之良風送芰荷香滿花日匀花蕚發新紅深明閨壺理洞識古今章萬里無雲天一色三秋風色繡衣輕心靜似月明雲漢性急如風捲滄浪財源旺足家業軒昂非嫂非奔閑快樂何須愎服受恩先此則旺益之命良人年長殘婚客子嗣生成貴顯郎運行初戊戌上人庇下未斷炎凉己亥運中秦樓年少吹簫女漢苑風流付粉郎庚子運中雖則夫門財業旺還愁風雨暗滄浪辛丑運中財源富足羅綺盈箱壬寅運中青草青江相媚綠新鶯新柳競爭黄癸卯運中晚年快樂福祿遐長甲辰運中人生從此別一枕入黄梁

子平遺書
九

辛未年　丁酉月　丁亥日　辛亥時

此八字丁亥日貴之辰相配柱中金水才官之格才威生官終身有慶值斯命者生於右族長於名門椿萱不逮祿養鴻臚有不同群其為人也丰姿清秀天性乖能般般精覽件件不精有近貴親賢之德應上和下之能終是功名之客豈為田舍之翁不費十年苦學定膺九載成名一朝借得吹噓力也應祿馬旺前程此則榮貴之命鴛幃宜有贈子嗣晚光榮運行初丙申上人庇下未斷平生乙未運中雪晴雲散後遇貴入公門甲午運中勞形案牘光風霽須臾風雨喜何驚癸巳運中驛馬起程登上國始知冠冕可榮身壬辰運中皇恩有感聲名顯貴政琴堂德望新辛卯運中耿耿聲名重滔滔雨露深庚寅運中晚年閑快樂樽酒樂怡情己丑運中春光去也一枕清風

辛未年　　丁酉月　　壬午日　　辛亥時

此八字六壬生臨午位號曰祿馬同鄉相配柱中旺金印綬之格女人得此生於右族配於名門姿容閨朗髮貌精神有針綴之巧立業之勤雲妝華岳千山秀水到湘江一樣清深明閨壼理洞識古今情雖非正娉亦不言奔楊柳無風枝嫋娜梅花有月夢精神難觸犯易喜嗔是非二枕明花燭樂意生來配舊婚此則益旺之命良人榮貴須年長子嗣生成臻灶人運行初戊戌上人庇下未斷升沉己亥運中紅葉溝中傳密意赤繩月下結良姻庚子運中雖則夫門榮快樂幾多人事尚虧盈辛丑運中萬疊好山雲乍斂一樓明月雨初晴壬寅運中天上三陽泰人間五福增癸卯運中晚年多快樂子貴也沾恩甲辰運中粧樓人去也臺鏡掩晨明



辛未年　　丁酉月　　丁丑日　　壬寅時

此八字丁丑日元相配柱中金水才官之格女人得此生於右族長於高門椿親榮晚萱重繼天边鴻鴈各鳴騰其為人也妖娆体貌清洒姿容有針綴刺綉之巧相夫教子之能春入水光成嫩綠日匀花蕚發新紅斷機曾效軻親訓剪髮能存侃母心楊柳無風枝嫋娜梅花有月蕚精神难觸难犯易喜易嗔不隨夫子業只守父母門雖不鳳冠帔服自然倉庫豐盈此則穩旺之命良人贅配同庚友子嗣秋来有挺榮運行初戊戌幼年之下毓秀閨門己亥運中匹配何門友花從錦上增片時風雨不攪精神庚子運中正是太平光霽景須臾風雨尚愁人辛丑運中淡烟楊柳岸薄霧杏花村壬寅運中萬疊好山雲乍起一輪明月雨初情一番風雨過山青癸卯運中使婢臨厨烹異品抱孫堂上過幃屏甲辰運中粧樓人去遠臺鏡已成空

辛未年　丁酉月　戊戌日　辛酉時

此八字戊戌魁罡之日相配柱中之金傷官之格水土椿萱秀西風鴈影橫姿容稍清政性格頗聰明日羅風和青歸柳葉睛初變春融景媚紅入挑英媛始生那堪一疾萦身苦曲背運如龜鶴形此則中和之命良人得合宜相敵子嗣花開果有成運行初戊戌少年之景雲風輕已亥運中源明閭閭理洞識古今情庚子運中到此漸知光景好湍庭佳氣福元增辛丑運中未歡桃李紅紅色且喜江河漾漾澄庚寅運中家肥業旺心廣事亨辛卯運中須臾風浪息依舊樂康寧壬辰運中一揖南窓下清風夢不醒



辛未年　丁酉月　戊午日　庚申時

此八字戊申之日相配柱中金水傷官兩才之格人生得此生於名族長於名門椿萱先別榮棣合教宗且為人也丰姿消雅天性和能般般稍覺件件不精行藏果斷作事為高人起敬貴客相欽祖業添新慶根源勝舊風款為商賈思慕功名名利必從天上降才源自向遠方生鑿山開大路堀土必通泉着意求名必遂同心覓利必豐莫道枯枝堆結果秉君留意任殷勤此則淘少見金之命鴛鴦運低二載子嗣榮門定星醫運行初丙申幼年之下未斷平生乙未運中春園雖兩過挑李未生吳甲午運中自有貴人相拾引何愁仕路不光榮癸巳運中間名則名星達開利財利豐盈壬辰運中威權布儘多光彩遂愁風雪滿門庭辛卯運中才權秉美福禄駢臻庚寅運中一枕除香隔年梦斜風吹散楚山雲

辛未年　己亥月　壬申日　壬寅時

此八字壬申長生之日傷官助才之格人生得此火木椿萱双脫茂天邊鴻鴈不聯行丰姿清秀天性明良衣冠雅麗礼樂鏗鏘豹变南山还沭九重闱露蛟横北海也成一代珪璋此則穩業之命鴛幃得配名門女子嗣生成後傑郎運行初戊戌上人庇下未断平生丁酉運中欲思登仕路任用習文章丙申運中声名從此顯舊誉一朝揚乙未運中耿耿声名重淄禄位昌甲午運中正欲一方布德何期風雪一場癸巳運中依然光新戟位加昌壬辰運中業同故里辛卯運中一夢黃昏



辛未年　丁酉月　丙戌日　辛卯

此八字丙戌日元捐配庄中旺金才旺生官之格人生得此生於右族長於高門椿萱有倚先别父天边鴻鴈各行鳴其為人也丰姿清雅天性老誠雖無深計較猶有淺聰明雖不成名利生來逢貴人重成新事業再整旧門廷五海四海生涯好萬水千山過路通不向事途求聞達時來湖海覓黃金得遇江山詩句倆忘情日月酒宜深但忠一生衣禄穩何須矜爲入青雲此則饒禱之命鴛幃連珠高一載子嗣秋來旺家門運行初丙申上人庇下雲月朦朧乙未運中雪時天樂滿幾多人事如心丙午運中才有以增晦耗事有遠处不通癸巳運中着意種花花不發無心栽柳柳成陰須史風雨雨過山青壬辰運中負載不辞千里遠貸才惟喜四方通庚字之中片時風雨辛卯運中福若泉源湧才如春氣生庚寅運中晚年才祿旺己丑運中一枕入巫峯

辛未年　丁酉月　戊戌日　庚申時

此八字戊戌魁罡之日傷官之格傷官傷盡窮為奇女人得此多機变會友吾過如男子勝如丈夫鮮同心於妯娌不並倚於翁姑壽如山峙常蒼茂福似淵流不涸枯此則穩延之命良人配合須長桂子花開果不踈運行戊戌日辰重併世事多羅己亥運中配鳳鸞之對偕琴瑟之和庚子運中細看月輪常有意定知青桂近姮嫦辛丑運中柳眉紅達岫星眼動秋波壬寅運中西風洒蒼雪幾度事差訛癸卯運中不慊叮玉指頻促度金梭甲辰運中春景安閑多快樂乙巳運中黃粱一夢入南柯



辛未年　丁酉月　癸巳日　丁巳時

此八字癸巳貴人之日相配柱中全土官印之格有官有印無破作廊廟之財主人生於宦族長於名門椿親喜量金腰客天边鴻雁各飛騰其為人也丰姿清秀天性聰明源流三峽詞能及筆掃千軍詩興論珪璋自是清朝客筆律偏諳治世英終是儒者之客豈為田舍之翁北海蛟龍出頭角南山豹變爪牙新一從姓字傳揚後金紫榮看次第陞此則榮貴之命鴛幃金玉闊子嗣晚光榮運行初丙申上人庇下未斷平生乙未運中不負寸陰之惜豈辜題柱之功甲午運中禹浪三層鄂躍過秉笏金鑾拜聖明癸巳運中郎署官函何三美大夫職位又重封壬辰運中重重金紫當是景还愁風木片時生辛卯運中正欲忠君輔国何期解綬思尊庚辰運中九地可憐埋片玉五雲無復見儀形

辛未年　丁酉月　壬辰日　辛亥時

此八字壬辰魁罡之日印綬之格主人生於茂族長於良家一對椿萱双脫別幾枝鴻鴈陣行斜丰姿磊落性格磬華家庭舊業須磨琢世利新成再切磋萬里春風行樂頌滿庭佳趣瑞祥多雖然不是重金客福祿財源富苦何此則饒關之命鴛幃貴順桂子婁姿運行初丙申承上人庇下居安樂之窩乙未運中鶯吟燕舞日麗風和甲午運中貴客一朝提挈去方能行樂謾賡歌癸巳運中才權阜美福祿崇哉壬辰運中西風洒蓉雪幾度串差訛辛卯運中庇下一樽心便足何須騁馬步馬坡庚寅運中光陰　如梭指一夢到南柯



辛未年　丁酉月　庚寅日　壬午時

此八字庚金相配柱中木火財官之格羊刃持命事不十全主人椿萱有奚雙耄鴻鴈聯行又斷行丰姿清秀礼樂鏗鏘聰明書藝遠倜儻世情長驪珠照魏光難掩雷劍生豐氣莫藏玉產崑崗藏韞色蘭生楚澤散清香君若肯登於仕路也數頭角聳軒昂此則特達之命鴛幃玉潤桂子標香運行初丙申上人庇下不煖不涼乙未運中渥水生騏驥丹山出鳳凰甲午運中萬里春風行樂頌四時佳趣瑞祥光癸巳運中威權有布人欽伏財帛與隆第宅昌壬辰運中一番風雪過沛澤滿門墻辛卯運中冲擊之所月被雲囊庚寅運中安閑晚景己丑運中一夢黃粱

辛未年　丁酉月　己亥日　丙寅時

此八字食神帶印之格人生得此生於仁門長於右族椿親耐晩萱先別棠棣庚前各捷榮其爲人也丰姿清俊天性能爲無建侯封爵之尚有高謀遠見之機巧成新事業壯觀旧門閭花盈上苑果盈圃稻滿平疇水滿池一朝但得吹虛力名利光陽福祿弥此則特達之命鸞幃宜有聰子嗣桂蘭奇運行初丙申少年之景無益無方乙未運中區區未遂平生志須用潛心且待特甲午運中寒向梅中尽春從挪上增癸巳運中滚滚才源旺滔滔福祿齊壬辰運中一番風雪過大地尽春帰辛卯運中才源富足家業盈余庚寅運中桃源春去也蓬島信未㛹



辛未年　丁酉月　己巳日　己巳時

此八字己土相配柱中金火食人帶印之格人生得此生於仁原之族長於信義之門姿容清秀天性華能有治家立業之道相夫教子之能萬里無雲天一色三秋好景月長明克勤而克儉易养而易嗔處世喜無榮辱平生幸不富貴晩年光霽景福孝子孫此則旺盛之命良人配舊宜年敵子嗣生成特達人運行初戊戌上人庇下未斷平生己亥運中匹配名門叏花從錦上增庚子運中片雲蔽日雨過山青辛丑運中古樹含風常帶雨寒岩四月始知春壬寅運中雖則夫門才業旺旺中尚有事盈虧癸卯運中紅日点穿湘水碧白雲堆破楚山青甲辰運中須史風浪頃刻波平乙巳運中正好倚樓觀皎月無端又被白雲生從此丙午運中青夢無憑

辛未年　丁酉月　癸巳日　癸亥時

此八字癸巳貴人之日相配桂中旺金印綬之格人生得此生於右族長於仁門椿萱有倚雌双鸞天邊鴻鴈各行鳴其爲人也丰姿清秀性格和溫知高識下理白分清過火黃金重長價離雲皎月倍清明重成新事業再整旧門庭欲爲商賈思慕功名笋因落籜方成竹魚爲奔波始化龍君若有心於仕路也應從事可榮身不費區區力終爲發福人此則擊石生烟之命鴛幃有犯須年敲子嗣秋來旺宅門運行初丙申上人庇下未断升沉乙未運中欲速不達揚帆待風甲午運中偶逢貴客相携挈從此前程有路通癸巳運中問名則名顯達問利則利豐盈壬辰運中威權有布人欽服才帛興隆福祿增辛卯運中晚年閑快樂庚寅運中一枕入佳城



辛未年　丁酉月　甲午日　丙寅時

此八字丁甲木相配格中旺金正官之格正官者貴氣之物也女人得此本受榮封惜乎傷官在柱反不爲美姿容窈窕髮皂精神生於華門主寶長於歌舞之門有針綴刺綉工巧彈紛品竹之能公子王孫新換旧春風楊柳弱条情衾寒衾冷愁更永送旧迎新也恼人此則妓女之命良人多少情無合子嗣秋來始有成運行初戊戌花房之內頻蕪笋纂巳亥運中契合琴鸞成好夢寅紅葉聚豪美癸子運中歡娛嬉夜短寂寞愁更深辛丑運中閑中生駁驕莫有憂心壬寅運中貴客多來聚滔、才祿增癸卯運中紅稀春月老行樂少精神午戌運中一夢無常來速管弦簫囊寂無声

辛未年　丁酉月　丙子日　己亥時

此八字丙子日元相配柱中金水才杀之格女人得此生於右族長於名門外家退敗夫業興隆椿父先歸萱耐晚天边鴻不同群其為人也姿容清秀髮皃精神有針線之功立業之勤春入水光成嫩緑日匀花蕚發新紅斷機留効軻親訓剪髮能傳侃母心克勤而克儉易喜而易嗔雖不鳳冠帔服自然福禄駢臻此則穏厚之命良人連珠須配小子嗣金風孝義深運行初戊戌運中上人庇下毓秀閨門己亥運中詠桃夭之化恊魚水



之情庚子運中雖則夫門多快樂幾多人事尚兮盈辛丑運中花嬌後含宿雨柳媚尤帯金風壬午運中雨過萬重山有色雲開千里月光明須更風雨兩過山青癸未運中夫賢子秀樂意忘情甲申運中晚年閑快樂乙巳運中臺鏡掩晨明

辛未年　丁酉月　甲戌日　己巳時

此八字甲戌日元相配柱中旺會正官之格喜逢時值食神遇斯命者生於右族長於名門椿萱連理萱歲長天边鴻鴈独飛鳴其為人也半姿清秀天性聰明世事頗好文理畧通風月處友消洒客情楼臺疊疊生涯好才帛盈囊福禄增門外田疇千古計庭前花木四時春好將風月為生計金玉松筠舊歲春笙歌深處欣行樂羅綺叢中幾醉醒高人起敬貴客相欽好意當成好真心換得嗔鄉民仰德何須羡時来献策也光荣此則高貴之命



鴛幃有犯須重結子嗣秋来嫡顯荣運行丙申上人庇下天朗氣清乙未運中雲開山聳翠雨過草重青甲午運中正是太平光霽景素耗閑非續斷声癸巳運中才源滚滚家居好風雪灾非一度驚壬辰運中咸德時時長恩波日日深當此之際風雪逡巡辛卯運中庭前竹報日外平檻外花開富貴春外字之中風雨还侵庚寅子貴重荣贈東籬菊酒馨己丑運中晚年快樂戊子運中春夢無憑

辛未年　丁酉月　己丑日　甲子時

此八字己土天元相配金木傷官之格主人生於文迪之族長於温厚之門丰姿清秀天性乖能頗知今古事稍識聖賢經一對椿萱先别母幾枝棠棣不聯英豈是池中物尤来席上珎文章别有凌雲志德業豈無觀国賓此則榮貴之命鴛幃全正副子嗣秀还馨運行初丙申上人在下未断平生乙未運中欲遂斑超投筆志須棲董子下帷功甲午運中声名重此顯汨沒一朝伸癸巳運中雪消雲散天如洗從此滔滔雨露均壬辰運中一天膏雨隨車至千里仁風逐扇生辛卯運中正宜食俸禄未許解簪纓庚寅運中回来故里己丑運中一枕清風



辛未年　丁酉月　丁亥日　辛亥特

此八字丁亥日貴之辰相配柱中金水才官之格人生得此生於右族長於名門椿萱双悦羌鳴鴈各行鳴其為人也丰姿清秀天性聰明頗知礼義稍識古令有近貴親賢之德應上和下之能水光浮座盈盤瑩花氣侵人㖄語聲看祖業添新慶根源勝旧風笋因落籜方成竹魚為奔波始化龍終是功名之客豈為田舍之翁不貴十年若孝定應九載成名悦年光霽禀德澤惠黎民此則榮貴之命鴛幃有犯須年㪚子嗣炑来旺宅門運行初丙申上人庇下未断平生乙未運中欲速不達揚帆待風甲午運中勞刑案牘多先彩尚有蹉跎未順情癸巳運中春除巾帽簪烏帽麻衣換得緑衣新當此之際風雪蒲庭壬辰運中皇恩有感声名顯賛改琴堂德望新辛卯運中此運見陞还見退且宜離下高情庚寅運中無恩無慮己丑運中一枕入佳城

辛未年　丁酉月　壬午日　辛亥時

此八字六壬生臨午位号曰祿馬同鄉官印之
格人生得此生於右族長於仁門萱毋早歸椿
後別天边鳴鴈各騰風其為人也丰姿倩貴天
性聰明般般稍覧件件不精風月慶交消酒客
有近貴親賢之德須應上和下之能祖業重脩舊根
原勝旧風有心覓貸利無意守功名花無桃李
非春色人有笙歌是太平好意番成惡真心換
得嗔但願一生才好旺何須隨馬入神京此則
豐饒之命死幃有犯須同屬子嗣秋香始有咸



運行初丙申上人庇下風雪滿空乙未運中世
事不如短春夢人情薄似秋雲甲午運中人生正
在風處只恐閑非素耗侵癸巳運中才源旺益
家居好片時風雨片時驚壬辰運中天上三陽泰
人間五福增須臾進退此則逡巡辛卯運中軒開
化日千祥集詹勝門風百福增庚寅運中歸去
也鳥空啼

辛未年　丁酉月　甲戌日　己巳

此八字甲木日元相配柱中金次傷官正官之格
傷官在柱減我功名主人生於良族長於仁門
水命嚴嚴雙晚茂天邊鴻鴈各行鳴其為人也丰
姿清秀天性聰明般般稍覧件件不精祖業添新
慶根基勝舊風曰福曰榮自有順天之慶常安常
樂豈無福地之深門外田疇千古計庭前花木四
時新不必功名為念豈將冠冕磨礱花無桃李非
春色人有笙歌是太平得意江山詩句縱忘情日
月酒盃深但願才源富足何須天府沾恩此則穩



厚之命鴛幃左右須年敵子嗣森枝晚節榮運行
初丙申上人庇下未斷平生丁未運中如日初出
似月始升甲午運中登臨雨濟賞翫寸陰癸巳運
中寒向椿中畫才源挪上生壬辰運中才源富足
家業餘盈辛卯運中當此之際風雪滿庭辛卯運
中無客尽傳詩禮樂有朋來自遠方生庚寅運中
無思無慮不癃不榮己丑運中花已落月尤沉

辛未年　丁酉月　丁丑日　壬寅時

此八字丁丑日元相配柱中金水才官之格女人得此生於右族配於高門椿親棠晚萱重繼天邊鴻鴈各飛騰其為人也妖嬈體貌消洒姿容有針綴剌綉之巧相夫教子之能春入水光成嫩綠日匀花蕚發新紅斷機曾効軻親訓剪髮能傳侃母心楊柳無風枝嬝娜梅花有月蕚精神難觸難犯易喜易嗔不隨夫家產業只守父母門庭雖不鳳冠帔服自然金谷豊盈此則穩旺之命良人贊得同庚文子嗣秋來有挺榮運行初戊戌幽閑綉閣毓秀閨門已亥運中四配仁門文花從錦上增片時風雨不損精神庚子運中正是太平光霽景須史風雨尚愁人辛丑運中淡烟楊柳岸薄霧杏花村過此壬寅運中萬疊好山雲乍歛一樓明月雨初晴梨花舞雪雨過山青癸卯運中使婢臨厨烹異品抱孫堂上樂升平甲辰運中粧樓人去也臺鏡掩晨明

子平遺書　三十

辛未年　丁酉月　丙申日　戊戌時

此八字丙申之日相配柱中旺金才旺生官之格女人得此生於右族長於名門椿先歸萱耐晚天邊鴻鴈各行鳴其為人也姿容清秀髮兒精神有針綴之巧立業之勤衣冠濟、三從備家業昂、四德新相夫應有道訓子挺成群難觸難犯易喜易嗔佇看夫榮子貴也應同沐

皇恩此則榮益之命良人火命須年少子嗣生成貴顯人運行戊戌上人庇下毓秀閨門庚子運中雖則夫門榮快樂幾多人事尚豐盈辛丑運中正是太平光霽景五夜金風未放晴壬寅運中羅綺千般色裙釵化日明寅字之中如履薄氷癸卯運中子貴夫榮多快樂何愁箒皂不光榮甲辰運中安閑脫景乙巳運中春夢無憑

子平遺書　三一

辛未年　丁酉月　己丑日　癸酉時

此八字己丑日元相配柱中水金傷官助財之格人生得此生於右族長於名門椿萱双脱别棠棣苑邊春其為人也丰姿清秀天性乖能知高識下理白分清世事煩將就般般學父精行藏果斷作事老成豈無高仕敬時有貴人欽學問曾遊泮水功名儼若浮雲花無桃李非春色人有笙歌是太平不向仕途求聞達却来湖海覓黄金雖不見溪封壽自然福禄無窮此則穩厚之命鴛幃有犯須年長子嗣秋来朶朶榮丙申運中上人庇下詩札



趨庭丁酉運中刻鵠不就畫虎不成甲午運中雖則行藏有慶幾多人事虧盈癸巳運中正是太平光彩福元昌茂還生壬辰運中當此之際風雪重重財源富足樓閣凌雲一番風雨頃刻逡巡辛卯運中庭前竹報平安日檻外花開富貴春庚寅運中夕陽有阻遊水無聲

辛未年　丁酉月　丙子日　丁酉時

此八字丙子日元坐正官之位相配柱中旺金才旺生官之格才盛生官終身有慶人生得此生於右族長於名門萱毋先歸椿棠晚天邊鴻鴈各淩雲其為人也丰姿瀟洒天性聰明錦綉胸藏賢聖學珠璣口吐武文風騷白妙為天下白高才俊似海東青終是功名客豈為田舍翁鰲折王蟾攀桂去馬隨春夢踏花行一從姓字傳揚後九五天門面聖容此則榮貴之命鴛幃燭夜添新丞子嗣金風牽且忠運行初丙申幼年之下未斷平生乙未運中雪晴天未暖芹泮有書聲甲午運中執卷幾回空探月時来有日自升騰癸巳運中到此始知文學好長安道上馬蹄輕壬辰運中粉署聯班才獨称皇恩有感大夫榮辛卯運中有才應大用未許便閑身庚寅運中榮歸故里有酒盈樽己丑運中花落水流春已失蘭摧玉折恨何明

辛未年　丁酉月　乙未日　丁亥時

此八字乙未日元相配柱中旺金傷官之格人生得此生於良族長於仁門椿父先歸萱耐晚天邊鴻鴈各行鳴其為人也丰姿清秀天性老誠雖無深計較稍有淡乖能自有順天之慶豈無福地之深雖成新事業難守舊門庭怡情下氣優為仕進後趨前近貴人福祿江山外行蔵海湖中不是功名客終為興旺人初運不如中運可旺年運貴旺才星此則發福之命鴛幃連珠須配小子嗣秋來朶朶或運行初丙申上人庇下未斷平生乙未運中雪晴天未煖行樂未如心甲午運中乍雨乍晴留客景或寒或煖因人春發己運中才源雖旺足素耗尚愁人壬辰運中成四帰佳趣立萬古門庭辛卯運中須吏風雨庚寅運中天上三陽泰人間五福臻己丑運中夕陽有限春暮無憑



辛未年　丁酉月　辛未日　己亥時

此八字辛未日元相配柱中木火才殺之格喜逢建祿身強遇斯命者生於良族長於仁門金水椿萱双悅別天邊鴻鴈各分群其為人也丰姿清秀天性老誠知高下識重輕頗曉三分道理文章一竅不通自有順天之慶豈無福地之深市廛生計廣湖海祿元豊水光浮座盈盤瑩花氣侵人咲語馨花無桃李非春色人有財源樂太平時至自然生秀麗運來第宅驟然興但願門蘭萬價厚何須天府沐皇榮此則穩厚之命鴛幃金命須年敵子嗣虧中又有盈運行初丙申幼年之下強保平生乙未運中娟娟雲裏月灼灼葉中英甲午運中雖則行蔵有慶幾番人事尚虧盈癸巳運中財源滚滚家居好尚有閑非素耗生壬辰運中成四時之佳趣立萬古之門庭辛卯運中松尚茂柳尤青庚寅運中晚年開快樂己丑運中一枕入巫峯

辛未年　丁酉月　乙未日

此八字乙未日相配柱中金局偏財之格天祿此亦足以榮其身注人生於茂族配於文房姿容嬌娟德性溫良椿萱棠棣榮双壽妯娌翁姑待滿堂有針綴之機巧教之子皆良佇看晚年臻福慶輝輝羅綺積盈箱此則榮善女命良人配合如魚水桂子秋來朵朵香運行初戊戌上人尻下冬暖夏凉己亥運中匹配成佳偶鸞歌鳳亦翔庚子運中夫旺門榮旺行藏樂一旦梨花舞文陽辛丑運中錦綉千般色珠羞百味香壬寅運中財源滾滾福氣洋洋癸卯運中沖繫之所月被天囊甲辰運中落日青山外西風起白楊



辛未年　丁酉月　癸巳日　戊午時

此八字癸巳貴人之日財官印綬俱全三奇秀驟之格伏此根基焉得不美嚴慈賢耄棠棣芳稠其為人也多智慧有機謀可文可武不剛不柔運至時通管取名登鳳閣地靈人傑定應身到龍楼此則達人之命鸞幃配賢女子嗣獲封侯運行初丙申雲淡淡水悠悠乙未運中賢聖朝朝樂詩書日日脩甲午運中豁然機會至准擬步瀛洲癸巳運中英華千里振仁政四方優壬辰運中一番風雪過令爾鬼神愁辛卯運中想是有才脣大用豈教籬下樂春秋庚寅運中夜靜人何處長空月一鈎

辛未　丁酉　壬申　辛亥

此八字壬申日相配柱中之金印綬之格人生得此本顯功名只嫌印氣太重不貴而富椿萱皓骨相虧奉鴻鴈天邊各奮鳴半姿洒落天性聪明學識窮通今古智謀能合賢英祖業添新慶才囊自積成湖海市廛才兩旺貴人薦引勢豪榮此則富旺之命鴛幃配合賢良女桂子生成俊秀英運行初丙申幼年之景月白風清乙未運中詩書雖有志貨利亦関情甲午運中行藏人敬仰財旺事盧驚癸巳運中交四方之豪傑整一簇之門庭壬辰運中雨過山方秀雲開天始晴辛卯運中老當享用子秀孫榮庚寅到巳丑歸去也



辛未年　丁酉月　己卯日　癸酉時

此八字己卯日相配柱中金木食神制殺之格人生得此行藏覺瀟洒喫傲任枯榮堂上椿萱雙壽庭前棠棣數荣學識有成未必騰身於仕路英材特達允能湖海旺財名自有英雄交敬豈無財帛生成此則富旺之命鴛幃鶉屬須年少桂子庭前三四英運行初丙申幼承上庇快樂且平乙未運中便向江湖生貨利無心窓下守孤燈甲午運中世事生光霽風波一但驚癸巳運中跡跡風雪過滾滾貨財生壬辰運中財源厚積大廈新興辛卯運中桑榆暮景倉廩豊盈庚寅到巳丑運中歸去也

辛未　丁酉　辛卯　壬辰

此八字辛金相配柱中水火傷官合殺之格人生得此丰姿穩俊天性聰明生於仁義之族長於詩礼之庭椿萱榮耐脫鴻鴈有飛騰學問有成終是利名之客英才特達豈爲避世之㒵一朝雲霧合騰踏上神京此則榮貴之命篤幃全正副貴子秀茎、運行初丙申上人庇下月白風清乙未運中志欲攀龍附鳳身還剪雪裁氷甲午運中氣感山川生秀麗身沾雨露沐恩榮癸巳運中才源滾、肅氣騰、壬辰運中一番風雪過祿位又加塋辛卯運中金魚綰帶未許辭榮庚寅運中夕陽西下猿鶴哀鳴



辛未　丁酉　甲戌　己巳

此八字甲木配合辛酉之金爲官星己巳之時是金神但嫌身弱不能勝任注人丰姿巖弱立性溫柔根基難倚祖業難留雲散長天淨風清明月圓桂騰香馥郁浪湧色潺湲去鴈何嗟嘆凋花亦可憐會看身後事歸屋盡神仙此則温飽之命運行初入離方萬事馳驅財源散誕運行中東方之地立計成家期人未到愁如海穿井歸來月滿天運行坎方戊子之中夢入巫山歸興遠野花啼鳥恨無窮

辛未　丁酉　辛未　丙申

此八字辛未日相配柱中火土殺印之格人生得此丰姿雅俊天性果剛椿親真倜儻鴻鴈各分翔理窮古今事學貫聖賢章於是功名之客豈爲殖貨之郎擊開水府珠生彩握出豐城有光一朝但得風雲便奮向天恩沐龍恩此則榮貴之命鸞幃配合須年少桂子秋來吐異芳運行初丙申無思無慮庇下安詳乙未運中尋章句摘入室泮堂甲申運中榮沾新寵渥化日煕農桑壬辰運中一番風雪過依舊振權衡辛卯運中威風布千里何事便還鄉庚寅運中要別家何處𢥞啼人断腸



辛未年　丁酉月　癸未日　壬子時

此八字癸未日配乎柱中之金印綬之格喜逢日祿以歸時人生得此丰姿清秀天性聰良椿父先歸萱後別鴈行天際不同翔稍有賢良之志粗知禮義之方祖基重整頓財帛自豊藏湖海市屢財兩旺晚年福慶愈軒昂此則富旺之命鸞幃年少齊眉壽桂子秋來有發芳運行初丙申上人福庇一度氷霜乙未運中飄殘楊柳絮紅紫映春陽甲午運中財源未旺處人事有乖張癸巳運中交四方之豪傑置一族之門墻壬辰運中時通運泰金玉滿堂辛卯運中悠悠處樂庚寅運中夢入仙鄉

辛未　丁酉　丙戌　戊子

此八字丙火相配柱中旺金財盛生官之格經云財盛生官終身富貴值此象者注人丰姿標利性格能爲生於富盛之宅長於名望之門堂上嚴慈金卯壽庭前棠棣我枝馨笋長名園過旧竹花開上苑勝先春孝悌聰明知禮義行藏倜儻動賢英皷擲清韻動石擎紫烟生佇看一朝雲霧合自有榮權播閭隣氣轉華堂增百福錦綉花開大地春此則升騰之命兒怖兩硬添香助子嗣生來榮耀人運行初丙申上人之勢下一度悔風侵乙未運中總有凌雲之秀氣未能施展待時亨甲午運中一聲春霹靂變化五雲程昂昂氣宇振作佳聲癸巳運中正在得名得勢處恩親歸去雪風停壬辰運中富貴榮華當此際緑楊汀外馬蹄輕人民仰讚祿自加增辛卯運中得子再沾於雨露皇恩有處贈封金庚寅運中華堂而納慶沛澤滿門庭己丑運中紅羅書姓字黃土蓋陰靈歸去也



辛未　丁酉　庚午　戊寅

此八字庚午日貴之辰相配柱中木火材官之格喜逢羊刃守提調人生得此性不受觸心不藏私椿萱榮且耋棠棣有連枝歷學古今之事窮通賢聖之書北海蛟横頭角聳南山豹變爪牙齊應聘定須傾紫詔鈞鰲不待試卅墀一從沾寵渥祿位自輝輝此則高榮之命鸞幃重皓首桂子舞班衣運行初丙申運中不榮不辱無憂無思乙未運中欲遂平生志潛心下董帷甲午運中幾向文場跌跌時來便有吹噓癸巳運中一番風雪過千里布霜威壬辰運中兩選祿位一步超越辛卯運中重重騰氣皷日日到天池庚寅運中錦衣故里己丑運中歸去來兮

辛未　丁酉　辛卯　戊戌

此八字辛卯日相配柱中火土杀印之格人生得此本顕功名只嫌運入背鄉減虧福力人生得此丰姿英傑天性剛忠堂上椿萱皓首天邊鴻鴈凌風詩書顒覧今古地角移来方寸天涯寫在毫鋒進山覩水生財利交貴親賢樂酒鍾佇看来暁郎家業愈昌隆此則富實之命鸞幃配合須年小桂子秋来長嫩叢運行初丙申上人庇下霽月光風乙未運中何必窮經覧史不如畫鳳描龍甲午運中生涯多益狂風雪又漫空癸巳運中湄滔狂才禄日日會英雄壬辰運中財旺福興人敬仰一番風浪不成由辛卯運中正欲成家立業何期夢入巫峯



辛未年　丁酉月　丙申日　辛卯時

此八字丙申日相配柱中之金才旺生官之格正謂財盛生官終身有慶值斯格者仕路榮登椿萱有贈难双耄鴻鴈天邊各奮騰學問有成擊開水府殊生彩英才卓冠掘出豐城劍有声一從姓字登黄甲日、趋朝謁聖明此則顕耀之命鴛帳名門賢淑女桂蘭須看晚生英運行初丙申幼承上庇暮史朝經乙未運中執卷幾番探時来一旦馳名甲午運中錫宴沾恩寵声華播鳳城癸巳運中一番風雪過禄位两加陞壬辰運中戢列澄清金紫貴須史祖節又昇平辛卯運中大才大用庚寅運中青史留名

辛未年　丁酉月　壬午日　丁未時

此八字壬午日相配柱中金火禀印試才之格人生得此手姿清致天性仁慈足踐如來之地身穿忍辱之衣椿父先帰萱耐晚鴈行天際各東西三昧無障五戒堅持晚卻叢林尊德望十方善信盡帰依此則清高之命運行初丙申萱親庇下空逐風飛乙未身登三佛地事致一番花甲午運中神通具足行藏順交貴親賢福慶彌癸巳運中主席名大敎光明普照無私壬辰運中一番風浪過佛日挺長輝辛卯運中老當壯觀恩澤加濡庚寅運中彌陀接引蓮步西帰





辛未　丁酉　戊寅　庚申

此八字戊寅日配合柱中之金傷官之格女人得此儀容英麗歷事辛勤生於善俗配於高門椿萱棠棣難相守妯娌翁姑不共群掌家全理道歷事有精神花發園林香馥郁月離海嶠色清新雖非正聘亦不言奔此則能事女命良人獲配榮華客桂子生成顯煥人運行初戊戌上人庇下未必安身已亥運中雖則鴬歌鳳舞暗中泪洒黃昏庚子運中裙釵加壯麗喜氣自添新辛丑運盈頭輝翠插列席感奇珎壬寅運中寸雲玷月不損精神癸酉運中華堂安享滿目兒孫甲辰運中粧楼人去也臺鏡自生塵

辛未年　丁酉月　癸酉日　己卯時

此八字癸酉日配干柱中之金印授之格人生得此干姿英傑天性明良播樹星榮萱耐晚厲行天際有同翔孝識穿通今古筆鋒能理憲章終是功名之客豈為田舍之郎一日飛騰足為天官考最声揚此則显身之命鴛幃早少双諧老桂子秋来吐異香運行初丙申幼承上庇其樂何當乙未運中尋章摘句入室升堂甲午運中幾番思附鳳時至便軒昂癸巳運中一番風雪過騰踏上天堂壬辰運中榮沾新寵遷光耀舊門墻辛卯運中威儀千百里未擬便还鄉庚寅運中悠悠壽樂己丑運中梦入仙鄉



辛未年　丁酉月　己丑日　庚午時

此八字己丑日相配柱中之金食神重犯傷官用印之格人生得此姓顯名揚椿親榮貴萱同耄宗祿庭前有共芳干姿洒落天性明良筆底詞源三峽遠胸中學業五車藏一舉可冲天之勢片言有折獄之方姓字榮登雁塔果然職列風綱此則榮肅之命鴛幃金命須朝副桂子秋来吐異香運行初丙申却承尊庇摘句尋章乙未運中尋章摘句入室升當甲午運中禹浪三層都躍過風生鐵面凜氷霜癸巳運中雪晴加祿位職列大夫行壬辰運中藩臬權衡重風波不致傷辛卯運中大才當大任未擬便还鄉庚寅運中孫賢子秀己丑運中夢入他鄉

辛未　丁酉　壬辰　甲辰

此八字壬辰魁罡之日相配柱中金印綬之格女人得此姿容清秀天性果剛椿萱双皓首妯娌各分行有立業営家之道相夫教子之方錦綉花開春富貴琅玕竹報日安康佇看末晚節福氣享榮昌此則榮安女命良人配合驪珠客桂子生成奪錦郎運行初戊戌上人庇下快樂何當己酉運中紅綠牽幃幌翠褌贈薦蕤庚子運中萬象光華家業盛一番人事暗平張辛丑運中晚年多快樂蘭桂自生香甲辰運中花落人歸去猿啼人斷腸



辛未年　丁酉月　丙戌日　己亥時

此八字丙戌日相配柱中之水時上偏官之格人生得此多機多智不勇不慈金水雙親堂上壽夭邊鴻鴈有分飛學識粗通書史生涯多在色絲祖業多華麗才囊自積齊但願行迎湖海客何須身到鳳池此則穩當之命鴛幃年長須龍女桂子森森向晚奇運行初丙申上人庇下無慮無思乙未運中才源來愈旺人事有趍超甲午運中世事如棋局人情似亂絲癸巳運中一番風雪過財旺勢光輝壬辰運中錦綉千般麗風霜一度悲辛卯運中晚年發旺庚寅運中歸去來兮

辛未年　丁酉月　辛未日　己亥時

此八字辛未日配乎柱中金土殺印之格女人得此儀容朗麗天性明良椿萱棠棣分年耄妯娌翁姑侍不常有立業学家之道應上和下之方心靜似月明霽淡性急如風捲滄浪佇看来晚節福慶也安康此則掌家女命良人配合須年長桂子秋来吐異香運行初戊戌閨門毓秀冬暖夏凉己亥運中配匹成佳偶風霜攪一塲庚子運中雖則行蔵順利花鈿拆卸何當辛丑運中幾番心事令人悶悶過依然樂意長壬寅運中漸漸精裙谿爽看看家業豊昌癸卯運中冲擊之所倍旺財囊甲辰運中夫賢子秀乙巳運中鏡掩晨粧



辛未年　丁酉月　壬辰日　甲辰時

此八字壬辰魁罡之日相配柱中之金印授之格印授者上格也人生得此丰姿英達志氣豪洪生於望族長於華宗金水双親榮皓首天邊鴻鴈有清風學問有成終是利名之客英才特達豈為田舍之翁一朝雲霧合准擬化成龍此則貴人之命鴛幃有碍須年敵桂子秋枝長嫩叢運行初丙申上人庇下詩禮從容乙未運中歆遂平生志宜加董子功甲午運中一從姓字傳楊後絳帳高懸播道風癸巳運中兩殺相制職位加封壬辰運中風雲初晴後衣冠拜九重辛卯運中冲擊之所夢入巫峯

辛未年　丁酉月　甲申日　乙丑時

此八子偏官之格亦有金神之意女人得此生於富族長於高堂椿萱榮顯鴻雁翱翔裙釵而壯觀福祿以軒昂待夫盡礼教子有方性快如江濤滾心安如山月蒼蒼生涯浩浩安居好羅綺飄飄樂趣長天壽家家明月春風處處紅芳此則富饒之命良人豪邁桂子清香運行初戊戌初生珠生合浦玉韞崑崗己亥運中共結絲山海固永諧琴瑟地天長庚子運中潤家庭之財業長内外之風光辛丑運中用神入墓一度悠揚壬寅運中千斯倉萬斯箱梅已白菊尤黃癸卯運中子秀孫賢多快樂蔥蔥佳景譪門墻甲辰運中春光如過隙精魂赴泉鄉



辛未年　丁酉月　己丑日　己巳時

此八字己丑日相配柱中金火傷官用印之格亦有金神之意值斯命者嚴毅資稟慷慨行藏椿萱皓首方分別棠棣庭前有吐芳學識粗通書史智謀栽短補長事業每從忙裏就才源自向遠方生佇看市廛生計旺自然湖海姓名香此則富厚之命鸞幃配合須年少桂子森森有挺芳運行初丙申庇佑之下快樂安詳乙未運中洞房生喜氣樂處事乖張甲午運中不獨英雄交敬尚看才帛盈囊癸巳運中梨花雨過家業繁昌壬辰運中到此家藏珠玉門前車馬喧爭辛卯運中蘭桂挺芳行樂順黃花綠酒樂倘佯庚寅運中木落西風裏猿啼人斷腸

辛未年　丁酉月　癸巳日　丁巳時

此八字癸巳貴人之日相配柱中金土官印之格李印龍才之論主人生於右族長於高門椿萱榮晚贈鴻鴈陣行分其為人也丰姿清秀天性聰明五車書富三冬足兩石弓當萬驥冲終是公名之翁豈為田舍之翁龍門變化三春浪鵬路道遙萬里程一從姓字傳揚後九天雨露沐皇恩此則榮貴之命鴛幃燭夜添新慶子嗣秋成貴顯人運行初丙申上人庇下詩礼趨庭乙未運中欲向雲中牽足須從灯下留心甲午運中到此始知文章好長安道上馬蹄輕癸巳運中自沐天恩寵聯班紛署榮壬辰運中金紫近榮權位重愁看門外雪臨庭辛卯運中有材應大用未許便辭榮庚寅運中九地可憐埋片玉五雲無復見儀形



辛未年　丁酉月　甲戌日　戊辰時

此八字甲辰日元相配柱中金土才官之格傷官在柱運行南方藏吾貴氣主人生於右族長於仁門木命椿萱連珠屬天邊鴻鴈各摶風其為人也丰姿清秀天性聰明般般稍覽件件不精謀動君子威伏小人行藏果斷作事老成自有順天之慶豈無福地之深祖業添新慶根源勝舊風五湖生計好四海祿元豐得意江山詩句健忘情日月酒盃深拙於自己巧與他人花無桃李非春色人有笙歌是太平雖不建侯封爵自然才祿興隆此則穩厚之命鴛幃連珠須配長子嗣秋來朶朶榮運行初丙申上人庇下未斷平生乙未運中青歸柳葉晴初變紅入桃花煖未匀甲午運中畫水無聲空有浪繡花雖艷不聞馨須臾風雨頃刻邊迎癸巳運中不意之中曾得意用心之處不如心片時素耗須刻憂驚壬辰運中才源富足家居好風雪關非尚惱人辛卯運中門楣壯觀福祿駢臻卯字之中如月入雲庚寅運中無思無慮己丑運中一枕清風

辛未年　丁酉月　癸未日　丙辰時

此八字癸未日元相配桂中令土官印之格女人得此生於右族長於名門椿萱雙晚茂棠棣各敷榮其為人也姿容清雅髮皃超羣有飦食青衣之懊恼治家立業之才能女工機巧惟全晓婦道蘋蘩安貞頗能相夫應有道教子捲成群雛觸難犯易喜易嗔玉產崑崗藏韞色蘭生楚澤散清香晚年子貴显也共沐皇恩此則益旺之命良人木命須年長子嗣生成有旺榮運行初戊戌上人下庇毓秀閨門已亥運中路入蓬源花爛熳播横鍜漢水澄清庚子運中柳嫩不奈三月雨花嬌捻忌五更風辛丑運中萬里烟雲收歛一楼秋月光明壬寅運中天上三陽泰人間五福增癸外運中子貴夫賢家業好何愁第宅不光棠甲辰運中百年綺縟成何用一道訃音不可聽





辛未年　丁酉月　丁酉日　辛亥時

此八字丁酉日貴之辰才官生官之格值斯蒙者注人手姿促雅性格剛忠生於文望之族長於詩礼之家椿萱难並奉棠棣各翻風詩書博見今古皆通万里投揺驚騷一声霹靂驟驪龍長安人帰路花触彩旗紅此則英貴之命鴛幃金玉潤桂子綻秋叢運行初丙申不榮不辱快樂無窮乙未運中欲遂草生志且加董子功甲午運中声名從此揚閭里次弟榮廷達九重癸巳運中黎元沾沛澤郡縣仰威風壬辰運中皇恩有成祿位加封辛卯運中金魚館祿帶享千鍾庚寅運中英雄都尽也世事總成空

辛未年　丁酉月　戊戌日　乙巳時

此八字戊戌魁罡之日相配柱中金火傷官用印之格喜逢日禄以帰時女人值此生於名門配於右族姿顔明潤性格賢明椿萱有崇倚鴻鴈塞边鳴万里無雲天一色三秋好景月長明裙釵壯麗福氣峥嵘此則崇秀女命良人得配登庸客桂子生成奪錦英運行初戊戌閨門之内快榮安荣已亥運中洞房生喜氣行樂愈鼎平庚子運中月明雲翳雨過青山辛丑運中列席珎羞百味盈囊罗綺千層壬寅運中雖有一番風雪依然不損儀形



癸卯運中冲擊之所月入云屏甲辰運中清閑人何処菱花塵暗生

辛未年　丁酉月　辛卯日　辛卯時

此八字辛金生於酉月建禄日強相配柱中丁火偏官之格其為人也丰姿洒落天性聡明有断高理直之法欺風抵雪之能椿萱含晩翠棠棣發蓁祖業添新慶聲名勝舊風昂昂氣衆貫朽粟陳留心於仕路鷹聘始馳名此則豪傑之命駕幃得配良門女子嗣生成跨竈人運行初丙申只宜襁褓未稱尋春乙未運中鼓擊金清韻動石擊紫煙生甲午運中正欲尋芳拾翠恰當美景良辰癸巳運中財源豊阜第宅彩新壬辰運中一番風雨雨過



山青辛卯運中利之以潤其屋名之以顯其身庚寅運中水流花落春何處杜宇聲聲不忍聽

辛未年　　丁酉月　　癸巳日　　巳未時

此八字癸巳日生向相配柱中金土宗印之格人生得此丰姿俊雅性格良能椿萱皓首難奉金鴻鴈天邊少共鳴學問粗知今古智謀能合賢美祖業增新麗才囊族積盈但願門迎車馬客何須身到鳳皇城此則富貴之命鴛幃配合須相觚桂子秋來綻錦英運行初丙申無恩無應風雪初晴乙未運中自有貴人提挈處紛紛貨利鬧中生甲午運中雨過山方秀雲開月始明癸巳運花木芬林家業盛東風柳絮又飄零壬辰運中才源來旺威權布豪傑相交幾醉醒辛卯運中滔滔發旺蘭桂呈榮庚寅運中惟有猿啼處寒雲掩夕陽



辛未年　　丁酉月　　庚午日　　庚辰時

此八字庚午日貴之辰相配柱中丁大月上正官之格羊刃輔助為良人生得此丰姿清爽性格聰明生於文望之族長於詩礼之庭一對椿萱分半道天邊鴻鴈各飛鳴學問聰明終是功名之客英才特達豈為避世之靈一從楊姓字德化啓儒生此則榮貴之命鴛幃有碍須偏正桂子秋來綻錦英運行初丙申上人庇下樂享昇平乙未運中讀書漂麥觀史引燈甲午癸巳運中榮沾雨露恩光重峰帳仁風遠近清壬辰運中皇恩有恩威祿位加陞辛卯運中旺處幾番生跋踄依然不減舊威稜庚寅運中子秀孫賢光第宅一樽籬下樂高情己丑運中春歸花落盡惟有子規聲

辛未年　丁酉月　庚辰日　丁丑時

此八字庚辰魁罡之日相配柱中之火正官之格人生得此攺火鑽榆樁萱分中道鴻鴈各分飛丰姿洒落天性能高理窮今古事學貫聖賢書袖裏虹蜺冲霄色筆端風駕雲梯可登天府乘龍去莫向清豁借鶴騎此則顯耀之命運行初丙申幼承上庇雲逐風飛乙未運中無心來煉藥有志去巧書甲午運中到此風雲際會果然桂折高枝癸巳運中崇沾新寵遷名勢播京畿壬辰運中祿元階進風雪輕飛辛卯運中金魚初綰帶來許便懸車庚寅到巳丑運中歸去也



辛未年　丁酉月　己丑日　乙丑時

此八字己丑日相配柱中金木食神制殺之格人生得此本顯功名只嫌用殺反輕不貴不富椿萱皓首難全奉鴻鴈天邊不共飛般般好學件件租知祖業添新慶財囊自積齊但願門迎豪貴客何須身到鳳凰池此則自守之命鸞幃配合須年少桂子金風舞綵衣運行初丙申幼承上庇有何是非乙未運中有心生貨利無志讀詩書甲午運中田園桑柘茂湖海姓名馳癸巳運中家業有成人敬仰一省梨雨洒門閭壬辰運中交四方之豪傑壁一族之門閭辛卯運中老當益壯倉廩豐肥庚寅到巳丑運中帰去也

辛未年　丁酉月　丁亥日　己酉時

此八字丁亥日貴之辰相配柱中之金財旺生官之格人生得此富上加榮椿萱皓首難全奉鴻鴈天邊有各鳴丰姿慷慨天性剛明理貫古今之學心明賢聖之經雖不登科及第也須晉掌民情此則豪富之命鴛幃全正副桂子有呈榮運行初丙申幼承上庇黄卷青灯乙未運中便擬驅馳王事無心講道窮經甲午運中雖不建侯封爵也須威振鄉城癸巳運中一番風雪過金玉積盈盈壬辰運中珠履三千來往門前車馬喧爭辛卯運中桂蘭挺秀庚寅運中花落月傾



辛未年　丁酉月　辛卯日　庚寅時

此八字辛金相配柱中木火財殺之格人生得此生于富足之室長于華麗之居丰姿磊落性格能為椿親倜儻真豪富棣棠庭前有出奇學問有成一舉可衝天之勢英才特達片言有折獄之威瓊林雖不叅高宴祿位榮看次第崑此則榮顯之命鴛幃全正副子嗣發秋枝運行初丙申只宜庇下學禮趨庭乙未運中欲遂平生志潛心下董帷甲午運中雖已蟾宮得步未應鴈塔題名癸巳運中榮需新雨露光顯舊門閭壬辰運中輔車一出郡縣奔馳辛卯運中金魚作帶權衡重未許停車向蘭離庚寅運中榮歸故里己丑運中明月沉西

辛未年　丁酉月　癸巳日　丁巳時

此八字癸巳日相配柱中金火秉印就才之格人生得此多機多智不柔不剛椿萱榮耐晚鴻鴈有翱翔學足三冬定擬登名月殿才全文武必須身拜衮章一朝馬上衣冠別此是男兒當自強此則顯貴之命鴛幃正副雙偕老桂子先難貴吐芳運行初丙申上人庇下冬暖夏涼乙未運中漂麥讀書似高鳳引燈觀史效匡衡甲午運中一從揚姓字祿位界軒昂癸巳運中祿元階進權衡重風雪無端攪一場壬辰運中名列大夫金紫貴一番行樂暗情傷辛卯運中有才大用未擬還鄉庚寅運中榮回故里己丑運中壽入黃梁

辛未年　戊戌月　己未日　壬申時

此八字己未陰土之日相配桂中金水傷官助才之格人生得此生於右族長於名門萱母先歸椿晚娉天边鴻鴈各行滕其爲人也丰姿清秀天性聰明學問異常錦綉胷藏賢聖李珠璣口吐武文風終是登庸客豈爲田舍翁早登蟾宮攀舟桂快向龍門奪錦回鵬路高搏知健翼龍門深躍見修鱗足步黃金盡身朝白玉京望傳四海祿享千鍾此則榮顯之命鴛幃有犯須年敵子嗣榮門孝且忠運行初丁酉上人庇下天朗氣清丙申運中十年窻下業一舉便成名乙未運中重沐恩波鳳池裹朝朝染翰侍明君甲午運中西風吹過天邊雪三度君恩福祿陞癸巳運中錦衣肥馬重重貴天上恩波浩浩新壬辰運中有材應大用未許便辭榮辛卯運中晚節閑時宜菊酒西風起處憶鱸蓴庚寅運中九地可憐埋片玉五雲無復見修刑





辛未年　戊戌月　辛亥日　壬辰時

此八字傷官用印之格值斯象者椿萱水命雙雙壽鴻鴈天邊後有行其爲人也丰姿清楚禮樂鏗鏘終是功名客豈爲田舍郎一朝馬上衣冠別此是男兒當自強此則宦達之命鴛幃金玉潤子嗣桂蘭香運行初丁酉上人庇下未斷炎凉丙申運中趨庭貿級摘句尋章乙未運中貴人指引登天去從此滔滔姓自香甲午運中一番風雪不損權衡癸巳運中才權東羨粟帛盈囊壬辰運中冲擊得所倍有威光辛卯運中安享華堂福庚寅運中清風引憂長

辛未年　戊戌月　己未日　甲子時

此八字己未陰刃之日相配柱中火木雜氣官印之格女人得此生於右族長配名門椿萱有倚难雙耋天邊鴻鴈各行鳴其為人也姿容清秀髮皃精神處事無偏無黨治家克儉克勤一苑杏花鋪錦綉滿山松柏映幃屏雪如輕粉隨風傳霞作胭脂伏日匀心静似月明雲漢性急如風捲残雲才源旺足家業餘盈雖不鳳冠帔服自然旺益夫門此則旺益之命良人連珠高一載子嗣枝頭孝且忠運行初己亥上人庇下未斷平生庚子運中契合翠鸞成好夢黃緣紅葉是良姻辛丑運中一抹曉烟迷芍藥半泓秋水浸芙蓉壬寅運中雖則夫門財業旺旺中尚有事虧盈癸卯運中羅綺臨風飄珎羞百味新甲辰運中簾捲香風生百福軒闢化日禄元增乙巳運中子貴夫賢家業旺丙午運中春歸花落馬無聲



辛未年　戊戌月　丙辰日　壬辰時

此八字丙辰日辰相配柱中水土食神制殺之格正謂食居先殺居後功名兩全主人生於右族長於名門椿萱双晚茂鴻鴈各飛騰其為人也丰姿清秀天性聰明胸羅今古事學識聖賢心太山北斗千年在和氣春風四座傾終是功名客豈為田舍翁鰲逊玉蟾攀桂去馬隨青帝踏花行一朝騰踏飛黃去整肅衣冠拜九重此則崇貴之命鸞幃有碍須招副子嗣春林綻錦英運行初丁酉上人庇下未斷平生丙申運中歡遇平生志潜心對短檠乙未運中時來風送滕王閣頃刻高揚萬里程甲午運中禹浪三層都躍過衣冠濟濟拜明君癸巳運中一翻初雪初晴後金紫煌雨露陛壬辰運中正欲忠君輔国未許解組思蓴辛卯運中晚年篱下樂庚寅運中一枕入巫峰

辛未年　戊戌月　己巳日　辛未時

此八字己巳之日相配柱中金火傷官帶印之格雜氣印綬之論人生得此生於良族長於仁門萱別重招継椿親晚節門棠棣重招各業異裾其為人也丰姿清秀性格乖能般般稍覽件件不精祖業有倚須再整才源厚祿旺豊盈不向仕途求鬧達却来湖海覓黄金片葭田舍連野緑週甲弟傍鵬麞但願一生湖海樂勝如騎馬步金門此則福旺之命鴛幃連珠須配小子嗣榮門朵朵馨運行初丁酉上人庇下未断平生丙申運中雪晴未㬋行樂尚因循乙未運中福享江山生秀麗名名傳湖海有光榮甲午運中才源滾滾家居好弟宅田疇福祿增癸巳運中一番風雪四時好從此滔滔福祿生壬辰運中春光去也一枕清風



辛未年　戊戌月　丁卯日　辛亥時

此八字日元相配柱中木火雜氣才官之格喜逢印綬在身人生得此生於右族長於高門椿萱双鮑別鴻鴈各行鳴其為人也丰姿清秀天性乖能知高識下理合分清識動君子咸仕小人行藏覓消洒哄傲任枯榮曰福曰榮自有順天之慶常安常樂豈無福地之源祖業添新慶根原勝舊風遊山玩水携詩卷對月觀花把酒斟朝中無姓子湖海有声名花無桃李飛春色人有笙歌是太平時至自然才祿旺運来福享無窮此則穩原之命鴛幃同属須年敵子嗣森枝朵朵榮行初丁酉上人庇下未断平生丙申運中娟娟雲裏月灼灼葉中英乙未運中錐則行藏有慶幾多人事虧盈甲午運中才源滾滾家居好尚有閑非素耗生癸巳運中着意種花花不發無心插柳却成陰當此之際風雨逐生壬辰運中子貴晚年閑快樂何愁人事有虧盈辛未運中恩沾雨露光耀門庭庚午運中花已落月尤沉

辛未年　戊戌月　丁己日　辛亥時

此八字丁己月元相配柱中水土傷官财才之格女人得此生於良族長於高門父先歸萱耐晚天邊鴻鴈各行鳴其為人也姿容清雅髮貌精神有針綴紡績之巧治家立業之業之勤一花杏桃鋪歸綉滿山松栢映幃屏春入水光成嫩綠日勻花蕚發新紅萬里无雲天一色三秋好景月長明深閨壼理洞識古人情楊柳無風枝嫋娜梅花有月蕚精神克勤而儉易喜而易嗔但頗一生多快樂何必天邊受贈封此則旺益之命良人年小女成配子嗣生成孝義人運行初己亥上人庇下未断平生庚子運中契合翠鸞成好夛貪縁紅葉是良姻辛丑運中雖則夫門多快樂幾多人事尚虧盈壬寅運中一抹眈姻迷芍藥半泓秋水浸芙蓉癸卯運中天上三陽泰人間五福增甲辰運中須史風雨雨過山青晩年多快樂丁己運中夢入巫峯



辛未年　戊戌月　丙午日　戊子時

此八字丙午日刄辰相配柱中水土傷官之格女人得此生於右族長於高門椿父先歸萱晚別天邊鴻鴈各各鳴其為人也姿顏窈窕鬉皃超群有旰食宵衣之志治家立業之能一苑古桃鋪錦繡滿山松柏映幃屏雖非正聘亦不言誇楊柳無風枝嬝娜梅花有月蕚精神滔滔無限好步步助夫門錦綉開花春富貴瑘玕竹報日安平难觸难犯易喜易嗔雖則夫榮子貴也應福祿無窮此則正不足偏有餘之命良人年長榮華客子嗣生成貴顯人運行初己亥上人庇下毓秀閨門庚子運中匹配名門友花從錫上贈辛丑運中雖則夫門身快樂幾畨人事尚虧盈壬寅運中銷綺満身扶不起金蓮無力載娉婷當此之際風雪還侵癸卯運中一輪明月虚空照萬里秋潭徹底清甲辰運中子貴夫榮樂須愁風雨人生從此別無復見儀形

辛未年　戊戌月　辛亥日　戊子時

此八字辛亥日元相配柱中水火傷官制殺之格喜逢印綬生身傷官若用印官殺不為刑女人得此生於右族長於名門翁姑姑少倚妯娌尚情輕其為人也姿容闊朗髮鬢超群有針線之巧立業之功雲收華岳千山秀水到湘江一樣清無懷九膽意時抱擇鄰心紅日点穿湘水碧白雲堆破趂山青雞鯛雞犯易喜易嗔雖不鳳冠被服自然金谷豐盈此則旺益之命良人配匹須年小子嗣生成貴顯人運行初已亥上人庇下毓秀閨門庚子



運中契合翠閨成好夢寅緣紅葉是良姻辛丑運中雖則夫門多快樂須史風雨尚愁入壬辰運中旣濟尤防未濟得經尤慮失經癸酉運中

辛未年　戊戌月　丙辰日　丙申時

此八字丙辰日德之辰相配柱中金木傷官助才之格人生得此生於温潤之族長於名望之門椿萱双脫茂鴻鴈各行鳴其為人也丰姿清秀天性聰明理窮古事兼今事書對賢經與聖經麗句妙為天下白高材俊似海東青終是功名之客豈為田舍之翁北海蛟横頭角聳南山豹变众牙新一日風雲相際會九五天門面聖君此則榮貴之命鴛幃燭夜添新亀子嗣秋來有挺榮運行初丁酉上人庇下未斷平生丙申運中讀殘茆店月囊聚



紫頭榮乙未運中時來風送滕王閣頃刻高搏萬里程甲午運中寒拂紫衣催驛騎光生玉節下雲層癸巳運中戰延金紫声名重風雪飛來尚怯人壬辰運中正欲忠君輔國未應鮮組思箒辛卯運中籬下黃花酒丘中白雪吟庚辰運中春光玄也一道訃音

辛未年　戊戌月　丙午日　丁酉時

此八字丙午日刃之辰相配柱中金土傷官助才之格女人得此生於右族長於高門椿萱双晓茂棠棣苑边春其為人也手姿清雅天性聰明有盱食宵衣之志治家立業之能衣冠濟濟三從倫家業昂昂四德新翁姑有倚妯娌行輕紅日点穿湘水碧白雲堆破楚山青才源旺足弟宅增新霞披鳳冠身外事三春才祿足豐盈此則益旺之命良人連珠須配小子嗣枝枝孝且忠運行初己亥上人庇下齊月光風庚子運中匹配名門友花從錦上增須史風雨須刻逡巡辛丑運中天上三陽泰人間五福增壬寅運中一天風雪初晴後從此滔滔福祿增癸卯運中羅綺千般色珎羞百味新甲辰運中簾捲香風生百福軒開化日祿元增乙巳運中無慮無思丙午運中春夢無憑



辛未年　戊戌月　庚戌日　戊寅時

此八字庚戌魁罡之日相配柱中火土禄氣杀印之格人生得此生於右族長於仁門椿父先帰萱後別天边鴻鴈各行鳴其為人也手姿清秀天性聰明世事頗能將就般般李久精通万里韶華世事每從忙裏就一聯美景才源自向遠方生花無桃李非春色人有笙歌是太平是非莫問門前客得失須憑塞上翁此則穩學之命死帰連珠須配小子嗣秋來朵朵榮運行初丁酉上人庇下風雪紛紛丙申運中梨花院落溶溶月柳絮池塘淡淡風乙未運中爆竹声催殘臘尽折梅香引早春逢甲午運中才源富足家業盈餘癸巳運中成四時佳趣立万古門庭壬辰運中引雀徐行三徑吐勢琴閑訪一樽傾辛卯運中晚年快樂庚寅運中一抚清風

辛未年　戊戌月　己巳日　甲子時

此八字巳土相配柱中火土旗氣官印之格甲己化土謂其所宜人生得此椿萱双有倚棠棣各苗齊年姿磊落天性能為研穷今古漁獵詩書南山豹变北海龍飛姓字登金榜衣冠拜鳳池舒長化日柔麻茂融藹仁風雨露濡此則显貴之命鴛幃全正副子嗣秀枝枝運行初丁酉上下庇下負笈從師丙申運中奮身辭白屋平步上雲衢乙未運中一番風雪初晴後三度君恩墜紫泥甲午運中重沐恩波鳳池裏朝朝秉笏覲皇威癸巳運中耿耿声名重滔滔雨露濡壬辰運中西風起處尊鱸美晚節閑時菊酒宜辛卯運中帰去也



辛未年　戊戌月　辛亥日　壬辰時

此八字辛亥之日相配柱中氷文傷官用印之格女人得此生於温潤之族長配閥閱之門椿萱棠棣双暉日妯娌翁姑壽且榮其為人也丰姿清奇髮貌異常置家稍処置作事有良方活檮而活舵不柔而不剛處世且無榮辱生平豈有危状心静似月明雲淡性急如風捲滄浪非驕非奔多禄位雖無榮贈樂倘佯此則旺足之命良人年長尊前客子嗣生成貴顯郎運行初己亥上人庇下未断泮泥庚子運中竹栖凰鳳花聚蜂蝶辛丑運中陽和田宇宙瑞道藹門庭壬未運中夫唱婦隨多樂意帶風則見且交詳癸巳運中正欲尋芳人玩宴諫諫細雨洒新朝甲辰運中當立家常法無迴宴無端己巳運中晚年安享児孫福丙午運中東風空吽子規啼

辛未年　戊戌月　庚戌日　丁丑時

此八字庚戌魁罡之日相配柱中火土雜氣官印之格人生得此生於右族長於高門椿萱双晚别鴻鴈各搏風其為人也丰姿清秀天性剛能斷高理直處事公平曰福曰榮自有順天之慶常安常樂豈無福地之深重成新事業再整舊門庭欲為商賈思慕功名豈困落簿方成竹魚為奔波始化龍着意求名名必遂用心覔利利还興不貴區區力終為隱跡人此則鑿石生烟之命鴛幃燭夜添新丞子嗣秋来有継榮運行初丁酉上人庇下未斷平生両申運中寒向梅中盡春從柳上生乙未運中幾欲思高慕遠畨成捉月捕風甲午運中間名則名顯達間利則利豊盈須臾風雪頃刻逡廵癸巳運中一輪明月連雲晈萬里秋波徹底清黎花舞雪雨過山青壬辰運中天上三陽泰人間五福增辛卯運中歸去也



辛未年　戊戌月　乙卯日　丙子時

此八字乙卯專祿之日雜氣才煞之格亦有鼎貴之意女人得此姿容雅淡性格良能勝丈夫之氣槩有男子之材能難觸難犯易喜易嗔雲收華岳千山秀水到湘江一樣清可惜聰明伶俐女恰将玉体伴殘孀此則富京之命良人配旧年高友子嗣秋未綻錦英運行初己亥娟娟雲裹月灼灼蕖中英庚子運中匹配名門友花從錦上増辛丑運中一抹曉烟迷芳蘂半泓秋水浸芙蓉壬寅運中益家門之吉慶長身胃之精神癸卯運中夫賢子秀萬事光榮甲辰運中片雲掩月雨過山青乙巳運中春殘花落香魂何尋

辛未年　戊戌月　甲子日　乙亥時

此八字甲子之日相配柱中金土雜氣財官格人生
得此生於右族長於名門椿萱雖並鼇鴻鴈各行鳴
其為人也丰姿清秀天性聰明有肝食霄衣之慎悩
治家安業之材能一苑杏桃鋪錦綉满山楊柳映幃
幃屏憂禍自皷鋅肉味愛琴瑟解調絃聲明月當天
生氣象光華菁草色尤新錦綉花開家冨貴琅玕竹
報日平安性急如江淘水怒心安似月秋情囊配宗
耀賓孫貴沛澤紛紛福祿增此則榮貴之命良人得
合如㶣水子嗣生成貴顯人運行初已亥上人庇下
未斷平生庚子運中路入尭源花爛熳橋横銀漢水
澄清辛丑運中須臾雲掩月頃刻月離雲壬寅運中
天上三陽泰入間五福臻癸卯運中滔滔無阻滞步
步助夫門甲辰運中錦囊玉軸多金積翠袖鈺金日
日新乙巳運中人生從此别無伏見儀容



辛未年　戊戌月　癸亥日　壬戌時

此八字癸水天元相配柱中火土襍氣才官之格
值斯象者焉得不榮豈得不貴椿䙡真倜倘鴻鴈
獨超群其為人也丰姿磊落天性聰明夲閗三冬
足群書万卷通馬蹄塵土三千里鵬翼風雲九萬
程一朝揚姓字秉笏拜金門此則榮耀之命運行
初丁酉上人庇下終急始勤丙申運中不負寸陰
之惜豈奉題柱之功乙未運中一從叅玳宴職位
秉權衡甲午運中南陽郎杜名高著西漢龔黄令
大行癸巳運中三度君恩寵一番風木驚壬辰運
中戩居藩臬之尊住紫詔頻須下玉京辛卯運中
英雄有限甲捲絲綸庚寅運中翩翩名旎欝欝佳
城

辛未年　戊戌月　甲子日　戊辰時

此八字甲木日元相配柱中金土襍氣才官之格才多身弱福力稍亏其為人也椿萱有倚中年别鴻鴈天边不共飛丰姿雅麗天性能為性不受觸心不藏機祖基祖業添新慶才帛声名自琢磨夏日炎蒸盈沼芰荷馥郁春風駘蕩滿園花木芳菲处世且無榮辱平生不益不亏此則安和之命鴛幃連理合子嗣秀秋枝運行初丁酉上人庇下無慮無思丙申運中春寒風精料悄心急馬行遲乙未運中梅梢或報春消息始覓陽和滿太虛甲午運中一番風雪過依旧樂



無危癸巳運中金勒馬嘶芳草地玉楼人醉杏花特壬辰運中安享兒孫之福辛卯運中一宵花落月西

辛未年　戊戌月　丁卯日　癸卯時

此八字丁卯之日傷官合殺之格人生得此生於古族長於仁門椿萱雙悦茂鴻鴈各搏風其為人也丰姿清雅礼樂縱横般般精覽件件欠精祖業添新慶根源勝旧風萬里無雲天一色三秋好景月長明過火黄金重長價離雲皎月倍清明刻石終逢玉陶沙始見金螢窓若肯勤礼讀鴈塔終耀显姓名不負區區力終為穩跡人此則鑿石生烟之命鴛鴦重合產子嗣桂蘭荣運行初丁酉上人庇下詩礼趨庭丙申運中莫道儒冠悮芸窓志見



勤乙未運中小池雨過添新綠深谷春来發旧馨甲午運中才權秉美人欽敬天邊洒雪滿門庭癸巳運中英雄惟贈劍三尺豪傑相逢酒一鍾壬辰運中福若泉湧湧財如春氣生辛卯運中心事数莖白髮生涯一斤之閑情庚寅運中訃音一播酹酒三鍾

辛未年　戊戌月　乙卯日　乙酉時

此八字乙卯專禄之日相配柱中金土襍氣才殺之格女人得此生於右族長於高居翁姑雙耄妯娌不相齊其為人勉事無偏無倚治家有操有持易嗔易喜难犯难欺風送雲帰古洞雨滋花蕚發新枝家門而豊阜福慶而有余行看子荣夫显貴沛澤紛紛潤緑衣此則旺盍之命良人同属如如水子嗣枝枝舞綵衣運行己亥上人庇下未断高低庚子運中鴛鴦泛碧須高鳳宿蒼梧辛丑運中継則夫門財業旺旺中尚有喜憂疑壬寅運中梅梢或招春消息如覔陽和滿太靈癸卯運中羅綺千般色珎羞百味奇甲辰運中有子當家吾快樂不愁風雨夜凄凄乙巳運中門揭壮觀福禄滿堂丙午運中春光去也花落月西



辛未年　戊戌月　丁未日　庚戌時

此八字丁未陰刃之日相配柱中金土傷官助財之格人生得此生於右族長於仁門椿萱雙並耄鴻鴈各行鳴其為人也丰姿瀟洒天性聰明學問頗知今古筆鋒稍有威稜親賢近貴理白分请謀動君子威伏小人終是功名之客宜為田舍之翁三級浪中難變化九皐墕上卻馳名佇看頭角聳光耀舊門庭此則荣貴之命鴛幃有犯須招副子嗣生成跨鳳人運行初丁酉上人庇下未断平生丙申運中幾欲思高慕遠番成剪雪裁氷乙未運中貴人指引揮刀筆尚有趨趄未順情甲午運中雨精雲散後跨馬入神京癸巳運中雖則峥嵘頭角還宜困守門庭壬辰運中皇恩有感聲名顯便將德澤潤軍民辛卯運中酌酒回帰里雖遥樂晚情庚寅運中春光去也花落月沉

辛未年　戊戌月　戊午日　辛酉時

此八字戊午日元相配柱中之金傷官之格人生得此生於良族長於名門椿萱連皓首鴻鴈各行鳴其為人也丰姿清秀天性聰明略曉三分道理文章一竅不通行歲果斷作事志誠世事毋從忙裏錯才源自向外方生祖基重整頓世事毋磨瓏水光浮座盃盤瑩花氣侵人笑語馨月掛碧天光皎潔名揚湖海有光榮時至財源滾滾運來福祿無窮鄉名仰德閭里推尊此則饒裕之命鴛幃有犯須年敵子嗣生來有顯榮運行初丁酉上人庇下未斷平生丙申運中寒向梅中冬春從桃上生乙未運中始覺陽和滿目還愁霧鎖烟凝甲午運中雖則行歲有憂幾番人事對盈梨花舞雪雨過山青癸巳運中到此始知時運好從今方信百年通壬辰運中老來且樂閑中事三逢荒涼有竹松辛卯運中晚年多快樂會友以閑樽庚寅運中歸去也





辛未年　戊戌月　甲辰日　戊辰時

此八字甲辰之日相配柱中金土糅氣才官之格才多身弱事不十全主人生於平淡之族長於廷変之門椿萱有倚成無倚鴻鴈聯群又斷群其為人也丰姿清雅天性昏沉不識聖經賢傳頗知高下世情須成新事業難守舊門庭梅開白雪飄東圃笋出新稍過北庭時來得遇高人挈自然一世福駢臻此則守成之命鴛幃贅得過房女子嗣生成跨灶人運行初丁酉上人庇下雲月朦朧丙申運中世事宛如春夢人情薄似秋雲乙未運中作雨作晴留客景或寒或煖困人春甲午運中始覓陽和滿目不妨霧鎖烟迷癸巳運中片雲能發千山雨雨過千山依舊青壬辰運中晚年閑快樂辛卯運中一挽入巫峯

辛未年　戊戌月　己未日　戊辰時

此八字己未陽刃之日相配柱中木火雜氣殺印
之格人生得此生於良族長於仁門火命椿萱連
珠屬天邊鴻鴈各行鳴其為人也丰姿清秀天性
老成頗曉三分道理文章一竅不通萬里春風行
樂頃四時佳趣瑞祥生福布江山外名聞湖海中
重成新事業再整舊門庭是非莫管門前客得失
須憑塞上翁水光浮座杯盤瑩花氣侵人笑語馨
時至財源富足運來福祿駢臻但願一生湖海樂
何必天邊受聖恩此則穩厚之命篤帶須配脫子
嗣尚遲生運行初丁酉幼年之下雲月朦朧丙申
運中春歸桃葉晴初變紅入桃花熳未旬乙未運
中得中有失晦後還明一番風雪不損其名甲午
運中才源滾滾家居好尚有閑非素耗生癸巳運
中成四時佳趣立萬古門庭壬辰運中天上三陽
泰人間五福增辛卯運中晚年閑快樂會友以開
尊庚寅運中人生從此別無復見儀刑




辛未年　戊戌月　甲寅日　甲寅時

此八字甲寅專祿之日相配柱中金土祿氣才官
之格人生得此生於右族長於名門椿萱有倚
雖雙老天邊鴻鴈各行鳴甚為人也丰姿清秀
天性豪雄學問資先得郡書貫一經驪珠終是
照魏雷劍能藏風豈是池中物尤來席上珍三
級浪中龍變化九霄雲外鳳飛騰一從姓字傳
揚後從此衣冠輝晃流此則榮貴之命篤帶運
珠合子嗣錦衣新運行初丁酉上人庇下詩礼趋
庭有路登天去世間何愁不顯名丙申運中雲程
坦登天去舉足悠悠名利成乙未運中即署官照
何足羨大夫職位貴重封癸巳運中雪晴雲散天
如洗金紫煌煌雨露壬辰運中正宜稟笏趨朝
野未許懸故里中辛卯運中安閑晚景會友
開樽庚寅運中夕陽限春夢無憑

辛未年　戊戌月　甲寅日　甲戌時

此八字甲寅尊祿之日相配柱中金土祿
氣才官之格人生得此生於右族長於
名門椿萱有紀難雙耄天邊鴻雁各行
鳴其為人也丰姿清秀天性聰明學問
資先得群書貫一經驪珠照耀雖掩光難
生風氣自克豈是池中物尤來席上珍此則榮
貴之命三級浪中龍變化九霄風外鳳飛
騰運行初丙申上人庇下詩箋趨庭乙未運中
雲程坦坦登天去登足悠悠名利感甲午運中
即著官爵何足羨大夫職位更加權封癸巳運中
雪晴散天如洗金紫煌煌雨露壬辰運中正宜
秉笏立朝野未戀軍故里中辛卯運中晚年
安享會友閑樽庚寅運中春光去也一夢難
醒



辛未年　戊戌月　壬寅日　辛亥時

此八字壬寅趨艮日元相配柱中火土祿氣才發
之格人生得此生於邃室長於高門椿萱双脫別
堂棣各數榮其為人也丰姿清秀天性聰明般般
精覽件件不精親賢近貴理白分清機謀折福幸
用人欽行藏覺消洒突傲任枯榮笋長名園過舊
燭花開上苑勝先春終是功名客豈為田舍翁一
技刀筆健九載姓名馨佇看頭角聳德澤惠黎民
此則榮貴之命獨怖有犯須招副子嗣金風有挺
榮運行初丁酉上人庇下及朗氣清丙申運中春
歸柳葉睛初變紅入桃花發未勻丁未運中時來
機會好遇貴入公門甲午運中幾載辛勤甘苦守
一朝跨馬入神京癸巳運中雖則恩沾雨露還宜
困守家門當此之際風雪蒲空壬辰運中皇恩有
感德洽民心辛卯運中解組田田里籬边樂性情
庚寅運中春光去也花落月沉

辛未年　戊戌月　甲辰日　壬申時

此八字甲辰日元相配柱中金水雜氣殺印之格女人得此生於右族長於名門翁姑姑先別妯娌尚然輕其為人也姿容清秀髮貌精神有針綴之巧立業之勤一苑杏桃鋪錦繡滿山松栢映帏屏衣冠濟濟三從備家業昂昂四德新每懷丸膽意特報憫情心玉臺崑崗藏韞色蘭生楚澤散清馨雖觸難犯易喜易嗔晚年子貴夫榮日也應福祿享無窮此則榮旺之命良人金命豪華容子嗣生成貴顯人運行初已亥上人庇下毓秀閨門庚子運中契合翠鸞成好夢斋緣紅葉是良姻辛丑運中雖則夫門多快樂幾番微雨幾番晴壬寅運中正是梅青月白還愁微雨弄晴癸卯運中柳嫩不禁三月雨花嬌猶忌五更風甲辰運中羅綺千般色珍羞百味新乙巳運中子貴夫榮多快樂丙午運中殘花落月鳥無声





辛未年　戊戌月　丙寅日　壬辰時

此八字丙寅長生之日相配柱中水土負神制殺之格女人得此生於右族長於名門椿萱双晚茂鴻鳫各行鳴姿容清秀髮貌超群有針綴之巧立業之能一若森花鋪錦繡滿山松栢映幃屏箕箒蘋蘩存禮節相夫教子蹈賢能深知閨壼理洞識古今情心斷似月明雲漢性急如風捲殘雖不鳳冠帔服自然福祿駢此則旺益之命良人得合須年啟子嗣生成跨竈入運行初已亥上人庇下毓秀閨門庚子運中詠桃夭之化洽魚水之情辛丑運中柳嫩不禁三月雨桃嬌猶忌五更風壬寅運中一度愁心對蒼雪沙禽猶鮮報升平癸卯運中一輪明月當秋夜無限奇花正遇春甲辰運中天上三陽泰人間五福臻乙巳運中晚年多快樂子貴樂無窮丙午運中歸去也

辛未年　戊戌月　已酉日　甲子時

此八字已酉日元相配柱中水木襍氣才官之格女人得此生於右族配於名門椿萱雙晚茂鴻鴈各行鳴其爲人也姿容清秀髮貌超群有肝食宵衣之慎惱治家立業之材能玉產崑崗藏韞色蘭生楚澤散青馨萬里無雲天一色三秋好景月長明風送芰荷香滿院日匀花蕊發新紅錦綉花開春富貴琅玕竹根日升平性急如江濤春悰忙似山月秋溪藂砧光顯兒孫貴從此滔滔祿有增此則宋夫顯子之命良人年少榮華客子嗣生成貴顯人運行初已亥上人庇下未斷平生庚子運中紅葉溝中傳密意赤繩月下結良姻辛丑運中片雲能發千山雨雨過千山依舊青壬寅運中萬象光華沾沛澤自然沭龍愛榮封癸卯運中食則珍羞百味衣則羅綺千層甲辰運中彩中不彩色紅上贈紅葉乙巳運中松尚茂栢尤青丙午運中粧樓人去也臺鏡掩晨明



辛未年　戊戌月　乙卯日　庚辰時

此八字乙卯專祿之日相配柱中金土雜氣才殺之格人生得此生於右族長配高貴椿萱双晚茂鴻鴈各翩翔其爲人也姿容清秀髮貌精神勝丈夫之氣勢有男子之才行箕箒頻繁存禮節相夫教子蹈賢良風送浮雲歸古洞雨滋花蕊發新粧心靜似月明雲漢性急如風捲滄浪錦綉花開家富貴琅玕竹報日安康此則穩盛之命良人同屬皆遵理子嗣秋來朶朶香運行初已亥上人庇下毓秀閨旁庚子運中泥融飛燕子沙煖睡鴛鴦辛丑運中正是太平光霽景幾多人事尚悠揚壬寅運中乍雨乍晴花自落閑愁閑悶日偏長癸卯運中雖則夫門多快樂還愁風雨勢滄浪甲辰運中羅綺千般色珍羞百味香乙巳運中晚年閑快樂子秀福汪洋丙午運中春光去也流水湯湯

辛未年　戊戌月　己亥日　壬申時

此八字己亥之日相配柱中金水傷官助財之格書逢時值長生過斯命者生於仁門長於良族堂上椿萱占皓首天邊鴻鴈各行聯其為人也丰姿清秀天性機関知高識下近貴親賢行藏果斷作事方員重成新事業再整舊門闌萬里無雲行樂處四時佳趣福緣增旭日桑麻茂盛薰風禾黍連阡飛鴿任他來北闕草玄終不出南山財源旺處生涯好何必天庭沐寵恩此則旺益之命鴛幃金命須年敲子嗣秋來發桂蘭運行初丁酉上人庇下未斷枯榮丙申運中不為惜花春起早也慶應愛月夜眠遲乙未運中陽回大地花木逢春甲午運中到此始知時運好西風雪霧茂財源癸巳運中韶華花景雲程壬辰運中世事短浮皆若水不如高卧且加樽辛卯運中得過且過得樂且樂庚寅運中花落春歸去空山啼杜鵑

辛未年　庚寅月　丙申日　己亥時

此八字丙申之日相配柱中水木殺生印綬之格女人得此生於右族長配名門椿萱分中道鴻鴈各西東其為人也丰姿清爽髮貌超群勝丈夫之氣槩有男子之材能雲收華岳千山秀水到襄江一樣清青入水光成嫩綠日匀花蕊發新紅萬里無雲天一色三秋好景月常明心靜似月明雲漢性急如風捲殘雲雖不鳳冠帔服自然福祿餘盈此則旺足之命良人得配名門友子嗣生成貴顯人運行初辛卯上人庇下觚秀閨門壬辰運中路入桃源花爛熳橋橫銀漢水澄清須史風雨過山青癸巳運中黎花院落溶溶月柳絮池塘淡淡風甲午運中錦綉花開春富貴琅玕竹報日昇平午字之中花放風生乙未運中一輪明月當秋夜無限奇花正遇春丙申運中夫賢子貴當斯際還忌須史風雨侵過此丁酉運中夕陽有限春夢無憑

辛未年　戊戌月　庚戌日　癸未時

此八字庚戌魁罡之日雜氣官印之格主人生於溫潤之族長於豐厚之門水土椿萱雙晚茂天邊鴻鴈各飛鳴其為人也丰姿清秀天性聰明知高識下理白分清過火黃金顯十分之貴色離雲皎月布萬里之清明樓臺叠叠生涯好財帛豐隆福祿增珠履滿堂何足羨時未遇貴利名成晚年光霽景富貴樂平生此則穩達之命鴛幃有礙須年小子嗣生成貴顯入運行初丁酉只宜庇下何論平生丙申運中世情濃又淡淡処又還濃乙未運中威權有布人欽服貴客塡門才祿盈甲午運中人生正是風光処何恨天邊雪滿空癸巳運中有名号富貴無事樂從容壬辰運中高朋滿美酒盈樽辛卯運中有田皆種玉庚寅運中春歸鳥不鳴



辛未年　戊戌月　庚申日　丙子時

此八字庚申專權之日相配柱中火土雜氣杀印之格杀印相生功名显達主人生於右族長於名門金木椿萱亡皓首天邊鴻鴈各行鳴其為人也丰姿清秀天性操持頗知禮義稍識詩書見善則持於已當仁不讓於師筍長名園過舊竹花開上苑勝先春終是功名之客豈為田舍耕鋤不就三場選可將刀筆施六車知古律三事竟今非佇看頭角聳德澤惠黔黎此則貴命鴛幃有犯須招硬子嗣榮門晚節馨運行初丁酉上人庇下有何是非丙申運中貴人相招引揮筆向曹司當此之際尚有趑趄乙未運中三疊陽關斟別酒九重天府沐恩歸梨花舞雪幸不成危甲午運中佐政琴堂民悅服声名耿耿祿元齊癸巳運中皇恩重有感銀帶再光輝壬辰運中正宜食祿未許懸車辛卯運中晚年快樂庚寅運中月落月沉

辛未年　戊戌月　庚子日　丁亥時

此八字庚子之日相配柱中火土雜氣官印之格女人得此生於右族長於名門揩萱棠棣霜晞日妯娌翁姑分尚輕有針線之巧立業之勤勝丈夫之氣槩有男子之材能一苑杏桃鋪錦綉滿山松柏映帡屏深明婦壼理洞識古今情玉產崑崗藏韞色蘭生楚澤散清馨斷機曾効軻親訓剪髮能傳侃母心性急便如風捲浪片時言起片特停雖不鳳冠帔服自然福壽康寧此則晚旺之命良人半百前後尅子嗣芬著五果成運行初已亥上人庇下毓秀閨門庚子運中路入桃源花爛熳橋橫銀漢水澄清辛丑運中正是梅青月白幾番黴雨弄晴壬寅運中乍雨乍晴媚容景或寒或煖困人春癸卯運中正是太平光霽景何期鏡破與釵分甲辰運中沖擊之所如月入雲乙巳運中老來多壯觀子貴再榮封丙午運中平坡防有巉峻嶺豈無驚丁未運中婦去也





辛未年　戊戌月　己丑日　丁卯時

此八字己丑日相配柱中之木偏官之格人生得此手姿英厚天性公平每有濟人之德素無殺害之聲椿父先歸萱後別厲行天際不同鳴識達古今之事能交豪傑之情不獨聲華播湖海尚祈晚節樂安榮此則富壽之命篤怖火命消年少桂子庭前三四英運行初丁酉上人庇下快樂昇平戊戌運中洞房生喜氣湖海有財名己亥運中正欲成家立業胡為一夢難醒

辛未　戊戌　壬子　戊申

此八字壬子日刃之辰配合柱中金土襍氣殺印之
格経云殺印两全豈是常人值此象者注人丰姿清
楚立性剛能生於名望之族長於詵祖之庭堂椿火
命萱雙翠鳴雁天邊我奮鳴根基父置何為罕吾當
加彩换門新章問有成不必科場習奉業詩書慱覽
晉交案牘以榮身一日風雲脊際會自然禄馬旺於
程此則顯秀之命兆幃同庚連珠配子嗣生来狂宅
庭運行初丁酉灾閱尤未息簷下保無驚丙申運中
總使凌雲之秀氣未能機會迈詵迍乙未運中時来
風送滕王閣一旦功名此地成威權有布氣槩騰騰
甲午運中貴人引上天山路片帆穩穩到神京去除
巾与幘頭必帶簪纓當此運中雪点衣襟癸巳運中
浩浩恩波洽仁風遠近清下民仰德服必圖銀壬辰
運中片言能折獄筆掃千人軍辛卯運中子必登題
龍虎榜重沾雨露贈封金庚寅運中数尺紅羅書姓
字一堆黄土盖陰灵歸去也



辛未年　戊戌月　丙寅日　戊戌時

此八字丙寅日相配柱中火土傷官用財之格人
生得此丰姿洒落性格英豪椿萱双耐晚鴻雁有
飛遙筆底詞源三峡遠會中李叢五車高龍飛九
五青霄近鵬擊三千瀚海高早登蟾窟扳丹桂快
向龍門奪錦幖此則榮耀之命鸞帏金玉麗子嗣
桂蘭嬌運行初丁酉上人庇下快樂滔滔丙申運
中剝膠荟窓應継夜埋頭雪案不知勞乙未運中
耀過三層浪衣冠拜九霄甲午運中一番風雪後
禄位又加高癸巳運中皇恩有感紫綬金貂壬辰
運中天边無沛澤雖下有逍遥辛卯運中悠悠享
用庚寅運中夢断無聊

辛未年　戊戌月　丙辰日　戊子時

此八字丙辰日德之辰相配柱中金土雜氣財官之格人生得此本顯功名只嫌傷官太重減虧福力椿萱雙耐晚鴻鴈有分飛知軽識重將高就低祖業重新重慶財囊自積自齊但願貴人相扶樂何須身到鳳凰池此則富旺之命鴛幃配合須年少桂子金風三兩枝運行初丁酉運中上人庇下雲逐風飛丙申運中有心生貨利無志讀詩書乙未運中耕地栽花多艷麗移桃接杏倚旁菲甲申運中家業多豐富風霜一度悲癸巳運中交四方之豪傑整一簇之門閭壬辰運中老當益壯倉廩豐肥辛卯到庚寅運中歸去也





辛未年　戊戌月　壬子日　庚戌時

此八字壬子日相配柱中金土殺印之格人生得此本顯功名只嫌殺重身輕不貴而富椿萱難耐晚鴻鴈有分情丰姿洒落天性聰明學識粗通今古智謀能動賢英祖業重新慶財囊自積成但願門迎車馬客何須身到鳳凰城此則運富之命鴛幃配合須年少桂子庭前三四英運行初丁酉幼年之景庇下昇平丙申運中詩書須有志風雲尚閑情乙未運中財源來未旺人事頗崢嶸甲午運中僕馬從行樂笙歌擁醉醒癸巳運中一番風雪過財旺整門庭壬辰運中晚年康樂景蘭桂自飄馨辛卯運中悠悠處樂庚寅運中一夢難醒

辛未　戊戌　甲子　甲戌

此八字甲子日相配柱中之土雜氣財官之格人生得此丰姿俊秀天性明良椿萱皓首相斟奉鴻鴈天邊有奮翔學問窮通今古筆鋒能動賢良可向仕途求聞達誤教湖海歷風霜雖不建侯封疆也須名蓋鄉邦此則豪榮之命篤幃年少尤招副桂子庭前吐錦芳運行初丁酉上人福庇快樂何當丙申運中詩書雖有志仕路未鷹揚乙未運中到此時來雲霧合馬蹄騰踏上天堂甲午運中財名奕奕風霜洋洋癸巳運中祿元增進第宅豐昌壬辰運中孫榮子秀辛卯運中猿断人傷



辛未　戊戌　辛亥　壬辰

此八字辛金相配柱中水土傷官帶印之格女人得此豈不光亨翁姑難久倚妯娌可知情裙釵濟楚家業崢有丈夫之耿置男子之聡明雖觸難犯易喜易嗔雪為輕粉遇風傳霞作臙脂仗日匀屢世多餘慶終身享太平此則富壽康寧之命有貴良人中道别無干賢嗣有榮封運行初乙亥少年之際閒逸閨中庚子運中春暖鴛鴦汎挑浪月明鸞鳳宿梧桐辛丑運中淡烟籠弱柳細雨洒青峰壬寅運中滔滔增福祿風浪豈為凶癸卯運中須刻浮雲黯黯須臾佳氣葱葱甲辰運中燒殘況水金猊冷皓月輕風綉閣空癸卯運中兒孫成大用晚景樂雍容北堂長化日冬嶺秀孤松辛丑運中正享無窮南柯一夢中

辛未年　庚子月　庚戌日　己卯時

此八字庚戌魁罡之日配合柱中水木傷官用財之格值斯象者丰姿俊雅氣槩軒昂聰明書藝遠倜儻世情長椿萱有倚鴻鴈翱翔蛟横北海聲名顯豹隐南山姓字芳咲顔登試院舉足到朝堂此則顯宦之命鶯啼春麗桂子秋香運行初已亥春風習習秋月蒼蒼戊戌運中觀書映雪讀易偷光丁酉運中聲華從此顯汨沒一朝揚丙申運中威聞八表澤潤諸方乙未運中衣冠正在權衡處風雪飄飄也悽傷甲午運中三度錦衣歸故里两扶紅日到朝陽癸巳運中香魂杳杳流水洋洋



辛未年　庚子月　己酉日　甲戌時

此八字己土日元相配柱中水木財官之格財旺生官終身獲福女人值此生於将相之門配于英烈之族椿親榮盛先歸去萱毋華堂福慶深丰姿清爽性格平能三從具備四德兼純花開春富貴竹長日昇平此則享榮之命良人貴傑子嗣芳英運行初辛丑花將吐艶或雨或風壬寅運中雲始散月初升癸卯運中同氣同聲鸞鳳舞芳發秀桂葉馨甲辰運中一聯美景萬里清明乙巳運中天能生一疾身胃不安寧丙午運中百年富貴成倚用南柯一夢空

辛未年　庚子月　丁卯日　甲辰時

此八字丁逢卯日相配柱中水局偏官之格人生得此丰姿清俊性理明良生於善順之族長於選变之堂椿親先别萱西室鴻鴈天邊步共翔學識窮通今古筆鋒梢有堅鋼倘逢機會至躍馬到朝陽此則索運之命鴛幃魚水合子嗣桂蘭香運行初己亥風狂椿樹折寒落根何當戊戌運中恰似洛陽三月景楊花飛處牡丹芳丁酉運中不獨才源來旺尚祈聲誉傳揚丙申運中氣歛騰騰人恍服一番風雪幸無傷乙未運中棲閣凌雲貸金珠積滿囊甲午運中提綱衝擊閨閣荒凉癸巳運中月朗猿聲切西風起白楊



辛未年　庚子月　甲子日　甲子時

此八字甲木天干配辛金水殺生印綬之格其為人也雖無深智慧頗有淡聪明行莊寬瀟洒咲微任枯崇萱毋先帰椿晚别西風鴻鴈有行群梅開白雪飄東閣竹長新梢過北庭雖不達侯封爵自然潤屋潤身此則先苦後甜之命鴛幃匹配良門女子嗣金風桂秀馨運行初己亥娟娟梅月白淡淡柳風清戊戌運中陽回喬木氣轉鴻鈞丁酉運中貴人相指引禄馬旺前程丙申運中財源浩浩氣宇英英乙未運中鬧中阻碍静裏延迟甲午運中萬象光華沾沛澤四時佳趣樂昇平癸巳運中花已落月尤沉

辛未年　庚子月　戊申日　壬子時

此八字戊申日配乎柱中之水財旺生官之格人生得此多機多智不柔不剛椿萱双耐晚鴻鴈各飛翔梢有賢良之智粗知禮義之方祖業添新慶財囊自積藏湖海市壓財兩旺英雄豪傑擁門墻此則富厚之命鴛幃年少賢良女桂子秋來吐異香運行初己亥上人庇下何論炎凉戊戌運中有心生貨利無志讀文章丁酉運中交四方之豪傑歷一度之乖張丙申運中家業多豐富風霜惱一場乙未運中粟陳貫朽金玉滿堂甲午運中老當展旺家業繁昌癸巳運中孫賢子秀壬辰運中夢入仙鄉



辛未年　庚子月　丙午日　戊戌時

此八字丙午日相配柱中之水正官之格只嫌沖破事不十全椿萱荣且耄鴻鴈有高飛丰姿瀟洒志氣能爲祖業重新慶才囊多積餘遊山玩水携詩軸對月臨風把酒巵但願有情交貴客時來一旦便吹噓晚年沾沛澤名德振鄉閭此則豪華之命鴛幃全正副桂子秀枝枝運行初己亥上人庇下安樂何如戊戌運中志思登仕路熟味聖賢書丁酉運中才源滾滾名勢輝輝丙申運中雪晴偕得吹噓力足馬登天便有威乙未運中仁風清播化日長舒甲午運中旺中生阻節便擬向東籬癸巳運中悠然享用壬辰運中歸去来兮

辛未年　庚子月　乙卯日　庚辰時

此八字乙卯日相配柱中金水敌印之格人生得此丰姿英厚天性剛忠椿萱双晄翠棠棣有聯業學問三冬足詩書萬卷通終是功名之客豈爲田舍之翁一日風雲際會果然蛇化爲龍此則榮貴之命鸞幃配合須全扁桂子秋来長嫩葉運行初己亥上人庇下快樂從容戊戌運中芸窓篤志雪案加功丁酉運中騰身雕雪案攀桂步蟾宮丙午仁風千里振瑞雪又際空乙未運中恩命重加摧任重山河千里大夫封甲午運中榮田故里癸巳運中一夢巫峯



辛未年　庚子月　辛丑日　壬辰時

此八字辛丑日相配柱中水木傷官用印之格人生得此丰姿英傑慶用多機椿萱皓首難全奉鴻鴈天邊少奮飛學問有成擎間水府珠生彩英才特達堀出豐城劍有輝時来自有風雲會变化升騰上鳳池此則榮顯之命鸞幃配合須年少桂子秋来舞彩衣運行初己亥幼承上庇無慮無思戊戌運中歷過風霜道行藏未称機丁酉運中貨利塲中休着脚詩書窓下可棲遲丙申運中騰身離泮水奉足上天梯乙未運中仁風揚遠近政化洽東西甲午運中老當持重柄千里播霜威癸巳運中榮田故里壬辰運中帰去来兮

辛未年　庚子月　庚申日　丙子時

此八字庚申日相配柱中水火傷官之格丙辛作令為良女人得此儀容英爽天性明良椿萱棠棣難相守妯娌翁姑両處昌有應上和下之計掌家立業之方初歲平和中欠順晚年福慶始安康此則能事女命良人有犯重婚舊桂子秋来吐異香運行初辛丑幼年之景庇下安祥壬寅運中鴛鴦盟會憔多合風浪生時情又傷癸卯運中重添喜象懊列西房甲辰運中家業多豊足裙釵倍異常乙巳運中不獨金粧玉飾尚祈桂馥蘭香丙午運中悠悠享用丁未運中猿斷人傷



辛未年　庚子月　戊辰日　壬子時

此八字戊辰日德之辰傷官帶才之格值斯格者丰姿聰俊智慧向明行藏特達今古頗能堂上二親俱皓首庭前棠棣獨呈英篤志芸窗必有威權顯作埋頭雪案豈無名利升騰佇看風雲會衣冠約日晴此則擎石生烟之命鴛幃配合名門女子嗣秋風綻玉美運行初己亥雖居庇下未稱心情戊戌運中欲達則未達揚帆且待風丁丑運中忽然頭角嶄嶄聳此際方知利祿亨丙申到乙未運中事業勝勝諸處高人起敬聲名耿耿四方貴客皆尊未字之中綠雲蔽日甲午運中孫賢子秀詩書忘情癸巳運中筆停小院詩無興枕冷幽軒夢不成

辛未年　庚子月　丙辰日　壬辰時

此八字丙辰日相配柱中壬水偏官之格人生得此仕路成名椿萱皓首相考奉鴻鴈西風各一天丰姿清俊天性良賢理穷今古事荟貫聖賢篇終擬揚名显姓堂教鑿井耕田九載功成沿寵渥輝輝德化服黎元此則显揚之命篤幃金玉醼子嗣桂蘭姸運行初己亥上人庇下快樂自然戊戌運中声華從此始劍筆理危寃丁酉運中才名西旺人欽伏風雪趦趄身未安丙申運中門闌多彩色頭角嶸嶄然乙未運中万民感德雪遍江天甲午運中祿九重显權未擬便田賴癸巳運中悠悠羅下壬辰運中夢入九泉



辛未年　庚子月　辛丑日　甲午時

此八字辛丑日配手柱中水火食神制殺之格人生得此刀筆成功水命椿萱耗滋毋壽天邊鴻鴈有分情丰姿俊傑天性剛明理晋聖賢之學筆分宪枉之情九載功成飛驥足天官考最沐恩崇此崇身之命篤幃同屬双諧老桂子庭前三兩英運行初己亥上人庇下詩禮趨庭戊戌運中志恩登仕路也讀聖賢經丁酉運中時来逢貴助業贖有威声丙申運中財源来旺處風浪雪尤生乙未運中三疊陽春斟副酒九重天府沐恩崇甲午運中政化東西洽仁風遠近清癸巳運中崇面處樂壬辰運中一夢難逃

辛未年　庚子月　乙巳日　丁丑時

此八字乙巳日相配柱中金水殺印之格女人得此儀容秀爽天性明良椿萱堂上先斷毋妯娌翁姑有共行立業掌家有道相夫教子多方錦綉花開富貴琅玕竹報平康心靜月明宵漢性急風捲滄浪佇看來晚節羅綺積千箱此則穩旺女命良人年長須蛇屬桂子森森茂晚芳運行初辛丑上人庇下喜氣洋洋壬寅運中鳳舞鸞懽意合風波豈少不為害癸卯運中裙釵壯麗家業豐昌甲辰運中一番風雪過羅綺色光揚乙巳運中助夫門之才業樂自己之榮昌丙午運中晚年康樂丁未運中鏡掩晨粧



辛未年　庚子月　乙巳日　己卯時

此八字乙巳日相配柱中之水印綬之格女人得此福足以榮椿萱棠棣難依雀妯娌翁姑秀氣榮儀容嬌媚性格聰明有立業掌家之道針綫刺綉之精性急江濤春壯心安山月秋清子秀夫榮沾沛澤霞衣帔服麗層層此則榮贈女命良人配合連珠貴桂子生成奪錦人運行初辛丑庇佑之下月白風清壬寅運中配匹成佳偶花開錦綉明癸卯運中夫門显耀身榮樂一度風霜也慘情甲辰運中羅綺千般麗珍羞百味新乙巳運中重重沾沛澤日日樂昇平丙午運中再沾寵渥福祿崢嶸丁未運中老當光審阻節無驚戊申運中孫榮子秀粧鏡塵生

辛未年　庚子月　壬戌日　己酉時

此八字壬戌日相配柱中金土官印之格只嫌羊刃在柱減尅福力堂上椿耐脫鴈行天際不交飛手姿平穩處用多機般般都好學件件只粗知祖業更新換舊才囊自積豐肌但願貴人提挈自然脫節安舒此則守常之命鴛幃配合須年火桂子金風三兩枝運行初巳亥上人庇下風雲相欺戊戌運中斷雲依古樹寒月掛紫扉丁酉運中到此才源未旺風波乍起未危丙申運中籍四方之豪整一簇之蝸居乙未運中行藏瀟灑才帛積豐肌甲午運中老來益旺癸巳運中歸去來兮



辛未年　庚子月　癸丑日　丁卯時

此八字居冬旺生平樂自無憂食神制殺之格運行背地獄我老榮主人生於豐厚之族長於信義之門椿萱有倚蒼年別天邊鴻鴈不同群手姿清秀天性爭能懶窮書史曾李經營享見成事業承遺蔭門風莫向仕途求聞達自教才祿有豐盈此則富足之命鴛幃配合須年長子嗣生成貴顯人運行初癸亥上人庇下花柳分春戊戌運中莫道儒道恨芸窗患不勤當此之際頃刻風雲丁酉運中漸漸精神好看有第宅畀丙午運中豐年田舍禾盈醫膽日山家酒滿斛乙未運中山前山後皆明月江北江南總是春甲午運中沖擊之所如月入雲癸巳運中青山歸去也啼鳥絕無聲

辛未年　庚子月　戊申日　壬戌時

此八字戊申長生之日相配柱中金水傷官助才之格人生得此生於右族長於名門萱母先帰椿耐晚天邊鳴雁各行鳴其為人也丰姿清秀天性聰明般般稍覧件件不精知高下識重輕過火黄金重長價離雲皎月倍清明重成新事業再整舊門庭福布江山外名聞湖海中不以功名為念豈将冠冕磨礱英雄惟贈劍三尺豪傑相逢酒一鍾但願一生才禄旺何必天邊沭寵栄此則發福之命鴛幃火命須年小子嗣栄門孝且忠運行初巳



亥上人庇下未斷平生戊戌運中登臨雨霽賞翫春陰丁酉運中爆竹声催殘臘尽折梅香引早春逢丙申運中負載不辞千里遠貨才惟喜四方通乙未運中才源秉羙第宅增新一番風雨雨過山青甲午運中有田皆種玉無樹不生英癸巳運中晚年快樂壬辰運中花落月沉

辛未年　庚子月　庚戌日　丁亥時

此八字庚戌魁之日相配柱中水火傷官之格金水傷官喜見官主人生於右族長於仁門椿萱一享期頤壽鴻鴈天邊不共群其為人也丰姿清秀天性聰明知高識下趨吉避凶有抵雪欺霜之智截長補短之娰萬里無雲天一色三秋好景月長明重成新事業再整旧門庭福布江山外名聞湖海中田園宗拓茂畝畝稻粱馨雖無冠冕榮身貴也應鄉黨衆推尊此則旺蓋之命鴛幃魚水情欽洽子嗣宗門孫孫馨運行初巳亥工人庇下天朗



氣清戊戌運中娟娟梅月白淡淡柳風清丁酉運中雖則才源旺足也愁風浪未停丙申運中漸漸春光足看看福祿增須史風雨雨過山青乙未運中日暮西風洒蒼雪河畬尤鮮報升平甲午運中正是太平光霽景娟娟皓月正當空癸巳運中暁鄰黄花香馥鄉壬辰運中清風引梦入佳城

辛未年　庚子月　乙巳日　甲申時

此八字乙巳日元相配柱中金水杀生印綬之格人生得此生於右族長於仁門萱毋先帰椿後別天邊鴻鴈陣分行其為人也丰姿清秀雅天性聡明世事頗能將就般般李又精通曰福曰崇自有順天之慶常安常樂豈無福地之深祖業添新慶根源勝舊風福布江山外名聞湖海中花無桃李非春色人有筆歌是太平施恩惹怨布德成嗔雖不建侯封爵自然潤屋潤身此則穩厚之命駕幃有配須年敵子嗣秋来旺宅門運行初己亥上人庇下穢棵平生戊戌運中風帶雪来方竟冷鳥啼花落始知春丁酉運中才源生進退喜耗尚愁人丙申運中不是一番寒徹骨焉得梅花噴鼻馨梨花舞雪雨過山青乙未運中才源滾滾家居好斤時風雨斤時驚甲午運中富之以潤其屋德之以潤其身午字之中如月入雲癸巳運中安閑晚景壬辰運中一枕扶風



辛未年　庚子月　丁卯日　辛亥時

此八字丁卯日元相配柱中水木殺財之格財格有提處事平餘女人得此生於右族長配名門椿萱双晚茂鳴鴈各行鳴其為人也姿容清秀髮兒精神有軒食宵衣之懊惱治家立業之材能雪為輕粉憑風傳霜作胭脂仗日明風送芰荷香滿院日引花蕚發新紅衣冠濟濟三從婦家業昂昂四德新难作难為易喜易嗔雖不鳳冠帔服自然福禄縣第此則茁旺之命良人年長配子嗣晚芹榮運行初辛丑上人庇下月白風清壬辰運中春入桃源花爛漫揮拱化澤水澄清癸卯運中雖則風青月白還愁微雨弄晴甲辰運中嫩柳不禁三月雨嬌花循怎五更風乙巳運中萬里烟雲將斂一楼秋月光明丙午運中羅綺千般色珍羞百味新丁未運中安閑晚景戊申運中春夢無憑

辛未年　庚子月　己酉日　甲子時

此八字己酉之日相配柱中水木財官之格人生得此生於良族長於仁門水命椿萱萱歲長天邊鴻鴈各行鳴其為人也丰姿清秀性格聰明般般稍覽件件不精行藏竟消洒咲傲任枯荣雖不成名利生平近貴人祖業添新變財源厚積存月掛碧天多皎潔名揚湖海有光荣豊年田舍禾樊鵲日山家把酒斟財源富足福禄騈臻花無桃李非春色人有笙歌是太平但傾粟陳貫朽何須騎馬入青雲此則穩厚之命篤怖青髮須招長子嗣秋来孝且忠運行初己亥上人庇下化日陽春戊戌運中世事究如春夢人情薄似秋雲丁酉運中着意種花花不發無心插柳柳成陰丙申運中負載不辞千里遠利財惟喜四方通乙未運中一番風雪過財祿愈興隆甲午運中門招壯觀桂閣青雲癸巳運中安閑好景壬寅運中春光去也一枕青風



辛未年　庚子月　甲子日　甲子時

此八字甲子日元相配柱中金水來生印綬之格人生得此生於右族長於名門金火椿萱双晚茂天邊鴻雁各行鳴其為人也丰姿消秀性格老誠世事頗能將就般般多欠精通萬里能筆世事每從忙裏就一瓢美景才源自向遠方生祖業添新慶根源勝舊風不以功名為念宜將冠冕磨礱是非奥晉門前客得失須憑塞上翁雖不得名得祿自然才祿余盈此則穩旺之命篤怖運珠須配長子嗣枝頭朵朵成運行初己亥上人庇下未斷平生戊戌運中天邊初出月藐上始開英丁酉運中才祿福有家業常也還愁素耗尚有相侵丙申運中滚滚才源旺滔滔福祿增乙未運中桃李千谿錦江山一聲屏甲午運中軒開化日千祥集蔴捲香風百福增癸巳運中晚景光宗好壬辰運中訃音一播衆傷情

辛未年 庚子月 甲寅日 戊辰時

此八字甲寅專祿之日相配柱中金水生印授之格人生得此生於石族長於名門萱毋先歸椿耐挽天邊鴻鴈各行鳴其為人也丰姿清秀天姓老誠頗識三分道理文章一竅不通自有順天之慶豈無福地之源祖基重再整事業必重新福步江山外名聞閭裏中萬裏無雲天一色三秋好景月長明得意江山詩句絕忘情日月酒盃深好意番成惡真心換得嗔但欲利名多發祿何必天邊沐寵榮此則穩厚之命兆慌有孤填年小子嗣秋来朵朵成運行初上人庇下未斷平生戊戌運中登臨雨淨賞龍春陰丁酉運中正是太平光霽景还愁素耗驀然生丙申運中着意種花花不發無心插栁栁成陰庚時風雪進退之中乙未運中財源旺足家居好幾度風波尚悔人甲午運中鄉閭開快樂花發尚風生癸巳運中安閑快樂壬辰運中春夢無憑



辛未年 庚子月 己酉日 甲戌時

此八字己酉之日相配柱中水木財官之格財盛生官終身有慶遇斯命者生於右族長於高門椿父先歸萱耐晚天邊鴻鴈各行鳴其為人也丰姿清秀性格聰明頗知礼義稍識古今般般稍覽件件不精有近貴親賢之德應上和下睦之能祖業添重立根源再整遇火黃金顯十分之貴色離雲皓月布萬里之清明福布江山生秀馨名揚湖海有光榮時来借得吹噓力也應祿馬旺前程此則出白之命鴛幃得合如魚水子嗣榮門孝且忠運行初己亥上人庇下未斷平生戊戌運中春園雖雨過桃李未生英丁酉運中雖則行歲有慶也愁人事虧盈丙申運中近水樓臺先得月向陽花木早逢春乙未運中一番風雨初晴後從此滔滔福祿增甲午運中青松秀比嶺黃菊綻籬東癸丑運中但使家園而旺足何愁白髮鬢邊生壬辰運中歸去也

辛未年　庚子月　庚申日　己卯時

此八字庚申專祿之日相配柱中水木傷官助才之格人生得此多智略有操特般般歷學件件粗知搖萱皓首難全奉鴻雁天邊不同飛祖業增新慶才囊自整齊慷握豐城馬得劍不敵水府怎逢珠等閑借得吹噓力足馬長安氣勢嵬此則富榮之命鴛幃金玉麗子嗣桂蘭奇運行初己亥上人庇下處樂自如戊戌運中恰似洛陽三月景牡丹開了柳花飛丁酉運中時來方壯觀遇貴便光輝丙申運中才名榮旺人欽伏一度風烟幸不危乙未運中騰騰氣概振振威儀甲午運中老當益壯癸巳運中歸去來兮




辛未年　庚子月　癸丑日　甲寅時

此八字癸丑日相配柱中土木傷官之格乃得不刑合之意主人生於右族長於名門搖萱先父別鴻雁各分群其為人也丰姿清雅天性聰明源流三教諳能及筆掃千軍辭與論繫閑水府珠生出掘出崑岡自是明終是文場榮貴客豈為田舍鑿耕人不特觀經史還應率博人七篇試院戎丈賦十里思秉破浪風此則榮貴之命鴛幃春藹藹子嗣脫叢叢運行初己亥上人庇下未斷平生戊戌運中雪晴天未暖行樂有書声乙酉運中莫愁雪阻藍關道時來平步入雲梯丙申運中到此始知文章好長安高蹲五花驄乙未運中粉署聯珠才獨好何愁風雪滿山危甲午運中未許思歸日還留侍聖君癸巳運中心事欲遂一夢難醒

辛未年　庚子月　丙辰日　壬辰時

此八字丙辰日德之辰相配柱中金水財殺之格殺重身輕藏合貫氣主人生於右族長於高門火土搘當疾雙壽天邊鴻鴈各擇風其爲人也手資清雅天作老成頗知禮義稍識古今有近貴親賢之德應上和下之能重成新事業再整舊門庭福布江山外名著湖海中花無桃李非春色人有笙歌是太平時來財祿旺運至福無窮莫道梧枝難結果夫君留意更殷勤此則稳旺之命鴛幃有娃須重續子嗣秋來果不馨運行初己亥上人庇下

未斷平生戊戌運中雖則行藏有慶還悲入事虧盈丁酉運中吹開悲風何必慮還愁素耗晦非生丙申運中皇天豈不依人欲雪過寒消始遂春乙未運中到此始知時運好萬物光華百事通須史風雨雨過山青甲午運中威權有布人欽服財息豐盈福祿增癸巳運中如月入雲壬辰運中晚年閑快樂一枕了平生



辛未年　庚子月　己酉日　癸酉時

此八字己酉日元相配柱中金水傷官劫才之格人生得此生於武顯長於將門椿父先歸萱謝晚天邊鴻鴈各棒風其為人也手姿清秀天性聰明般般好覧件件不精傲物氣高常以時人不如己行藏特達每嫌世事不如心風月處友瀟洒容情虚老實做志誠琴樽風月平生計金谷松筠舊歲春施恩慈悲布德成嗔花無桃李非春色人有笙歌是太平必得其祿必得其名時來自有淵淵福運至還教路路通富貴天生地長自然深沭皇恩

此則榮貴之命鴛幃連珠須配長子嗣先成貴顯名運行己亥上人榮庇天朗氣清戊戌運中風帶雪來應覺冷鳥啼花落始知春丁酉運中不勞窓下攻書史自有天邊雨露恩丙申運中富貴榮華當此際綠楊汀外馬蹄輕須史素耗須刻風雲乙未運中光華疊疊沛澤紛紛甲午運中聲名耿耿氣宇英英午宇之中如月入雲癸巳運中子貴重榮贈壬辰運中春歸鳥不吟

辛未年　庚子月　戊午日　壬戌時

此八字戊午日刃之辰相配柱中金水傷官助才之格女人得此生於右族長配名門擠萱有倚雅雙鬢天邊鴻雁各行鳴其為人也姿容闓朗髮貌精神翁姑棠貌茂妯娌尚情輕每懷丸膳意時抱擇憐心揚柳無風枝嬝娜梅花有月夢精神萬象光華沾沛澤四時佳趣瑞祥生充勤而克儉意喜而意慎佇看夫榮子貴滔滔祿享無窮此則榮益之命良人年長尤年敵子嗣枝頭有挺榮運行初辛丑上人庇下未斷平生壬寅運中匹配名門交



花從錦上增癸卯運中雖則夫門快樂憂悲向在其中甲辰運中豐豐光華多快樂还愁人事有虧盈乙巳運中明月當天生氣爽光華萬象色尤新丙午運中冲擊之所如履薄冰丁未運中晚年享福戊申運中花落月沉

辛未年　庚子月　丙午日　癸巳時

此八字丙午日刃之日相配柱中水金傷官之格女人得此生於右族長於名門椿父先行萱別晚天邊鴻雁各行鳴其為人也丰姿清秀髮貌精神有針線之巧有立業之勤一苑杏桃鋪錦繡滿山松柏映幃屏滔滔無阻滯步步助夫門雖然正婦亦見定帶誰為伯姆誰為嬸誰是婆婆誰是翁難觸難犯易喜易嗔晚年子貴生涯好滔滔福祿享無窮此則穩厚之命良人火命須妨客子嗣生成後有益運行初辛丑上人庇下毓秀閨門壬寅運中



契合翠鸞成好夢負緣紅葉是良姻癸卯運中花嬌復含春雨柳嫩尤帶金風當是時也憂喜並行甲辰運中雖則夫門多快樂須吏風雨尚愁人乙巳運中羅綺臨風鮮色欽裙日化光榮丙午運中夫榮子貴樂意忘情丁未運中晚年閑快樂福祿愈騈臻

辛未年　庚子月　乙巳日　丁丑時

此八字乙木相配在中金水合官留殺之格喜逢印綬生身昔乎官殺混雜減奇福力過斯命者主人平淡之族長於清白之門水土榛薹及晚茂天邊鴻鴈各行鳴其為人也手姿清秀天性聰能顯知礼義利識下金高人起敬賓客相欽重成新事業再整旧門庭田園桑柘美畝畝稻梁馨門外生涯曠闊庭前活計維新花無桃李非春色人有笙歌是太平有心於貨利無意暮功名晚年光霽景疊疊福元豐此則發達之命鴛幃連珠高一載子



嗣生成踐灶人運行初巳亥上人庇下未斷平生戊戌運中風帶雪來應覓佺鳥啼花落始知春當此之際進退自循丁酉運中始覓陽和滿目還愁索晦相侵丙申運中才源滾滾家居好接閣凌雲福祿增乙未運中戌四時津趣立萬古門庭甲午運中冲擊之所如月入雲癸巳運中西風南畝收香稻晚節懷村菊酒馨壬辰運中春光去也一夢佳城

辛未年　庚子月　己酉日　癸酉時

此八字己酉日元相配柱中金水傷官助才之格剛毅之物也主人生於武顯長於將門楷覩榮條叢賢淑到頭終是父先行天邊鴻鴈有各飛聯其為人也丰姿清爽天性聰明類窮黃石畧熟味聖賢経衣冠濟濟人中傑和氣怡怡席上珍終是傳方之客豈為田舍之翁翰苑不能馳姓字轅門還擬播芳名三跳御溝沾寵握腰金衣紫肅威稜風生紫塞秋橫劍月落黃河夜渡江此則忠義武侯之命鴛幃連珠名定女子嗣生成奪錦人



運行初巳亥上人庇下未斷平生戊戌運中幾欲窮書覽史須還勞雪截水丁酉運中不勞窓下攻書史茲喜天邊雨露恩當此之際進退閑綸丙申運中皇恩有感重光顯從此滔滔祿位進乙未運中德仁撫軍宰推舉督邊抗頂虫風雨權重生驚甲午運中有子登黃甲威權倍有增癸巳運中晚年回故里壬辰運中一枕入佳城

辛未年　庚子月　丙午日　壬辰時

此八字丙午日丑之辰去官留殺之格仗此根基生於仁德之門長於信義之族親昆有倚祖業重成其爲人也丰姿清楚動用而能學能少知今古生平尤近貴人身長名園遍種竹花門上兢勝先春雖然不是青雲客自許卿閭顯姓名此則中和之命鴛幃魚水合子嗣桂蘭馨運行初己亥花紅柳綠雲淡風輕戊戌運中漸漸精神爽看看氣象新丁酉運中綉花雖艷畫水無聲丙申運中三盃道興五斗解醒乙未運中桑麻遍野生涯富世事光華福祿新甲午運中沖擊之所如履薄氷癸巳運中春光歸去也花落月尤深



辛未年　庚子月　乙卯日　壬午時

此八字乙卯專祿之日相配柱中金水祭生印綬之格刑冲太重减我功名主人生於右族長於名門木命椿萱有倍天遣鴻鳫分群其爲人也丰姿清秀天性老誠有微微之計較淡淡之聰明重成新事業再整旧門廬日福曰帶自有順天之慶常安常樂豈無福地之深花無桃李飛春色人浸帶枯是太平雖不成名利生来近貴人但顛有錢家業旺何須跨馬入青雲此則希福之命鴛幃有犯須招硬子嗣帶門晚節馨運行初上人庇下化日陽春戊戌運中淡煙楊柳岸薄霧杏花村丁酉運中始知春晝永方竟瑞祥生丙申運中風帶雪未應竟冷鳥啼花落始知春乙未運中門招吐觀樓閣涼雲甲午運中松尚茂竹尤清癸巳運中心事數盞之白髮生涯一片之閑情壬辰運中春花去也花落月沉

辛未年　庚子月　庚戌日　丙子時

此八字庚戌魁罡之日傷官制殺之格陽刃全殺有功遇斯命者生於右族長於華宗椿萱不逮祿養鴻鳫有不同群其為人也丰姿清秀天性聰明理努今古書對聖賢黃道三秋騰翼足青霄萬里奮鵬程一從姓字傳臚後人似神仙馬似龍比則當显之命鴛悼生麗須招贅子嗣榮門孝且忠運行初己亥上人庇下化日為陽戊戌運中數遂平生志須棲董子功丁酉運中根道是龍還不信果然雲路任飛騰丙申運中処事但憑三尺法理刑潭似一團春乙未運中一番風雪初晴後從此滔滔祿位陞甲申運中正宜食祿未許思尊癸巳運中安閒籬下壬辰運中一枕春風



辛未年　庚子月　己巳日　丙寅時

此八字己丑之日酡乎柱中金水傷官助才之格官印相生為美傷官若用印官殺不為刑主人生於右族長於名門椿親耐晚萱先別天還鴻鳫名行鳴其為人也丰姿清秀天性聰明般般稍覽件件不精行藏果斷作事老誠機謀深遠彥用人欽曰福曰榮自有順天之慶當安常樂豈無福地之深不向仕途求貨利却來湖海覓功名時至才源富足運來福祿無窮花無桃李非春色人有笙歌是太平此則穩孚之命鴛幃水命須早小子嗣全風孝且忠運行初己亥上人庇下風雪初晴戊戌運中精神又樵粹樵粹又精神丁卯運中幾番駁雜都經過從此才源倍有增丙寅運中才源富足家居好尚有閑非素耗生乙未運中不獨才源旺足尚祈声势豪洪須史風雨雨過山青甲午運中軒開化日千祥集簾捲香風百福增午字之中花放風生癸巳運中夕陽有限春夢無憑

辛未年　庚子月　辛酉日　壬辰時

此八字辛酉專祿之日相配柱中旺水傷官之格女人得此生於右族長於名門椿萱双蜺茂鴻鳫各行鳴其為人也丰姿秀麗髮貌精神有丈夫之氣槩有男子之材能一苑古莚鋪錦綉滿山松栢映幃屏春入水光成蠍綠日匀花蔓發新紅每懐九騰意時抱擇潾心难觸难犯易喜易嗔楊柳無風枝嬝娜梅花有月倍精神此則穩厚之命良人木命須年長子嗣秋来始有成運行初辛丑上人庇下未斷升沉壬寅運中契合翠鸞成好夔㒶緣紅葉是良烟癸卯運中雖則夫門多壯觀还愁頃刻又風生甲辰運中萬疊好山雲下斂一輪明月雨初晴乙巳運中晚年快樂第宅光榮丙午人情坎坷如履薄氷丁未運中春光去也一枕清風



辛未年　庚子月　辛亥日　壬辰時

此八字辛亥之日相配柱中旺水傷官助財之格人生得此生於右族長於高門椿萱双晚茂鴻鳫各飛騰其為人也丰姿清秀天性聰明錦綉胷藏賢聖學璣珠口吐武文辭辭鋒颕利人無敵華力縱横若有神終是文場榮顯客豈若田舍鑿耕犁奮身辭白屋平步入青雲萬里扶搖鷲睡蟄一声霹靂躍潛鱗一朝騰踏飛黄去從此衣冠拜聖明佇看官封三級的然鍾享千鍾此則榮貴之命鴛幃兩敵方偕老子嗣榮門孝且忠運行初己亥上人庇下徭徭平生戊戌運中十年窓下業黄卷與青灯丁酉運中執卷幾回空採月時来方許步蟾宮丙申運中遠望夫恩雲外降高攀桂子手中馨當此之際風雪滿庭乙未運中寒拂紫衣催驛騎光生玉節下雲層甲午運中有材層大用未許便辭榮癸巳運中榮歸故里壬辰運中一枕清風

辛未　庚子　壬寅　丙午

此八字壬寅日相配柱中之火時上偏官之格丙辛作合為良人生得此姓顯名揚椿萱堂上椿萱耄鴻雁天邊有共翔半姿慷慨天性果剛粗知韜畧法熟味聖賢章不向天邊取勝却來翰苑爭芳霹靂一聲沾雨露禹門三跳沐恩光此則榮肅之命鴛幃有配須偏正桂子秋来吐異香運行初己亥上下庇下何論炎涼戊戌運中詩書歷覽弓矢斯張丁酉運中執卷幾回探月時来一旦鷹揚丙申運中姓字傳臚後威風肅憲綱乙未運中一番風雪過金紫大夫行甲午運中大才大用威鎮邊疆癸巳運中再遷再擢未擬還鄉壬辰運中落日西山外西風猿斷腸



辛未年　庚子月　己巳日　辛未時

此八字己巳日相配柱中之水財旺生官之格人生得此行藏倜儻動止從容椿萱雙皓首鴻鴈有排空學問聰明未必瓊林叅瑤宴筆鋒雄健也須天府沐恩榮佇看晚年沾寵渥財源滾滾勢豪雄此則榮達之命鴛幃年少雙偕老桂子秋来吐錦叢運行初己亥無思無慮泮水加功戊戌運中志欲登天步月身還冒雨衝風丁酉運中馬蹄催上長安道三疊陽關運未通丙申運中雪晴沾寵渥政化洽西東乙未運中祿元階進福祿重重甲午運中晚年壯觀癸巳運中夢入玉峯

辛未年　庚子月　甲寅日　庚午時

此八字甲木專祿之日配合柱中金水發生印綬之格值斯衆者注人丰姿秀麗天性聰明生於豊富之宅長於有名之庭堂上椿萱榮貴耀天邊鴻雁我飛騰學問有成龍虎榜中先取首英材敏捷鳳凰池上錦摽名緋衣日暖趨金闕寶殿雲開拜帝君佇看輔佐山河日天下馳名福不輕此則貴耀之命鴛幃有犯宜正副桂子初難後出英運行初巳亥雙親之下讀史觀經戊戌運中泮水養身難變化潛心窓下學文章當是時也突破非迍丁酉運中躍過禹門三級浪轟然平地一聲雷丙申運中威儀暗使奸心破法度潛令鬼膽驚重重祿位衣紫腰金就此之中風雪盈庭乙未運中皇恩有感陞高貴職居部憲鎮邊庭甲午運中雙手舊曾扶日月佇言端可定乾坤朝綱顯姓子又馳名癸巳運中上五年有才大用未許閑身下五年正作皇門之砥柱誰知一夢入蓬瀛



辛未年　庚子月　乙巳日　己卯時

此八字乙木相配庚子提綱官印之格喜逢日祿歸時女人得此生於异卒之族適于良善之門椿萱俱耐娩妯娌不相齊姿容清致性格狐疑掌家能事作用敢為化日林英灼灼春風堤柳依依一生福祿無虧缺從此心胷樂自如此則治家立業之命良人土命非同禹子嗣先難後秀奇運行初辛丑但宜簾下安逸閨閣壬寅運中菡萏花深鴛並立梧桐枝穩鳳双棲癸卯運中正欲尋春翫物若何風雨昏迷甲辰運中到此始知光景好行藏吉利足歡娛乙巳運中日暁西風洒蒼雪也曾歡樂也曾悲丙午運中享優游之福壽丁未運中夢杳杳之仙衢

辛未年　庚子月　甲寅日　乙亥時

此八字甲寅日配子柱中金水殺印之格人生得此本是科名只嫌運入背鄉貴氣梢減椿萱皓首相敬奉鴻鴈天邊有共飛丰姿洒落操幹能爲梢識聖賢之季能知世務之宜才囊宜自積根業必新脊湖海市㕓才兩旺田園典趣樂怡怡此則富厚之命鴛幃金命須年少桂子金風舞彩衣運行初已亥幼承尊庇快樂怡怡戊戌運中便有才源豐旺何愁風雪輕飛丁酉運中才源生進退氣象倍光輝丙申運中交三千珠履種八百桑榆乙未



運中雪晴春信轉紅紫鬧芳菲甲午運中老未添壯固才旺塹鎡基癸巳運中歸去也

辛巳年　庚子月　辛酉日　庚寅時

此八字辛酉專祿之辰食神帶財之格只嫌四柱逢刑減吾分數椿親榮傑萱儆未棠棣同根各葉芳丰姿洒落性格異常聰明書藝遠倜儻世情長門迎珠履三千客座列金釵十二行財源豐饒第宅榮昌此則富貴之命鴛幃勤儉子嗣標香運行初已亥乍晴乍雨或煖或涼戊戌運中春回大地氣襲華堂丁酉運中正值良辰美景可堪拾翠尋芳丙申運中萬里無雲天一色三秋好景月長光乙未運中四顧烟雲慘淡一番行樂悠揚甲午運



中冲擊之所跋涉何妨癸巳運中延賓玩物會友流觴壬辰運中兒孫歌舞晚節安康辛卯運中歸去也

辛未年　庚子月　丙午日　壬辰時

此八字丙午日刃之辰去官留殺之格伏此根基生於仁德之門長於信義之族親昆有倚祖業重成其為人也丰姿清楚動用乖能學問少知今古生平尤近貴人皆長名園過舊竹花開上苑勝先春雖然不是青雲客自許鄉閭顯姓名此則中和之命鴛幃魚水合子嗣桂蘭馨運行初已亥花紅柳綠雲淡風輕戊戌運中漸漸精神爽看看氣象新丁酉運中綉花雖艷畫水無聲丙申運中三盃遺興五斗解酲乙未運中桑麻遍野生涯富世事



光華福祿新甲午運中冲擊之所如履薄冰癸巳運中春光歸去也花落月尤沉

辛未年　庚子月　庚申日　丙戌時

此八字庚申專祿之火辰傷官帶殺之格女人值此生於大廈邁于高堂翁姑有奇妯娌聯行姿顏清楚家業軒昂喜則月升晴漢怒則風捲滄浪黃金出土皆增價白璧出塵倍有光此則助夫旺業之命良人琴瑟子嗣桂蘭方運行初辛丑閨門毓秀安分守常壬寅運中共結絲羅山海固永偕琴瑟地天清甲辰運中韶華萬里行樂勝常乙巳運中須



史雲掩月頃刻又無妨丙午運中生涯凋福壽綿長丁未運中歸去也

辛未年　庚子月　乙丑日　壬午時

此八字乙丑日相配柱中金水官印之格人生得此本乎仕路榮登只嫌四柱丙衝减虧福刀注人丰姿英俊天性聰明生於仁德之族長於華麗之門椿萱双白首鴻鴈各飛鳴祖業增華麗才囊厚積成但願一樽交貴客何須跨馬上神京此則穩實之命鴛幃金玉潤桂子長秋英運行初已亥上人庇下天朗氣清戊戌運中志欲登髙慕遠身還履雪裁氷丁酉運中財源滚滚氣宇英英丙申運中花映翠簾春晝永月穿閨閣夜凄清乙未運中樓臺疊疊羅綺層層甲午運中晚年逸樂子秀孫榮癸巳運中春殘花落盡空悲子規聲



辛未年　庚子月　甲子日　戊辰時

此八字甲子日相配柱中金水殺印之格女人得此性急心慈内莊外肅椿萱同耄妯娌翁姑行有成箕帚蘋蘩可托相夫教子多精喜則和風甘雨怒則雷掣雷轟佇看晚年光霽景裙釵壯麗福昌榮此則掌家女命良人配匹須年長桂子庭前兩㨾英運行初辛丑幼承上庇不雨不晴壬寅運中帳綰鴛鴦帶花開孔雀屏癸卯運中樂中心不足喜處恨尤生甲辰運中才旺夫門行樂順一番風雪又飄零乙巳運中羅綺臨風麗裙釵絢日明丙午運中晚年享用子秀孫賢丁未到戊申運中歸去也

辛未年　庚子月　癸巳日　辛酉時

此八字癸日生向巳宮乃是財官雙美喜辛酉之時合成金局此印綬之格明矣其為人也生當富貴本有鳳池之顯禁祿提綱無生氣之元此則富庶之命要名花運野四時春色芳菲子秋桂盈軒九十秋光淡薄此則獨水三犯庚辛號曰體全之象運行初淡月朦朧運行甲午乙未財鄉進退歷事早徵饒君揔有張良智只恐時無運不齊運行暮景一夢歸兮



辛未　庚子　庚戌　丁亥

此八字庚戌魁罡之日配乎格中之水傷官之格女命得此福足以榮椿親先別萱榮晚妯娌翁姑有共盟儀容青楚天性良能理明閨閫事洞識古今情性急如江濤春壯心安似山月秋清竹看晚節錦繡霞明此則榮夫显子之命良人同獨功名客桂子庭前吐錦英運行初辛丑上人庇下月白風清壬寅運中匹配戍佳偶花從錦上生癸卯運中揀揀風雲過羅綺自鮮明甲辰運中夫門才業旺旺處有悲驚乙巳運中漸漸精神衰看看氣象增丙午運中羅綺千般色珍羞百味馨丁未運中老當益壯戊申機杼無声

辛未　庚子　巳巳　戊辰

此八字巳土日元相配柱中金水傷官生財之格值此象者火土椿萱雙耐壽春風棠棣向陽和其爲人也天資明敏性格豪雄學問有成登桂關英才特達步蟾宮佇看一朝顯角聳溥施霖雨潤疲癃此則榮貴之命鴛幃全正副桂子有成龍運行初巳亥雙親庇下詩禮從容戊戌運中報道聲名今顯也禹門躍過浪三重丁酉運中聲名而烜赫政化洽西東丙申運中佇看官封三級酌酒祿享千鍾乙未運中掌炎人之重柄致風波之驚凶甲午運中正享解印歸田里花落鵑啼夕照中



辛未　庚子　乙丑　丁亥

此八字乙丑日相配柱中金水官印之格人生得此富上加榮堂上椿萱皓首天邊鴻鴈分翔丰姿磊落天性果剛學識聰明可向仕途求聞達智謀宏遠詳教湖海歷風霜佇看晚年光霽景崢嶸頭角耀鄉邦此則富貴雙全之命鴛幃年長尤招副桂子生成奪錦郎運行初巳亥上人福庇其樂何當戊戌運中詩書倦讀來湖海風月襟懷樂意長丁酉運中跡、風雲過金玉滿華堂丙申運中萬象光華沾沛澤門前車馬自喧爭乙未運中英雄尊德望恩渥又加昌甲午運中孫榮子秀門閭增光癸巳運中悠、慶樂壬辰運中猿斷人傷

辛未年　庚子月　壬寅日　甲辰時

此八字六壬配子水為刃辰土為殺、刃作合方能顯達椿萱松栢木鴻鴈海天雲其為人也不強不弱多見多聞胸羅今古事理達聖賢情運至時通必有功名攄懸廣地靈人傑豈無潤澤耀門庭皷擱清韻動石擊紫烟生此則淘沙見金之命鴛幃得合諧連理子嗣斑斕旺宅門運行初巳亥承籍双親蔭詩書每討論戊戌運中燈窓淹困窓下劳煩丁酉運中東風借我吹嗟泪沒端知始伸丙申運中萬物莫始名利好輝、光緑耀鄉城乙未運中因權而見險為朊暫閑身甲午運中富貴榮華當此景綠楊汀外馬蹄輕癸巳運中鄉園歸穩事不劳神壬辰運中三盃酹酒一道訃音



辛未年　庚子月　丙寅日　庚寅時

此八字丙寅日相配柱中金水正官之格喜逢印綬以扶身稟得五行之秀氣值斯象者丰姿清楚氣槩軒昂椿萱榮耐晚鴻鴈有分翔學問有成終是功名之容英才特達豈爲田舍之郎一朝騰踏飛黃去此是男兒當自強此則榮秀之命鴛幃金玉麗子嗣桂蘭香運行初巳亥上入庇下其樂安洋戊戌運中尋章摘句入室升堂丁酉運中列此騰蒼簪衣冠拜衮章丙申運中雪晴加禄位千里振權衡乙未運中一風波浪幸不成傷甲午運中金魚初綰帶此際可還鄉癸巳運中悠悠宴樂壬辰運中夢熟黃梁

辛未年　庚子月　乙丑日　癸未時

此八字乙木配守金水殺印之格女人得此姿容窈窕髮兒超群有針綴之功立業之勤翁姑必倚妯娌介群雖非正聘亦不言奔紅日點穿湘水碧白雲堆破楚山青佇看時適運至陷陷益旺夫門此則穩旺之命良人年長殘婚客子嗣生成俊俏入運行初辛丑上人庇下毓秀閨門壬寅運中匹配名門交花從錦上增癸卯運中不用高燒銀燭月明添倍精神甲辰運中鴻鈞氣轉喬木春回乙巳運中羅倍臨風舞珠蓋百味新丙午運中沖擊之落月黃昏丁未運中



安閑晚景戊午運中錚掩晨明

辛未年　庚子月　丙午日　壬辰時

此八字丙午日刃之辰去官留殺之格仗此根基生於仁德之門長於信義之族親昆有倚祖業重成其為人也丰姿清楚動用無能學問少知今古生平尤近貴人筆長名園過舊竹花開上苑勝先春雖然不是青雲客自許御閣題姓名此則中和之命死帷魚水合子嗣桂蘭馨運行初己亥花紅柳綠雲淡風輕戊戌運中漸漸精神爽看看氣象新丁酉運中綉花雖艷畫水無声丙申運中三盃遣興五斗解酲乙未運中桑麻遍野生涯冨世事光華福祿新甲午運中



沖擊之所如履薄氷癸巳運中春光歸去也花落月尤沉

辛未年　庚子月　丙寅日　己丑時

此八字丙寅日相配柱中之水正官之格丙辛有化水之功人生得此手姿英傑天性剛忠椿萱榮贈雁双壹鴻雁天邊有奮風李閒三冬足詩書万卷通万里扶摇騰彩鳳一声霹靂躍潛龍一從揚姓字身跨五花驄此則榮顯之命鸳帏全正副桂子發秋叢運行初己亥上人庇下詩礼從容戊戌運中欲遂平生志宜加董子功丁酉運中到此風雲際會果然浪躍三重丙申運中榮沾寵渥丕播清風乙未運中一番風雪過祿位兩加封甲午運中榮回故里癸巳運中夢入巫峰



辛未年　庚子月　甲子日　己巳時

此八字甲子相配柱中金水煞印之格亦有金神之意值斯象者儀家秀春天性良賢勝丈夫之氣槩有男子之才權椿萱棠棣难依耄妯娌翁姑尚有緣心静天清氣朗性急風怒濤翻錦繡花開富貴琅玕日報平安佇看晚来鄭福慶自綿綿此則福旺女命良人高一載桂子舞班斕運行初辛丑庇佑之下快樂自然壬寅運中雖則鳶歌鳳舞尚防風雨生寒癸卯運中喜中生出悶悶過月當天甲辰運中萬象回春紅紫一番風雪洒門闌乙巳運中精神加壮麗羅綺色光鮮丙午運中滔滔旺家業蘭桂挺芳妍丁未運中華堂安享戊申運中粧鏡空懸

辛未年　庚子月　戊申日　丙辰時

此八字戊申日配子柱中之水財旺生官之格人生得此丰姿英厚天性明良椿萱皓首相虧奉鴻鴈天邊不共翔知今識古扶弱抑強祖業添新慶才囊自積藏倘若留心於仕路管教天府沐恩光此則豪榮之命鸞幃年少雙偕老桂子秋來吐異香運行初已亥庇佑之下何論炎涼戊戌運中財源來便旺風浪不爲傷丁酉運中遇貴提攜方壯觀財源來旺勢軒昂丙申運中聲似新雷出地財猶水下滄浪乙未運中聲華聞四遠風雪壁門墻甲午運中冲擊之所一度乖張癸巳到壬辰運中歸去也

子平遺書　二

辛未　庚子　辛丑　戊戌

此八字辛丑日相配柱中水土傷官用印之格人生得此丰姿英偉天性公平生於富室長於衣纓椿樹呈榮尤耐晚鴈行天際有飛騰胥羅今古事學貫聖賢經膺聘定須頒紫詔節趨不待試文英時來機會好遇貴便升騰此則貴人之命鸞幃配合須年少桂子還看後挺榮運行初已亥不寒不暖行樂安寧戊戌運中詩書雖歷覽仕路未榮登丁酉運中劍筆動人人挈慶財名兩旺勢英英丙申運中雪晴跨馬登天去榮沐恩波氣燄騰乙未運中仁風生宇宙黎庶樂昇平甲午運中重加祿位便鮮簪纓癸巳運中籬邊豐樂壬辰運中香夢難醒

子平遺書　三

辛未　庚子　丙寅　戊戌

此八字丙寅日相配柱中之水正官之格人生得此嚴毅資稟慷慨行藏椿萱榮養難双贈鴻鴈西風各奮翱學問有成終是登雲之客英才卓越豈為耕稼之郎一朝馬上衣冠别此是男兒當自强此則顯身之命鴛帳招賢須正副桂蘭庭外發天香運行初已亥無思無慮庇下安詳戊戌運中尋章摘句入室升堂丁酉運中龍門變化三春浪姓字榮登五鳳卿丙申運中重重加禄位何慮有氷霜乙未運中職列大夫權萬里輝輝化日照封疆



甲午運中儀刑四海癸巳運中猿斷人傷

辛未　庚子　庚子　辛巳

此八字庚子日相配柱中旺水傷官之格喜逢時上有偏官女人得此儀容清爽性格又温生於宦俗配於名門椿萱棠棣難相守妯娌翁姑有共群善學家之道能針綫之勤喜則春陽和煦怒則雷電驚奔初運中安和中顛順晚年福慶愈臻此則助夫顯子之命良人豪爽須年長桂子秋風業業新運行初辛丑風清月白樂守閨門壬寅運中錦綉飄香春氣暖鸞凰交會瑞光新癸卯運中苔滑須徐步烟閣蔽錦茵甲辰運中傷官入墓一度



逍遥乙巳運中助夫門之財業長自己之精神丙午運中晚年壯麗福享兒孫丁未運中惟有儀幃處青山晉白雲

辛未　庚子　壬子　庚子

此八字水居冬旺平生樂自無憂飛天祿馬之格人生得此多機多智不勇不慈椿萱堂上先虧母鴻鴈天邊有各飛學識粗通今古智謀能旺家資但願江湖事德望何須身到鳳凰池此則富足之命篤怖火命須年少桂子金風三四枝運行初巳亥幼年之景蘆絮生悲戊戌運中有心生貨利無志讀詩書丁酉運中萬象回春紅紫麗一番風浪不成悲丙申運中才源滾滾第宅輝輝乙未運中才帛旺来人敬仰喧嘩車馬集門閭甲午運中孫賢子秀晚景桑榆癸巳到壬辰運中歸去也



辛未　庚子　辛丑　丙申

此八字辛丑相配柱中水局傷官用印之格人生得此嚴毅資稟慷慨行藏堂上椿萱榮耐晚天邊鴻鴈水成行學問有成攀開水府珠生彩英才十冠極出豐城劍一朝馬上衣冠別此是男兒當自強此則顯榮之命篤怖配合須年少桂子秋來吐異香運行初巳亥無榮無辱庇下安詳戊戌運中讀殘窗下月踏破半林霜丁酉運中風雲際會騰霄去還向橋邊用一場丙申運中恩榮沐寵榷千里雲霄依然祿位高乙未運中滔滔無阻滯爵祿又昂昂甲午運中晚年金紫綬未滿便還鄉癸巳運中辞榮必樂壬辰運中夢入仙鄉

辛未年　庚子月　戊申日　乙卯時

此八字戊申之日身坐長生才旺生官之格值斯象者注人丰姿敦厚度量寬洪生於望族長於華宗椿萱有侍分中道鴻鴈行聯度碧空謀畧機關人仰羡文章稍識古今通雖不綺羅衣錦繡也應閭里振威雄佇看晚年光霽景烏紗白髮繡心智此則晚榮之命篤愇對對相和樂子嗣繩繩綻錦叢運行初已亥風和日麗快樂從容戊戌運中欲遂平生男子志如何不下讀書功丁酉運中笙歌旋擁春遊覆羅綺爭扶夜醉中丙申運中璽齊千山開壯麗鯤魚幾欲化成龍乙未運中財源浩浩德望雍雍甲午運中子秀身榮家業旺始知行樂倍光風癸巳運中桃源春去也蓬島信難通



辛未年　庚子月　丁未日　癸卯時

此八字丁未陰刃之日財殺之格女人得此生於茂族適于高門翁姑賢慧妯娌情深有針綫刺綉之機巧治家立業之年能克勤克儉易喜易嗔風送芰荷香院雨滋桃杏色盈庭濟濟精神爽紛紛雨露新此則榮福之命良人英俊子嗣豪能運行初辛丑上人光庇安逸閨庭壬寅運中路入桃源花爛熳橋横銀漢水澄清癸卯運中春入水光成嫩綠日匀花影發清香乙巳運中片雲蔽日何損其明丙午運中滿目韶華　遽然一夢佳城

辛未　庚子　辛丑　辛丑

此八字辛丑日相配柱中之水食神生財之格人生得此丰姿清秀天性聰明椿萱堂上双年耄鴻雁天边後有鳴般、都好李件、不全精祖業多華蘼才囊自積成笙歌沸、多行樂羅綺叢中幾酩醒佇着来晩郎豪傑擁門庭此則富實之命鴛幃配合同庚女桂子庭前三四英運行初已亥上人底下天朗氣清戊戌運中春園風雨過紅紫蘼門庭丁酉運中四遠英雄敬仰一番人事悲鴛丙申運中滔、旺家業日、會賢英乙未運中不独



金珠滿目尚防風雪傷情甲午運中晚年發旺子秀孫榮癸巳運中依然昌樂壬辰運中一夢難醒

辛未　庚子　丁卯　庚子

此八字丁卯日相配柱中旺水偏官之格人生得此宜乎金紫之榮椿親曾顯姓鴻雁各分翔丰姿磊落性格果剛學問三冬足詩書萬卷藏一舉可冲天之勢片言有折獄之良一從姓字傳臚後榮沐恩波肅憲綱此則榮肅之命鴛幃全正副桂子發天香運行初已亥上人庇下摘句尋章戊戌運中芸窓加志氣探月便光揚丁酉運中宴罷覃恩寵威風散四方丙申運中威風驚郡縣金紫職權衡乙未運中一番風雪過化日照蘭堂甲午運中



大才當大用未許便還鄉癸巳運中依然處樂壬辰運中夢斷人傷

辛未年　庚子月　乙巳日　癸未時

此八字乙未日元相配柱中金水殺生印綬之格人生得此生於右族長於名門萱毋早帰椿耐晚天边鴻鴈不同鳴其為人也丰姿清雅天性老誠雖無深計較稍淡聪明知高識下理白分清親賢近貴自足自能祖業新慶根源勝旧風田園桑柘茂畝畝稲馨花無挑李非春色人有笙歌是太平時来才禄旺運至福無窮莫道枯梅難結果東君留意更慇勤此則晚旺之命鴛幃有犯須重結子嗣秋来旺宅門運行初巳亥上人庇下風雪满空



戊戌運中身衣芦花絮寒来只自知丁酉運中雖則行藏而有慶还恐閣非素耗生當此之際絃斷傷情丙申運中嚴霜積雪都経過此際滔滔福禄增乙未運中成四時佳趣立萬石門庭須風雨雨過山青甲午運中歲寒松栢尚茂秋老菊花尤香癸巳運中無思無慮壬辰運中夕陽有限春梦無憑

辛未年　庚子月　甲寅日　乙亥時

此八字甲寅專禄之日相配柱中金水杀生印綬之格陽刃合杀有印人生得此生於右族長於名門萱母先帰椿後别鴻鴈天邊各自鳴其為人也丰姿清秀天性平能世事頗能將就般般奪欠精通雖不成名利生来近貴人祖業有倚宜再整才源厚穩旺豐興豐年田合楽盈覺臘日山家酒滿斟不以功名為意豈將屈晃磨聾雨都秋色皆喬木喜得風流有幾人施恩慈怨布德成嗔鄉民仰德閭里声名此則饒俗之命外幃水命須年敵子



嗣秋来朵朵栄運行初巳亥上人庇下未断平生戊戌運中風帶雪来應竟冷鳥啼花外始知春丁酉運中正是太平光霽景素耗閑非尚恼入丙申運中福元昌熾家居好幾度微風雨暮晴乙未運中天上三湯泰人間五福增當是特也人事丐盈甲午運中富以潤其屋德以潤其身午字之中花放風生癸巳運中無憂無慮壬辰運中春光去也一枕难醒

辛未年　庚子月　癸亥日　甲寅時

此八字癸亥月元相配柱中木土傷官劫殺之格亦有刑合之意生於台族長於名門椿父先帰萱耐悅天選鴻鴈各搏風丰姿消洒天性聰明千古文章遅英擢一天星斗煥心胸辞鋒穎利頻無敵筆力縱橫若有神終是功名之客宜為四舍之翁鳳凰池上客龍虎榜中人一從宴飲瓊林後先坐外郡後居京佇看官封三級酌然祿享千鍾此則榮貴之命鴛幃有慰須重續子嗣秋来朵朵榮運行初己亥幼年之下詩礼殷勤戊戌運中秋闈搏



春風春榜列英雄一從沐得天選寵千里宜平父老迎丁酉運中職位两过當此際重金重紫又加陞當是時也風雪瀰空丙申運中佇看官封二品酌然祿享千鍾乙未運中都憲功名何足羨大鄉職位貴璽封甲午運中冲擊之所花放風生癸巳運中夕陽有限春夢無邊

辛未年　庚子月　壬午日　辛丑時

此八字六壬生旺于位魁日祿馬同鄉刑冲太重事不十全主人生於右族長於名門萱母先歸椿後別天選鴻鴈有行鳴其為人也丰姿清秀天性聰明賀羅今古事學識聖賢心太山北斗千年在和氣春風四座傾水光浮座盃盤瑩花氣侵人咲語馨欲為賓客思慕功名風月優友清酒客情數當酒醉思吞海錢處心高欲步雲功名多踴躍世事未如心無慮盡傳詩禮樂有朋来自遠方觀初運中年只如此晚年機會發才名此則晚秀之命



鴛幃連珠高一載子嗣秋来一果榮運行己亥上人庇下未斷手生戊戌運中雪晴天未煖泮有声名丁酉運中錢欲思高慕遠當成剪雪裁冰丙申運中無恨咲悲来又往錢當名利却成空乙未運中尚途知己相於繫名利興隆頃刻中甲午運中價若瓊瑤之縕名如蘭蕙之馨年字之中花放風生癸巳運中子貴家門閑快樂一枕黄梁永不醒

辛未年　庚子月　庚申日　丁丑時

此八字庚申專祿之日相配柱中水火傷官之格傷官者剛毅之物也主人生於右族長於名門椿父先帰萱後別天邊鴻鴈各行鳴其為人也丰姿清秀天性老誠頗知禮義稍識古今有近貴親賢之德節上和下之能祖業添新慶根原勝舊風有心於貨利無意慕功名雨餘秋色皆喬木耆旧風流有幾人得意江山詩句絕窓情日月酒盃深花無夭李非春色人有笙歌是太平好意番成悪真心換得嗔鄉民仰德閭里推尊



此則豐潤之命鴛幃有杞須年敵子嗣秋末朶朶成運行初己亥上人庇下未断平生戊戌運中雪積天未煖未是黃花時丁酉運中精神又憔悴憔悴又精神丙申運中財源滾滾家居好素耗閑非尚惱人乙未運中桃李千谿錦江山一盃屏須史晦耗頃刻逢迎甲午運中如松含晚翠似菊綻金英癸巳運中晚年閑快樂會友以開樽壬辰運中春光去也花落月沉

辛未年　庚子月　壬寅日　庚子時

此八字壬寅趙良之日相配柱中木火食神旺才之格人生得此生於右族長於名門萱母先帰椿耐悦天边鴻鴈各々鳴其為人也手姿清秀天性聰明世事不好覽般技不通水光浮座盃盤營花氣侵人咲語春有近貴親賢之德應上和下之能高謀遠見機閑別慷慨風流有好人琣石天風月平生計金為松竹旧光榮不以功名為念岂将光显磨龍若施恩成怨有成嗔虽不遇候封爵貴五湖風月發才名此則豐厚之命允幃有犯須年敵子嗣森枝有挺榮運行己亥上人庇下未断卅沉戊戌運中未歡夭李紅紅色且喜湖光淡淡情丁酉



運中虽則々藏有慶須史風雨还生断絃當此際人事尚亏盈丙申運中才須富足家居好尚有閑非不断生乙未運中嚴霜積雪終身慶從此才源始有增甲午運中家人豐阜兒孫旺一度風流尚恼人已巳運中晚年多快樂戊辰運中夢入巫峯

辛未年　庚子月　戊辰日　壬戌時

此八字戊辰日德之辰相配柱中旺水傷官助才之格才盛生官終身有慶遇斯命者生於右族長於名門椿父早帰萱耐晚天邊鴻雁各行鳴其為人也丰姿清秀天性乖能般般精覽件件不精有近貴親賢之德應上和下之能重成新事業再整旧門庭自有順天之慶豈無福地之深門外田疇千古計庭前花木四時春遇險終無險逢凶幸不凶不以功名為念豈將冠冕磨礱雖不徤侯封爵自然鄉黨推尊此則穩厚鴛幃春麗須年敵子嗣森枝晚義馨運行初已亥運中上人底下未斷平生戊戌運中春得柳華晴不变紅入桃花燦未匀丁酉運中威權有布人欽服才帛興隆福祿增丙申運中旺中尚有盈頭雪雪霽才源倍有增乙未運中才源富足家業餘盈甲午運中庭前竹報平安日檻外花開富貴春癸巳運中晚年快樂壬辰運中花落月沉



辛未年　庚子月　庚申日　丙戌時

此八字庚申專祿之辰傷官制殺之格女人值此生於大廈適於堂高翁姑有倚妯娌聯行姿顏清楚家業軒昂喜則月升晴漢怒則風捲滄浪黃金出土重增價白璧雖塵倚有光此則助夫旺業之命良人琴瑟合子嗣桂蘭芳運行初辛丑閨門毓秀安分守常壬運寅中共結絲羅山海固永諧琴瑟地天長癸卯運中春草春江相媚祿新鶯新郴競爭榮黃甲辰運中韶華萬里行樂勝常乙巳運中須臾雲掩月頃刻又無妨丙午運中生涯曠闊福壽深長丁未運中春光盡也音容渺茫